湛庐CHEERS

与最聪明的人共同进化

HERE COMES EVERYBODY

## 《U 型理论》视觉记忆图示

"孩子
抬起头来
向前看!"
S
如何与未来的我
建立关联
源头
1

知
AWARENESS
止
KNOWING
WHERE TO STOP
定
CALMNESS
静
DEEP QUIETNESS & STILLNESS
安
GRACE
OF
BEING
虑
TRUE
THINKING
得
ATTAINMENT
2

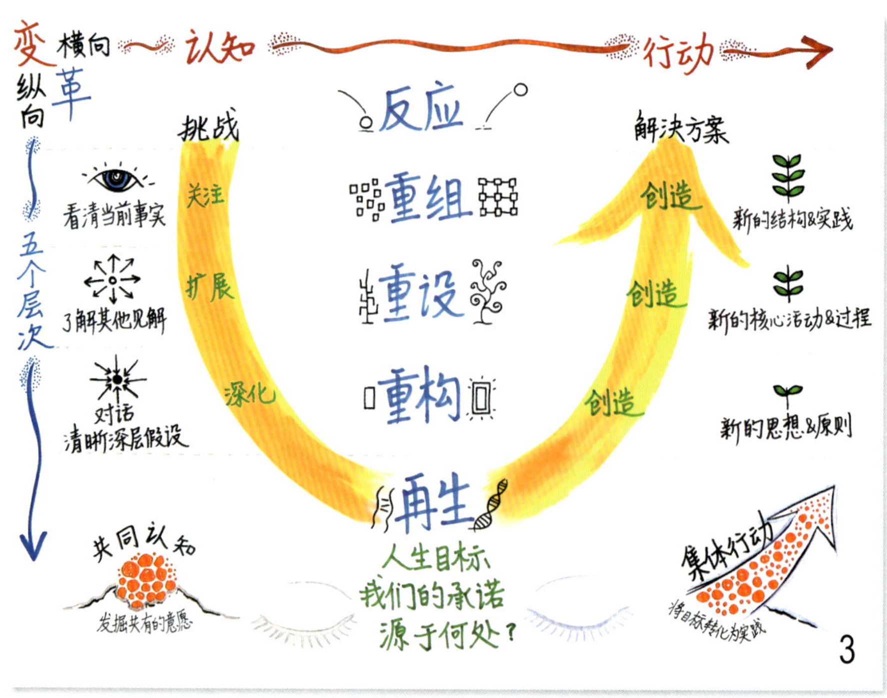
变革
横向
认知
行动
纵向
五个层次
挑战
反应
解决方案
看清当前事实
关注
重组
创造
新的结构&实践
了解其他见解
扩展
重设
创造
新的核心活动&过程
对话
清晰深层假设
深化
重构
创造
新的思想&原则
再生
共同认知
发掘共有的意愿
人生目标
我们的承诺
源于何处？
集体行动
将目标转化为实践
3

感知3原则
美学=带感觉的感知
潜入感知体验
转向注意力
激活认知的深层能力
什么
困扰着你？
发自内心的问题
具有巨大的力量
力量来自于真诚
EXACT SENSORIAL IMAGINATION—精准的感官能力
歌德
4

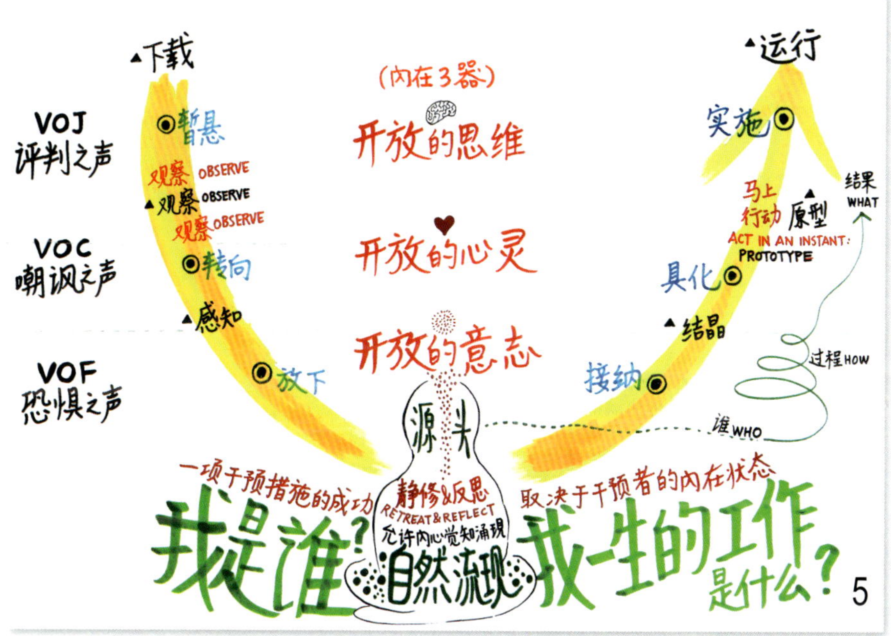

下载
运行
(内在3器)
开放的思维
开放的心灵
开放的意志
VOJ
评判之声
VOC
嘲讽之声
VOF
恐惧之声
暂悬
观察 OBSERVE
观察 OBSERVE
观察 OBSERVE
转向
感知
放下
实施
马上行动
原型
ACT IN AN INSTANT:
PROTOTYPE
结果
WHAT
具化
结晶
过程 HOW
接纳
谁 WHO
源头
静修&反思
RETREAT&REFLECT
允许内心觉知涌现
自然流现
一项干预措施的成功
取决于干预者的内在状态
我是谁?
我一生的工作是什么?
5


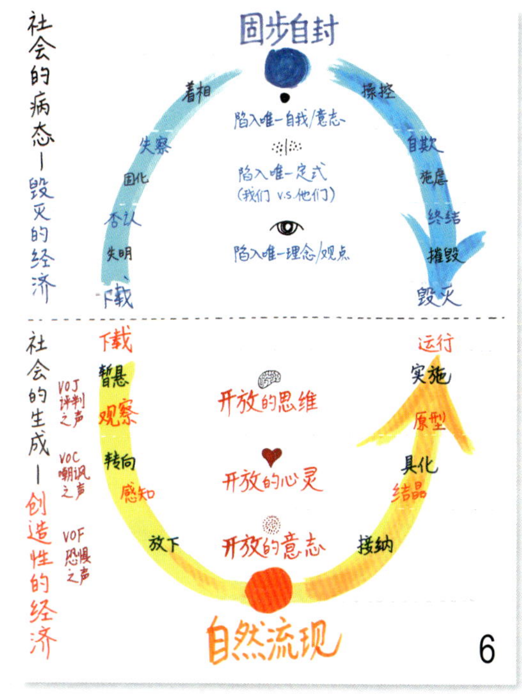

固步自封
社会的病态—毁灭的经济
着相
失察
固化
否认
失明
下载
操控
自欺
施虐
终结
摧毁
毁灭
陷入唯一自我/意志
陷入唯一定式
(我们 v.s. 他们)
陷入唯一理念/观点
社会的生成—创造性的经济
下载
暂悬
观察
转向
感知
放下
VOJ 评判之声
VOC 嘲讽之声
VOF 恐惧之声
开放的思维
开放的心灵
开放的意志
运行
实施
原型
具化
结晶
接纳
自然流现
6

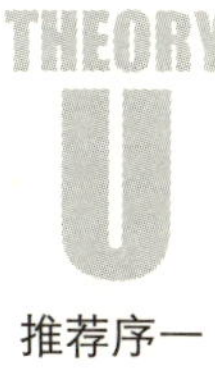



# 用心灵的力量改变学习的本质

学习型组织理论之父　彼得·圣吉

我有一位多年的良师益友曾经说，人类最伟大的发明是创造的过程，是提出新现实的过程。领悟这个创造过程在所有领域都是达到真正精通的根本。这种认识深深地体现在创造性的艺术中，虽然很少被人们提及，却孕育了戏剧、音乐、舞蹈和体育里那些“空气中充满魔力”的时刻。这种认识在神秘的“忘我境界”中随处可见，正如米开朗基罗所说，“雕塑家的手得到释放，不再被大理石所囚禁”，或如毕加索所称，“心智自有方法使梦想结晶”。这种认知在科学领域扮演着同样重要的角色，正如经济学家布莱恩·阿瑟（W. Brian Arthur）[①]的主张：“所有伟大的发现都源于深层的内心历程。”目前这种认知仅仅在小众范围获得了高度共识，有鉴于此，奥托·夏莫认为，解决我们这个时代的多重危机，探索人类未来发展道路的关键在于，

① 布莱恩·阿瑟（W. Brian Arthur），复杂性科学奠基人，复杂经济学创始人，圣塔菲研究所元老级人物。对技术与科学、经济之间的关系，他具有独特见解，是一位技术思想家，著有《技术的本质》（经典版）、《复杂经济学》等畅销著作。阿瑟这两部经典著作的中文简体字版均已由湛庐文化策划引进，浙江人民出版社出版。——编者注

如何集体触及精通的源头。

当今环境和社会的危机层出不穷，可见于气候变化、政治腐败、贫困，以及教育、卫生保健、政府和商界等主流领域的失败。而我们的反应主要体现为两种策略：应付和反击。富裕的北方国家大多采取“应付”的策略，一边努力维持现状，一边自欺欺人地相信高新技术可以解决我们的问题。“反击”则体现在全世界数百万人共同声讨“华盛顿共识”（Washington Consensus）式的全球化，当中混合了对社会和道德秩序早日到来的渴望和感到未来已经失控的愤怒。

除去表面的区别不谈，这两种策略及其拥护者其实有很多相似之处。很多“应付派”都充满了不安。这种不安明显表现在对未来感到焦虑，对几乎所有社会制度都有持续增长的不满和不信任感，并且不参与公共讨论和公众活动。即使是那些很少谈论这些的人们也能感觉到全球工业化过程中的严重失衡，并且这种失衡还将进一步恶化。我们对这种局面却无计可施，所以只能“沿着老路一直走下去”。最具讽刺意味的也许就是，即使最热情的技术乐观主义者也会感到深深失落，因为技术发展的过程本身导致了这种失衡，而且没有什么办法可以扭转这一局面。同样，很多“反击派”在试图阻止这种无法改变的力量时，也怀有一种宿命的无力感，其行动中的愤怒和暴力就是最好的例证。我的一位好友，同时也是一位知名的环境运动领导者最近吐露了心声：“我越来越确信一个事实，绝大多数激进的环境主义者都认为人类缺陷严重，不配生存下去。”最后要指出的是，这两种策略都是根植于过去：提倡维护现状的人会基于过去推断出他们所认为的积极趋势；反对派则反对这些趋势。

奥托·夏莫的 U 型理论体现了我认为正在全世界不断发展的第三种观点。首先，这种观点认为未来肯定是区别于过去，因为塑造了全球工业发展的主流趋势根本无法继续。在一个日益互相依赖的世界里，我们无法继续用以前的方式积累财富。在一个没有地方让人们丢弃废物和毒素的世界里，我们不能继续使用“获取、制造、损耗”的模式了。当二氧化碳的浓度已经比过去 450 000 年的任何时候都高出 30%，其释放量也已经是其可转换量的 3~5 倍时，我们不能再往大气里持续排放碳了。其次，这种观点认为在改变工业时代的主流趋势上我们并非无能为力。这些趋势并非出自于物理定律而是在很大程度上出自于人类的习惯。这些习惯性的思维和行动方式随着时间的推移深深烙印在我们造就的社会结构当中，但是我们也可以创造出新的社会结构。实现变革不亚于“创造一个新世界”，这需要站在一个迥然不同的角度思考集体能力，你会在下面看到，正如马丁·布伯（Martin Buber）所述，“聆听世界存在的运行……应其所求将其变为现实”。

作为奥托·夏莫十多年的朋友和合作者，我和其他很多同事一样，一直在等待这本书的完成。毋庸置疑，我们认为夏莫是“U 型理论”的首席理论家，而且，他具有广泛的实践经验，尤其是长期在系统变革项目中的经验，因此他在应用 U 型理论时，对各种挑战和可能性的理解达到了独特深度。

我们当中参加此项研究的同事还认为，U 型理论的实践者要理解这一理论并达到精通的程度还需要时间。我认为这种学习可以从认真思考几个基本观念开始，而本书对此会大有裨益。

首先，从团队到组织再到大型社会系统，每种情境的运作都并不仅仅局限于表面现象。很多人已经亲身体验到全身心投入工作的团队带来的兴奋和能量、信任和开放，以及无所不能的感觉。反之，我们也看到过相反的景象，团队中充满恐惧和不信任，每句话都有着维护某人或者攻击他人位置的厚重的政治性暗示。夏莫称之为“社会场域”，并对其出现和演化的过程提出了比较独特的见解。

令人遗憾的是，多数情况下社会场域并没有进化。绝大多数家庭、团队、组织和社会的社会场域大体保持不变，这是因为我们的注意层次造成了社会场域的不可见。我们没有注意到导致一切发生的微妙力量，因为我们过分忙于应付这些力量。我们看到问题，然后“下载”已有的心智模型来界定问题并想出解决方案。例如，在聆听时我们通常很少听到不同于以往的声音。“她又这样了”，唤起了我们头脑中的声音。从那时开始，我们就有选择性地只聆听自己识别出的内容，基于过去的观点和感觉解释听到的内容，并得出类似于我们以前得出的结论。即使行动者可能确实在支持变革，但只要这种层次的聆听占了优势，行动就会倾向于维持现状。出现于这个注意层次的变革努力通常聚焦在改变“他们”或“系统”，或者聚焦在“实施”既定的“变革过程”，或者修订某些外部的目标——很少关注“我”和“我们”如何变革以促成大系统的变革。

当“注意的结构”移向深处，随之发生的变革过程也会发生移动。夏莫识别出三个层次的深度认知以及相关的变革动态。“观察我们观察到的”，可以这么说，要求我们打开思维（Open mind）、打开心灵（Open heart）和打开意志（Open will）三个方面的智力。

当人们真正地意识到自己只是在想当然地假设，并开始聆听和观察以前并不明显的事物时，第一种开放就出现了。这是所有真正学习的开始，并且是试图解释某个经历环境重大变化的企业取得成功的关键。

尽管如此，识别出新事物并不一定会带来新的行动。要产生新的行动，我们需要更深层次的注意力，使人们能够走出传统的经验并真正感到超越了思维。例如，虽然不计其数的企业识别出了环境中的变化，却没有能够对这种变化做出反应。为什么？就像作家及荷兰皇家壳牌集团 Royal Dutch Shell 前任计划协调员阿里·德赫斯（Arie de Geus）所说的，“新现实产生的迹象根本无法渗透进公司的免疫系统”。相反，只有当生活在持续改变的现实中的人们开始“看到”先前不可见的东西，而且看到自己在维护旧事物，以及在阻止或否定新事物的过程当中所扮演的角色时，堤坝才开始破裂。这可能发生在一个公司或一个国家。以我的经历，这种深层观察在 20 世纪 80 年代中期到末期开始广泛出现在南非，并正出现在当今世界的很多地方。这要求一个社会当中来自很多不同部分的人们，包括权力结构中的很多人，“觉醒并认识到”，如果未来继续过去的趋势他们将面临何种威胁。在南非，已经有足够多的人们开始意识到，如果种族隔离系统继续存在，而他们又是该系统的一部分，那么这个国家简直就没有未来。

这种觉醒开启的时候，关键的一点是人们也能够“看到”未来可能是不同的，以免他们要么被新认识所麻痹，要么以保持原有系统本质的方式行动。这里的“观察未来”，我并不是说只是在智力层面上让他们确信某些事情能够变化。我们都知道大家可能只会点点头，然后却径直回去继续按旧有的方式行事。确切地说，第三种层次的“观察”能够揭示、开启我们最深层次的承诺。打开意志是三种变迁中最难用抽象的词语解释的，但是如果换到具体的情境当中，其可能会变得非常有力且不言自明。对20年前的南非而言，我相信打开意志出现在当白人和黑人发现自己热爱的是他们的国家本身，而不是政府或已建立的系统的时候。我初次听到这种观点是在和南非白人的交谈中，我很吃惊他们称自己为“非洲人”，他们感到和那片土地、那个地方以及那个国家的人民深深相连。这种深深的联系感也存在于绝大多数南非黑人当中。我确实相信崭新的南非是借由这种共同的联系缔结而成的，是借由这种深切的感受缔结而成的：即创造一个未来能够生存和兴旺的国家是一项神圣的义务，要一起努力才能完成。

打开意志经常体现在“这是我（或我们）必须做的事情，虽然‘怎么做’还很不清楚”的感觉中。我经常听到人们说，“我不能不做这件事。”就像我们的同事约瑟夫·贾沃斯基（Joseph Jaworski）所说的，“我们臣服于”这种承诺。我曾经很多次听到，人们在没有理解打开思维和心灵的情况下，提出所谓的“认清召唤”的说法，这其实和约瑟夫的说法很相似。但是，当回应“召唤”而没有打开思维和心灵时，承诺就会轻易地变成狂热的执着，而创造的过程也会变成扭曲的毅力练习。U型理论的一个关键特征就是把所有三种“打开”，即思维、心灵和意志，结合为一个不可分割的整体。

当所有三种“打开”出现时，学习的本质就发生了深刻的改变。实际上所有著名的学习理论都侧重于向过去学习，向已经发生的一切学习。虽然这种类型的学习一贯重要，但当我们进入与过去迥然不同的未来时，只进行此类学习是远远不够的。那时，第二种尚未广为人知的学习必须开始发挥效用。这就是夏莫所论述的“向正在生成的未来学习”。向未来学习对创新至关重要，需要具有直觉，需要接受高度的模糊性、不确定性以及勇于失败的精神。我们要敞开心灵，接受过去不敢想象的事物并且要尝试不可能的事情。虽然也会有担心和风险，但是只要想到一些重要的事物正在生成，将会带来真正的改变，而我们自己是其中一部分的时候，所有的一切都变得值得了。

最后一点，U 型理论及其方法论与领导力的本质有很大联系，尤其是当我们身处充满巨大动荡和系统变革的时代。这种领导力不仅来自“高层”，而且来自所有层次，因为重大的创新要以不同的方式做事，而不是仅仅谈论新的想法。这种领导力产生于能够放弃固有的想法、行为甚至身份的人们和团体。最为重要的是，当人们开始和真正的自我深度联结，和他们在创造现实、认识未来（该未来体现了他们最关心的问题）的过程中所扮演的角色深度联结时，这种领导力就出现了。

这些思想是 U 型理论的重要元素，但它们不仅仅是理论，它们还来自基于“U 型理论”的广泛实践经验。贯穿后续各章的是商界、卫生保健和教育行业长期变革的故事和反思。例如，我看到的最大的系统变革项目是可持续食品实验室（Sustainable Food Lab），现在已经有 50 多家企业、非政府和政府组织一起合作，来应对拉动全球食品系统“竞次”的力量并共同创造替代性的、可持续的食品系统。阅读本书你还将发现一些卫生保健、教育和商业创新的其他项目例证。虽然实践 U 型理论的窍门还处在萌芽阶段，但这些项目清楚地表明 U 型理论的原则可以转化为实践，一旦转化成功，这些原则会释放出巨大能量，将会改变之前对很多人来说不可改变的社会系统。

当今世界出现了很多令人鼓舞的系统变革提案，但这些提案在很大程度上缺乏开发集体智慧的能力，以应对多元化背景、涵盖多样化组织和行动成员，尤其在面对多部门、多重利益相关者的挑战时更是如此。面对这样的挑战你会怎么做呢？U 型理论表明转移社会场域的基本程序适用于所有层次，从团队到组织再到大的社会系统甚至全球系统。这些程序可见于本书第 18 章的总结。我认为这些原则不是

“结束语”，而是一项特别的协议，我们当中很多人致力于积极打造关于真实领导力的社会技术，这一协议号召这样的人踊跃参与进来。

最后我还想和读者说明一下。这本书不同寻常，理论和方法并重。虽然很多学术书籍详细说明了理论，但通常代表理论作者的思想而非理论的实践体验。另一方面，多数管理书籍充满了实践思想的声明，却很少提及这些思想的出处——我们只能假设多数实践者明显忙于解决问题而没有兴趣进行严肃思考。后面奥托·夏莫和我们分享了他的个人经历，也谈到了他的盲点。他鼓励我们观察每个人自身所面临的问题，学会认清这些问题产生于我们的思考和行为方式的系统盲点。如果真是这样，基于同样的心智模型和运行方式的新工具、新技能不可能带来很多真正的变革。正如夏莫所述，我们需要其他替代方法继续前行，U 型理论就是其中之一。

整合理论和方法对读者提出了很高的要求，这无疑也是此类书籍比较罕见的原因。这类书籍要求我们不仅要开放胸襟接纳具有挑战性的智力旅行，还要愿意在实践中检验理论、形成批判性的理解。虽然有很多书籍也提出了新的思想挑战，但仍继续“下载”未经检验的假设和信条。真正的问题在于实践——在于身体力行，而不仅仅在于思考。因此你要做好思想准备，若想真正从这本书中获益，你必须准备好开始你自己感知（Sensing）、自然流现（Presencing）[①]和觉醒的旅行。

从这个意义上讲，这本书所面对的读者应该是那些被我在麻省理工学院的同事唐纳德·舍恩（Donald Schön）称为“反思的实践者”的人们，包括那些异常关注实践结果、不满于自我现在的能力而又无法依靠过去习惯解决问题的经理、主管、团队领导、政府官员和社区的组织者们，以及勇于挑战自我假设、聆听自己心灵内部最深处声音的务实而投入的人们。因为只有通过这种聆听，我们才能开启创造新世界的集体能力。

---

① Presencing一词在《第五项修炼·心灵篇》中被译为“体悟当下”。其真正的意思可能用“体悟当下，感知未来”或“体现未来”更加贴切。为了强调“感知正在生成的未来”，我们沿用了台湾版的“自然流现”。——译者注

推荐序二

# 让思维穿越未来

中共中央党校《学习时报》副总编辑，博士生导师，教授　钟国兴

在认识奥托先生之前，也是在了解他的U型理论之前，佳通集团执行董事林美金女士就不止一次和我说：麻省理工学院的奥托教授的理论和你的“升级才能生存”以及“找点”理论是异曲同工的，都是致力于改变人的思维方式。果然，2013年6月奥托先生到中央党校来和我探讨学习型组织问题，我们可谓“三见如故”——此前曾经在两个场合见面但未及深谈。来访时我们介绍了各自的观点，惊讶地发现竟是如此“志同道合”，大有知音难得之感。记得当时我打了一个比方说，我们其实是在两个方向同时挖一个山洞，打通了才发现做的是同一件事情。这次快乐的交谈之后，奥托先生立即请人转达邀我为他的这本书写序之意，我当然欣然接受。

另外为这本书作序的，是我的朋友彼得·圣吉，也就是《第五项修炼》的作者，世界学习型组织的倡导者。正是数年前彼得向我介绍了林美金女士，后来彼得又托付林女士介绍了奥托先生。近年在中国的若干场合，彼得和奥托都是一起出现的，我的理解是因为他们的理论互相印证、互相支持，而且较为年轻的奥托先生的理论具体而深入，他可以和彼得进一步擎起学习型组织的旗帜。

近两年，我相继接待了多位来和我探讨问题的美国学者，他们也都大名鼎鼎。比较这些学者就很容易发现，奥托这位出生在德国、发展在美国的学者有其与众不同的特点：他一方面具有德国人的深邃与严谨，另一方面又具有美国人的感知与开阔，而且他把这两个方面，甚至可以说两个极端，很好地结合在一起。正是这种结合，形成了他独有的理论和学术风格。

当今时代，社会各个方面疾速变化，问题纷纭复杂，任何一个组织、个人都面临如何应对未来的问题。关注这样的问题，关注这样的问题和人类整体命运的关系，是当今世界学者的使命。但是经过比较我发现，中国的学者更多地关注当前的问题和官方的说法，甚至去重复和诠释无多少价值的套话，而我接触的欧美一流学者无不深切关注上述大问题，奥托就是其中之一。关注问题的层次，决定了学术和学者的层次。中国如果要出理论和学术大家，学者非去关注大问题不可，否则我们的学术界就会充满“小家子气”，加上过度地关注金钱，就会非常俗气。小家子气和俗气加在一起，我们的学术界如何才能担当这个国家和世界赋予的使命，如何才能在国人面前和世界学者面前挺起脊梁？那么，如何摆脱掉俗气呢？可以看看奥托的这本《U 型理论》，看看人家关注的是什么问题。

作为中国的作序者，我想我应该对这本书作一个简单的导读。

奥托这本书说了什么？奥托首先关注的是这个时代的重大问题，即现代性危机、发展不可持续和新兴复杂性的根本挑战等，因此他是放眼人类社会的未来去思考各种组织应该如何学习的问题。他说我们以往的学习只是关注过去，学习过去的经验和知识，而在现在的信息化、全球化和高新技术时代，我们的注意力必须放在未来上，“向正在生成的未来学习”，以应对复杂性的前所未有的挑战。因此我们的思维方式要随之转变。如果不完成这种转变，我们就无法赢得未来，只能面对未来的问题而陷入被动。

有趣的是，奥托这本书是从自己小时候的一次遭遇开头的，给读者首先讲述了一场令其家产荡然无存的大火。这场大火让他惊呆了，但同时却也让他的思维时空发生了转变，如同涅槃。他说每个人的思维都有盲点，“盲点，指的是通常被我们忽略的一部分认知，是个人或社会体系运作的内在发源地或源头”。这场大火让他直悟了平时忽略的盲点。他认为，我们对问题往往只关注现在的状况，而经常忽略其根本。这是一个严重的问题，我们必须从眼前的问题中跳出来，回到源头，回到问题之根上。

当然回到源头是为了更好地关注未来，要有“对正在生成的未来的模式的觉知”。“正在生成的未来的模式”这个词稍微有些令中国读者费解，其实大体相当于我们常讲的“新生事物萌芽”。他认为向过去学习只是“下载”前人已有的思维模式，因为被锁定在这种模式里面，所以我们无法进入创造状态。

怎样才能从这种不断“下载”的思维模式中脱离出来？奥托给出的办法是搁置你原有的习惯性思维，他将这种搁置称之为“思维暂悬”。然后，奥托给出了三件创造性的工具：打开思维、打开心灵、打开意志，“我建议开发一种新型的领导技术，该技术建立在打开思维、打开心灵和打开意志——我们每个人都有的‘三器’上。我们不仅要在个人层面上，同时还要在集体层面上培养这些能力”。

值得注意的是，奥拓特别强调人的“注意力结构”是在“注意力场域”中形成的。所谓注意力场域，并不仅仅指你在关注什么，而是指你如此这般关注，是被背后什么样的一系列因素及其关系所左右和塑造的。因此要改变注意力结构，就要从原来的“场域”（大体指整体环境和情境）中跳出来，跨越其边界进入到新的“场域”里面。那么作为领导者应该怎么办呢？“高绩效组织如果想取得进一步发展，领导者就必须把注意力的焦点从过程转移到‘空白画布’上。他们必须帮助人们接近激发灵感、直觉、想象力的源头。就像站在‘空白画布’之前的艺术家们一样，当今商业环境中的领导者必须具备能力改变组织，使其员工在个人和集体层面上都能感知并清楚地描述正在生成的未来。”

沿着“注意力结构”的问题，奥托指出当今世界的各种组织机构往往存在导致注意力缺陷的盲点，他认为机构的盲点同时包括领导力和结构两个方面：“从结构观点看，盲点涉及一个事实，即大多数机构发展的关键问题在组织层面无法得到解决。今天的组织往往过于庞大，以至于无法处理可以在本地得到更好解决的小问题；或者过于微小，以至于不能恰当地解决必须在价值创造的大生态系统中考虑的大问题。”他进一步指出：“出现这种情况意味着缺失了‘跨界的场所’，在这样的场所里，我们能够在所有关键的利益相关者中进行建设性的对话，包括供应链成员、顾客、社区、投资商、创新者以及现有系统中那些边缘化和没有发言权的利益相关者。这就是当今机构的盲点。”这段话使我们很容易想到杰克·韦尔奇的“无边界组织”，奥托显然继承了韦尔奇的理念，并试图进一步从系统的角度，把各个组织的利益相关者的意见和智力作为资源而加以整合和开发。奥托认为从整个社会看，诸多问题得不到有效解决，原因在于“社会的盲点表现为缺乏能够有意识地、从想要生成的未来运作的跨界行动团体。我们看到的只是特殊利益群体，和三种试图用单一方式解决当今问题的原教旨主义。这个盲点还妨碍我们把问题列表视为一个整体”。也就是说，跨越利益和组织的边界，共同研讨和解决问题，是组织、社会乃至世界和谐的出路，只有这样才能创造新的世界。

在本书中，奥托反复强调创新思维要运用或者说实现“自然流现”——通过静坐冥想等方式。奥托把“自然流现”看作是预见最具可能性的未来的方法，以及构建集体“注意力场域”的工具。那么“自然流现”究竟是什么？他的解释是：“自然流现（presencing）是感知（sensing）和在场（presence）的交融，指的是和未来最高可能性的源头相联结，并把其带到当下。进入自然流现的状态后，认知开始基于未来的可能性，只待我们将其变成现实。在这种状态下，我们走进了我们真实的存在，即真正的自我。自然流现是一种联结正在生成的未来自我的运动。”我最早接触这个概念是从彼得·圣吉那里听到的，而他看来是从佛教那里引用来的，因为彼得是南怀瑾先生从师 15 年的弟子，每天按照南老师的指导打坐和背诵准提咒。当然我并不知道奥托的这一概念是否来源于此，是否因为美国盛行禅修的影响。我以为这个词最初也许和“顿悟”有关，因为“顿”在西方可能翻译为“当下”，而“悟”可能翻译为“感知”，我不熟悉英文，据说西方没有“悟”这个词，所以按照逻辑会这样翻译。而且，中国的顿悟就含有“放弃偏执、破除挂碍”的意思，是一种对整体的直悟。当然，西方存在主义的“存在”概念，也反映对现在与未来相关联关系的整体的感知。存在主义把事物和世界理解成一个不断流动着的生成过程，“自然流现”这个词的解释就包含这种涵义。我们要理解奥托的观点，必须了解一点德国哲学，因为奥托显然在阐述一系列问题的时候，是有其德国哲学背景的，特别是有其胡塞尔现象学和海德格尔存在主义的影响。现象学的核心方法论是“悬置”与“还原”，核心观点是“意向性”理论，奥托的“暂悬”、“注意力”与现象学非常一致。

奥托这本书就是引导我们进入到穿越未来的一种新思维场域中。奥托非常关注社会的创造机制是如何形成的，他试图通过改变人的“注意力结构”去构建这样一种机制。同时他还关注另外一种相反的机制——社会破坏机制，提醒人们注意这样一种机制的存在和作用。“正如自然流现的 U 型空间阐明了创造机制一样，固步自封的黑暗空间反应了破坏机制。每个循环都有自我强化的动力：社会生成性的 U 型空间的力量基础是打开思维、打开心灵和打开意志；相反，社会病态的反空间的基础则限于一个真理（僵化的意识形态）、一个核心或集体（傲慢、憎恨）和一个意志（盲从和暴力）。简单来说，固步自封的空间表现出了原教旨主义的所有关键特征。”其实之所以说这种机制是破坏机制，是因为它是压抑和毁掉人的创造性的，是社会的一种变态。这个问题，我在 2000 年出版的《重画世界》一书的“变态社会学”一章也有专门分析，出现这种情况往往是社会的某种危机感导致的，人们为了安全而在某种极端理想的诱惑下，不得不用自由去换取。我们要时刻警惕这种破坏机制的形成及其作用。

创造机制就是要让人从已有的窠臼里面跳出来，去面向未来思考问题。“只有当思想元过程的力量冲破场域 1 的固定模式和阴影（下载），人们开始联系外界的真实进展状况时，觉醒才得以开始（场域 2：观察）；当我们开始联结到周围的其他人，以及与之类似的情境与感受时，就会获得一双翅膀，带领我们逃离自己心智模式的枷锁（场域 3：感知）；最后进入火焰的最深层源头。在本质上讲，真实思考就像纯粹的火焰，是创造力的火焰，当我们到达场域 4 时就能触及的火焰。”如果不能学会跳出来看问题，没有掌握跳出来看问题的方法，那么这本书就白读了。当然奥托给我们的不只是这个，还有上文提及的跨界和穿越。

大约自 20 世纪 70 年代起，美国流行未来学，也流行面向未来的思维方法，因此出现了如托夫勒、奈斯比特、阿尔温、亨廷顿、弗里德曼等一大批未来学家，同时也出现了一大批研究面向未来的组织和思维的学者，彼得·圣吉和奥托都是其中之一。这些面向未来的学者的思维及其倡导的思维方法有什么特点？ 2009 年，美国《世界经理人》杂志在上海举办的“世界管理大师面对面”活动上，和彼得·圣吉对话时，我曾经用《西游记》来打比方：新的思维就像孙悟空，能够跳出来看问题，能够集中大家的智慧（包括集中像观世音菩萨、太上老君这样的专家以及八戒和沙僧的智慧），能够深入下去研究问题（例如钻进妖精的山洞甚至肚皮），最后能够从根本上漂亮地解决问题。而与之相反的是猪八戒式的思维：禁不住眼前美食和美女的诱惑，只会就事论事看问题，因此总是不断把简单问题复杂化。我们面对未来，就应该像孙悟空一样跳出来看问题。当然孙悟空也不只会跳出来，同时还会跨界和穿越。所以孙悟空完全可以做学习型组织以及 U 型理论的形象大使。

说句实在话，我不敢说自己把这本书彻底读懂了，因为不熟悉英文，间接阅读总是有一些语言障碍。但我要说的是，宁可读不太懂，也总比看白开水式的读物要好得多，因为越是读不懂，你就越是不得不猜测，越是激起你的联想，激活你的思维。我相信读者们也会有这种感觉。

有必要提醒一下读者，在阅读西方的学术著作时，不要学了概念，丢掉了其方法。因为外国人最善于做的是把概念变为方法，包括他们拿来中国的概念也是如此。这恰恰是中国人所欠缺的。长期以来，中国人追求的是“道”，而忽略法，因此重视道理而不重视操作，喜欢坐而论道却不习惯起而行之，这在古代社会也许是个优点，但在现代社会已经是一个严重缺陷。要弥补这个缺陷，我们的读者还是要“耐烦”一些，认真看看人家的操作方法，从中或许有很多启示。也许有的方法，深入研究后还可以长期使用，大有裨益。

扫码查看领导力与管理学经典书单，
让你成就卓越人生！

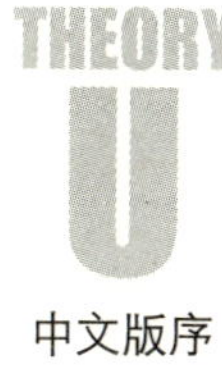

中文版序

# 从未来引领变革

中文版《U 型理论》的出版对我而言意义重大。1999 年在为本书进行研究访谈时，我就有幸来到中国并拜访了精通儒释道且备受尊敬的南怀瑾大师。其实我于 1988 年起就曾多次造访中国，那时我就对中国及其发展道路产生了浓厚的兴趣，而这种模式在 21 世纪初依然保持着领先的地位。

中国模式的惊人成就在于使数千万人口脱离贫困，使全球经济的重心转向东亚，吸引了全球社会的注意力。中国成功的原因之一是政府的高效运作。在我与来自中国政府以及如中国银行等国有企业的领导者的合作过程中，给我印象最深的就是他们致力于建设和谐社会的决心。

其他很多优秀政府也来自东南亚地区（如新加坡、韩国和日本），这些国家有什么共性呢？我认为答案之一在于其共享的文化，或者更为准确地说是儒家文化。中国文化的深层次根源是什么？这个根源在涌现的中国梦——中国的发展和领导模式中，是如何显现出来的？ 1999 年我正是带着这些深刻的问题拜会了南怀瑾大师。

与南怀瑾大师的谈话使我得到三个重要的启示。

第一，在管理和领导力中存在盲区。这个盲区和我们“悟道”的过程以及我们造就社会现实的过程相关。

第二，儒家思想的精髓不像很多人想象的那样，仅仅意味着服从和维护传统秩序，而在于自我教化和道德完善，正如《大学》中所讲：

> 知止而后有定，定而后能静，静而后能安，安而后能虑，虑而后能得……物有本末，事有终始，知所先后，则近道矣……古之欲明明德于天下者，先治其国；欲治其国者，先齐其家；欲齐其家者，先修其身；欲修其身者，先正其心；欲正其心者，先诚其意；欲诚其意者，先致其知。致知在格物。物格而后知至，知至而后意诚，意诚而后心正，心正而后身修，身修而后家齐，家齐而后国治，国治而后天下平。自天子以至于庶人，壹是皆以修身为本。

所以，《大学》教导我们的是，所有伟大的领导力和成就的根源是个体的内在教化。问题是我们如何做到这一点，由此引出了我得到的第三个见解。

第三，根据《大学》的论述，内在教化的关键是“格物致知”的能力。但是，这个过程到底是如何进行的呢？了解这一过程似乎是“修身”以建立深层领导力的关键，而破解这些深层次的过程及其内在的关联，正是本书的精髓与核心。在《大学》中，这一过程被描述为七个冥想的步骤或空间：（1）知；（2）止；（3）定；（4）静；（5）安；（6）虑；（7）得。

在 U 型理论中，我以类似但不同的观点描述了这一深层次“自然流现”的过程，我更关注其实践意义和集体层次的应用，即：团队、组织或更大的系统需要经历怎样的过程才能接近集体创造力的深层源头？

U 型过程中发展有效领导力的七项能力和步骤如下：

1. 觉醒：停止旧有的“下载”式思维习惯；

2. 观察：暂悬习惯式的“评判”，以新的视角观察；

3. 感知：使注意力转向，从他人的角度感知，从整体感知；

4. 自然流现：与静默的源头以及想要生成的未来建立联结；

5. 结晶：澄清愿景和意图；

6. 建立原型：联结头脑、心灵和双手，通过实践探索未来；

7. 执行：联结微观和宏观层面的领导力，维持和发展创新。

那么，在充满了复杂性、冲突以及快速创新的当今世界如何“格物致知”呢？这个过程和《大学》及南怀瑾大师的文章中描述的儒家思想的深层精髓是异曲同工的。

除了更为具体地描述“格物致知”的过程，本书还对以下两方面进行了论述。

第一，在 4 个不同的系统层次（个人、团队、组织以及全球）上，“格物致知”的过程与深层次变革和进化是如何息息相关的？

第二，哪些社会技术（或实践工具）可以帮助领导者转变领导、团队、组织和系统运行的内在状态？

当我写作此序时，麻省理工学院基于 U 型理论的领导力发展项目正第二次在中国展开。该项目将汇聚来自政府、企业和社会各界的未来领导者，通过内在发现与协同创新之旅，激发和提升领导力。我深深感动于中国领导者这份致力于携手互助、共建和谐社会的诚意。

我想借此机会表达我对所有译者的真挚感谢，感谢他们出色地完成了本书的译校工作。我还想对林美金女士表示由衷的感谢，她的远见与支持促成了本书的重译工作。同时，感谢视觉记忆师李佩玉的作品，为本书的文字增添了艺术色彩。

最后，关于本书的阅读，我建议您先完成第 1 章和第 2 章，然后是后记，之后再进入您最感兴趣的章节。希望您能有所收获！此外，如果您有兴趣追随本书理论的实践应用，可以参见我于 2013 年出版的新书 *Leading from the Emerging Future: from Ego-System to Eco-System Economies*，该书将于 2014 年在中国出版。

奥托 · 夏莫

于马萨诸塞州，美国

2013 年 10 月 13 日

目录

# 你知道如何打开思维、心灵和意志吗？

扫码鉴别正版图书
获取您的专属福利

扫码测一测，
获得题目及解析。

- U 型理论认为，要想得到深度认知，就需要打开思维、心灵和意志，这三者缺一不可，这是对的吗？

  A. 对

  B. 错

- 歌德曾在神话故事《绿蛇与美丽的百合花》中表达过这样的观点：比光更快、更有生命力的是对话。对这个观点更合理的理解是？

  A. 人才是这个世界的主宰

  B. 人的科技水平可以超过光速

  C. 人终将可以全面改造自然

  D. 人可以从深度对话中体会到共创的神奇和喜悦

- 护士正在协助患者签署“生前遗嘱”，这个遗嘱是患者在清醒状态下对自己病危时医生的干预方式的授权和许可。护士如何表述更能引发患者的深度思考？

  A.“这份遗嘱是为了免于让患者遭罪。”

  B. 其中“不用任何措施延长我的生命”的条款可能意味着不对您实施人工喂食是合法的。请认真考虑后慎重签署。

  C.“请您与家人商量慎重决定。”

  D.“这份遗嘱很多病人都签署了，且投诉率很低。”

THEORY U

Leading from the Future as It Emerges

# 引言

## 踏上发现的旅程

我们生活在一个充满了激烈冲突、体制性失败随处可见的时代，一个痛苦的结束和希望的开端并存的时代。某些深刻的东西似乎正在改变和消逝，同时其他新生事物正在试图崛起。就像捷克斯洛伐克前总统、剧作家瓦茨拉夫·哈维尔（Václav Havel）所说：

> 我认为有充足的理由让我们相信所谓的现代化时代已经结束。今天，许多事情预示着，我们正处于一个蜕变时期：有些东西正在消亡的过程中，而另一些东西正在经历着分娩的痛苦。好像一些东西在垮下去，在腐朽，在耗尽自己，而另外一些东西，虽然尚不明晰，却正在从废墟中诞生。

### 正视时代的危机与呼唤

由于我们不堪一击的秩序和稳定随时都可能土崩瓦解，因此是时候暂停下来，审视废墟之中升起的新事物了。

当今时代的危机不仅是某一个领导、组织、国家或者某一场冲突的危机，而且揭示了陈旧的社会结构和思考方式正在消逝，揭示了过时的制度化和集体性社会形态正在消逝。

很多一线的实践者——管理者、教师、护士、医师、工人、市长、企业家、农民、商界和政府领导，对目前的生存状态都有相同的感受，他们承受着不断增长的工作负荷和提高工作效率的压力。很多人描述这种状态就像奔跑在永不停止的仓鼠轮上。

最近我参加了一个领导力专题研讨会，与会的 100 位领导来自一个非常著名的美国《财富》500 强公司。我前面那位发言人的开场白很精彩。他提醒大家，就在 20 年前，我们还在认真地讨论如何运用新的通信技术赢得额外的闲暇时间。房间里爆发出了笑声，可惜是苦笑——因为眼前的现实与我们当初的设想相去甚远。

在觉察到压力不断增加和自由日渐减少的同时，让我们转身看看同一系统的另一侧。在那里，几十亿人们出生、成长的环境令他们永远不可能有机会，以一种公平和有意义的方式成为全球社会经济系统中的一员。首要问题之一是，现存的全球系统只对我们中相对少数的精英群体有利，而在世界的很多地方，该系统对于绝大多数人而言形同虚设。以下是大家熟知的基本事实和数字，足以证明这点：

- 虽然我们[①]创造了蓬勃发展的全球经济，然而仍有 8.5 亿人忍受着饥饿的煎熬，30亿人挣扎在贫困线上（每天生活费用不到 2 美元）。大约占全球 80% 的世界贫困人口仅仅依靠全球国民生产总值的 15%度日。
- 我们向农业和食品系统投入巨大资源，结果却只是形成了劣质垃圾食品不可持续性的大规模生产，不仅伤害了我们的身体，污染了我们的环境，同时还导致了大量表层土壤的退化，面积等同于印度国土大小（占目前全球可耕种面积的 21%）。

---

① 以下所提到的“我们”是作者以美国人的角度表达的。——译者注

- 我们耗费了大量资源用于医疗保健系统，但这个系统根本就是治标不治本，它仅仅应对症状，而无法解决造成疾病的源头。有很多地区在这方面的投入比我们少了很多，但当地人的健康状况却丝毫不逊色。
- 我们还斥巨资用于教育系统，但是我们的高等教育机构培养出的人才，却不具备感知和塑造未来的内在能力。而我认为这种能力恰恰是 21 世纪知识经济和共创经济最重要的核心能力。
- 尽管令人震惊的科学和经验证据都显示气候变化正在加剧，我们作为一个全球性的系统，却依然按部就班，仿佛什么事都没有发生。
- 当今世界，超过半数的儿童忍受着贫困、战争和艾滋病等问题的困扰，每天死于可预防疾病的儿童数目高达4 万。

纵观全球，我们共同创造着没人想要的结果（包括副作用），而关键的决策者也不觉得能够对改变事态的发展方向起到多大作用。他们觉得就像我们一样，身陷一场“逐底竞争”。同样的问题导致了巨大的体制性失败：目前所存在的思考、对话和制度化的集体模式已经流传了几个世纪，而我们尚没有学会如何塑造、调整和改变这些模式，使其能够适应当今的现实情况。

我们看到的腐朽和摇摇欲坠的社会结构，无论是本地的、区域的还是全球的，都建立在两种不同的来源上，亦即两种不同的思考和运行的结构或方式：前现代的传统式和现代的工业式。两者在过去曾经很成功，但在当今时代都已开始解体和崩溃。

这种解体和深化转型过程的一个标志是原教旨主义运动（fundamentalist movements）在西方和非西方国家的兴起。原教旨主义者说：“看，现代西方唯物主义行不通。它带走了我们的尊严、我们的生计和我们的灵魂，所以我们还是回到旧的秩序去吧。”

这种反应是可以理解的，因为它涉及两个当今社会腐朽的典型特征，和平研究者约翰·加尔通（Johan Galtung）称这两个特征为“失范”（anomie），规范和价值观的缺失；以及“失构”（antomie），社会结构的崩溃。随之而来的文化和结构的缺失导致了暴力、仇恨、恐怖主义和内战的爆发，同时还伴有南北半球的自然灾害。正如瓦茨拉夫·哈维尔所述，好像某种事物正在自我消退和耗尽。

那么正在从废墟中诞生的又是什么呢？我们如何才能应对这些改变呢？如我所见，正在崛起的是一种新形式的存在和力量，自发地成形于小型团体或社会网络。这是一种不同层级的联结，以一种不同的方式与对方同在当下，感受正在生成的未来。当这些团体真正开始借由一个未来的可能性运作时，他们便向着不同于以往的社会领域进发。这些都能够通过思考、谈话和集体行动的不同质量体现出来。当这种变化发生时，人们就能够接触到创造力以及感知的深层次源头，并且超越过去的模式，感受到自己真实的力量、真我的力量。我将这种变化称为“社会场域”（social field）的变迁，因为“社会场域”这个词表明了场内的人互相联系、谈话、思考和行动时所创造的联系总体和类型。

一旦一个团体在这个场域运作成功，下一次的运作将会变得更加容易。这就好像生成了一条持久的纽带，虽然看不见，但却是成员之间共有的。当新成员加入团体时，该纽带依然能保持平稳连贯。本书后续的章节将阐释当这种变迁出现时会发生的情况，以及改变是如何以截然不同的方式表现出来的。

社会场域的变迁不仅是一个值得纪念的时刻，还会衍生出一系列良性结果，包括个人能量和觉察的提升、持续深化自我真实性和对当下的亲身感知、方向感更加明确，同时会在职业生涯和个人生活方面带来显著的成就。

当对危机的讨论和时代的呼唤徐徐展开时，可以听到三种截然不同的立场：

- 复古运动（Retromovement）活动家：“让我们回到过去的秩序吧。”一些复古运动有原教旨主义倾向，但并非全部如此。复古运动的立场通常都伴随着古老宗教的复兴以及基于信仰的灵性。

- 现状捍卫者："继续前进就可以了。集中精力做更多相同的事情，在摸索中前进，过去怎么做，现在还怎么做。"这种立场基于现代科学唯物主义的主流观点。
- 个人和集体转型的倡导者："难道就没有办法打破过去的模式，让我们与未来的最高可能性保持步调一致，并从那里开始吗？"

我个人认为当今的世界形势需要第三种变迁，而这种变迁在很多方面已经开始发生。我们需要放弃制度化集体行为的旧机制，以便和未来的最高可能性会合接轨。

这本书及与其相关的一切活动和研究的目的，在于描绘一种能够带来社会转型变革的技术，使得社会各个领域（包括我们个人生活领域）的领导者们，能够应对现存的挑战。为了应对自如，领导者必须掌握如何基于未来最高的可能性来采取行动，而不是陷于过去的经验模式中。在此要说明的是，当我使用"领导者"这个词时，是指所有致力于带来变革或塑造未来的人们，而并不涉及他们在体制结构中的正式职位。本书的目标读者是公司、政府、非营利组织以及社会团体的领导者和活动家们。这些创造者和大师级实践者时时触动着我，令我思索他们是如何基于深层次过程（我称为"U 型过程"）展开行动的。这个过程引领着我们去迎接正在生成的可能性，并允许我们按照这种可能性实施运作，而不仅仅是简单地反映过去的经验或对其做出反应。但是为了做到这点，我们首先必须明确在领导力和日常生活中存在着一个巨大的盲点。

## 盲点

盲点是我们内部或周围的注意力和意愿的发源地，是我们行事的源头。盲点之所以"盲"，原因在于它是社会场域以及我们每天生活互动中看不见的那一部分。

这个社会场域里不可见的部分是关于场域的源头的，社会场域里一切的发展、变化都从源头而来。我们可以将其比作如何看待艺术家的作品，至少有三种可能的视角：

- 可以聚焦于由创造性过程产生的作品。
- 可以聚焦于绘画的过程。
- 可以观察站在空白画布前的艺术家。

换言之，我们可以在艺术作品的创作过程后（作品）、创作过程中（过程）或者创作过程前（空白画布或源头）来观察艺术作品。

以此类推，我们同样可以从三个不同的角度看待领导力（见图 0—1）。第一，我们可以观察领导者做什么（what）。从这个角度出发的书籍已经出版了很多。第二，我们可以观察领导者们如何做（how），即领导的过程。这已经是我们在管理和领导学研究领域讨论了 15 年或 20 年的话题了。我们从过程的角度对经理和管理者就各个方面和各个职能区域进行了分析，产生了许多有益的见解。但是我们从来没有基于第三种视角，或者说是空白画布视角系统地看待领导者的工作，我们还没有提出这样的问题："领导者实际操作的源头是什么？"

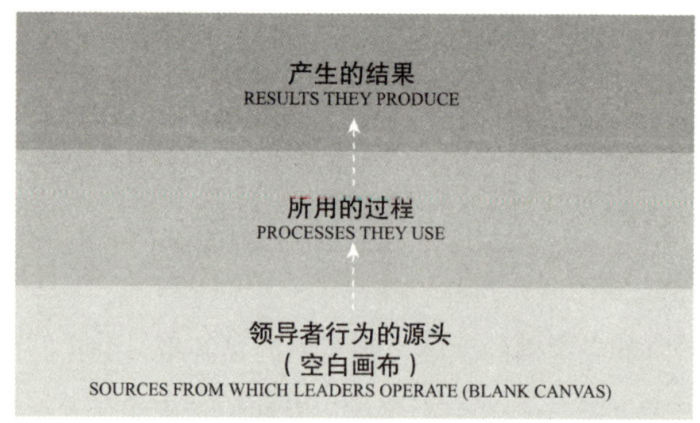


图 0—1　看待领导者工作的三种视角

我第一次开始注意这个盲点，是在和汉诺威保险公司（Hanover Insurance）前任首席执行官比尔·奥布赖恩（Bill O' Brien）交谈的过程中。他告诉我，多年来他一直实施组织学习项目、推进公司变革，得到的最大感悟是："一项干预措施的成功取决于干预者的'内在状态'（interior condition）。"

这一发现引起了我的共鸣。比尔让我明白重要的不仅是领导者的行为和做事方法，更是他们的"内在状态"，即他们所有行为的内在起源。

这里讨论的盲点问题是领导力和社会科学的一个根本因素，同时它也影响着我们日常的社会生活体验。在日常工作和社会生活进行的过程中，我们通常对自己和他人的行为了如指掌；而且也或多或少地了解应该如何完成这些行为，即我们自己和他人行事的过程。但是如果我们问自己："我们的行为来自什么源头？"绝大多数人都回答不上来。我们看不到自身行为的源头，对自己的注意力和意愿从何而来毫无觉察。

我在组织学习领域从事了近 10 年的研究工作，最重要的感悟就是学习有两种不同的源头：向过去的经验学习和向正在生成的未来学习。第一种类型的学习（向过去学习）已经为人所熟知，并且已经发展得十分完善。它是所有主要的学习方法论、组织学习最佳实践及途径的基础。相比之下，第二种类型的学习（向正在生成的未来学习）还基本上不为人所知。

我向很多人提出第二种学习方式，他们都认为是不可思议的。他们争辩说学习的唯一途径是向过去学习。"奥托，向未来学习是不可能的。别再浪费你的时间了！"但是在和各个领域以及行业的领导团队共事的过程中，我认识到由于各种各样的原因，领导者们单靠过去的经验无法应对现存的挑战。某些时候，过去的经验对解决当下的问题不是很有帮助。有时在团队中，过去的经验甚至还会给提出创新性解决方案造成最大的问题和障碍。

后来我慢慢意识到，那些最杰出的领导者和大师级实践者都是基于一个全然不同的核心过程来展开行动，该过程能够引领他们通向未来的可能性。我问自己：我们怎样才能学会更好地感知和联结即将生成的未来可能性呢?

我把这种基于正在生成的未来而展开行动的状态称为“自然流现”( presencing )。自然流现是“在场”( presence ) 和“感知”( sensing ) 两个词的有机融合，它意味要按照一个人最高的未来潜能去感知、同频并展开行动，而这一未来的形成是取决于我们如何展现它的。

本书描述了一个 10 年旅程的过程和结果，而这一切完全得益于我有一群时时给予我激励和灵感的同事以及朋友，有了他们的支持与合作本书才得以完成。该旅程的基本问题是：“我们怎样才能基于正在生成的未来展开行动? 我们如何才能接触、激活和实现社会场域的更深层次?”

## 进入场域

每位农民都知道，一块田地 ( field ) 自身就构成了一个复杂的生命系统，正如地球也是一个活性有机体。

我成长于德国汉堡附近的一座农场，父亲是一名欧洲生物动力农业的先锋。在我很小的时候，他教给我的事情之一就是在有机农业中，土壤的活性质量是最重要的。他跟我解释说，每块土地都有两个方面：可见的部分和不可见的部分，即我们在表层之上看到的部分和居于表层之下的部分。农产品 ( 可见结果 ) 的质量，是农田中土壤质量 ( 肉眼不可见因素 ) 的体现。

我关于社会场域的思考恰恰始于此处：( 社会 ) 场域是基础条件，是鲜活的土壤，生长于其中的正是后来为我们所见的结果。每位出色的农民都会用心维持和提高土壤的质量，因此每一位优秀的组织领导者也应该致力于维护和增强社会场域的质量，就好比是在日以继夜、辛勤耕耘一块“农田”那样。

每个星期天父母都会带领我和兄妹们在田间散步（Feldgang），我们会穿过农场上所有的田地。父亲偶尔会停下来从犁沟里捧起一团泥土，让我们观察学习土壤的不同类型和结构。他解释说，土壤的质量有赖于其中所有的生命体——每一立方厘米土壤中都生存着数百万有机体。它们的活动使得土壤能够像一个生命系统那样呼吸和进化，因而是不可或缺的。

而本书正是想邀请你进行一次“田间”漫步，纵观当今全球的社会“场”景。就像在真正的田野间散步时一样，我们偶尔也会停在田埂上，拾起一小片数据进行研究，以便更好地理解社会场域中不易觉察的部分。正如麦肯锡公司的乔纳森·戴（Jonathan Day）谈到他帮助全球化企业转型变革过程中的经验时所指出的：“最重要的部分往往是眼睛看不见的。”

但是怎样才能以一种更有意识、更清楚的方式，开始看到这个不易觉察的部分呢？

## 阿基米德支点

当我们有意识地想转化社会场域结构时，战略支点在哪里呢？推动全球社会场域演化和变迁的阿基米德支点（即必要条件）又是什么呢？

对我父亲而言，答案非常明确：你在哪里放置“支点”？放在土壤里。你应该专注于持续提高“表层土”的质量。每天如此。肥沃的表层土仅是薄薄的一层，而这层活性物质把两个世界（地表以上的可见领域和地表以下的不可见领域）联结在一起，并不断进化演变。“文化”（culture）和“培育”（cultivation）这两个词的词根都源于“培育土壤”这个理念。农民通过深化两个领域间的联系，即犁耕、耙地等方式来培养表层土壤。

那么社会场域的支点在哪里呢？其实道理完全一样：就在社会场域中可见维度与不可见维度之间的联结层面。一个组织肥沃的“表层土壤”就存在于这两个世界相遇、联结和交织的地方。

社会场域里可见的部分指什么呢？是指我们所做、所说和所见，是能够用照相机捕捉和记录的社会活动。那么什么又是不可见的部分呢？是指一个人展开行动时的内在状态，是我们全部所做、所说和所见发生的源头。按照比尔·奥布赖恩的观点，如果想成为有效的领导者，塑造出不同于过去的未来是最关键的方面。而这就是盲点，是我们的注意力和意愿产生的地方。

在本书的第一部分“发现我们的盲点”中我将会论证，在所有层级、系统和领域中，我们基本上面临着同样的问题：摆在面前的挑战要求我们觉察并改变我们行动时的内在状态。作为结果，我们需要学会同时关注两个领域：我们的所说、所见和所做（可见部分），以及我们行动时的内在状态（不可见的部分，注意力和意愿的源头存在以及运行的地方）。我把联结两个领域的中间部分称为注意力的场结构，它的功能相当于农业里的表层土壤，联结着田地里的两个领域。

集体观察我们的注意力的场结构（field structure of attention），即在展开行动时集体觉察我们实时的内在状态，可能是21世纪及未来社会场域发生转变时最重要的支点，因为它代表了我们的共同意识当中唯一能完全控制的部分。我们每个人都创造自己的注意力结构，所以不能因为自己注意力的缺失责备别人。当我们能够看到这个内在状态时，就可以把它作为实践变革的支点，它使我们具备能力采取不同于以往的行动。我们对注意力及其源头的观察程度可以决定系统的改变程度。但是要做到这一点，我们必须改变实施行为时的内在状态。

## 改变注意力的结构

领导力的实质是在个人和集体两个层面上改变我们行为的内在发源地。

在我父亲的农田里，土壤从浅到深有不同分层。同样，在我们的社会场域里，注意力也可以从根本上分为从浅至深的不同层级。注意力的场结构涉及观察者与观察对象之间的关系，涉及我们关注世界的方式的质量。我们注意力的源头相对于观察者与观察对象之间的界限所处位置不同，就决定了场结构的品质。在为本书所做的研究中，我发现有 4 种不同的源头，分别决定了 4 种不同的质量或注意力的场结构。

这 4 种场结构是：

- 我中我（I-in-me）：我按照惯有的观察和思考方式感知的一切；
- 它中我（I-in-it）：我运用开放的感官和思维感知的一切；
- 你中我（I-in-you）：我敞开心灵，调频至内心而感知的一切；
- 当下我（I-in-now）：我开放意志，从我存在的源头或最深处体会的一切。

这 4 种场结构的区别在于注意力（和意愿）的源头不同：分别是习惯、打开思维、打开心灵和打开意志。任何个人、领导者、团队、组织或社区的每项行动都来自于这 4 种方式之一。

让我们以“聆听”为例说明这种区别。在我与各类团队组织合作的这些年中，我发现聆听有以下 4 种基本类型。

**“是啊，我已经知道了。”第 1 种聆听叫作“下载”（downloading）：即一边听一边再次确认惯有的评判。**当你身处的环境中，所有发生的一切只是确认你已知的信息时，你的聆听就处在下载模式。

**“嘿，原来是这样！”第 2 种类型的聆听叫作“客观聆听”（object-focused listening）或者“听取事实”（factual listening），这个时候关注的是事实，以及新奇的，或与自己看法相左的事情。**在这种类型的聆听中，你会聚焦于你所不知道的新信息。此时你听的重点不再是内心的评判之声，而是摆在你面前的事实。你开始专注于那些不同于你以往所知的信息。客观导向和聆听事实是先进科学研究的基本模式。你提出问题，然后仔细观察大自然（事实）给予你的回应。

**“哦，是的，我明白你的感受。”第 3 种较深层次的聆听是“同理聆听”（empathic listening）。当我们进行实质性的对话时，如果集中注意力，就会觉察到我们聆听的源头发生了显著的变化。**以上提及的两种形式，我们的聆听还是发源于自己的认识内部。然而当我们能够同理聆听时，所接收到的就会发生变化。我们从一味地追求客观世界中的物体、数字以及事实中抽离出来，开始去关注一种活生生的个体、一个鲜活的系统乃至自我。能这样做就需要我们启动并用好一种特殊的“仪器”：打开的心灵，即有感同身受的能力，可以直接与一个人或一个生命体系相联结。一旦这样，我们就会感受到一种深刻的转变。我们会忘记自己怎么想，而开始借由他人的眼睛观察这个世界的绽放。在这样的一个场里，我们通常都能在对方还未开口之前就感知到对方想要说什么，甚至能辨识出一个人是否在选择正确的词来形容一件事。之所以有这种判断力，就是因为我们在他人开口之前就已经对其想说的话有一个“直观把握”。“同理聆听”正如其他人类关系技能那样，是可以培养和开发的。这项技能要求我们激活一种全新的智慧来源：心灵的智慧。

**“我无法用语言表述我的感受。我的整个存在都已经放缓，我感觉自己变得更加安静、更在当下、更加真我。我已经联结到一个超越自我的东西。”这是第 4 种深层次的聆听。**它超越了现有的场域，联结到了更深层次的生成。我称这种聆听为“生成聆听”（generative listening）或者“从正在生成的未来场域聆听”（listening from the emerging field of the future）。这个层次的聆听要求我们开放心灵和意志，启动我们联结正在生成的最高未来可能性的能力。在这个层次上，我们会把“旧”我拉到一边，才能整理出一个空间，开启一片空地，使得另一种全新的、对当下的感知得以生成。这时我们不再寻求身外之物，也不再情结身前之人。我们处于一种“非常态”，可能只有“心灵共享”（communion）或“恩泽”（grace）这样的词语才能略显这种难以表述的体验之妙。

你会注意到第 4 种聆听的感觉和结果不同于其他几种聆听。如果你在谈话结束时，认识到自己再也不是开始谈话时那个从前的自己，就表明你已经进入第 4 层了。你经历了微妙而深刻的变化，并且已经联结到一个深层次的源头，即那个你究竟是谁、为何存在的源头，将你联结到一个正在生成的非凡场域，联结到正在浮现的真我。

## U 型理论：从最高的未来可能性进行探索

我们每个人，每做一件事，都会采取这 4 种方式中的一种来关注事情。无论是个人单独行动还是身处大型团队，我们会因关注力不同而去到意识的不同层面。我建议把这些不同的方式称为“注意力的场结构”。同样的行为可能产生截然不同的结果，这要取决于我们实施某一特定行为时所使用的注意力结构。换言之，“我（这样）关注，因此它（那样）生成”。这是我们通常的社会过程中一个隐藏的维度，不容易被理解，也是当今社会深刻变革中最没有被物尽其用的杠杆。因此，我设计了 U 型理论，帮助大家更好地理解所有这些社会行动持续生成的源头。

U 型理论论述了本书的核心问题：向正在生成的未来学习和行动需要哪些条件？在第 2 章里，我们将追随这个关键问题来掌握如何将我们的领导力、学习和行动从 1、2 层级（反应和快速修正）深化到 3、4 层级（深刻革新和改变）。

当今时代，汹涌的挑战迫使所有机构和社会团体进行自我更新和彻底改造。能做到这一点，我们就必须问自己：我们是谁？我们为何在此？我们想一起创造什么？这些问题的答案会因注意力（和意识）结构的不同而不同。答案可以源自纯粹的唯物决定论观点（层级 1 和 2），也可以基于更加全面的精神根源，包括更加微妙的外在实相源于内在思维和意愿的观点（层级 3 和 4）。

## 新兴科学

本书不想只局限于照亮领导力中的盲点，而是希望揭示一个隐藏的维度，它存在于我们日常生活中的每时每刻。要做到这点，我们就需要发展提升目前的科学形式。就像来自于加利福尼亚大学伯克利分校的心理学家埃莉诺·罗施（Eleanor Rosch）所说的，“做科学需要有智慧的心智。”而我们今天所了解的科学可能只不过是一个初生儿。

1609 年，伽利略发明了望远镜，使其能够观察木星的卫星。他的观察结果为“异端”哥白尼太阳中心说提供了强有力的证据。1543 年，尼古拉·哥白尼发表的专著提出了革命性思想：太阳是宇宙的中心，而并非依照古希腊天文学家托勒密的观点所言，地球是宇宙的中心。然而在其专著发表后的半个世纪里，哥白尼的理论却一直受到质疑，尤其是天主教会的质疑。当伽利略透过望远镜远眺天空时，他知道哥白尼是正确的。但是当伽利略先是在私人交谈中、后又在著作中提出这一观点时，他和哥白尼一样，遭到了来自天主教会的强烈反对，天主教会声称他的观点是异端邪说并传唤他进行审讯。伽利略努力为自己的观点辩护，他鼓励教会的人也透过望远镜看一下，用他们自己的眼睛证明事实。然而尽管教会中的一些领袖支持伽利略的立场，但是大多数人还是拒绝这种令人望而生畏的观察。他们不敢僭越经文中的教条。虽然教会在审讯中成功恐吓了 70 岁的伽利略（强迫他宣布放弃他的观点），但真正的胜利是属于他的，今天他被视作现代实验物理学之父。伽利略推动了现代科学的先锋发展，他没有退缩，而是透过望远镜、运用观察得出的数据来明辨是非。

400 年后的今天，我们可能书写着又一次的飞跃。伽利略重新塑造了科学，他鼓励我们用自己的双眼，自己的感官去收集外部的数据。现在我们要拓展和深化这种方法，收集更加精细的内在数据和经验。要做到这点，我们必须发明另一种类型的望远镜：不是用来帮助我们观察遥远夜空中木星的卫星，而是使我们能够观察到自身的盲点，将观察的方向转移至其源头，即正在进行科学活动的自我。我们需要的工具不仅包括打开的思维（an open mind），这是科学调查研究的一般要求，还包括打开的心灵（an open heart）和打开的意志（an open will）。下面将对观察和领悟这些更微妙的方面进行更详细的讨论。

这场科学转变的革命性与伽利略那场堪称旗鼓相当。而来自于现有知识“卫道士”的阻力也会与伽利略在天主教会所遭遇到的同样猛烈。然而面对当今全球性的挑战，我们能感受到时代在召唤，召唤我们早日得出一个汇聚了科学、社会变革和自我（或意识）进化的综合成果。虽然通常来说，社会科学家和管理学家会从诸如物理学之类的自然科学取经，但我认为现在是时候让社会科学家们挺身而出、建立一套先进的社会科学方法论了，这样才能把科学（第三人称立场）、社会转变（第二人称立场）和自我进化（第一人称立场）融会贯通为一个基于意识行动研究的整体框架。

这样的框架在过去半个世纪社会科学领域的两个主要转折期已经开始崭露头角了。第一个转折期通常被称为“行为转折”（action turn），是由库尔特·卢因（Kurt Lewin）及其跟随者们在 20 世纪后半叶率先提出的。他们采用各种方法研究行为科学。随后在 20 世纪末 21 世纪初出现的第二个转折通常被称作“反思转折”（reflective turn），然而也许将其称为对关注力和意识模式的自我反思转折更为恰当。这种正在生成的、新的综合成果将所有这三种角度联结了起来，其中包括：科学（让数据说话），行动研究（除非改变系统，否则你无法理解系统），以及意识和自我的进化（照亮盲点）。

2 300 年前的亚里士多德可以说是西方最伟大的探索和思考的先锋和创新者，他在《尼各马可伦理学》（*Nicomachean Ethics*）第 6 卷中说，人的灵魂有 5 种不同的方法或能力来掌握真理。其中只有一种是科学（episteme）。按照亚里士多德的论述，科学只能局限于其本身的事物（换言之，取决于必然存在的事物）。对照之下，其他 4 种掌握真理的能力适用于现实和生活的其他所有情境。这些能力分别是：应用技术（techne）、实践智慧（phronesis）、理论智慧（sophia），以及掌握首要原则或源头的觉察或者能力（nous）。

迄今为止，现代科学的重点基本上一直局限于科学知识。但现在我们需要拓宽科学的视角，涵盖掌握真理的其他能力，包括应用技术、实践智慧、理论智慧，以及依靠直觉了解认知和意愿源头的能力。

## 场域之旅

### ‖篇章构成‖

在第一部分“发现我们的盲点”之后，我们进入第二部分“进入 U 境”，随后是第三部分“自然流现，引领深层次的创新与变革”。

场域漫步的第一部分讨论的是盲点的不同方面。我认为当今时代的中心问题是在所有系统层级找出我们的盲点——我们行为的内部发源地。在所有层级上我们都面临同样的问题：如果不改变自己的内在状态并照亮内心的盲点（注意和行动的源头），我们将无法迎接即将来临的挑战。

第二部分将探讨照亮盲点的核心过程——如何才能实现这点？而本书第三部分的重点内容是基于进化的基本原理这一角度对该核心过程进行总结，该角度将通过两种形式呈现出来：其一是作为新型的社会场域理论（U 型理论），其二是作为新型的社会技术（自然流现的 24 项原则和实践）。本书结尾的部分是一篇后记：《建立全球学校，运用自然流现的原则和实践》。内容是讲建立全球学校的理念和宏伟计划，该学校将通过整合科学、意识和深刻的社会变革这种方式将以上原则应用于实践。

本书的 18 章囊括了与世界范围内 150 位杰出的思想家和大师们就战略、知识、创新和领导力方面进行对话访谈而得出的洞见。这本书还涉及了我自己——一位现在生活在美国的欧洲白人男性的生活故事，包括我在麻省理工学院的研究，以及与同事和研究合作者数不清的反思研讨会的工作成果。另外，U 型理论还建立在我对草根运动、全球公司以及非政府组织（NGO）的领导者进行咨询和“行动研究”的诸多成果之上，其中包括富士通、戴姆勒－克莱斯勒、葛兰素史克、惠普、联邦快递、麦肯锡、日产、牛津饥荒救济委员会、普华永道以及壳牌石油。

我在与来自创造性艺术领域的亲密同事一起工作的过程中总是能找到灵感，例如，我的同事海雅希（Arawana Hayashi）设计了能够具化自然流现的练习，并与我共同开发了一个新的艺术形式，名为“社会大剧院”（Social Presencing Theater）。同时我还在本书中添加了许多图表，都是在我信手涂鸦的基础上由专业人士整理提炼的，与文字相比，这些图表更生动地展现了我想表达的概念。我希望通过添加这些图表，使得本书中某些具有挑战性的概念变得更加易于理解。

## 目的

本书旨在完成三件事情。首先是提出照亮盲点的社会场域基本原理（第 15

章）。其次，通过揭示 4 种作为社会现实创造集体进程的基础的根本性元过程，举例说明了这项基本原理。这 4 种元过程分别为：思考、谈话、建立架构以及全球联结（全球治理）（第 16~17 章）。最后，本书还概述了一种自由的社会技术，该技术通过一系列自然流现的原则和操作方式让该方法得以确立并被应用到实践当中去（第 18 章）。

24 项原则发挥着基础的作用并构成一个整体，它们还可表述为 5 项沿 U 型路径的运动（见图 0—2）：

- 共同启动：聆听生命的召唤，联结与这种召唤有关的人和事物，组成一个核心团队，启发共同意愿。
- 共同感知：去往最具潜力的地方；观察，观察，观察；用完全打开的思维和心灵去聆听。
- 共同自然流现：去往能让个人和集体沉静的地方，敞开胸怀感受更深层次的觉知（knowing）源头，联结到想通过你而生成的未来。
- 共同创造：通过设立微系统原型，为正在生成的未来落地做好准备，用行动探索未来。
- 共同进化：携手建造一个大型创新生态系统，让人们通过从整体来观察和行动，创造跨界联结的空间。

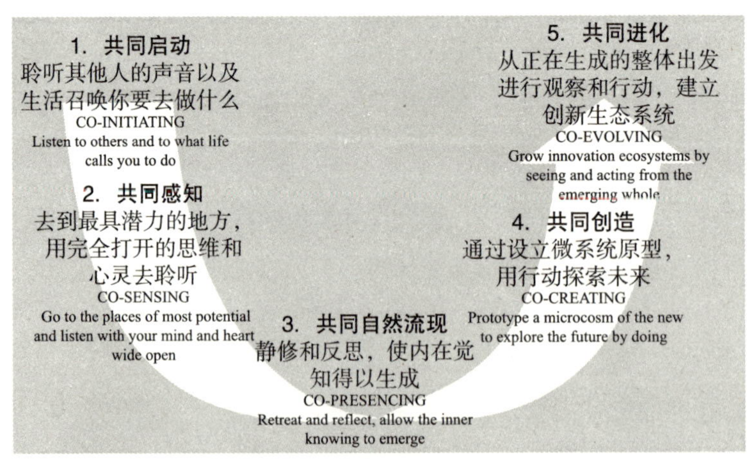


图 0—2　U 型过程的 5 项运动

## ‖方法‖

我们的场域之旅综合使用了三种方法：现象学（phenomenology）、对话（dialogue）以及合作性行为研究（collaborative action research）。三种方法都用于解决同一个关键问题：知识、现实和自我的融会贯通，并且三者都遵循了行动研究之父库尔特·卢因从观察得出的名言：“除非改变系统，否则你无法理解系统。”然而每种方法的侧重点不同：现象学侧重于第一人称的立场（个人意识）；对话侧重于第二人称的立场（交谈领域）；行为研究侧重于第三人称的立场（体制模式和结构的实施）。

你会注意到这本书没有强调个人领导者，而是描述我们每一个人在组织中分散的或集体的领导力。所有人都会影响变革，无谓其正式的职位或头衔。21 世纪的领导力意味着在所有层级上改变我们集体关注力（即聆听力）的结构。

正如七代集团（Seventh Generation）的首席执行官杰弗里·霍伦德（Jeffrey Hollender）所说，“领导力就是比其他任何人都能更好地聆听整体。”环顾四周，你看到了什么？我们现在谈及的是全球领导力，意味着我们把注意力和聆听从个体（微观）和团体互动（中观）扩展到机构（宏观）和全球（世界）体系的层面。这一切都是互相联结的，始终在当下的。所幸转变注意力的场结构所需要的转折点在所有层级上都是相同的。我在本书中通篇讨论的这些转折点适用于所有层级上的系统。

然而有一点需要我们注意：凡事都有代价。基于正在生成的第 4 种场域运作的前提是要做出一个承诺：承诺舍弃所有非本质的一切，承诺遵从被歌德描述为人类旅程实质的“放下 / 接纳”（letting go / letting come）的原则去生活。“而如果你由生至死都不知道其中的奥秘，你将仅仅是地球上一个沉闷的过客。”

当今世界真正的战争并不是各种文明或文化之间的战争，而是对于我们整个人类来说，各种未来进化的可能性之间的战争。重大抉择是关于我们是谁、我们想成为谁，以及我们想把这个朝夕相伴的世界带向何方。所以真正的问题是："我们在这里是为了什么？"

过去的领导方式正在消弭，就好像 1989 年倒下的柏林墙一样。当今必需的不仅是新的领导方法，还需要超越领导力的概念。我们必须发掘一种更加深刻和实用的方式，同时在个人和集体的层次上整合头脑、心灵和双手，整合打开思维、打开心灵和打开意志这三种智慧。

我邀请你和我一起踏上这个发现之旅。

第一部分

# 发现我们的盲点

THEORY U

LEADING FROM THE FUTURE AS IT EMERGES

人类的行为可谓丰富多彩：交谈、欢笑、哭泣、冲突、玩耍、跳舞、祈祷。可是有没有人想过我们的行为从何而来？是源自于我们内心深处吗？还是源自于我们周围的什么地方？先来看看一个艺术家的创作行为，这有助于回答问题。我们可以从以下三个方面来看：首先可以看艺术家的创作结果，也就是“作品”，那些完成以后的图画。或者我们还可以观察他绘画的“过程”，看那沾满色彩的画笔如何描绘出美丽的图案。再或者，我们还可以观察他站在“空白画布前”的那个场景。正是这第三种观察角度引发了本书的指导性问题：在完全空白的画布前发生了什么事？是什么激发了艺术家落下第一笔？

这本书的目标读者是领导者们，即那些能带来创新或变革的个人或组织，我们称之为另一种“艺术家”。所有的领导者和创新者，无论是来自商业、社区、政府或者是非营利组织哪一个领域，他们都是在从事艺术家的行为——为世界带来创新。可现在的问题是，他们的行为源自何处？我们可以观察领导者们的作为，他们做事的方法，采取的策略和实施的过程，然而我们看不到其内心世界。在他们发挥最佳状态的时候，其行为源自何处？在他们毫无约束，任意妄为的时候，其行为又源自何处？

这些问题带领我们来到了一个新的领域，我称其为“盲点”。它指的是通常被我们忽略的一部分认知，是个人或社会体系运作的内在发源地或源头。在所有的体系中，每天都会出现盲点，只是其隐藏得很深。作为领导者和创造者，我们的任务就是找出盲点出现的形式。正如一位巴黎的认知科学和认识论教授弗朗西斯科·瓦雷拉（Francisco J.Varela）告诉我的那样：“当代科学的盲点就在于体验。”接下来，我们要展开一场“实地体验”、一场“学习旅程”，在这个过程中，我们将会对盲点了解得更多。

本书接下来的 7 章提供了 7 种不同的视角以探索盲点出现的不同方式，如在社会生活中、在科学研究中或在体制思考中，并以此作为我们这个时代的标志性特征。无论是个人、组织、机构、社会形态还是体制，都会遭遇盲点，它们将会以最深刻的本体论和认知论思想的形式显现在我们的理论和观念里。

我诚挚地邀请你与我一起探索盲点的几个不同领域。我首先从个人的角度开始，继而扩展到团队、组织、社会、社会科学，最终达到哲学的角度。

THEORY U

Leading from the Future as It Emerges

# 01 大火带来的启示

少年时，我住在德国汉堡市以北 30 英里的一座农舍，那里十分宽敞，拥有 350 年的历史。那天清早当我出门上学时，完全没有想到那会是我最后一次看到自己的家。那只是一个普通的日子，直到下午一点钟老师把我叫出教室。

“奥托，你赶紧回家去。”我注意到她的眼睛有些发红。虽然老师并没有说明让我赶快回家的原因，但我已经十分担心，还没上车就先给家里打电话。电话那头一片沉寂。我那时就明白肯定出事了，只是无法知晓具体情况。

我和往常一样坐了一个小时的火车，下车后我匆忙跑到火车站的大门口，跳上了一辆出租车。直觉告诉我来不及像平常那样等公共汽车了。车还离家很远的时候，我就看见滚滚的浓烟冲上天空，等出租车开到我们家门前那条路时，我的心已经跳得很厉害。我看到了很多人，有邻居，当地的消防员和警察，还有很多从未见过的陌生人。我跳下出租车，穿过人群，跑过两边种着栗子树的行车道。跑到院子里的时候，我简直无法相信自己的眼睛。我从出生以来就拥有的世界不见了，随着黑烟消逝在天空中。

大火吞噬了一切，所有的一切，眼前只剩下一片火海。意识到这个事实后，我只觉得脚下的大地被人撕裂了。我生于此，长于此，在此度过了我的少年时光。而现在我所能做的只是呆呆地站着，承受着大火带来的热浪，感觉连时间都放慢了。随着我的目光越来越深地陷入火光，火光似乎也渗透了我的身体。那一瞬间，我猛然意识到自己如此眷恋于被大火烧毁的一切，我的全部都消失殆尽了。不，也许不是全部，我感受到还有一小部分自己依然存在。仍然有人存在，在审视着这一切。那是谁呢？

就在那一刻，我忽然觉醒了，感受到了另一个完整的“我”，一个过去从未被发觉的“我”。这个“我”与我的过去无关，与刚刚消逝于眼前的世界无关，而是关乎我的未来——另一个我在现实生活中可以创造的世界。那一刻时间逐渐放缓，直至完全静止，我感受到来自身体上方的一股拉力，发现自己从那个未知的地方观察着眼前的场景。我的思维平静下来，并在下一刻铺展成为无与伦比的清醒意识。

于是我发觉过去并不了解自己。真正的“我”与刚刚在黑烟中变为废墟的物质财产并没有关联。这也让我明白了有一个真正的“我”存活于体内！这个“我”正是那个观察者。与过去的我相比较而言，作为观察者的“我”更具有生命力，更加清醒。如今所有的物质财产都被大火摧毁，我反而没有了负累，变得更加轻灵和自由，进而得到解脱，感受到了另一个“我”。这个“我”能够将我带进未来，带进那个正在等待我的世界，在我前进的路上能够将其变为现实。

第二天，我那 87 岁高龄的祖父回到这里，这也是他最后一次回到农场。他生于 1890 年，整个人生都是在这里度过的。由于身体不好，他在一个星期前住进医院接受治疗。当祖父回到被大火烧毁的农场时，父亲正在做清理工作。祖父用尽全身最后的力气走下车来，目不斜视地走到父亲面前，似乎丝毫没有注意到周围冒着黑烟的废墟，甚至有些地方还冒着小火苗。他握住父亲的手，说道：

“孩子，抬起头来，向前看！”

然后他转身径直走回车里，离开了。几天以后他平静地离开了这个世界。此后又过了数年，我才意识到那场大火前的感受是一场旅行的开端，让我明白并非只有一个“我”，而是有两个。一个“我”关系到过去，另一个“我”关系着未来。在面对那场大火时，我感受到了两个“我”开始彼此融合。而20年后的今天，我已身处几千英里外——马萨诸塞州的波士顿，这个“到底谁才是真我？”的问题依然徘徊于心。未来的“我”代表了另一种时间流，始终从未来的角度出发考虑问题，并且一直在努力浮现出来。现在的我如何才能停止对过去的延续和复制，而与未来的“我”建立关联？我坚信正是这些问题促使我在1994年的时候离开德国，前往美国麻省理工学院的组织学习中心，继续我的研究，也正是这些问题激励我完成了本书后续章节的创作。

THEORY U

Leading from the Future as It Emerges

# 02 踏上U型之旅

## U型理论的发端

如前所述，盲点涉及了我们注意力的结构和源泉。我是在和汉诺威保险公司前任首席执行官比尔·奥布赖恩交谈的过程中，第一次注意到组织中存在盲点的。比尔告诉我，多年来他一直实施组织学习项目、推进公司变革，得到的最大感悟是："一项干预措施的成功取决于干预者的内在状态。"这句话引起了我的共鸣！在我看来，决定成功的因素不仅是领导者的行为以及方式，还有引发他们行动的"内在状态"，即我们所说的，注意力的源头和质量。这意味着，如果产生行动时的内在状态不同，那么即使是同一个人，在完全相同的外部环境下做同样一件事，导致的结果也会截然不同。

当我认识到这一点时，不禁产生疑问：我们对于这种"内在状态"到底了解多少呢？我们能够完全掌握领导者和管理者们的所作所为及其实施过程，但是说到这个"内在状态"，简直是一无所知！我甚至不能确定这样的内在状态到底有几种，是两种吗？还是十种？因为它正好就存在于我们的盲点之中，所以无从知晓。然而，我无数次地听到资深领导人和富于创造性的人士提起：这种盲点恰恰最为关键。正是这种盲点将大师级的领导者和表现一般的普通人区分开来。也正是出于这个原因，2 300 年前，亚里士多德要将知识分为两大类：其一为“什么”（what）的科学知识（episteme）和“如何”（how）的实践技能（phronesis, techne），其二为对首要原则（first principles）、觉察（nous）和理论智慧（sophia）之源的内在认知。

1994 年，刚来到麻省理工学院不久，我听了一场关于组织学习的演讲。演讲者是里克·罗斯（Rick Ross），《第五项修炼·实践篇》（*The Fifth Discipline Fieldbook*）一书的合著者。为了回答听众的问题，罗斯走到白板前画了以下这幅图（见图 2—1）。

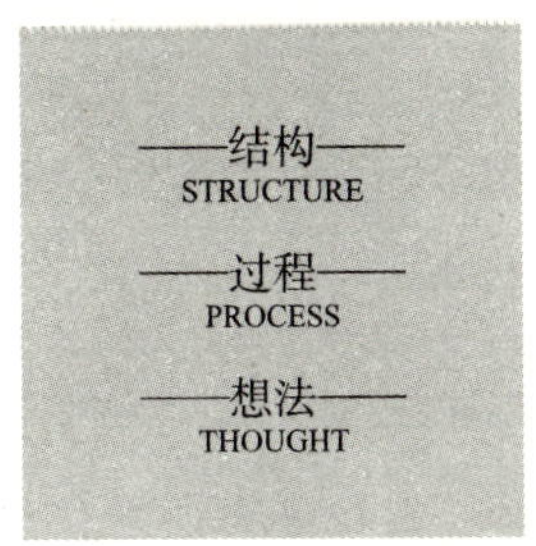


**图 2—1　组织变革的层次**

正是罗斯这幅简单的图让我认识到组织中的变革发生在不同的层次上。这幅图马上就刻画在我的脑海里，对我很有帮助，因为从“结构”到“过程”再到“想法”的变化是一个由实到虚的转化。而当我在脑海里完成这幅图时，我又增加了两个层次：其一在“结构”之上，其二在“想法”之下；另外还有一个横向的从知觉到行动的过渡，请见图 2—2。

我把处于 U 型底部的状态叫作“自然流现”。这个概念在第三部分会有进一步的介绍，目前我们先将其解释为“从内心深处向外观察”，即感知我们未来最高层次的潜力，并据此展开行动。如果我们能够拓展思维、敞开心灵；如果我们能够发挥意志力，感受到内在的推动力，想要采取行动应对周围持续出现的新情况，就说明我们正处于这种状态。

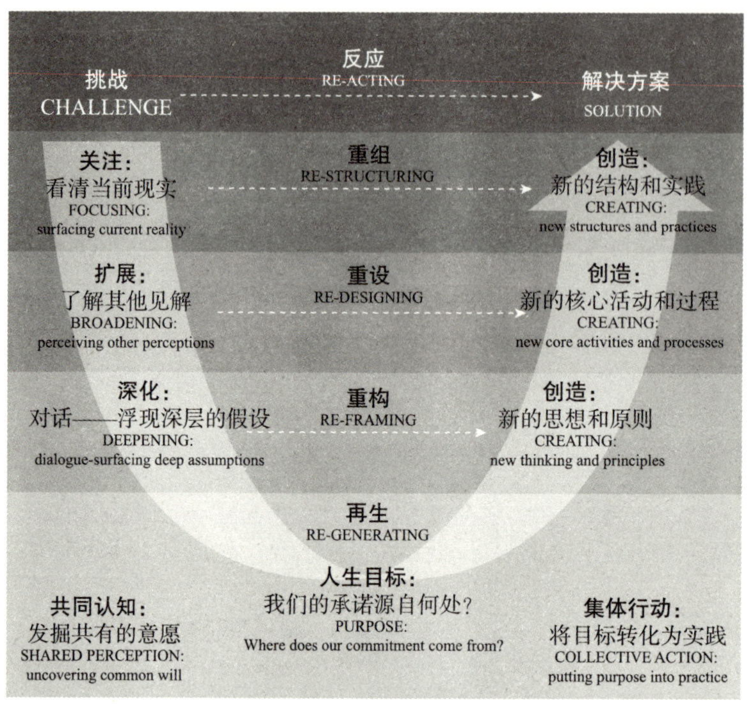


图 2—2　变革的 5 个层次

我在此后的演讲中，以及与团体、组织和社团的合作中，经常展示这幅图，我注意到每次它都能够在有经验的管理者中引起很强烈的共鸣。随着对这幅 U 型图案的接触越来越多，人们开始了解两个关键的轴向。其一是横轴，表示“认知”（perception）与“行动”（action）之间的区别，我们从深层次的联系与感知开始，努力做到行动与实现。其二是纵轴，表示变革的不同层次，由最表层的“反应”（Re-acting）开始，直至贯通到最深层的“再生”（Re-generating）。

目前绝大多数学习和变革方法都以库伯的“学习圈理论”（Kolb Learning Cycle）为基础，该理论指出学习的顺序是：观察、反思、计划和行动。在按照这种方式建立的学习过程中，学习就意味着汲取过去的经验。哈佛大学的克里斯·阿吉里斯（Chris Argyris）和麻省理工学院的唐纳德·舍恩（Donald Schön）

所称的单环学习（Single Loop）和双环学习（Double Loop）的区别，指的也是基于过去经验的学习。单环学习表现在“反应”和“重组”的层面上，而双环学习则可以“重构”为例（包括对自我深层假设和指导原则的反思）。但是，U 型图又超越了双环学习，其最深层次已经达到了“再生”，并且进入了一个完全不同的“时间流”。不再是过去，而是想要生成的未来。在本书中，我将其称为“自然流现”或是“U 型过程”。

当然，U 型理论并不是我凭空想象的，它源自于我多年来在不同环境、活动和一些研究中为寻求变革所做的工作，我此前的两本书中都有收录。我曾经做过一次环球旅行，探访世界范围内的主要文化区域，研究和平与冲突的动态，这些都是我早期关于社会发展和变革的重要思想来源。我去印度学习了甘地的非暴力冲突转换方法，去中国、越南和日本学习了儒、释、道，了解发展和生活的不同方式。我还有幸和一些独树一帜的学者们一起工作，如埃克哈德·开普勒（Ekkehard Kappler）和约翰·加尔通（Johan Galtung），他们让我懂得批判性思维和科学可以成为社会转换和变革的强大动力。其他影响我思想的来源包括先锋派艺术家约瑟夫·波依斯（Joseph Beuys）的作品，以及亨利·戴维·梭罗（Henry David Thoreau）、马丁·布伯、尼采、埃德蒙德·胡塞尔（Edmund Husserl）、马丁·费希特（Martin Fichte）、亚里士多德和柏拉图的作品。在哲学领域，对我影响最深的是教育家和社会变革家鲁道夫·斯坦纳（Rudolf Steiner），他对科学、哲学、意识和社会创新的整合一直为我的工作带来灵感，U 型理论深深得益于他基于“歌德现象”这种科学观点的方法论。

我在阅读斯坦纳的著作《自由的哲学》（*The Philosophy of Freedom*）时所获得的关键性启示，和我在麻省理工学院与埃德加·沙因（Edgar Schein）共同完成第一个研究项目后得出的想法不谋而合。在那个项目中，我们探讨了所有麻省理工学院斯隆管理学院的研究员们得出的变革理论。我们在这些不同的理论和框架中有了自己的发现，得出了一个十分复杂的框架综合体，最后作总结时，埃德加审视着我们的成果，说道："也许我们应该回到原始数据，再重新开始。也许我们应该更加重视自己应对变革的体验。"用斯坦纳的话说，我们应该用更加清晰、透明和严谨的方式来深入分析自己的体验以及思维过程。换言之，要相信自己的感官，相信自己的观察能力，相信自己的认知，把这一切作为所有调查研究的基础起点；随后，要一路追溯你观察的历程回到它的源头，这也正是胡塞尔和瓦雷拉在他们关于现象学方法的著作中所倡导的。斯坦纳的《关于自由的哲学》关注的是个人的意识。而在U型理论中，我们将探索集体注意力的场结构。

## 在施乐帕克研究中心访谈布莱恩·阿瑟

1999年，我和《同步性：领导力的内部途径》(*Synchronicity: The Inner Path of Leadership*)一书的作者约瑟夫·贾沃斯基(Joseph Jaworski)开始合作一个项目。我们的任务是创造一个学习环境，帮助壳牌石油和德士古（Texaco）合并组成的企业的领导们快速学习，并开发出在不断变化的商业环境中创新的能力。

为了做到这点，我们就"创新"这一话题采访了实践者和思想领袖们，其中包括圣塔菲研究所(Santa Fe Institute)经济学项目的创始领导布莱恩·阿瑟(Brian Arthur)，他因通晓高科技市场方面的开创性贡献而闻名。当我和约瑟夫走向位于加利福尼亚帕洛阿尔托市（Palo Alto）的施乐帕克研究中心（Xerox PARC）大楼时，我情不自禁地想起了所有发源于这个地方的革命性创造。20世纪70年代至今，施乐帕克研究中心一直被认为是最具创造力的研发团队之一。地球上几乎每一台台式电脑上,都能看到这个中心发明的麦金塔(Macintosh)图形用户界面；该中心还发明了鼠标等不计其数的核心思想和技术，被包括苹果计算机和Adobe系统之类的成功公司所使用。然而具有讽刺意味的是，所有这些发明和突破都没有被该中心的母公司施乐资本化。施乐的主要精力都用于如何经营这家曾经辉煌一时的复印机公司，相反，这些思想被其他组织和人员获得并进一步开发。

阿瑟会见了我们，并随即开始谈论当今商业世界不断变化的经济基础。“你知道，”阿瑟说，“真正的力量源于认识到正在生成的模式，并顺其道而行。”他接着讨论了两种不同层次的认知：“大多数都是常态意识范围内的普通认知类型；但是，还有一个更深的层次，它超越了‘理解’（understanding），我称之为‘觉知’（knowing）。”

“设想一下，”他说，“硅谷的某公司突然邀我解决某个问题——不是真实的问题，而是一个复杂动态的情况要我去搞清楚。我会观察、观察、再观察，然后只是静修和反思。如果幸运的话，我将会触及内心深处的某些地方，让‘觉知’涌现出来。”他继续说，“你等待再等待，让你的体验自动萌发呈现出适当的结果。从某种意义上讲，这不是要你做决定，要做的事会自然清晰地呈现出来。你不能操之过急。这个过程在很大程度上取决于你真正的意图和你的为人。其中也有很多管理方面可以借鉴的地方。基本上我想说明的就是，真正起作用的是你内心的源头所在。”

这些洞见深深印证了我们从其他很多领域和行业的领导者那里听到的话。领导者需要应对他们的盲点，并转变他们行动的内在来源。

阿瑟请我们想象一下，假如苹果计算机公司决定从百事可乐公司雇用一位首席执行官，会发生什么情况？那位领导会带来他的一种认知：“降低成本、提高质量”等类似的口号。这肯定行不通。但是现在想象一下史蒂夫·乔布斯来了——他能让自己置身困境的迷雾之外并以全新的方式进行思考。“他回到苹果公司时，互联网刚刚诞生。没有人知道那意味着什么。但现在再看看：他让苹果公司焕然重生。”顶尖的科学家们做的也是同样的事，阿瑟继续说道：“优秀但并非顶尖的科学家，能够遵循现有的框架并套用于某些情况。而顶尖的科学家可能只是坐下来放松，让合适的结构自发地形成。据我观察，他们的智商并不比优秀的科学家高，但是他们拥有这种觉知的能力，而这正是两者的差别所在。”

这种“另类的觉知”在中国和日本的艺术家当中也屡见不鲜。阿瑟说：“他们整个星期都坐在挂着灯笼的窗台上，只是凝神眺望，然后突然之间，他们会说‘哦’，并迅速完成画作。”

在回来的路上，我们意识到和阿瑟的谈话给我们带来了两个原则性洞见。第一，认知的类型是有区别的：分为常规型（下载式心智框架）和深层次的觉知。第二，为了激活深层次觉知，必须经历类似于阿瑟提到的例子中的三个步骤：深入观察、联结到想要生成的事物、立即采取行动。很明显这次谈话与我早些时候关于 U 型理论的研究十分契合。所以，我在纸上画了一个 U 型图（见图 2—3），把和阿瑟谈话的关键要点描绘在上面，递给约瑟夫看。

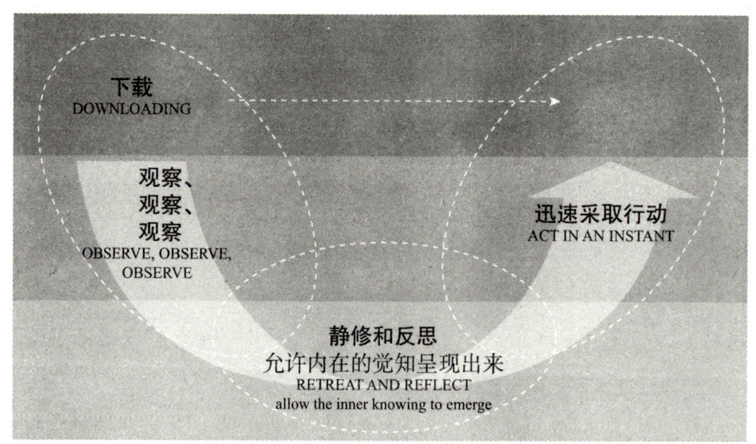


图 2—3　U 型过程的三个步骤

我们意识到自己可能发现了非常重要的理念。接下来，我们就紧锣密鼓地将这个理论详细阐明、结晶并且进行提炼。我和约瑟夫在这些问题上的合作已经教会了我很多关于如何从觉知的深层源头展开行动的技巧。他在《同步性》

（*Synchronicity*）这本书里分享了自己的人生故事，是一本关于个人如何接近创造力源头的很好的说明。出现在我脑海中的下一个问题是：团队、组织或机构要具备什么条件才能在相似的水平上运行呢？寻找这个问题的答案成了我们接下来的追求。

## 认知科学的盲点

这次访谈之后，我通过 U 型图和很多人分享了布莱恩·阿瑟关于创新力与变革的三个步骤。当他们遵循"观察、静修和反思、立即行动"的模式而行时，很多人会说："我知道这个模式。我见过创新高手们这样做过，我自己创造力爆发的瞬间也感受到了这个过程。"但是当我接着问他们："很好，那你现在所处的环境和组织当中的实际工作和生活状态是什么样呢？"他们的回答却通常都是："不像这样，是另一回事，现在的状态更像你说的下载。"令人迷惑不解的正是这点，虽然绝大多数人知道这个创造力的深层内在，但是在日常的工作和生活当中，尤其是在大型机构的环境之中，我们却不能触及这个内在。我们仍然被锁在下载的陈旧模式里。为什么？我认为通往这个深层领域之所以困难，是因为缺少一张指引更加详细的地图。仅有三个步骤是不够的。我们需要的地图会标明每个步骤之间各种典型界点（thresholds）和深藏的部分，以及可能使"观察、观察"这个步骤碰壁的绊脚石。这张更加详细的地图应该是什么样子呢？

带着这个问题，我去巴黎与著名的认知科学家弗朗西斯科·瓦雷拉做访谈。当时我正在进行一项由麦肯锡公司的迈克尔·荣（Michael Jung）主持的类似研究项目。1996 年，当我第一次见到瓦雷拉时，他给我讲解了认知研究中的盲点问题。"需要一种方法来探索体验品质的最基本核心。换言之，问题不是我们对大脑和生物学了解得不够多，而是我们对体验了解得不充分……西方的系统方法存在一个盲点，每个人都认为自己了解体验，但我认为我们不了解。"

2000 年 1 月，当我坐在瓦雷拉的办公室里时，我根本没有想到那是我们最后一次见面。当代最杰出、最有前途的认知科学家之一瓦雷拉于 2001 年去世。我们那次谈话中，他解释说，他现在的工作需要对“方法”进行三角测量：心理学的内省、现象学以及冥思练习( contemplative practices )。“它们的共同点是什么？人类所共有的是什么？”瓦雷拉沉思着，“19 世纪 80 年代的德国人能够进行创造性内省，公元前 5 世纪或公元前 4 世纪释迦牟尼佛祖的继承者能够创造出‘止禅’( samatha ) 来进行冥思，或者胡塞尔这样的人能够创造一套全新的现象学思想学派。这三项关于人类体验的实用学问有什么共通之处呢？”

“关键在于你怎样才能悟道。”瓦雷拉三年间一直忙于写作一本名为《悟道》( *On Becoming Aware* ) 的书。在书中，他提问道：“能够将这个核心过程作为一种能力来培养吗？”“从这三项传统实践中可知，你首先必须辨别纯粹的第一人称的观点，和介于第一人称和第二人称之间的独特视角。然后我们回到第一人称角度来看，悟道可分为三个阶段：暂悬 ( suspension )、转向 ( redirection ) 和放下 ( letting-go )。”

## ‖ U 型图左侧的三个阶段 ‖

这是每个人凭直觉都能知道的，他说：“但是，就像一个赛跑者想要成为马拉松运动员必须经过训练一样，理解和掌握这个过程也需要学习和指导。”我们一起过了一遍这三个阶段。瓦雷拉解释说：“暂悬是暂停或搁置习惯的模式。在佛教的冥想中，你坐在蒲团上，升华到习惯行为的上一层，从一个更空灵的视角观察世界。”我们接着讨论有很多人坐着冥想却说什么都没有感觉到。为什么呢？“因为要点就是在暂悬之后，你必须忍受什么都没有发生的状况。为此，暂悬是一个非常微妙的步骤，能够坚持下来是关键。”

他接着解释了第二和第三个阶段：转向和放下。转向就是把你的注意力从

“外部”重新引向“内部”，使其转向心智过程的源头，而不再是客观事物本身。他还告诫说放下需要轻缓。就像他和纳塔莉·德普拉（Natalie Depraz）以及皮埃尔·沃姆斯基（Pierre Vermersch）共同在书中所写道的，放下意味着“接受我们的体验”。

令我印象深刻的是，瓦雷拉所描述的转换注意力质量的三个阶段，或称为三个转折点，和我在团队里的经历十分吻合。瓦雷拉谈论的是在我们悟道的过程中会陆续展开的注意力结构中深藏的部分：暂悬习惯性评判；把感知客观事物的注意力重新引向共同创造事物的过程；最后，通过放下旧有身份和意图来改变注意力的品质，允许新事物以正在生成的未来这一身份和目的自然涌现。

走出瓦雷拉的办公室，我知道自己已经收到了一份礼物。现在需要弄清的是如何打开装礼物的盒子。像其他辅引师（facilitators）一样，当我在团队过程和研讨会中设法引导人们通过转折点进而接近创造力深层次源头时，曾经多次看到这些深藏的部分。首先，你要帮助团队成员暂悬评判，以看清他们自己面对的客观现实，包括基本数据和事实。然后，你帮助他们把注意力从事物转向到过程上来，目的是帮助他们从一个更好的角度看待系统，观察自己的行动如何有助于解决问题。就是在这点上，人们开始明白自己也是问题的一部分，开始明白最初好像是纯粹由外力造成的模式其实是他们共同造成的。于是，如果幸运的话，你可以把他们带到沉静的深处。在那里，他们会放下旧有的一切，并开始和他们的更高层次意愿进行联结。我顿时明白该如何把这些深藏部分绘制进 U 型图中了（见图 2—4）。

但我觉得还有其他更多问题。如果瓦雷拉“悟道”的核心过程阐明了沿着 U 型曲线一侧下行的旅程，那旅程的另一半呢？右半侧上行的那部分是什么呢？在我看来，大多数认知和专注力的研究人员、教育者和培育者都把精力主要集中在“开启的过程”——U 的左侧，而很少或完全没有注意到当我们进入 U 的右半边所发生的集体创造的过程。就像每位实践者、创新者和领导者所知道的那样，一定有一个集体创造的过程发生在 U 的右半侧，那是一个完全不同的维度，关系到有意识地把新的启发变成现实。那么，新的启发是如何具化的呢？又是如何成形的呢？

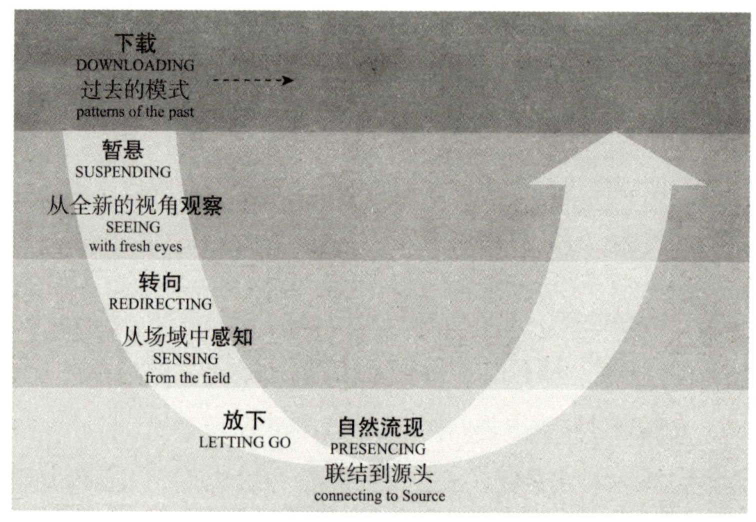


图 2—4　U 型过程的开启阶段

## 领导力的内部领域

### 绘制 U 型图的右半边

沿着 U 的左侧下行，我们会经历下载、观察、感知和自然流现这 4 个认知层面。然而若想成功地进入这些深层次认知空间，必须跨越瓦雷拉谈及的三个界点：暂悬、转向和放下。由此我想，沿 U 的右侧上行可能是同样的路线，只不过你跨越的域限是来自于相反的方向（见图 2—5）。

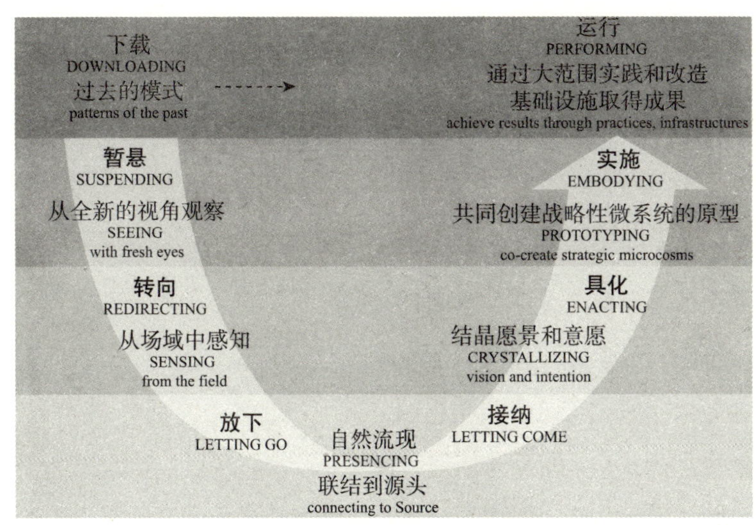


**图 2—5　完整的 U 型图：6 个转折点**

因此，在你下行的路上遇到的“放下”对应着上行过程中的“接纳”，引领你通往清晰愿景和意愿的层面；从向外转向到向内观察方式的界点（下行），对应着将内部愿景转向到采取外部行动，制定短周期原型的界点（上行）。最后，暂悬习惯和常规行为的界点（下行）对应着通过行动、基础设施以及实践把原型机构化的界点（上行）。因此，在每种情况下都需要跨越界点，只不过是方向发生了变化而已。

我曾经在很多场合看到团队跨越这些界点。当这种深刻的创新和变革过程出现时，你能看到一个团队的经历或多或少类似于以下的社会场域的微妙转换：

- 下载：重复过去的模式——按个人的习惯思维方式看待世界；
- 观察：暂悬评判并用全新的眼光去观察世界——被观察的系统独立于观察者；
- 感知：联结到场域，从整体的角度参与到情境当中——观察者和观察对象之间的界限开始消失，系统开始观察自己；
- 自然流现：联结到最深层次的源头，未来的场域开始从那里生成——从源头展望；

- 结晶：愿景和意愿——从想要生成的未来设想新生的创造；
- 建立原型：就周围的实际情况来建立原型，通过实干探索未来——通过“和周遭保持对话”来行动创新；
- 运行：在实践和基础设施中展示和实现创新——将创新融入共同进化的大型生态系统的环境中。

为了完整地察看这 7 个认知空间，我们可以把它想象成一个有着 7 个不同房间或空间的住宅。每个房间都代表了注意力的一个层次。当今多数组织和机构的问题是，他们仅仅使用了这些房间里的少数——通常是位于图 2—5 上半部的空间，而其他房间很少得到充分利用。本书的第二部分“进入 U 境”详细地向我们展示了这些“房间”代表的内容，以及我们如何享受和利用在其中的状态，并从这种感受中获得成长。

U 型理论余下的旅程可以总结为 5 个关键的观点或命题，这里我先加以介绍，在本书后续各个章节会进行更加详细的阐释。

**1. 我们需要一项新的社会技术，它建立在内在三器（three instruments）互相协调的基础上。**

通过参加无数深刻创新和变革项目及提议的过程，我认识到，虽然富有经验的领导者通过自己的经历确实了解 U 型路径的这些深层空间，但是多数组织、机构和大型系统却还牢牢困在第 1 层和第 2 层。为什么？我相信这是因为我们缺乏一种新型的社会领导技术。没有新型的领导技术，领导者就不会真正地改变场域，因此最终只能重复相同的结果。人们把这些努力称为“重组”、“重设”或者“再策划”，然而通常情况下它们只会让我们更加沮丧和愤世嫉俗。

我建议开发一种新型的领导技术，该技术建立在打开思维、打开心灵和打开意志——我们每个人都有的“三器”上。我们不仅要在个人层面上，同时还要在集体层面上培养这些能力（见图 2—6）。

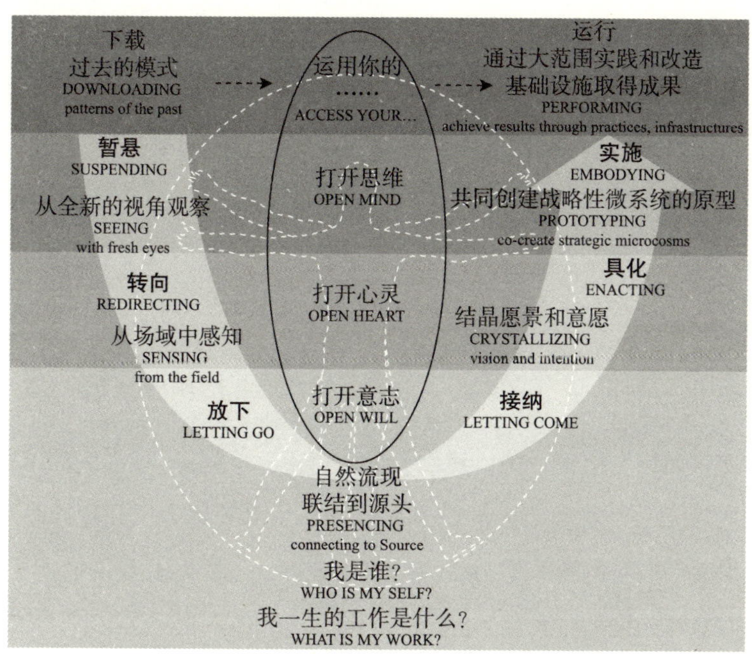


**图 2—6　内在三器：打开思维、打开心灵和打开意志**

第一器或能力是打开思维，建立在人们的脑力或智商（IQ）的基础上。这种能力让我们用新眼光看问题，并能够应对周围的客观数据和事实。就像谚语所说的：思维就像降落伞，只有敞开时才能物尽其用。

第二器是打开心灵，关系到人们利用情商（EQ）的能力，即与他人感同身受的能力、适应不同情境的能力，以及设身处地为他人着想的能力。

第三器是打开意志，关系到人们达到真实的人生目标和自我的能力。这种智慧有时也被称作意愿或者“灵商”（SQ），和放下及接纳密切相关。

我们不仅可以在个人层面上（主体的），也可以在集体层面上（主体间的），协调使用这三项工具。

**2. 最重要的领导工具是你自己。**

第二个观点关系到人类不断进化的天性，以及认识到并非只有“一个自我”而是有“两个自我”。第一个自我是由过去发生的经历所形成的个人或团体。另外一个自我则是走向未来时能够成为的个人或团体，那里蕴涵着我们最高的未来可能性。人们有时会将第一个自我称为“小我”（self），而将第二个自我称为“大我”（Self）。

当这两个“自我”产生交流时，你就会体验到自然流现的本质。

这一切将如何发生呢？稍后我们会详细讨论这个问题，现在先简单描述一下。U 型图的底端是一个必须跨越的基本界点，不妨将其称为“穿过针眼”。如果穿过的过程失败，所有的变革努力就只会流于表面，不能触及我们的本质核心——蕴涵着我们最佳未来的“大我”（Self）。为此，我们必须学会放下“小我”（ego）和习惯性“小我”（self），以利“大我”的涌现。

当我们的“小我”和“大我”开始沟通时，我们就和最高的未来潜能建立了微妙但非常真实的联结，而这种联结可以在过去的经验不起作用时给予我们帮助及引导（见图 2—7）。

因此，新领导技术中最重要的工具是领导者本身——你自己。

**3. 领导的内在工作是面对和征服三个敌人。**

第三个观点和以下这个难题有关：为什么人们总是很难涉足通往 U 型图深层的旅途呢？因为这需要艰难的内在功课。“穿过针眼”要求我们至少要面对和处理三种来源于内在的抗拒的声音，同时也是三个封锁住通往深层领域入口的敌人（见图 2—8）。

第一个敌人封锁了通往打开思维的大门。迈克尔·雷（Michael Ray）将这个敌人叫作“评判之声”（Voice of Judgment，简称 VOJ）。除非我们成功地关闭了评判之声，否则我们将不能在触及真实的创造力和在当下方面取得进展。

第二个敌人封锁了通往打开心灵的大门。我们称之为“嘲讽之声”（Voice of Cynicism，简称 VOC），也就是批评、冷漠、怀疑等各种疏远情感的行为。在我们开始敞开心灵的时候，什么会受到威胁呢？我们必须首先使自己处在不设防（vulnerability）的状态，而疏远会使你达不到这种状态。我不是说你应该永远都不再听取你的 VOC，但我认为，如果你想到达 U 型图的底部——到达你的真我，那么你的 VOC 就必须要停止工作，因为它封锁了你前行的脚步。

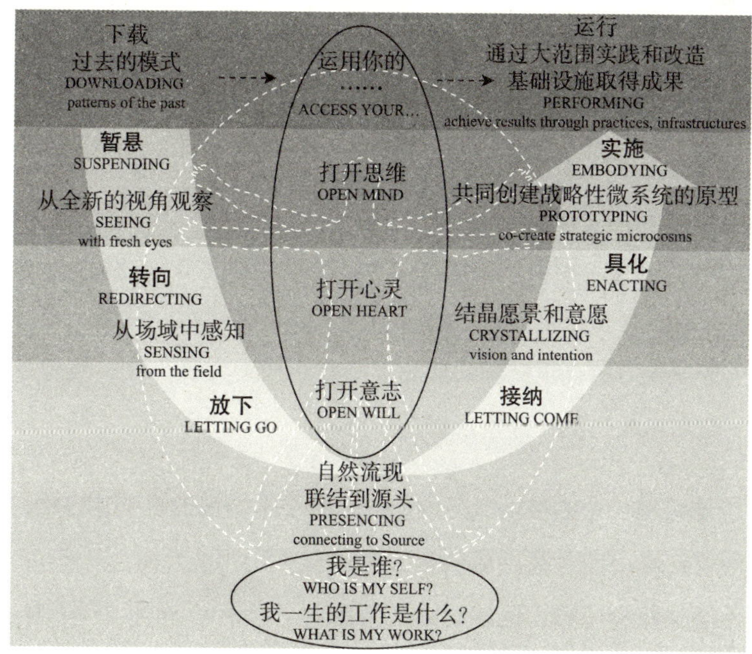


图 2—7　最重要的工具：你自己

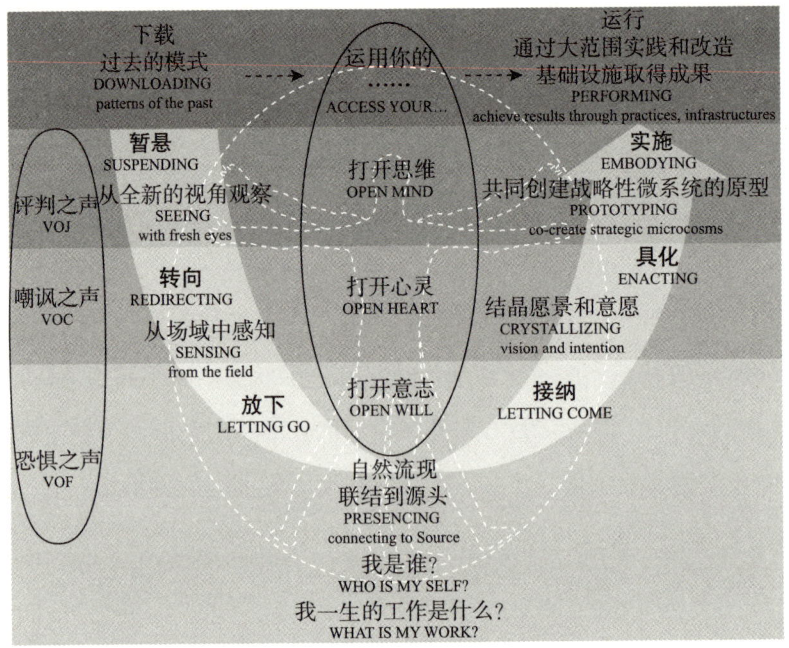


图 2—8 面对三个敌人：VOJ、VOC、VOF

第三个敌人封锁了通往打开意志的大门。这就是“恐惧之声”（Voice of Fear，简称 VOF）。它试图阻止我们放下已有的东西和身份。VOF 可以表现为害怕失去经济保障、害怕被排斥、害怕被嘲笑以及害怕死亡。但是，迎接并应对恐惧的声音正是领导力的真正精髓：即放下小我和接纳大我。此后我们将迈进一个只有克服了对未知的恐惧才开始形成的新世界。

#### 4. U型理论是一个活性场域的理论——而不是线性的机械式过程。

第四个观点与一个令我感到疑惑的现象有关，我注意到，一些 U 型过程的早期采用者以一种线性的、机械的方式应用这个理论的原则。我认为这与 U 型理论的精髓背道而驰：U 型理论是一个矩阵，是一个综合的整体，而不是线性的过程。

观察李小龙、拳王阿里或飞人乔丹，你会发现他们的行动不是线性的轨迹。相反，他们与面临的局面共舞——不断观察和感知（联结），允许内部感知或直觉涌现，然后瞬间采取行动，并且他们自始至终都采用这个方式。

这不是三个顺序进行的阶段。你无法计划好每个星期做一项，中间休息几天。相反，你要始终和周围的情况以及内在生成的状态共舞。你同时和 U 的所有三项运动共舞，而不是按顺序进行。

但是，出于实践目的考虑，把 U 型过程按阶段的方式进行分解还是有益的：在共同感知的过程中，将精力集中于感知；在共同自然流现的过程中，将注意力集中于内在觉知；在共同创新的过程中，要致力于实施。但要记住：所有其他的运动和能力都一直同时并存。你可以把 U 想象成全息理论：每个部分都反映了整体，只是反映方式都非常具体而特别。

为了提高与正在生成的深层场域的共鸣，组织需要建立三种不同的基础结构和场所（见图 2—9）：

- 建立场所和基础结构，有利于对周围更大的生态系统中实际发生的一切进行共同观察和理解（共同感知）；
- 建立深省和静默的场所，从个人和集体层面上促进深层次聆听，联结到真实存在和创造力的源头（共同自然流现）；
- 建立场所和基础结构，为新的运行模式建立原型，通过实干探索未来（共同创造）。

**5. 生成性和创造性社会空间的兴起（自然流现的流程）是与毁灭性社会空间的衰亡和转变（固步自封的流程）相关的。**

最后一个观点是，虽然我们目睹了破坏、暴力和原教旨主义的大规模崛起，然而与此同时，我们也看到了一扇通往更深层次社会场域的大门。这种双重运动一方面是通往生成的更深层次，另一方面是不断增强的破坏力，是我们这个时代的鲜明特征。

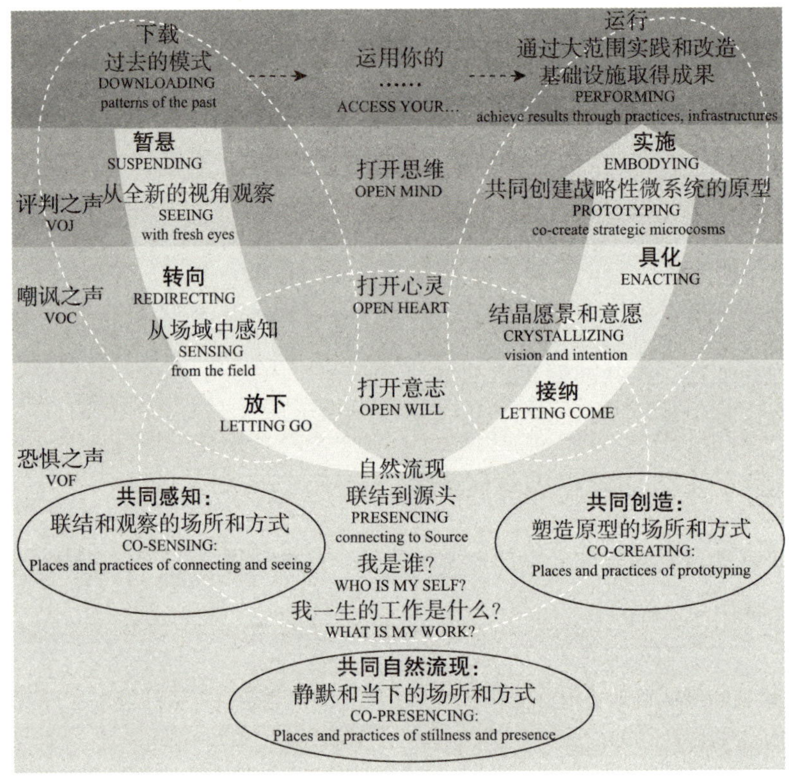


**图 2—9 建立三种基础结构**

这第五个观点想揭示“自然流现”和“固步自封”这两种力量是互相关联的。因为我们经常会看到人们在面临极度毁灭的同时觉醒，获得了更高层次的意识和觉察。在本书中，我将介绍几个这样的故事，包括我的同事亚当·卡汉（Adam Kahane）领导的危地马拉小组，以及 1943 年柏林罗森斯塔塞（Rosenstrasse）妇女的故事。这些故事表明，不管在世界何处，我们都有两种不同的社会联结，两种不同的社会场域。一种是由反生成性（anti-emergence）和毁灭的力量所控制，是将要消亡的集体社会主体，另一种是由新生和集体创造的力量所控制，是将要诞生的新生社会主体。在当今充满暴力和联系的环境中，我们挣扎在这两个场域之间。我们随时随地都有可能从一个场（集体创造）切换到另一个场（集体毁灭）。及时察觉这种切换取决于我们觉醒的程度。

在第一部分的后续章节中，我们将看到系统层面发生的情况大同小异：我们会继续碰触我们的盲点。也就是说，我们一次又一次地置身“空白画布”之前，这要求我们审视自己，审视我们的集体行为模式，彻底改造自己，反思我们是谁，并且要重新明确我们作为个人、团体和机构想朝着怎样的方向发展。

在第二部分，我们将揭示照亮这个盲点的核心过程；在第三部分，我们将更加详细地研究这次全球场域的深刻转变是如何按照从个体（微观）到群体（中观）、机构（宏观），再到整个世界的层次来席卷所有系统层级的。

在你通读全书之后，你会发现，有时我和你分享的框架最初会显得有点复杂，但同时你也会注意到所有的框架和细节都是从贯穿全书的实际案例和事件中总结出来的。纵观全书，你会认识到它们就像是我们集体进化过程的足迹，是我们在各系统层次上制定的基本进化原理，是我们每天都有的亲身体验。因此，观察、认识、注意这些模式不仅是一种理论上的练习，它还赋予了我们一种全新的方式，使我们能够充当变革的前行者，集体创造一个完全不同于以往的新世界。

如何做到这一点，如何基于正在生成的未来展开行动，是贯穿本书的主线。带着这个问题，现在让我们把视线转移到团队如何学习的问题上来。

THEORY U

Leading from the Future as It Emerges

# 03 学习和变革的4个层次

## 学习和变革的层次

在第 1 章中，我回忆了自己少年时，在毁掉自家农场的大火前，如何在震惊中进入一个新层次的体验。回顾当初，我将那次经历看作是生活给我的一份礼物：我从中感受到了注意力场（attention field）和关注世界方式的深刻改变。这其实还是相对简单的部分。

真正困难的部分是如何在团队和组织的环境中实现这种改变。作为一个团队，我们要怎样改变注意力场，才能使自己联结到最佳的未来潜能，而不是继续基于过去的经验行动呢？我们怎样才能在没有诸如农场大火这类突发状况的条件下完成注意力场的改变呢？正是这个挑战在 20 世纪 90 年代把我带到了麻省理工学院的组织学习中心。

1994 年秋天，我来到波士顿时，刚刚获得了经济与管理学博士学位。我的毕业论文《资本主义的反思性现代化：来自内部的革命》（*Reflective Modernization of Capitalism: A Revolution from Within*）论证了为应对时代的挑战，社会需要发展跨界学习能力这一观点。

在社会所有关键领域里，我们创造了大量社会组织或系统，但是它们的运行却几乎没能让任何人满意：学校不能培养出孩子深层次学习的能力；医疗保健系统只是治标不治本，不能解决导致疾病的根本问题；工业生产体系违背全球生态系统运作的原则和规律；世界政治系统面临诸如恐怖主义等问题却只能应对表面症状，而没有找出体系上的原因。以上所有实例都存在一个共同的问题：我们怎样才能找出不重复过去（失败）模式的方法来解决问题呢？我到达麻省理工学院组织学习中心后得出的顿悟之一是：组织变革的方法有好几种不同的维度，其中一些比另一些更可见（visible）。最常见也是最可见的一个维度就是：出现了危机或变革的需求，然后我们作出"反应"。

图 3—1 显示了应对变革的 4 个层次。层次 1 是反应，即基于现有的习惯和常规方式来回应；层次 2 是重设，即改变潜在的结构和过程；层次 3 是重构，即改变潜在的思维模式。在当今组织和机构中，绝大部分时间和资源都花在了层次 1 和层次 2 上，忙于应付问题和重组结构及过程。虽然在某些情况下这种应对的方式是恰当的，但在其他情况下却不尽然。研究结果表明，20 世纪 90 年代，大约 70% 的商业再策划项目以失败而告终。为什么呢？因为再策划通常只是在前两个层面上运行，参与其中的人员没有对问题进行深入的重新思考或"重构"。

相形之下，组织学习方法用于管理变革的方式不应该只针对前两个层次，还应包括第三个，即对所面临问题中最基本的个人主观臆断进行重新思考和重构。按照克里斯·阿吉里斯和唐·舍恩提出的术语，我们可以将层次 2 称为单环学习，层次 3 称为双环学习。单环学习意味着我们要反思自己的行动；双环学习则更进一步，包括对行为背后隐藏的、深层次的假设的反思。

迄今为止，组织学习一直主要关注如何基于单环学习、双环学习以及过去的经验来建立、培育和维持学习的过程。有很多优秀的例证、研究和书籍展示了如何将这些学习过程付诸实践。今天我们已经掌握了很多具体技术，用于建立支持和培育如图 3—1 中层次 2 和层次 3 所示的学习过程的环境。

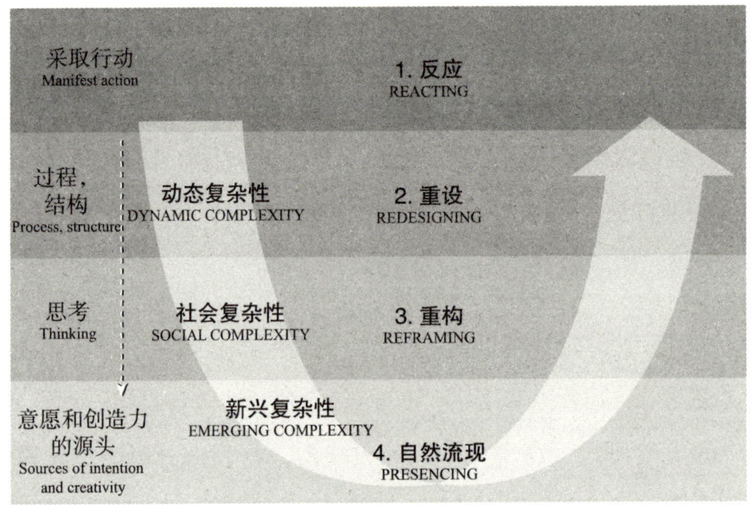


**图 3—1　学习和变革的 4 个层次**

但是，在和来自不同行业和文化的公司的合作过程中，我发现很多领导团队正在面临一些更高层次的挑战，这些挑战仅靠反思过去无法得到解决。很多公司都拼尽全力想在当今这种史无前例的动荡、复杂和多变的全球环境中获得成功，这些公司的高管们认识到只是反思过去的经验不足以帮助他们弄清下一步该如何行动。通过观察这些领导团队分析和应对这些挑战的过程，我们逐渐摸清了学习和觉知的第 4 个层次：向正在生成的未来学习（见图 3—1）。我把这个层次称为“自然流现”，因为它包含了觉察和体验当下的这样一种特别的方式。自然流现标示了个人和集体直接与其最高未来潜能相联结的能力。当这种能力得以实现的时候，这些个人与集体就可以开始基于更有生成力和更加真实的当下存在来展开行动。

## 我们集体行为的源头是什么

我于 1994 年第一次见到迈克尔·荣时，他是麦肯锡公司维也纳办事处的首席代表，同时也是一项世界范围内领导力研究课题的负责人。在慕尼黑，我们就领导和组织进行了发人深省的谈话。谈话结束时，荣问我是否有兴趣进行一项全球项目，就领导力、组织和战略等话题采访世界领先的思想家。“所有访谈都将公开。你可以把这些访谈用于你的博士后研究，我可以把它们用于我在麦肯锡的工作当中。而且，其他任何感兴趣的人都可以从一个网站上下载相关内容。我们希望人们可以通过这些访谈激发思想和创造力。”

我当然感兴趣，所以回到波士顿之后就邀请了几个人来帮忙献计献策，几天内我们就列出了一份我们认为最有兴趣和最富创造力的思想领袖的人员名单，包括学术泰斗、企业精英、发明家、科学家、教育家、艺术家以及其他很多人。

我首先进行采访的人之一是彼得·圣吉，那时他是麻省理工学院组织学习中心的负责人。圣吉的书《第五项修炼》（*The Fifth Discipline*）是我当初加入该中心的主要原因之一。我以惯常的方式开始了访谈，问道：“您的工作想要解决什么潜在问题呢？”

圣吉说他最大的兴趣在于人类系统的有意识进化。他接着讲述了最近和瑞典物理学家及全球性环境组织——“自然阶梯”的创始人卡尔－亨里克·罗伯特（Karl-Henrik Robèrt）的相识。圣吉解释说：“他的某些经历确实触动了我，我认识到他的经历和我的有极其相似之处。罗伯特在其大部分职业生涯中一直从事有关癌症的研究，接触过数以百计父母、孩子或配偶身患癌症的家庭。他说，‘每每让我震惊的总是人类那令人难以置信的勇气。你应该知道拒绝接受现实是多么强大的力道，但是当你告诉人们难以承受的坏消息时——（例如）你家 3 岁的孩子患了癌症，你会吃惊地发现，和人们直面现实、作为互助互爱的家庭成员共同承担逆境的能力比起来，这种力道显得无比渺小’。”

圣吉说，在自己多年以来主持知名个人成长课程——“领导力和自我超越”的过程中，他也认识到了直面现实的巨大力量。他告诉我，一个纲领性问题指导着他的研究：“如何帮助人们共同启动深层次的变革，为了面对似乎无法解决或不可能改变的事情。”他继续说道：“很多人会说，人类基本上是以自我为中心，并且本质上是物质利益主义的，这就是为什么我们的社会是现在这样。事情就是这样的。”

“当然了，”他接着说道，“‘事情就是这样的’仅仅是一个心智模式，只要处在适当的环境下，人们会质疑这种模式并体验什么是真正的宽宏大度。那么如何开始集体释放这样一种能量呢？”

彼得继续讲述他的故事，我聆听着，开始感觉时间放慢，并从更深的层次去关注。

“一年前，我和住在香港的中国禅宗大师南怀瑾有过一次有趣的谈话，”彼得说，“在中国，他是位很受敬重的人物。他集佛教、道教和儒家思想精华于一身，被认为是一位非凡的学者。我问他，‘您是否认为工业时代产生的环境问题会使我们自我毁灭，并且我们必须找到方法去弄清这些问题、改变工业化体制’？”

“当时南怀瑾大师停顿了一下并摇摇头。他不完全同意这个观点，这不是他看待问题的方式，他从更深的层次去看待这个问题。他说，‘世界上只有一个问题，就是物质（matter）和心智（mind）的重新整合’。这是他的原话，物质和心智的重新整合。”

这些话和我自己的问题产生了深深的共鸣：物质与心智的割裂对于我们整个社会、对于我们共同创造的社会实体究竟意味着什么呢？这使我想到了父母的工作。农业耕作的可见结果，即收获的果实，有赖于不可见的土壤本身的质量。那么，可见的社会活动的质量是否取决于在我们知觉盲点中的不可见场域的质量呢？南怀瑾大师说我们的首要问题是物质和心智的重新整合，这就意味着：如果想提高团队行动的质量，我们就需要注意行为源头的这个不可见维度——我们行为的内在发源地。

## 物质与心智的割裂

我询问圣吉他如何看待物质与心智之间的分离与当今团队和组织的关系。他答道："我们所创造的组织在某种意义上就像物质一样，独立存在于我们的外部。而之后我们却又受制于自己创造出来的那些组织。"

组织按照人类创造它们的方式运转，出了问题就是"系统"导致的。原因总是外在的，是"别的东西"造成的。因此，事实可能是这样："想法创造了组织，然后组织把人类禁为囚徒。"或者，就像量子物理学家大卫·玻姆（David Bohm）经常说的，"想法创造了世界，然后说'这不是我干的！'"

"对我而言，"圣吉继续说，"系统思考实际上就是：人们开始有意识地去探寻和解释他们自身的思考和互动模式，这些模式如何大范围具化形成了组织，随后组织又给人们自己造成了问题。而两者构成了完整的反馈回路。我在咨询工作中见到的最深刻体验总是发生在人们突然顿悟时，他们常发出这样的感慨，'天哪！看看我们正在对自己做些什么'，或者'以这样的方式运作，难怪我们赢不了呢'。在我看来，那些顿悟时刻中最有意义的是人们意识到了导致问题的是'我们'，而不是'你们'或'他们'……这是一种整体的体验、真正的系统的观念，它在人、人们对于现实的体验以及参与感之间，建立了完整的循环，并指导人们的知与行。"

我之前阅读过很多关于组织学习和系统思考的资料，都不曾如此简洁明了地让我明白这个道理。系统思考的实质就是帮助人们在行为和不可见的意识及思维源头之间形成闭合的反馈回路。对于这个评论，圣吉安静地回答说：“是的，我以前从来没有这样思考过这个问题。”

那次谈话结束之后，我感觉自己也触及到了一直盘旋在脑海的问题的本质。我无法用语言表述这个问题，但我能感觉到。这种独特的感受持续了很长时间。当其慢慢褪去时，我开始从更深层次观察社会现实及其内在环境。我意识到这个深层次领域——我们行为的源头或深层场域条件，正是人们最常错过的部分。这也许是现代社会系统理论中最重大的盲点。

## 学习的两种源头和类型

当初吸引我来到麻省理工学院的，正是可以向这里的杰出教授们学习先进的行动研究的机会，这其中就包括过程咨询和组织心理学的联合创始人埃德加·沙因。按照行动研究创始人库尔特·卢因的观点，行动研究的起点是要认识到为了真正理解社会过程，研究人员不能只是研究而应该亲身参与到真正的实践环境中工作和历练。但是，如何判断某项“知识”是否正确呢？当我向沙因提出这个问题时，他回答说：“当我的知识对领域里各行各业的客户和从业者有帮助的时候，我就确定这项知识是正确的。”

此后这个理念一直作为我从事研究的指导性原则。我曾经在数不清的行为研究项目当中工作，努力帮助领导团队完成变革的深层次过程。我也了解了企业界及其领导者所面临的问题。同时我也踏上了一条从知名机构到草根活动家、创业者和革命性创新者的道路。

我在这些不同领域的探寻和行动中所学到的，可以用一句简单的话加以总结：学习的源头有两种——过去和正在生成的未来。

如何向过去学习已经众所周知，大致顺序是“行动－观察－反思－设计－行动”。但是，如何才能从正在生成的未来学习呢？这正是本书的主题和目标。

## 组织学习的盲点

试图尝试这种新型学习的团队和组织经常会沮丧地放弃，因为他们认识到，使用传统的学习和变革方法根本不可能实现前面谈及的这种深层次变革。向过去学习不再起作用。这绝不是“让我们把‘向正在生成的未来学习’作为学习过程的最后一个步骤”这么简单的事情。我们需要在集体层面上重现我直面大火时所经历的一切。我们需要放下落后的工具，用崭新的眼光看待形势。我们必须放弃传统的反应和运作模式，深化我们对世界的注意力和思考。我们必须将关注的焦点，从习惯性地看世界重新定向到关注世界的源头——我们的盲点。我们要联结到这个源头，方能同频至想要生成的未来。

社会场域的深层结构决定了行动的质量，就如同农夫的土地决定了收成的质量。我们可以改变这种潜在场域的质量，使其开启我们的视野，通往更高的未来可能性。那时，我们也将实现深刻的社会革新。

THEORY U

Leading from the Future as It Emerges

# 04 组织的盲点

## 动态复杂性

所有组织和机构的领导者都面临着新层次的复杂性和变革。我决定更加深入地观察一下这种复杂性的起源。受圣吉和罗思对动态复杂性和行为复杂性的区分的启发，我发现了领导者必须应对的三种复杂性的挑战：动态复杂性、社会复杂性和新兴复杂性。

在这三种复杂性中，动态复杂性是最常用到也最容易识别的。动态复杂性意味着在原因和结果之间存在空间或时间上的系统性距离或延迟。以全球变暖的动态复杂性为例。其中一个原因是二氧化碳的排放，这会对地球的未来产生长期的影响，我们今天看到的“温室效应”主要是由于20世纪70年代以来二氧化碳的排放造成的。如果组织决定减少二氧化碳的排放，我们就将减少对全球气候的影响。但是，如果我们的产品是一个大型产品的配件，而该产品增加了二氧化碳的排放，该怎么办呢？此外，该怎样处理我们运输商品时产生的排放量呢？这个因果链越长、越复杂，问题的动态复杂性也就越高。如果动态复杂性比较低，可以对之进行逐步分解处理。如果动态复杂性比较高，则充分关注不同系统间互相依赖的“整体系统法”是最合适的。动态复杂性对管理的意义十分明确：动态复杂性越高，系统内子成分的互相依赖性越高，因此，采用整体系统方法解决问题也变得更加重要（见图 4—1）。

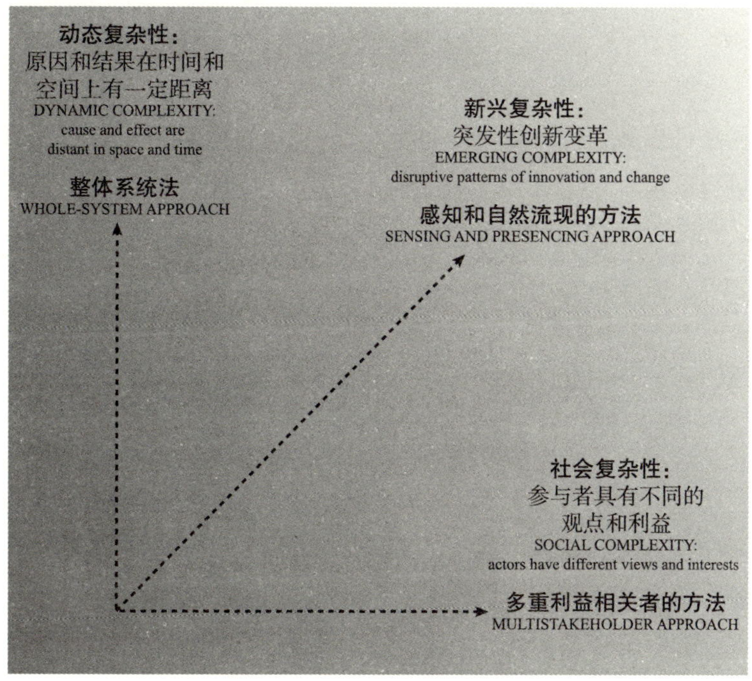


图 4—1　复杂性的三种类型

## 社会复杂性

一旦某个问题的动态复杂性得到了解决，那么第二种类型的复杂性——社会复杂性就可能变成最需要解决的问题。社会复杂性是众多利益相关者之间的不同利益和多元化世界观带来的产物。例如，关于气候变化和减少二氧化碳排放的《京都议定书》得到了大多数国际专家的赞同和支持。然而这则协议的用处还不能充分发挥，因为美国、印度和巴西这三个污染最为严重的国家还没有签署协议。这个例子清楚地说明了多元化的利益、世界观和价值观。社会复杂性越低，我们依靠专家来指导决策和制定政策的可能性越大。社会复杂性越高，采取多重利益相关者的方法解决实际问题、并听取所有利益相关者的意见就显得愈发重要。

## 新兴复杂性

新兴复杂性以破坏性变革（disruptive change）为特征。这种挑战可以由以下三种特征进行识别：

- 问题的答案是未知的；
- 问题陈述本身尚未展开；
- 关键的利益人是谁尚不清楚。

在这种情况下，未来无法根据过去的趋势和轨迹预测，我们必须随着形势的演变而采取措施。新兴复杂性程度越高，我们越无法依靠过去的经验，而需要一种全新的方法——一种以感知、自然流现及给新机会塑造原型为基础的方法。第11~13章将会对这三个方面加以详细的描述。至于现在，我们可以简单地把“感知”描述为从“内”而看，是我们开始体会和感知整体场域时形成的观点。当我们开始感知时，我们会不由自主地增强能量并向“内心深处”转移。“自然流现”我们曾简要讨论过，它是我们经历的一种状态，我们敞开了思维、心灵和意志，因而能够从源头观察事物。正在生成的新现实和快速变革无法依靠过去的经验来应对，而自然流现这种状态却使我们能够与其联结并随之发展。当我们真正形成对正在生成的未来的觉察时，就说明我们处在结晶阶段。紧随其后是塑造原型，即通过身体力行探索未来。在这个阶段，思维、心灵和双手在实践中得到整合。该阶段很快就会产生实际结果，然后系统内所有关键的利益相关者又会产生改进的反馈和建议。当今商业、社会和公共领域组织面临的环境日益动荡，而这正是很多重要的领导力挑战中新兴复杂性不断增长的原因。这种环境的改变成为促使我们从U型图右侧，即“正在生成的未来”进行学习和领导的主要驱动力。

## 管理者们的工作

管理者们唯一的工作，简而言之，就是行动和产生结果。要做到这点，必须把目标、战略、人格和过程整合起来。在过去的几十年里，关于如何完成工作已经发生了两次主要的转变：首先是把关注点从做什么（what）转移到了如何（how）做；其次是从如何（how）做转移到了何处（where）做；从关注过程（how）转移到了管理者们和系统运行的内在发源地（who）。

我于1996年第一次注意到这种关注点的转变，当时我向惠普公司的质量总监理查德·莱维特（Richard LeVitt）询问惠普对质量问题的考虑。“首先，我们过去主要关注生产的产品和诸如产品可靠性之类的具体结果。”莱维特停顿了一下，“现在这些依然重要，但是我们认识到可以通过把关注点向上游转移，思考产生这些结果的过程，从而获得更多的产出。这个阶段的质量管理是20世纪80年代全面质量管理（TQM）运动的核心。但是，一旦搞定了TQM，我们又问：接下来该怎么做？竞争优势的下一步又会基于什么呢？”

对此，莱维特描述了他所看到的下一步的绩效界点：“对我们来说，一个新的关键焦点是，管理者们如何才能提高思考的质量与他们对顾客的深层感知，以及如何改善顾客的体验。”

## 从产品到过程再到源头

惠普公司从产品到过程、从过程到源头的转移，体现在管理的所有职能领域中。图4—2描绘了12种不同的管理职能领域。上半部分代表了较为有形的职能（制造、人力资源、研发、金融、会计、战略、市场营销和销售），而下半部分则代表了较为无形的职能（质量、知识、领导力、变革和沟通）。

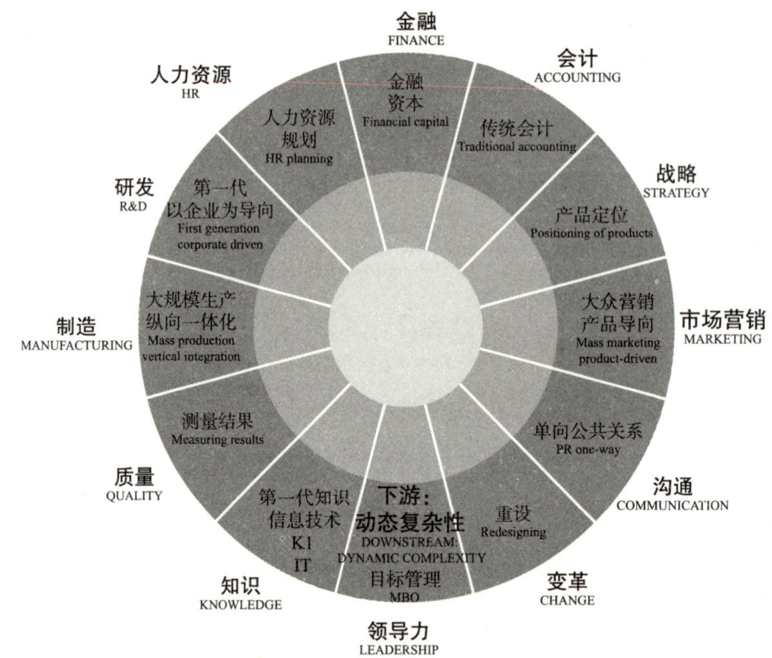


图 4—2　12 项管理职能：下游的观点 ①

在过去几十年里，相似的发展变化历程已经在所有职能领域展开。我们可以在所有管理职能领域中观察到从产品到过程、从过程到源头的转移。

## 第一个转移：从关注可见结果转向关注过程（从下游到中游）

如图 4—2 中的外环所示，在最初的阶段里，管理的关注点集中在如测量产品的可靠性等下游 ② 的职能上。这个阶段有两个特点：一是职能分化，意味着管理任务被分割成一系列子任务——金融、战略、人力资源、制造等。二是我所称的“下游关注点”，每个管理领域都把主要的注意力放在职能绩效指标上，如成本、

① 图4—2中的 K1 指的是第一代知识管理和没有经过自我反省的知识。——译者注

② 作者在这里所称的“下游”指的是相对可见、外在的部分，更侧重于结果，而“上游”指的是相对不可见、内在的部分，更侧重于产生结果与行动的源头或内在状况；“中游”则是居于中间的、受源头影响并影响结果的过程或行动。——译者注

准时交付率、产品可靠性等。各种管理职能领域通过等级机制整合到一起。

20 世纪 80 年代和 90 年代，管理的主流关注点转向了过程。如图 4—3 中所示，这种改变体现了由外环向中环（更关注过程的角度）的转移。基于过程的管理哲学，如全面质量管理、知识管理、组织学习、精益生产以及基于活动的成本核算（ABC）等都是这种转变的例证。所有这些管理方法的关注点都是如何改善过程，换言之，如何处理、组织和优化某些活动和管理任务。例如，在组织学习中，公司采用“经验学习圈”方法为基础，设计各种学习设施来支持组织学习，提高各级管理者执行的能力。

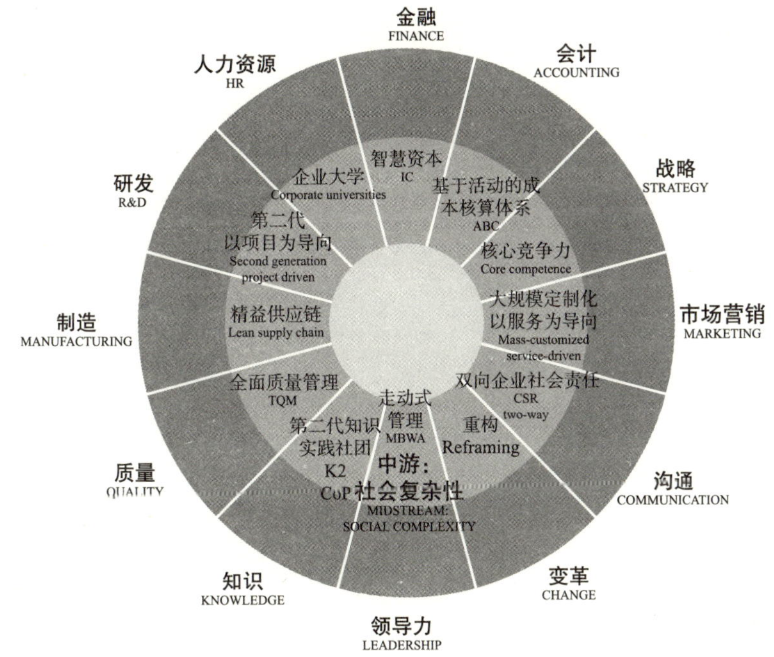


图 4—3　12 项管理职能：中游的观点[①]

① 图 4—3 中的K2 指的是第二代知识管理和经过自我反省的知识。——译者注

管理关注点转变的另一个方面是注重跨职能的整合。为了协调跨职能和跨组织边界的工作，人们需要学习如何在日益依存的组织和运作环境下更有效地应对社会复杂性。由于各职能领域的领导者们有自己的兴趣、网络和目标，因此他们需要不同的管理技能，以处理价值创造核心过程中跨职能整合的社会复杂性。

## 第二个转移：从关注过程转向关注源头（中游到上游）

管理的第三个阶段始于 20 世纪 90 年代并延续至今。在本阶段，管理重点从过程转移到了创新和变革的源头（见图 4—4）。就像理查德·莱维特提出的，一旦你的过程正确了，那么强化价值创造流程的下一个支点是什么呢？

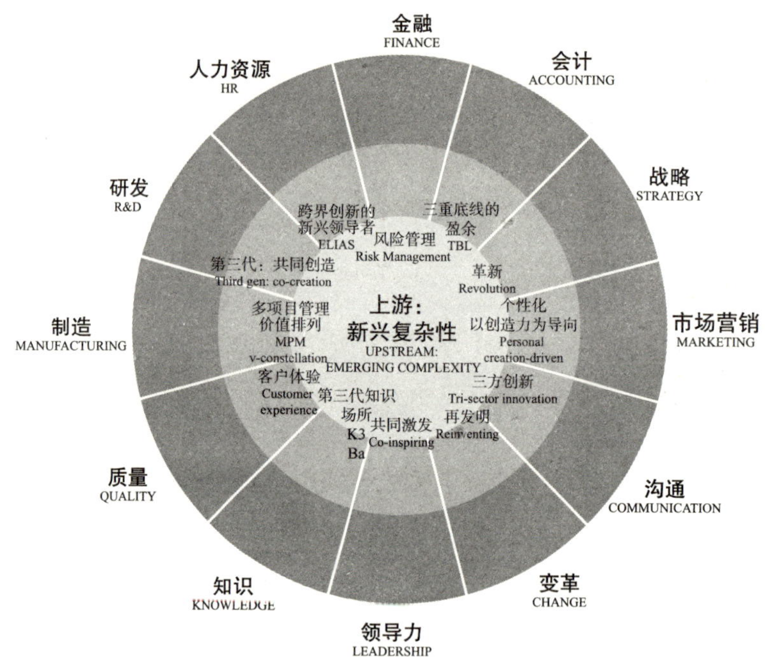


图 4—4 12 项管理职能：上游的观点[①]

① 图4—4中的一些缩写释义如下：ELIAS，Emerging Leaders for Innovations Across Sectors 的缩写，指跨界创新的新兴领导者；TBL，Triple Bottom Line 的缩写，指三重底线的盈余，即企业盈利、社会责任、环境责任三者的统一；MPM 指多项目管理（multiproject management）；K3 指的是第三代知识管理和自我超越的知识。——译者注

如果把管理比作一个车轮，那么第三个阶段体现在它的中心，应对的是新兴复杂性，其特点在于各职能领域之间的界限正在消失。虽然每项职能走的都是不同的门，但它们实质上会到达同一个地方。就像迈克尔·荣所讲，“每个人都在爬同一座山，但是每个人都从不同的角度看这座山，并相信自己看到的是一座完全不同的山。”抛开这些不同的标签、名称和论述，在车轮的中心，所有 12 项职能应对的是同样的基本事实：如何接近深层次创新、革新和改变的源头，即如何有效地应对新兴复杂性？

“管理之轮”就好像一个有机的呼吸过程。而呼吸决定着组织肌体的健康和完整。“吸气”把关注点从外在的行为转移到注意力和意图的源头，而“呼气”是把从源头涌现的未来逐步展开与实施。这里想说明的并不是要牺牲过程、能力（中游）和执行（下游）从而获得领导力的上游观点，而是要把领导和组织的整体场域设想为一个生命体，一个基于注意力和意图的中心源头、并且能够持续更新的生命体。从这个角度来看，一个组织或场域的整体性有赖于并且只生成于其所有组成部分之间的关系。没有周边，中心不复存在，反之亦然。

“管理之轮”有两个轴：上半部是较为有形的职能，下半部是较为无形的职能；右半部是外部导向型的职能，左半部是内部导向型的职能。优良的管理需要平衡和整合所有这 12 个方面。

成功管理和组织的实质在于观察、领会和整合各个不同的层面。

例如在战略方面，这个过程就是一个从核心能力向产业革命的源头的转变。传统的战略方法是产品 – 市场组合定位。这种方法针对的是明确的市场和明确的产品。1990 年，加里·哈默尔（Gary Hamel）和普拉哈拉德（C.K.Prahalad）在《哈佛商业评论》（*Harvard Business Review*）发表了“组织的核心竞争力”（*The Core Competence of the Organization*）一文，把注意力的焦点从下游转移到了中游，从产品转移到了核心竞争力。两位作者论述说，真正有用的战略必须围绕能够明确形成下游产品 – 市场组合的核心竞争力而展开。

当我 1996 年第一次采访加里·哈默尔时，我惊讶地发现，过去 5 年间他没有发表一篇有关核心竞争力的演讲。他已经向下一个关注点转移了，并随后于 1996 年在《哈佛商业评论》上发表“革命性战略”（*Strategy as Revolution*）一文，2002 年出版了《领导企业变革》（*Leading the Revolution*）一书。在这些著作中，他清晰地阐述了自己的主要观点：引领企业革命性的变革需要一种与保持现有核心竞争力截然不同的能力。未来商业的成功需要能觉察到潜在的核心竞争力及机会。

虽然 20 世纪 90 年代的主流方式发掘出了当时最好的做法，哈默尔却认为需要上溯到战略的上游，战略的源头可能来自于捕获那些蛰伏于公司主流之外的创新思想，也可能需要顾客、合作伙伴以及一线员工全体参与进来，跨过组织界限，拓展战略的范围。

在《竞争大未来》（*Competing for the Future*）一书中，哈默尔和普拉哈拉德把这种关注点向上游的转移比作孕育。“未来的竞争同孕育一样，需要经历三个阶段——受孕、妊娠和分娩。”他们写道，“竞争的最后一个阶段历来是战略研究与规划实践的焦点。一般来说，大家认为竞争的前提是产品或服务概念明确，竞争维度界定清晰，产业边界已经稳定。然而，如果对市场前竞争（Pre-market competition）尚缺乏深入的理解，只把关注点放在市场竞争的最后阶段上，就如同在对受孕和妊娠没有任何了解的情况下设法搞清分娩过程一样毫无意义。”

他们认为，管理者们此时要关注的问题是，“我们在哪个阶段花了最多的时间和注意力：受孕、妊娠还是分娩？我们的经验是，大多数管理者把太多时间耗费在产房，等待诞生的奇迹……但是就像大家都知道的，如果没有 9 个月前的某些活动，诞生的奇迹就不可能出现。”

过去十年，管理创新历经了从高速增长到大规模市场动荡的巨大改变，并由此引发了对诸如适应性的能力和道德诚信的深度价值的高度重视。

哈默尔的《领导企业变革》一书频繁引用了安然公司的案例，为很多公司敲响了警钟。安然公司的兴衰证明，革命性战略和创新不能只局限于公司内部的价值观，而是应该基于与更大社会环境或整体系统的共有理念和真实联结上。普拉哈拉德在其于 2005 年出版的《穷人的商机》（*The Fortune at the Bottom of the Pyramid: Eradicating Poverty Through Profits*）一书中指出，这种与更大社会系统的联结可以作为一个切入点，使人们重新思考和创造出解决每天生活费不足 2 美元的 30 亿人口需求的战略方法。如果想要彻底地重新思考这一战略，真正解决当今的社会体系中众多人口的需求没有得到满足的问题，就必须具备从“空白画布”的角度展开行动的能力。就像图 4—4 中核心或内环所描绘的那样，当今社会的挑战要求管理者和领导者越来越多地站在“空白画布”前，感受并去实现正在生成的机遇。

我们来看看两个其他的例子。

## ‖例 1：知识管理‖

像艺术创造一样，管理的各个阶段需要不同类型的知识。例如，测量生产过程的结果时，管理者们通常需要运用显性知识。显性知识是能够用电子数据表格或电子邮件表述的知识。在知识管理的第一个阶段，人们主要依靠 IT 管理知识系统和数据库。但几年花费了数十亿美元之后，人们明确地认识到，IT 仅仅是知识管理的一部分而不是全部。甚至很多人说，IT 是其中最容易的一部分。管理者们很快认识到，挑战在于超越信息管理、进入知识管理。

在知识管理的第二阶段，人们主要关注过程改进，比如全面质量管理。在这里，管理者们需要已实体化的或隐性的知识，这部分知识人们都“耳熟能详”并且在日常行为中经常运用。

然而，当管理者们移入创新的上游区域，也就是进入了知识管理的第三个阶段时，他们发现，如同艺术家站在一幅空白的画布面前或米开朗基罗雕刻大卫一样，他们首先必须学会观察。

在图4—5中，显性知识位于拱形之上，对应着管理之轮的外环（见图4—2），波浪线之下的是隐性或已实体化的知识，对应管理之轮的中环（见图4—3），而最深处的自我超越性知识对应管理之轮的中心（见图4—4）。

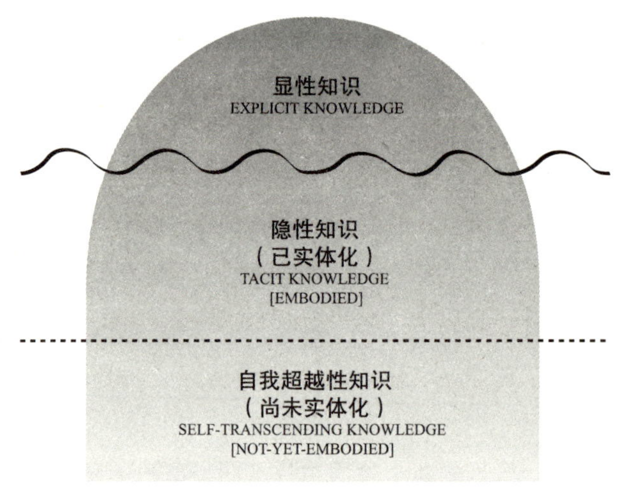


**图4—5 知识的三种形式**

强生公司的迈克尔·波瑟（Michael Burtha）描绘了知识管理从显性到隐性的运动过程，他认为真正的挑战在于创造出空间，便于各部门、职能和组织之间分享复杂的知识，以提高团队的绩效。按照这个观点，知识不是某一种“东西”，而是一种融入工作实践之中的、有生命力的实体。没有情境衬托的知识不是知识，只是信息。正如野中郁次郎（Ikujiro Nonaka）和竹内弘高（Hirotaka Takeuchi）在他们开创性的著作《创造知识的企业》（*The Knowledge-Creating Company*）一书中所说，真正的知识是“一种情境化的有机过程，在个人、团队和组织所掌握的显性和隐性知识之间螺旋进化”。

自 20 世纪 90 年代以来，把知识视为有机过程的新定义被广泛接受。20 世纪 90 年代晚期至 21 世纪早期又出现了更进一步的变革，涉及了深刻创新和变革的内在条件和源头。当今，人们迫切想知道如何使用适应力和灵活性来应对动荡和突发性变革，如何感知和把握正在生成的未来机会，如何同频至“尚未实体化”的知识的源头。这种最新的状态也体现在野中郁次郎等提出的实践智慧以及“场所”（place，日语为 Ba）的概念当中，后者指知识所创造的物理、社会和心智环境。野中认为，场所是“变动的场”，我称之为“尚未实体化的”或“自我超越的”知识。

很多人同意野中关于知识不能被管理的论断。为什么呢？因为它是一个生命过程，不是一具死尸。野中认为我们不应该管理和控制知识，而是需要创造有益的条件，让知识管理的三个方面自然涌现，这包括信息系统、知识创造过程和能够实现这一切的场所。

### ‖例 2：制造流程‖

在一次访谈中，《相关性的遗失：管理会计兴衰史》（*Relevance Lost: The rise and Fall of Management Accounting*）一书的合著者托马斯·约翰逊（H.Thomas Johnson），给我讲述了下面这个汽车制造如何从规模生产转移到精益生产的故事。

“第二次世界大战之后，福特和丰田联合考察亨利·福特设在胭脂河的工厂。该厂建立于第一次世界大战期间，并于 20 世纪 20 年代创造了 T 型车。这是大规模生产的经典车型，每个汽车制造商都十分熟悉。若想以同一种方式大规模地生产同一种颜色的同一款汽车，这款车型无疑是最佳选择。”

“但是，战后最大的问题是，如何制造多款汽车而不必为每个款型建立一个单独的工厂。福特汽车公司想出了一个方案，在规模生产上添加一些要素，然后以尽可能高的生产率保持运转，这就意味着能够最大限度降低成本……”

“然而这产生了明显的问题：在类似福特的这种流水线上无法进行多样化生产，因为想在同一条生产线上制造两个不同的品种，你就不得不停下来对某处进行某些调整。于是他们又提出另外一种方案来拆分（decouple）生产线：打破福特的流水线，把喷漆车间建在一个地方，冲压设备设在另一个地方，焊接和铆接厂在其他地方……”

总之，规模经济的思想发源于福特、通用以及其他美国制造公司。相比之下，制造业的下一个阶段“精益生产”的确立，始于对现实的不同观察方式——实际上，是看待福特胭脂河工厂的不同方式。按约翰逊所说，在看到胭脂河工厂时，丰田的工程师意识到连续的流水线使工厂降低了成本。由于第二次世界大战后日本没有留下什么工厂，等他们回国之后，决定在一个工厂的一条连续流水线上完成所有的生产。

“20 世纪 70 年代，”托马斯·约翰逊继续道，“当我们开始明白正在发生的一切时，日本工厂的转换率已经降到了我们难以想象的地步。例如，我们的冲压工序转换需要 8 个小时，而日本人只需要 20~30 分钟。到了 20 世纪 80 年代早期，这一时间又降到了 6~10 分钟。做到这点后，他们就能建立所谓的混合模型流水线了。现在你能看到一批红色的车从生产线上下来，后面又紧跟着一批蓝色的车。随便哪天，无论顾客要求的是什么样的混合模型都能提供。他们实现了巨大的低成本、多样性，因为他们拥有能够一次完成一个订单的系统。这背后是一个完全不同的生产理念。”

在麻省理工学院的一次研究中，在这种制造背后的工艺原理被称为“精益生产”（Lean Production）之后，丰田生产系统的惊世成功广为人知。在把制造过程重新设计为同步的、单一的流水线的同时，该系统还减少了资本和劳动力的使用（见图 4—6）。

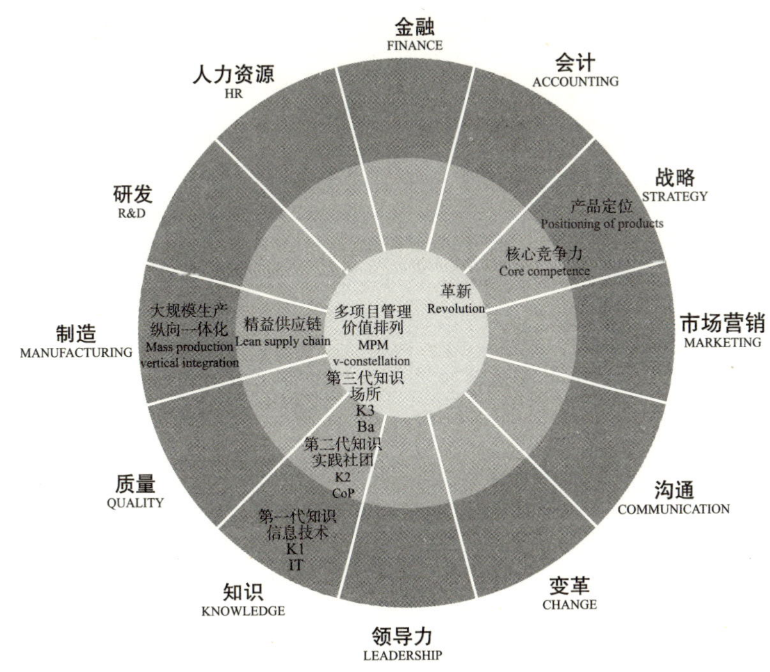


**图 4—6　从下游到上游的焦点转移**

当西方汽车产业正忙于从规模生产（第一阶段）转向精益生产（第二阶段）的时候，丰田汽车公司已经开始向第三阶段生产系统转移了。精益生产的不足之处在于，缺乏跨项目和跨平台的协同和整合。相比之下，被麻省理工学院的迈克尔·库斯玛诺（Michael A.Cusumano）和延岗健太郎（Kentaro Nobeoka）称为“多项目管理”（multiproject management）的新系统，能够将不同项目及平台的工程投入同时联结和协调起来。按照丰田提供的数据，新系统使项目开发成本平均降低了 30%，原型测试数量降低了 40%。这有赖于组件共享的大幅增加，以及工程和测试部门间深入细致的沟通和协调，为促进跨项目、跨平台的同步创新而创建沟通设施。

因此，制造已经从纵向一体化（第一阶段）转至更加横向一体化的供应链管理（第二阶段），并正在向聚焦于创新和优化整个系统的网状“价值排列”（第三阶段）转移。供应链阶段意味着价值创造是随着材料从供应商到顾客的线性流动，与之相反，网状价值格局不仅把顾客看作是终端的产品接收者，还将其视为经济价值的主动共同创造者。

例如，当梅赛德斯－奔驰的顾客从德国取回新车时，他们不仅拿到了新车，还可以参观工厂的内部，允许他们成为汽车制造过程真正的见证者和参与者。

## 发自源头的领导力

管理是“把事情办妥”，而领导则是创造和培育事情发生的大环境——肥沃的共同基础和土壤。

起初，领导者采取的是指导型方法：命令和控制。他们设定清晰的日程和目标，以动员和指导整个公司。虽然没有人说这种领导类型已经过时了，但是有一点却越来越清楚：在复杂、动荡和不稳定的工作环境中，取得成功需要的不止这些。当最重要的目的、目标、问题和机会事先都无法预知，只能随时间而逐步生成时，你怎么“命令”和“控制”呢？

为此，很多组织转向了更加关注本土与过程、鼓励参与和学习的领导方式。例如，汤姆·彼得斯（Tom Peters）和罗伯特·沃特曼（Robert Waterman）使“走动管理”的原则得到普及。在第二个阶段，领导必须学会在设定目标和方向与提高整个组织人员的参与程度之间取得平衡。

我们现在处在第三个阶段，关注的是管理之轮的内环（见图 4—4），需要创造内在条件激励个人和集体从一个“不同的地方”开始行动。就像盛世长城广告公司（Saatchi & Saatchi）的凯文·罗伯特（Kevin Robert）提出的，“我们已经从管理转向了领导力，现在又要超越领导力转入启发激励。在21世纪，组织必须通过创造内在条件、释放员工的力量来获得最高绩效。换句话说就是，不是领导或管理他们，而是共同启发激励他们。”

高绩效组织如果想取得进一步发展，领导者必须把注意力的焦点从过程转移到“空白画布”上。他们必须帮助人们接近激发灵感、直觉、想象力的源头。就像站在“空白画布”之前的艺术家们一样，当今商业环境中的领导者必须具备改变组织的能力，使其员工在个人和集体层面上都能感知并清楚地描述正在生成的未来。有一次，我询问一位电信产业最成功的领导者其领导工作的实质是什么。她答道：“我的职责是启动变革，目的是当机会从我们所处的、瞬息万变的商业环境中出现时，我的团队能够感知并把握住它们。”

但是，你可能会说，空白的画布太不完整了！是的，它不完整，而这正是其精髓所在。我第一次认识到这种不完整性，是在加入位于波士顿附近坎布里奇（Cambridge）小镇的麻省理工学院组织学习中心的时候。当时，我坐在一大群听众中间听彼得·圣吉的报告。我注意到，人们深深地被圣吉的演讲所吸引。圣吉并没有宣读一套带有主观假设、标出重点和结论的演讲稿，他的演讲不仅简要而且与众不同。演讲似乎在有机地展开，好像他只是在和我们谈话。他创造了一种实时联结，让我们感觉随着他的演示不断铺陈开来，我们也亲身参与其中。和我熟悉的学术演讲相比，他更像是在讲一个故事。惯有的欧洲学术思想使我对这种情况略感担忧，然而我意识到虽然并非每个人都能感受到，但圣吉确实为我们展示了另一种感知的方法——让我们听到一种不同的“音乐”。

我坐在那里思考，圣吉的演讲与其说像古典艺术，不如说更像一幅现代画。

他提供给我们的不是完整的画面，而是像马克·罗斯科（Mark Rothko）的一幅作品，只以简单的蓝色覆盖着画布，或者像约翰·凯奇（John Cage）的乐曲《4'33" 休止大型管弦乐》（*4'33" Tacet for Large Orchestra*）里，有 4 分半钟的寂静。我想知道，寂静对听众产生了什么影响？一幅只涂满了蓝色的画布对观看者会产生什么影响？

我现在认识到，圣吉的做法不仅较为简洁，其演讲的发源场所也是完全不同的。在那里，他可以接近“空白画布”，从那里邀请听众和他一起成为共同创造者。这些听众基于自己的意图、经验和观念来解释看到和听到的东西。因此领导者的真正艺术在于“为”，也在于“不为”。它需要具备少说的勇气，引导集体注意力回归源头，从而开启一扇全新的大门。

怎么做才能使团队和组织从那个不同的发源地运行呢？是否存在一个他们可以到达的共同空间呢？哪种集体领导力能够激活“空白画布”的那种空间呢？

## 共同进化的组织环境

吉姆·柯林斯（Jim Collins）决定研究高绩效公司。他和他的团队从 1965—1995 这 30 年间，名列《财富》杂志“世界 500 强”排行榜的 1 400 多家公司中，选出了 11 家。每一家公司的情况都是在此期间的前 15 年里表现平庸，在经历了蜕变以后其业绩至少超出了市场水平的 3 倍，并且把这种业绩水平至少保持了 15 年。柯林斯将这些公司与相似行业、相似规模的公司相比，识别出了一个重要的影响因素——领导力。然而，这种领导力是一个混合了谦逊的个性和强烈的专业意志的矛盾体。柯林斯将其命名为“第 5 级领导力”，其特点包括善于观察现实，“在定位公司何处能够领先世界时，现实得毫不留情”；同时，他们又是毫无自我的，“不谋小我的私利，一心为了公司的卓越——经常牺牲自我收益来换取公司的收益”；最后，他们必须愿意承担不良结果的责任，并且愿意把成就归功于他人。

表现出谦逊和无私是集体场域向着更高层次前进的前提条件。自从网络泡沫破灭之后，自我膨胀的 CEO 们和他们的公司一起像柏林墙一样倒塌了。每个人似乎都同意我们现在迫切需要一种不同的、更富有责任感的领导力，不仅商界如此，在公共部门和市政领域也是如此。我们都知道某些个人、团队甚至组织在某一段特定时间里，可以带着高质量的、被加州大学伯克利分校的埃莉诺·罗施称为“原知”（primary knowing）来运行。然而对于如何使跨界系统也能够在这种状态运行，我们却知之甚少，更难以谈及如何长时间维持这种运行了。

其实，管理者们侧重点的转变反映了经济环境的大变迁。我们已经从产品导向型经济转向服务导向型经济，现在正转向经验、知识和创新导向型经济（见表 4—1）。

正如你从表 4—1 中看到的，今天的大多数组织并非单一结构而是有三重领域，每一重领域都按照不同的原则运行。在生产领域，主要原则是规模经济；在用户界面领域，主要原则是范围经济；而对创新领域而言，主要原则是“同在经济”，即感知和塑造正在生成的未来可能性的能力。为了准确地观察这些模式，我们必须超越单一的组织，着眼于所有公司共同演化的大经济环境。虽然表 4—1 中的每一列都描述了这个大型经济环境改变中的一个维度，但是依然给我们留下了可以追踪的足迹，来确定大的经济环境的走向。

表 4—1 变化的经济环境

| | 商品<br>Goods | 服务<br>Services | 创新<br>Innovation |
|---|---|---|---|
| 价值创造的焦点<br>Focus of value creation | 生产标准化产品<br>Make standard products | 定制化的服务<br>Deliver customized services | 筹划并共同创造个性化体验<br>Stage and co-create personalized experiences |
| 顾客是<br>Customer as | 大规模市场营销的目标<br>Target for mass marketing | 大规模定制化的目标<br>Target for mass customization | 共同创造的合作伙伴<br>Partner for co-creation |
| 经济类型<br>Economics | 规模经济<br>Economies of scale | 范围经济<br>Economies of scope | 自然流现的经济<br>Economies of presencing |
| 组织模型<br>Organizational model | 职能化，单一领域：规模生产<br>Functional, single sphere: mass production | 区域化，两个领域：生产、用户界面<br>Divisional, two spheres: production; customer interface | 网络化，三个领域：生产、用户界面、创新<br>Networked, three spheres: production; customer interface; innovation |
| 创新动力的发源地<br>Locus of entrepreneurial impulse | 本组织的中心（关注产品）<br>Center of one's own organization (product focus) | 本组织的外环（关注顾客）<br>Periphery of one's own organization (customer focus) | 本组织的周围区域（关注共同创造）<br>Surrounding sphere of one's own organization (co-creation focus) |
| 与顾客的关系逻辑<br>Relationship logic with customers | 产品导向（推型）<br>Product driven (push) | 服务导向（拉型）<br>Service driven (pull) | 共同创造导向（同在型）<br>Co-creation driven (presence) |
| 主要阶层<br>Primary class | 工作阶层<br>Working class | 服务阶层<br>Service class | 创造阶层<br>Creative class |
| 管理思维模式<br>Managerial mind-set | 世界就是这样的（自我 = 旁观者）<br>The world is as it is (self=onlooker) | 世界在人们的互动中不断演进（自我 = 参与者）<br>The world evolves as people interact (self=participant) | 世界在我们选择参与时生成（自我 = 共同创造的源头）<br>The world arises as we choose to attend (self=source of co-creation) |

随着价值创造的侧重点从制造标准化产品转向定制化服务以及创造个性化体验，公司和顾客的关系也已经从“推型”（产品导向型）演化成“拉型”（服务导向型），再过渡到“同在型”（共同创造型）。不幸的是，我曾经目睹很多组织努力设法把它们的工作从一个领域（例如，推型市场营销）迁入另一个领域（体验导向型的共同创造），结果却没有成功。

不同的关系模型（推、拉或同在）需要不同的管理思维模式和关系能力，因为它们建立在不同的世界观之上。例如，推型关系建立在传统的世界观上，假设事物仅存在于我们之外，和我们互相独立，不为我们的思想或行为所影响。相比之下，在以顾客为导向、拉型的组织里，世界观依然是外向的，但更加注重顾客、多重利益相关者的对话和社会复杂性。

随着公司进化到下一阶段，管理者们越来越需要开发基于“同在”的关系技能。为了应对突发性利益相关者局面，他们必须能够开启创造力的内在源头，并按照“管理之轮”的中心展开行动——不仅是在个人层面上，而是作为更大组织场域的一部分。他们必须学习应对新兴复杂性。

## 机构的盲点

组织经常看不到以出乎预料的机会和突发性变革为特征的新兴复杂性。我们——全球范围内的管理实践者、咨询师和研究学者，正携起手来致力于发现应对这个挑战的可靠方法。我们已经学会了如何分析互相依存的问题来应对动态性发展，以及从相互冲突的利益相关者视角处理社会复杂性。然而我们还没有可靠的解决方法来应对新兴复杂性的挑战。我们或许能够辨识出当今机构内的三种复杂性，但应对的方式却依然不够得当。

集权化和纵向一体化的大型机构最初的应对方式都是通过分权和重组，把机构变为更加小型的、更加具有针对性的、更加具有灵活的若干单位，然后再按照不同的价值创造流进行水平重组。但是，分权导致了下一个挑战：如何重新进行全面整合？当整体的本质持续发生变化时，采取什么样的方式才能将不同的部门联合成一个组织整体呢？当你意识到，你已经将对于组织未来至关重要的核心竞争力外包出去了之后，又该怎么做呢？

全世界各个领域的机构都在努力找出应对这些挑战的方案。一些机构致力于职能的再集权，一些机构尝试更多的网络化整合，另外一些则把筹码放在传统的矩阵制组织结构上。但是，潜在的问题并不是组织结构，而是我们如何在大的生态系统中，最有效地区分和重新整合价值创造的三个领域。这个生态系统不仅包含规模经济和范围经济，还包括自然流现型经济。

因此，组织要想成功，必须开发和利用适用于每个领域的、不同类型的关系原则（推型、拉型和同在型）。

机构的盲点同时包括领导力和结构两个方面。我们必须面对严峻的现实：作为领导者和管理者，我们还没有方法分析和处理新兴复杂性中浮现的关键性挑战。我们也不知道，当脚下的土地逐渐消蚀并流失时，站在“空白画布”面前，为了进行有效的领导，我们应该做些什么。

从结构观点来看，盲点涉及一个事实，即大多数机构发展的关键问题在组织层面无法得到解决。今天的组织往往过于庞大，以至于无法处理可以在本地得到更有效解决的小问题；或者过于微小，以至于不能恰当地解决必须在价值创造的大生态系统中考虑的大问题。

出现这种情况意味着缺失了“跨界的场所”，在这样的场所里，我们能够在所有关键的利益相关者中进行建设性的对话，包括供应链成员、顾客、社区、投资商、创新者以及现有系统中那些边缘化和没有发言权的利益相关者。这就是当今机构的盲点。如果要聚集和共同创造我们的未来，我们必须为任何给定的生态系统中所有关键的个体创造空间。就像我在整个场域漫步过程中所描述的那样，现在是时候从正在生成的未来开始领导了。

THEORY U

Leading from the Future as It Emerges

# 05 社会的盲点

## 新世界的创世

在第 4 章结尾，我们得出这样的结论，由于机构的盲点同时涵盖了领导力和组织结构，导致我们面临着一系列新的挑战：如何让所有关键利益相关者进行建设性的对话？如何集合所有的关键参与者共同创造我们的未来？为了让读者更好地理解这一点，我们首先来关注一些主要的社会变迁，因为它们如此重要，我将其称为“新世界的创世”。

1989 年，柏林墙倒塌，接着是中欧、东欧社会主义国家和苏联的解体，很多人感觉世界正在进入新的时代。当时的捷克总统瓦茨拉夫·哈维尔，也是一位知名剧作家，在费城的一次演讲中将这种预见描绘得十分传神，无人能出其右。他说：“好像一些东西在崩溃，在腐朽，在耗尽自己；同时，另外一些东西，虽然尚不明晰，却正在从废墟中诞生。”

我们的任务是发现从废墟中崛起的是什么。目前我们正处在三重转换之间，这些转换将重新界定全球系统的协调合作。它们是：

- 全球经济的兴起：技术经济转换；

- 网络社会的兴起：关系转换；
- 新意识的兴起：文化精神转换。

这些转换产生了很多好结果，但也导致了我们这个时代面临的三种贫困：经济贫困（30亿人口每天生活费不足两美元）、社会文化贫困（物质主义文化洪流中内在价值观的缺乏）和精神贫困（缺乏与人类集体的联结）。这三种贫困的加剧带来了当今时代特有的三种原教旨主义的反噬：文化宗教原教旨主义，无视或排斥不同的人类信仰和价值观；经济原教旨主义，无视全球经济对社会、生态和文化产生的副作用；以及地缘政治原教旨主义，无视当今全球政治多极化和文化多元化的现实。

加利福尼亚大学伯克利分校的社会学家曼纽尔·卡斯特（Manuel Castells）在他的《千年的终结》（*End of Millennium*）一书中论述说，自20世纪60年代末70年代初以来，有三个独立的过程塑造着全球形势：信息技术革命；结构性危机和社会主义改革、资本主义（里根主义、撒切尔主义）的重构；以及自由主义、人权运动、女权运动和环境主义等社会文化运动的繁荣。按照卡斯特的论述，由此产生的是一种崭新的全球信息经济、网络社会以及“真实虚拟”（real virtuality）[①]的新文化。一个新社会的生成，将会源于生产、权力和体验的全新关系。

## 全球经济的兴起

“世界经济”意指“在世界范围内实现资本积累”的经济类型。而“全球经济”则指有能力作为一个整体“同时完成全球范围的订单”。世界经济于16世纪即开始在西方存在，而直到20世纪末21世纪初，全球经济才得以在信息和沟通

① “真实虚拟”：就是指人类生活在实实在在的虚拟当中，并且受到虚拟的真实影响，而虚拟就是指流动的空间，难以捉摸，但确实存在。——译者注

技术提供的新型基础设施上真正实现全球化。有三种力量持续左右着目前的全球经济：资本全球化、呈网络状的全球性企业和技术。

## ‖资本全球化‖

20世纪80年代末以来，全球第一次围绕基本相同的经济规则组织起来。

虽然美国、日本和欧洲经济存在很大的不同，但是它们经历了同样的社会经济转变：

- 政府规模缩减；
- 劳资之间社会合同废止；
- 国有产业（尤其是电信业）管制解除并私有化；
- 金融市场自由化；
- 公司重构，把比较稳定的、以国内为导向的并呈纵向一体化的组织重构为动态的、全球扩张的组织，并按照价值创造的水平流动进行协作、分解和重置。

全球金融市场及其管理网络是资本体系的神经中枢。因为商品和服务的流动容易产生信息的动荡，所以近年来，我们在以下地区看到了一系列严重的危机和崩溃：墨西哥（1994）、亚太地区（1997）、俄罗斯（1998）、巴西（1999）以及阿根廷（2002）。这些金融市场的崩溃把超过40%的世界人口卷进了经济衰退之中。正如卡斯特总结的那样："货币几乎已经完全脱离了生产和服务，而溜进了电子网络的虚拟现实里。货币的核心是资本的全球化，但劳动力却仍然只能本土化。"

## ‖网络状全球性企业‖

随着各个行业转变得更加开放，流动性更大，价值链逐渐演变成价值网，公司的内部结构也相应地发生了变化。在我采访战略宗师加里·哈默尔时，他强调，根本性创新有赖于智力“基因库”（gene pool）的充分多元化。我问他：“在当今大公司的环境里，哪里是多样性程度较低而耗资更高的地方？”他毫不犹豫地回答说：“高层！”高层团队往往最缺乏创新力，但是高层经理们在战略制定上通常拥有垄断的地位。因此，哈默尔强调要选择那些年轻的、远离公司总部的或者新近聘用的人员，来作为后备人选培养创新团队。

当组织和战略师们开始向外而不是向内看时，创新的阵地也发生了转移。传统的研发团队侧重于集权组织环境下的内部研究人员，而新的模式则从中心转移到外围。例如，20 世纪 90 年代至 21 世纪早期，大波士顿地区变成了生物技术研究的轴心。结果，互通有无的大学、研究所以及公司研发部门，形成了动态的创新生态系统。

## 技术作为创新的驱动力

早在 20 年前，伴随着微型集成电路的诞生、个人电脑的开发，以及电信基础设施的创新，信息通信技术革命就已经成为创新的驱动力。不到 30 年的时间，互联网从一个服务于数家研究机构的小型网络，成长为一个联结着世界上数百万（很快就是数十亿）用户、计算机的庞大网络。而这场革命继续向生物技术进军。

对于我们而言，挑战在于感知下一个变革的浪潮，然后顺应趋势将其实现。经济学家布莱·亚瑟把这种感知能力称为“预知”（precognition）。这类似于自然流现，同频至想要生成的未来。

技术革新带来的另一个问题与伦理有关。机器人、基因工程和纳米技术的整合，使人类面临着《黑客帝国》中机器将要控制人种进化的未来，一个再也不需要我们人类的未来。这是我们未来进化不可避免的轨迹吗？我们是否会有意识地选择一条不同的集体进化道路呢？

对于当今技术进步的速度，作家丹尼尔·平奇贝克（Daniel Pinchbeck）这样论述道："石器时代持续了数万年，青铜器时代持续了几千年，工业时代花去了300年，化学时代或塑料时代开始于一个多世纪以前，信息时代开始于30年前，生物技术时代最近10年刚刚开始。这样算来，可以想见，纳米时代可能也就持续8分钟。那时，人类智力可能已经在细胞和分子的层次上完成了对星球环境的控制。这可能创造出乌托邦式的创造力，也可能引发反乌托邦式的疯狂——或许两者会同时到来。"但是，选择权在我们手里。

## 网络社会的兴起

### ‖治理的全球化‖

随着全球化进程的发展，当今世界经济大体上被同一套机构所支配，包括联合国、世界银行、国际货币基金组织（IMF），以及世界贸易组织等，其正在发挥着越来越大的作用，这在人类历史上还是第一次。但是，对于每个组织，都有很多批评的声音。以成立于1994年的世界贸易组织为例，按照世界贸易组织关于知识产权贸易相关的协定，印度和其他国家农民保留和分享种子的传统做法将被视为有罪。对此，世界著名环境思想家和活动家纨妲娜·希瓦（Vandana Shiva）指出："这项农业协定使得向各个国家倾销基因工程食品的行为合法化，却把保护生物和文化多样性的行动视为犯罪！"希瓦认为，当今全球化的关键问题是"资源从穷人转移给富人，污染则从富人转移给穷人"。确实，在当今的全球经济、社会与政治格局中，国际机构和国家主权之间的关系比较紧张。

更进一步讲，现有的为全球治理机构提供有价值反馈的机制是不公平的、扭曲的，甚至是缺失的。对世界银行和IMF的批评，就集中在他们的结构调整项目（SAPs）带来的社会、文化和生态的副作用上。该项目始于20世纪70年代，其后实施过500多次。这些项目经常导致社会和环境跌入谷底，而没有像预期的那样，为所有人带来繁荣。

在《一个经济杀手的自白》（*Confessions of an Economic Hit Man*）一书中，约翰·珀金斯（John Perkins）描述了他作为一名全球经济机构知情人士的生活。他一次又一次地参与了对许多发展中国家的经济增长预测，并有意将其夸大。随后，这些国家被说服在世界银行的资助下，展开超大规模能源基础设施投资。这些投资使一些美国公司受益，却使所在国背上沉重的长期债务负担并对发达国家产生依赖。

当部分地区正陷入更深的依赖时，另外一些国家已经成为新兴的经济体，推动着全球经济体系的重心从北部和西部向东部和南部移动。这些快速增长的经济集团的主要代表是“金砖五国”（BRICS）：巴西、俄罗斯、印度、中国以及南非。“金砖五国”正在改变全球力量分布的格局，从单一中心的系统（经济合作与发展组织 OECD，尤其是以美国为中心）变为更加多极化和多区域化的世界，而其中的每个国家都成为一个地区发展的驱动力和支撑点：南美（巴西）、俄罗斯、南亚（印度）、东亚（中国）以及非洲（南非）。和这些新涌现的国家相比，欧盟、美国和日本这三大传统经济体有时被称为“新近衰落的国家”（NDCs），因为他们的相对力量及其在全体中所占的份额持续下滑。

## ‖网络社会‖

卡斯特指出，在网络社会里，政治机构将成为讨价还价的中介而非权力场所。但是，权力并没有消失。它存在于人们和机构借以沟通的网络化关系和文化规范当中。全球化城市不再是一个地点，而是“一个过程，基于信息流动和全球网络，让先进服务的生产和消费中心互相连接起来，并需同时处理全球与本地的关系”。

这把我们带向了网络社会的阴暗面——那些没有适当的知识、技能和网络的人们会被社会排斥和边缘化。失业、缺乏社会保障以及弱势群体丧失自身优势已经导致了越来越多的家庭破裂。卡斯特把这些个人危机、财产损失以及信用的缺失称作“信息资本主义的黑洞。”人们似乎很难从这些漩涡里逃脱出来。

### ‖持续的个人主义‖

《独自打保龄》(*Bowling Alone*)一书的作者罗伯特·帕特南(Robert Putnam)用保龄球联盟衰落的暗喻,指出公民参与公共事务的积极性在逐步下降。他声称,从任何可以想象的角度来看,过去两代人的社会资本都在逐步消蚀,有时甚至是剧烈消蚀。没有社会资本,生活并非易事。他说,社会资本是一项有力的生活满意度预测指标。我们如何补充丢失的社会资本呢?持续的个人主义会继续驱动人类历史的发展吗?

今天,在生活和职业生涯发展方面,我们比以往任何时候都面临更多的选择。我们一次又一次陷进不得不重塑职业、个人和关系的生活局面里,这也意味着我们不得不经常重新界定我们是谁以及我们要到哪里去。

## 文化精神的变迁——新意识的兴起

在宏观环境发生重大变革的同时,有另外一场革命也正在进行。我称之为“内在的革命”。这场个人和公众知觉的微妙变迁,对于21世纪的个人和公司而言,或许有着非常重大的意义。有几种力量正在驱动这次全球性的变迁:作为一种全球性力量的公民社会(civil society)[①]的诞生、创意阶层的崛起以及新灵性的涌现。

### ‖作为一种全球性力量的公民社会的诞生‖

当帕特南收集美国公民参与度衰落的证据时,出现了一种几乎不为人注意的、正好处在他信息采集盲点之中的现象,这就是:公民社会以及数百万快速成长的

① civil society更加精确的译法是公民社团,我们在这里沿用传统译法。——译者注

非政府组织（NGO）已经崛起为这个世界的主要力量。虽然像红十字会这样的非政府组织已经存在了 100 多年，但在过去的几十年中，这种组织的数量出现了爆炸式增长。按照世界观察研究所的调查，它们的壮大不仅体现在数量上，而且表现在它们的能力和对变革的影响上。“它们引导、强迫、加入和推进政府和企业实施了一系列行动，范围涉猎很广，包括让原子反应堆退役、调停国内战争以及鞭挞专制政权对人权的践踏等等。”受甘地非暴力不合作运动的启发，在 20 世纪近 40 年的时间里，非政府组织和公民社会在影响世界格局的 4 个关键历史事件中，成为主要的行动者和驱动力量。这 4 个关键历史事件如下所示：

- 20 世纪 60 年代民权运动的兴起；
- 20 世纪 70 年代环境运动的兴起；
- 20 世纪 80 年代人权运动的兴起；
- 20 世纪 90 年代南非种族隔离的解除。

每个事件都标志着那个年代的精神，而且其潜在驱动力基本相同：公民社会的力量结合非暴力变革的纪律性策略。

全球化治理首次出现在第二次世界大战末期，通过联合国组织而诞生。商业和公司的全球化仅仅出现于 20 世纪的最后 20 年。而非政府组织和公民社会仅仅从 20 世纪 90 年代才开始成为全球参与者。

## ‖创意阶层的崛起‖

正如卡内基梅隆大学（Carnegie Mellon University）的理查德·弗罗里达（Richard Florida）所说，“内在的革命”的另一个驱动力是“创意阶层的崛起”。这个阶层创造了今天经济发展的很多成果。在美国，大约有 3 800 万人或 30% 的劳动者属于这个新的阶层，其核心包括科学、工程、建筑、设计、教育、艺术、音乐和娱乐界的人员，以及商业、金融、法律、医疗保健和相关领域的专业人员。

这些人的行业差别很大，那么他们的共同点在哪里呢？弗罗里达认为是一种共享的创造氛围，看重创造力、个性化、差异性以及实力。创意阶层和其他阶层人们的关键差别在于其工作性质。工人阶层和服务阶层的人们获得报酬主要是通过按照计划执行任务，而创意阶层的人们则是通过创造，与其他人相比，他们拥有相当可观的自主权和灵活性。

1998 年，当弗罗里达研究高科技产业群落的所在位置时，他遇见了一位曾经调查过男同性恋人群位置分布的博士生。当两人把各自的研究放到一起时，发现研究结果互相吻合。“虽然绝大多数专家仍然认为技术是广泛社会变革的驱动力，但我确信，我们这个时代的根本性变革和我们生活、工作方式的微妙改变有关。”弗罗里达看到了一条主要的脉络：创造力是经济增长和创意阶层崛起的根本源头。

通过弗罗里达等人的研究，我们认识到，创造性不能被随意购买、出售、开启或关闭。但是，创造力的确呈现出一定的地理分布。因为创造力需要环境来滋养其源头和多样化的形式，所以创意阶层的人们会被吸引到提供灵感和适宜创新的环境。因此一些高科技领域的公司，往往被吸引到创意阶层聚居的区域。弗罗里达认为所有重建旧形式社会资本的尝试都注定会失败：“它们在当今的经济现实面前只能落荒而逃。”这也许能解释为什么全球制药公司诺华（Novartis）会随着其他欧洲制药公司，将其主要研发中心迁移到位于波士顿、纽约和华盛顿特区之间的医药高科技带。

就像创意经济中的竞争格局发生了变化一样，基本的社会形式也有相当的改变。我们和他人及机构之间联系的纽带在减弱，因为联系纽带的数量在不断增加。现在，我们一天之内所见到的人数，比我们的父母或祖父母一个月见到的人还多。其结果是，我们不得不持续地建立和重建自己的身份。我们存在于持续的自我创造和再创造中，在过程中反映自我的创造力。

## ‖新灵性的涌现‖

灵性（spirituality）可以被定义为创造力的源头。它不同于宗教信仰，因为它关注体验而非信念。甚至一向不怎么做有关灵性报道的《商业周刊》都说，心灵的复苏正横扫美国公司，“各种类型的管理者都把神秘主义融入管理，把通常在教堂、庙宇和寺院进行的功课引进办公室。”但是，灵修事件不只发生在管理者圈子里。一个相关的例证是，在过去的 6 年里，施乐公司 300 名员工，从高级经理到职员，都参加了“愿景探索”的活动，并将其作为该公司价值 4 亿美元革命性产品开发项目的一部分。

有一次，在新墨西哥州北部的一次心灵静修中，十几位施乐的工程师看到一个褪了色的施乐纸盒，在路边一个坑底的废机油中上下浮动。他们当场就发誓要开发一台永远不会给其他物品带来污染的机器。最终，他们设计并生产了施乐 265DC，一台 97% 可以回收的机器。这些工程师超越了他们的盲点。

麦肯锡公司的一项研究发现，员工参加灵修项目会带来巨大的产能提高，而且离职率会大幅降低。“我们已经看到，”麦肯锡的一位资深合作伙伴说，“包括自我超越内容的变革过程，能够使员工大幅提高绩效……而且提高的不仅是个人，还有整个团队。”当然，这个发现同时也产生了一个问题：我们现在是否为了提高利润率而滥用灵修手段了呢？

灵修的热潮不仅局限于商界。普林斯顿大学的社会学家罗伯特·伍斯诺（Robert Wuthnow）调查指出，40% 的美国人声称正参加一些定期集会以及为参与者提供支持和关心的小组。其中，大概有一半的小组与教会有关。这是美国社会的一场“无声革命”（quiet revolution），以更加有流动性的方式重新界定了社区。

这场“无声革命”表明，人们对诸如自我超越、对话和心流等话题的兴趣正在迅速上涨。正像希斯赞特米哈伊（Mihaly Csikszentmihalyi）所描述的，很长时间以来，注意力的力量和心流体验（flow）一直在对话的实践中得到重视和培养。从本质来说，对话包含了从礼貌到冲突、从冲突到探询，以及从探询到生成心流的集体注意力转移。我的同事比尔·艾萨克斯（Bill Isaacs），MIT 对话项目的创始人，曾经在一个钢铁厂和一个本地的医疗保健系统中把对话作为变革的方法，还曾经在许多跨国公司中把对话作为建立领导力的方法。

灵修的出现仅仅是“婴儿潮”这代人更加自省的附带现象，还是与社会普遍的文化变迁有关？当我见到弗朗西斯科·瓦雷拉时，他曾谈到《意识研究期刊》（*Journal of Consciousness Studies*）出版了一期关于“冥想”的文章。文章提到了包括冥想在内的获得本体体验的方法。他说：“这在三四年前是不可想象的。”我也同意这个观点。但是现在，大家已经广泛接受了冥想的做法，不仅在我的领导力研讨会上，在其他很多不可能的地方也是如此。社会学家保罗·雷（Paul Ray）对美国 10 万多人的研究指出了文化的一个深刻转变。他把社会划分为现代人群、传统人群和文化创意人群。虽然“文化创意人群”仅代表了人口的 26%，但却是增长最快的部分。欧洲的文化创意人群占人口的 30%~35%。这群人的特点是：他们拥有以简约、可持续性、灵性以及社会觉悟为特点的价值观。

但是，最近的研究显示，朝向文化创造的价值转移遭遇到了狭隘的、以自我为中心的被动观点的反冲，尤其是（但并非仅是）在美国。按照市场研究公司芬兰依维环境科学有限公司（Environics）对 1500 名美国人的调查，同意“为了使这个国家的居民保住工作，我们必须接受未来更高的污染程度”这一说法的美国人，从 1996 年的 17% 上升到 2000 年的 26%；同意“多数主动参与环境团体的人是极端主义者，不是理性的人”这一说法的美国人，从 1996 年的 32% 跃升到 2000 年的 41%。

## 三种运动，一股流

我在一个关于社会科学系统思考的学习小组里见到了弗里特乔夫·卡普拉（Fritjof Capra），我们讨论了反文化运动。他认为，反文化运动都应该包含生态、社会和精神三个方面。“问题是，这些运动趋向于分裂在现实中理应互相归属的东西。当认识到‘新时代运动’并非真正接受转型变革的生态、社会和政治观点时，我就决定脱离这项运动。”这一点在我看来完全说得通。几个月后，我碰巧来到英国牛津，参加了一个由来自不同文化及不同领域的领导者组成的研讨会。研讨会的主题是探寻我们的时代格局，尤其是来自公司、政府和非营利组织的参与者们普遍关注的精神复兴问题。在分享参加此次研讨会的原因时，我谈到了自己曾经参与的、卡普拉所论及的三项运动。

我告诉他们，我第一次“觉醒”并开始思考政治问题的时候是 16 岁。那年我和来自全德国的大约 10 万人一起去了布罗克多夫（Brokdorf）核电站工地，那里是 20 世纪 70 年代欧洲著名的反对使用核武器运动的战场之一。布罗克多夫是德国北部的一个小村庄，离我家在汉堡的农场很近。我们抗议核产业与大型国有电力设施垄断组织的不正当结盟，它们耗费纳税人数百亿美元，来资助一项在多数人眼里风险大于机会的技术。回想起来，我们认识到，对核技术的巨大资助和关注使德国错过了一趟重要的技术改革的列车——信息通信技术革命。在同一时期，信息通信技术革命在美国加利福尼亚的硅谷和马萨诸塞州的 128 号公路地区已初现雏形。

我们在布罗克多夫的游行并不合法，并且现场有大批警力在警戒，但是游行一直都很平静。直到快结束时，我们开始退出主场，朝着几英里外的汽车走去，却突然听见低沉而有节奏的敲击声和喊叫声。我们转头看到数百名、甚至可能是上千名全副武装的警察挥舞着警棍，在盾牌上隆隆地敲打着，叫嚷着冲向我们。

我们的第一反应都是：跑！警察们像追赶猎物一样，穿过田地扑向我们，与我们之间的距离越来越近。这时我听到了头顶传来的轰鸣声，抬头看到一群直升机正在追近。它们一直在超低空盘旋，致使我左右的人们被风压推倒。我边跑边回头看他们怎么样了，结果发现每个人都被挥舞着警棍的警察包围。

半小时之后，逃脱出来的人们紧紧聚在一起，快速而安静地沿着公路走向我们的汽车。深红色的夕阳将一切涂抹得恍如电影画面一般。就在太阳即将落山、我们马上走到汽车旁边时，警察突然从我们左侧的一片树林里冲了出来，再一次发起进攻。当时一片漆黑，他们手里拿着警棍，高声叫嚷着冲了过来。此时奇怪的事情突然发生了：我们每个人都停下脚步，沉默不语地站着，身体挨着身体，好像所有人是一个巨大的集合体，没有一个人逃跑。一瞬间，万籁俱寂。紧接着警察冲到了我们面前，并开始用警棍殴打够得着的人们，然而人群还是没有移动。警棍切入了我们这个集体，就像刀子切过黄油，但整个集体仍保持着沉静。过了一会儿，他们意识到没有人抵抗。他们感到吃惊，就停止了攻击。

那天晚上，我的肉体并没有受伤。但回到家里，我已经不同了。我们在那次事件中集合成了一个整体，而我化身成为整体中的一员，这个整体受到了攻击，受到了伤害,同时也被“打开”了。我觉得自己看到了敌人—— 一个压迫性体系，为了维护一小撮特权群体的利益，使用武力镇压广大人民群众。

那时我就知道，自己未来的工作将会涉及转变“那个”系统。

1983 年，我移至西柏林自由大学学习。冷战还分裂着柏林，但发自草根阶层的人权及和平运动欣欣向荣，在不断发展和壮大。我周围很多人都感觉到了可能发生在他们自身和整个社会的一切，并选择按照这种对可能性和觉察力的深层感知生活。在那些日子里无论何时跨进中欧，你都能立即感觉到自己已经联结到对正在生成的未来有高度开放性的人群。

随后，20 世纪 90 年代中期，我参加了麻省理工学院组织学习中心召集的首届半年度会议，这是一场全国性优秀组织学习实践者的盛会。会上我深受震动，并发现了我和这个群体的联系纽带。我们之间的联系纽带不是具体环境或社会层面的，而是存在于意识的觉醒和机构变革的层面上。这个群体的兴趣在于从个人和集体的层面上增强对创造力源头的接触。这些我以前从未见过、甚至没有听说过的人让我有了“归属感”（come home）。在牛津讲述这个故事帮助我明晰了为什么只陷于某一个层面的运动对我来说毫无吸引力。像卡普拉一样，我希望能与致力于重新整合生态、社会以及精神这三种根源的人们合作。而且像他一样，我的兴趣在于以科学和意识的新融合为基础完成这一切，不要倒退至过去，而是向着未来前进。

## 三种冲突和根本问题

以上所提及的三类革命是一个大规模转变过程的模式。一些事物正在走向消亡，而正在从废墟中升起的新结构又是什么呢？我们不知道。我们所知道的是，每一次革命变迁都伴随着一种巨大的反冲：文化精神的变迁伴随着文化原教旨主义的兴起，形成了前现代、现代和后现代文化之间的冲突；向全球经济的转变伴随着地方保护主义的阴影，把数十亿人口排斥在基本温饱的门槛之外；网络社会和全球多边机构的兴起伴随着大国沙文主义的强烈抵制，导致像《京都议定书》这样的新多边协议无法有效工作。

在社会经济、地理政治和文化三种冲突的“根部”，我们发现，全球社会正面临着三种根本问题，它们存活于不同文化和文明背景下人们的心灵和头脑里。它们是：

- 我们怎样才能创造一种更加平等的全球经济，使之服务于所有人的需要，包括今天的穷人和未来的后人？

- 我们怎样才能深化民主、发展我们的政治机构，以便所有人能够直接地参与到塑造其周围环境和自身未来决策的制定过程中来?
- 我们怎样才能更新我们的文化，使每个人都被视为“成就真我”这项神圣任务的载体?

为了有能力提出这些问题，我们需要进入当今文明社会崛起的共有场域。这个共有场域包含：

- 深刻的社会感：所有人类通过隐性的、不可见的纽带或场域联结起来；
- 深刻的民主感：建立实现普遍参与的结构，使得最终所有的合法性从中涌现出来；
- 深刻的文化精神感：我们都在一条成就真我的旅途上，无论从个人还是集体的角度来看。

这些感知的共同基础，是视人类为自由的存在（being）——这个存在是由我们在循规蹈矩和联结创造力、道德行为、自由的深层源头之间做出选择的能力所决定的。

## 社会世界的舞台

以上描述的社会变革引发的冲突及其反冲，同时在社会生活的三个舞台上上演。它们是：（1）客观的架构和系统；（2）实施出来的架构和系统；（3）行动的深层源头。

### ‖第一个舞台：客观的架构和系统‖

社会学创始人奥古斯特·孔德（Auguste Comte）、埃米尔·涂尔干（Émile Durkheim）和马克斯·韦伯（Max Weber）的主要观点集中于第一个舞台。他们认为，社会世界存在跨越空间、时间和意识形态的一般规律，可以对此进行研究和描述。为此，孔德在 19 世纪早期创造了“社会学”（sociology）这个术语，并认为历史是沿着从神学到形而上学再到实证主义的线形顺序来演化的。而与孔德和其他信奉天主教的反革新者一样，生活在 1858—1917 年间的埃米尔·涂尔干不喜欢社会的无秩序状态。他研究了个人所面临的外部强制性力量和结构。马克斯·韦伯逝于 1920 年，他曾强调合理化是线性发展的基础。他看到人们陷进一个“物质商品拥有日益增长的力量，最后将不可避免地控制人类”的“牢笼”中。

## ‖第二个舞台：实施出来的架构和系统‖

智利生物学家哈姆伯图·马图拉纳（Humberto Maturana）写道，“所有说过的事情都是出自‘某人’之口”，因此我们也可以说，所有架构和系统都是由“某人”实施出来的。马克斯·韦伯的社会铁笼之所以存在，只是因为人们在日常行为和工作中实施了这种模式。安东尼·吉登斯（Anthony Giddens）声称，必须将实施的代理和架构看作同一枚硬币的两个侧面。架构一再出现在连续的实践中，反过来这些实践又被架构所组织。当今最重要的哲学家和社会学家尤尔根·哈贝马斯（Jürgen Habermas），把社会看作“多系统世界”（systems-world）和“生活世界”（life-world）。他说，我们与这二者之间的关系就像殖民化。“被割裂的子系统们强制渗透进生活世界，就像殖民者硬闯进原始部落那样，然后强迫他们进行同化。”但是，这两个视角都不足以把我们带到更深刻的存在论的观点，即南怀瑾大师所持有的观点。

## ‖第三个舞台：行动的深层源头‖

至今还没有一位社会学学者充分考虑过比尔·奥布赖恩所称的“干预者的内在状态”这一理念，但是我们目前所处的阶段，使我们能够开始明白是觉察和意识决定了行动和结果的质量。哈贝马斯关于生活世界的概念与上述观点最为接近，但其著作中只抓住了谈话的理性维度，而没有涉及生成性对话更深层次的美学精神方面。

对此，麻省理工学院组织文化和变革大师埃德加·沙因指出，为了超越这些观点，我们必须“回到原始数据，再重新开始”。虽然标准的社会学方法趋向于建立在观察数据之上，库尔特·卢因及其后继者，包括克里斯·阿吉里斯、埃德加·沙因、彼得·圣吉和比尔·托伯特（Bill Torbert）等行动科学学者，都声称我们必须超越第三人称的观点。就像比尔·托伯特曾经说的，我们需要获得第三、第二和第一人称的知识，即我们应该囊括观察、谈话和第一人称的体验数据。当然，问题会继续冒出来：你如何确定你是否知道？有哪些标准可以验证你的知识？

> “当我的知识可以转化成行动，或者说能将其付诸实施时，我就确定自己知道。”（克里斯·阿吉里斯）

> “当我的知识对相关领域里的客户和从业者有帮助的时候，我就确定自己知道了。”（埃德加·沙因）

> “当我培养出能力，能够创造出我真正在意的结果时，也就是‘你所知能成就你所做’时，我就确定自己知道。”（彼得·圣吉）

对于这些舞台，每一个都有一套冲突的力量在上演。表5—1最左列列出了社会现实存在的三个舞台。每个舞台都为卡普拉描述的三个核心问题领域提供了独特的视角：社会经济、生态和文化精神。每个领域都有其相应的一批专家和实践者。

第一种观点或舞台被客观性的哲学元范畴所支配，该领域充满了准客观的事实和事物。因此，这个舞台的问题包括：（1）社会划分：富人和穷人之间的隔阂与冲突（社会公正）；（2）生态划分：文明和自然之间的隔阂与冲突（环境保护）；（3）文化划分：西方文明和非西方文明之间的隔阂与冲突（地缘政治）。

表 5—1　问题列表

| 冲突力量的舞台<br>Arenas of Clashing Forces | 核心划分 CORE DIVIDES<br>社会经济问题<br>Social-economic Issues | 生态问题<br>Ecological Issues | 文化精神问题<br>Cultural-spiritual Issues |
|---|---|---|---|
| 舞台 I：系统<br>19 世纪的观点：客观性占主导地位 | 富人和穷人之间的隔阂和冲突（社会公正） | 文明与自然之间的隔阂与冲突（环境保护） | 文化或文明间的隔阂与冲突（发展） |
| Arena I: Systems<br>A 19th-century view: Primacy of objectivity | Gap and clash between haves and have nots（social justice） | Gap and clash between civilization and nature（environmental protection） | Gap and clash between cultures or civilizations（development） |
| 舞台 II：实施人与组织<br>20 世纪的观点：主体间性占主导地位 | 系统规则和生活世界之间的冲突（批判理论） | 旧的产业设计与生态系统设计之间的冲突（摇篮至摇篮） | 物质主义与反物质主义之间的冲突（价值变迁） |
| Arena II: Agency<br>A 20th-century view: Primacy of intersubjectivity | Clash of systemic imperatives vs. life-world（critical theory） | Clash of old industrial designs versus eco-systemic design（cradle to cradle） | Clash of materialism versus antimaterialism（value shift） |
| 舞台 III：源头<br>21 世纪的观点：超主体性占主导地位 | 自我与他人之间的分离<br>* 我和你（对话） | 自我和感觉的分离<br>* 通过我们的感知觉醒（感知） | 小我和大我的分离<br>* 小我 - 大我（self-Self）= 把现在的我和未来最好的大我相联结（自然流现） |
| Arena III: Sources<br>A 21st-century view: Primacy of transsubjectivity | Separation of self from the other<br>*I-Thou（dialogue） | Separation of self from the senses<br>*awakening through our senses（sensing） | Separation of self from Self<br>*self-Self = connecting the current with the best future Self（presencing） |

第二种舞台是主体间性，该领域中生活世界位于集体进化的关系网中。在这里，同样的核心问题是通过不同的镜头来看待的。基于这个视角，社会划分表现为系统强制性和社会生活世界之间的冲突（哈贝马斯已经详细讨论过）；生态划分表现为旧的产业系统设计和新的、更加生态智能的设计和系统之间的冲突（摇篮到摇篮的设计）。文化划分则显现为物质主义世界观和各种形式的反物质主义

世界观之间的鸿沟。

我们经常看到西方物质主义和消费主义对各种文化和文明的侵染（文化殖民化），与此同时对这种西方物质主义的公愤也日益增长。然而，在西方社会内部，这种文化冲突也有所体现。泰德·诺德豪斯（Ted Nordhaus）和迈克尔·塞伦博格（Michael Shellenberger）所从事的基于战略价值方法的研究给出了一个很好的文化冲突的例证——由基于偏传统、偏物质和偏后物质（post-material）的一系列需求和价值理念而产生的矛盾，而这些需求和理念主导了美国和其他西方社会的政治言论，制造了冲突。

第三种舞台被超主体性所掌控，这是最上游的视角。就像胡塞尔说的，是“鲜活的当下存在”的世界。这个舞台展现了一个新的战场，上演着我们这个时代最重要的战斗：大我的竞技场。

这里出现了一个新问题，如何把所有这些观点互相联结起来，根植于生成的源头和自我之上。如果你在表 5—1 中看到的是一棵树，前两个舞台就是叶子和枝干，而第三个舞台则是根基系统——有机系统中肉眼不可见的部分。

在这个更深的层次上，社会划分的根基不在外部而在内部，这个根基就是自我。更准确地说，是在社会冲突（中观层次）和社会划分（宏观层次）中物化的自我和他人的分离。只要没有准备好面对和对抗这个内在的鸿沟，我们就可能还陷于前现代的模式，而这种模式对跨越现在的鸿沟没有任何帮助。

生态划分的根基是感觉和自我的分离。这里我们进入了生态危机的美学维度。“美学”（aesthetics）这个字眼来自希腊词 aistesis，意思是“带着感觉的感知”（sensual sensing），即激活我们所有的感觉。除非我们将感觉演变为通往周围生命场域的大门，否则我们将永远解决不了环境危机。正如社会划分反映的是在人际层次上对他人的缺失，生态危机反映的是通往自然生命场域大门的感觉的缺失。人们经常通过消费来填补感觉缺失带来的空洞，而这样做往往又会导致生态危机的进一步恶化。

最后，在更深的层次上研究精神问题引发了也许是最重大的冲突：小我和大我之间的冲突。这个冲突存在于一个人的旧我（即过去一直作为的那个人）和生成的新我（即体现最高未来可能性的自我，我在面对农场大火时第一次感受到的自我）之间。这种冲突的一方面是个人积累的所有成就和小我的力量，有好有坏；另一方面，它是可能性之源，为了实现在当下，要求个人放下过去，向当下打开自己。小我和大我之间的活性联结即是被我称为“自然流现”的状态。

很少有机构能够跨越这种问题列表里所划分的界限。每个领域都有专业的教育体系、培训课程、研究项目、赞助机制、国际会议、杂志以及实践社团。目前缺乏的是各领域之间的对话。我们需要领先的学者同时关注表格里的 9 个问题。事实上，有些人已经开始行动了。例如，曼纽尔·卡斯特的著作提出了一个囊括了生产、权力和体验三个领域的整合社会观，虽然他在前两个领域的研究明显强于第三个。他的著作描述了过去 30 年形成的世界。

正如我们刚才提到的，卡普拉整合了生物的、认知的和社会的三个方面。“生命系统，”他说，“是封闭于边界内，但对持续的能量流和物质流保持开放与接纳的自生的网络。”作为物理学家，他不仅把 20 世纪系统科学的发现应用到生物和认知领域，还应用到社会生活领域。他描述了 6 种维持生命的生态原则，这些原则同时也适用于经济系统和商业生态系统，如下所示：

- 网络：生命系统互相沟通，跨边界分享资源；
- 循环：生态系统没有产生任何浪费，物质通过生命网络不断循环；
- 太阳能：通过光合作用，太阳能驱动生态循环；

- 伙伴关系：生命接管了这个星球不是靠战斗，而是靠合作；
- 多元化：生态系统通过多元化获得稳定——越多元化，越有弹性；
- 动态平衡：生态系统是永远动态的网络，所有变量都围绕它们的最优值上下浮动，没有一个变量是最大化的。

但是他指出，自然的生态网络和人类社会的公司网络之间的关键区别在于：在生态系统中没有生命会被排除在网络之外；相比之下，公众的很多部分被排除在公司网络之外。虽然他的著作为现行系统的网络本质提供了精彩的分析，但却没有太多涉及个人或集体行为如何才能塑造新世界，或者说如何深入到社会现实的第三个层面。

哲学家肯·威尔伯（Ken Wilber）[①]的整合方法也许是迄今开发出的、最为全面的整合框架了。他的“所有象限、所有层级”（AQAL）的方法包含了前现代、现代和后现代的重要真相，并将这些真相整合在一个综合的整体框架里。他的框架基于两组差异。第一组基于尤尔根·哈贝马斯和卡尔·波普尔（Karl Popper）的著作，区分了三种（或四种）世界的维度：它的世界（客观性）；我们的世界（主体间性）；我的世界（主观性）；以及它的世界的集合，威尔伯称为“客体间性”（interobjectivity）。

第二组区别界定了自我的发展阶段。威尔伯发现，在跨文化和跨时代的传统智慧中，这些阶段是相同的。不同的传统可能会使用不同的术语，但是层级本身是普遍适用的。威尔伯在最近的著作中引用了一个关于发展观的流行例证，这在唐·贝克（Don Beck）和克里斯多弗·考恩（Christopher Cowan）颇具影响的著作中再次得到引用。他们把意识水平区分为发展和自我的前习俗道德期（preconventional）、道德循规期（conventional）以及后习俗道德期（postconventional）三个阶段。

① 肯·威尔伯，超个人心理学大师，他的《意识光谱》一书中文简体字版已由湛庐文化策划，万卷出版公司出版。——编者注

威尔伯的“所有象限、所有层级”的方法整合了世界（我、我们、它）的三个维度以及意识的 9 个发展层级。他的整合观点创造了一个前所未有的、关于各种视角和知识传统的框架和综合体。该观点的主要贡献之一是使精神或超越个人的维度在科学、学术和教育领域合理体。威尔伯对于整合方法的界定（所有象限、所有层级），开启了一扇通往更加全面的语言方式的大门，包括了现实中可能会被边缘化或者彻底排斥的更加微妙的方面。他的整合框架至今仍在持续演化，如今已包括“所有象限、所有层级、所有线路、所有状态和所有类型”，可以说为我们描绘了一张人类和社会发展的鸟瞰图。

与这个视角有关的问题随之而来：如果从战场上不断演化的自我的视角来描绘这个战场，得到的地图会是什么样呢？我们会在以后的旅程里再讨论这个问题。

## 社会的盲点

1999 年 11 月，我受邀与南怀瑾大师及其几位学生聚餐。南怀瑾大师是中国很受敬重的禅师，写过 30 多本书，但是很少被翻译成其他文字，在中国之外也几乎看不到。我们讨论了灵性觉察的兴起及其与我们时代的全球问题有何种联系。他说：“20 世纪缺乏的是一种把经济、技术、生态、社会、物质、心智、灵性等所有方面统一起来的中心文化思想。”我们得出结论，商业和赚钱已经成为默认的共同目的，取代了整体的觉察和思想。借南怀瑾大师的话说就是：“形势一定会朝着精神的方向发展。但是不论在西方还是东方，这条精神路线都不同于过去。它将是一条崭新的精神之路，是自然科学和哲学的结合。”

我回答南怀瑾大师说：“我对此的理解是，盲点和我们没有能力观察到社会现实形成的过程有关。我们认为现实是一个与我们分离、处在我们身外的事物。我们没有看到我们创造社会现实的最初过程。于是我对您的话的理解是，为了照亮这个盲点，必须练习您在新书中谈到的领导的 7 个冥想阶段。对吗？”南怀瑾大师回答说：“这种理解是正确的。”

无论是个人还是集体，盲点让我们看不到自己实际可以直接地、强有力地联结到内在深层的创造力和承诺。而这两者正是我们信心最有保障的源头之一，因为我们能够从内部接近更深层次的同在、力量和目的。从架构观点看，社会的盲点表现为缺乏能够有意识地从想要生成的未来运作跨界行动的团体。我们看到的只是特殊利益群体和三种试图用单一方式解决当今问题的原教旨主义。这个盲点还妨碍我们把问题列表视为一个整体。卡斯特、卡普拉和威尔伯都是基于不同优势整合问题列表的先锋，但是还都没有完全满足阿吉里斯关于行动研究的标准：真正可行动的知识，能让你创造其所论及的现实。我们若想发现这种知识，就必须在没有线索提示下一步旅程将走向何方的情况下，信任我们的感知、经历和顿悟。

THEORY U

Leading from the Future as It Emerges

# 06 科学的哲学基础

## 场域漫步

让我们在这里稍作停顿，反思一下到目前为止，我们的场域漫步或学习旅程已经进行到了何种程度。

首先，我们研究了盲点如何出现在个人体验的层次上——就像我直面大火的故事。那一刻，当感到旧世界在火焰中升腾、脚下的土地被抽走的时候，我开始了自己的旅途，与先前根本不知其存在的另一部分自我联结了起来。

其次，我们花了一些时间熟悉 U 型理论并确定其组成部分。随后研究了盲点在团队体验中如何出现以及团队如何学习的问题。当前，很多团队面临着诸多新的挑战，仅靠过去的经验无法解决。所以，我们必须放弃过去，让它“在火焰里升腾”，并敞开心灵，迎接正在通过我们生成的未来。这就是我们所说的第 4 级领导和学习。

接下来，我们研究了机构中的盲点是如何形成的。同样，领导者们不能用传统的解决方法应对新的挑战。为了应对新兴复杂性，我们必须学会扔掉陈旧的工具，使自己的注意力和行为发源于“空白画布”，即组织价值创造的源头。

随后，我们检视了盲点在社会中出现的方式，也就是以第三次革命的形式。此次革命作为社会意识变迁的起点，能帮助我们重构核心的社会问题。使我们更多地关注问题的根源，而不是仅仅着眼于“大树”的可见部分。

最后，我们的场域漫步来到了社会科学，其盲点的源头在于无法捕获稍纵即逝的社会现实创造过程。在每个阶段，我们都意识到迫切需要新型注意力和新的觉察。所有这些对我们“行为科学家”（action scientists）意味着什么呢？

## 本体论和认识论的基础

2000 年，我有机会和弗里特乔夫·卡普拉进行了一次深入的交谈。9 月的一天下午，他和我一起在加利福尼亚大学伯克利校区附近的树林里散步，讨论他正在撰写的一部新书。在这本书里，他计划把系统理论和系统思考应用到社会关系领域。我问：“您认为过去一个世纪中，系统理论和系统思考最重要的发展是什么？”

他回答说，他认为可以浓缩为两点：首先，现代系统思考者对涌现（emergence）现象的接纳；其次，对嵌入性（embeddedness）思想的接纳，也就是说，所有系统和知识都是基于情境的。

在返回波士顿的飞机上，我画出了这张表 6—1 来描述我们刚刚谈论的两个维度。

左上角是过去的主流系统理论（S1），基于线性系统和显性知识（K1）。从这个角度，我们可以沿两个方向前进：（1）从 S1（线性系统）到说明涌现现象的 S2（非线性系统）；（2）从 K1（显性知识）到说明所有知识都根植于情境的 K2（隐性知识）。

表 6—1　　20 世纪的系统理论：认识论和本体论的基础

| | K1<br>显性知识：<br>独立于情境<br>K1<br>Explicit Knowledge:<br>Independent of Context | K2<br>隐性知识：<br>基于情境<br>K2<br>Tacit Embodied Knowledge:<br>Situated in Context | K3<br>自我超越型“原知”：<br>尚未实体化<br>K3<br>Self-transcending “Primary Knowing”:<br>Not Yet Embodied |
|---|---|---|---|
| S1<br>线性系统<br>简单系统<br>S1<br>Linear systems<br>Simple systems | “过去的主流”：<br>传统系统理论<br>“Old mainstream”：<br>Conventional systems theory | 情境式行动：<br>所有觉知都发生在一定情境中<br>Situated action: All knowing happens in a context | 盲点：觉知的源头<br>Blind spot: sources of knowing |
| S2<br>非线性动态系统<br>自我再生系统<br>S2<br>Nonlinear, dynamic systems<br>Autopoietic systems | 非线性的动态系统理论：<br>说明涌现现象<br>Nonlinear, dynamic systems theory:<br>Accounts for the phenomenon of emergence | “新兴的主流”：<br>说明涌现和基于情境两种现象<br>“New mainstream”：<br>Accounts for both emergence and being situated in context. | |
| S3<br>深度涌现的源头<br>自我超越型系统<br>S3<br>Sources of deep emergence<br>Self-transcending systems | 盲点：涌现的源头<br>Blind spot: sources of emergence | | |

爱丁纳·温格（Etienne Wenger）和让·莱夫（Jean Lave）提出的情境学习和实践社团的概念，加上约翰·布朗（John Brown）、阿兰·柯林斯（Alan Collins）

和保罗·杜吉德（Paul Duguid）提出的情境认知的概念，都是社会系统的焦点如何从（S1，K1）转移到（S2，K2）的例证。就像卡普拉的维度，这个框架同时说明了涌现和嵌入两种现象。

在继续深入分析这张表格的过程中，有一点变得更加清晰，即我自己的研究也在向浅灰色方块和深灰色方块的交会处靠拢。就是在这里，我们遇到了人类存在的极限边界，进入了尚无人涉足的、在人类意识边缘演进的部分。也是在这里，我们发现自己扎根于关于存在（本体论）和觉知（认识论）的深层哲学假设的基础之上。

尼采曾经说过，最高目标是从艺术家的视角看待科学，而从生活的视角看待艺术。从艺术家的视角看待科学，意味着不仅要把科学研究应用于我们眼前的事物，还要应用于创造性过程和正在进行这项活动的科学家或艺术家。或者用亚里士多德的话说，科学不仅是知识，还是应用技术和实践智慧。从生活的视角看待艺术，意味着为了服务于更深层次的意图、更大的进化整体而进行科学活动。用亚里士多德的话说，科学活动应该将科学推向对于首要原则的智慧和觉察或直觉，以及意图源头的前沿。

其他几位促使我在这些方向进行更为深入思考的哲学家还包括埃德蒙德·胡塞尔和马丁·海德格尔（Martin Heidegger）。通过阅读胡塞尔的作品，我更好地理解了常态的 K1 意识（他称作“自然态度”）和 K2 意识（他称作“现象学态度”）的认识论边界。

相反，海德格尔的著作可以理解为对本体论边界的推动，将对世界的描绘从一组抽象的事物，推向总是在具体情境下发生的世界的具体存在。海德格尔观察到的现实不是一件“东西”，而是“变成现实”的过程，一个存在从关闭到开启的生成过程。它也表示从 S1 到 S2 的视角转换。

阅读胡塞尔和海德格尔晚期的作品让人陷入了沉思，同时感觉到两者都在努力探寻另一个边界转移，从而最终把哲学研究转入源头层次的两个维度：认识论（K3）和本体论（S3）。认识论的问题是：我们的注意力和觉知源自哪里？这也是胡塞尔和自我超越型问题的斗争。而本体论的问题是：集体实施的社会架构和过程的源头是什么？换言之，当我们深入社会或集体过程中时，谁在逐渐生成并通过我们展开行动？

然而，胡塞尔和海德格尔都给我留下了一种印象：也许他们工作中最重要的方面还需要进一步完成，即把哲学研究从“什么”（K1，S1）和“过程”（K2，S2）的层次推进到“源头”层次，即认识论和本体论（K3，S3）。这是伟人留给我们这代人和这个世纪的工作。我们将把哲学和科学研究从左上角的 4 个方框（代表 20 世纪哲学和系统思考的观点）扩展到整个列表的 9 个领域。

在 21 世纪，这种哲学研究的延伸意味着：哲学家和系统思想家必须离开书房，进入真实的世界，并主动参与世界发展的过程。这种行动科学哲学将关注另一种觉知——对心灵的觉知。就像日本哲学家西田几多郎（Kitaro Nishida）所论述的：“知识和爱是同样的心智活动。要了解一件事情，我们必须爱它；要爱一件事情，我们必须了解它。”他还说：“爱是我们把握最终现实的力量，是对事物最深的领悟。”

当学习如何接近 U 的最深处时，我们开始认识到爱无所不在，就像作家戴维·霍金斯（David R. Hawkins）所说的那样。他相信爱是全球的，而且不可分割。“爱是无条件的、不变的和持久的。它不波动——其源头不依赖外部因素。爱是一种存在的状态……爱不是智力，不会从头脑中发生，它发源于内心。由于爱的动机纯净，它具有激励启发他人以及完成丰功伟业的能力。”

接下来，我们的场域漫步将要从近处仔细观察，我们如何才能使自己和他人跨越这个我们一直在讨论的界点。我们将回顾迄今为止研究的界点和盲点，准备深潜（deep dive）至 U 的底部并从 U 的另一侧浮出水面。

THEORY U

Leading from the Future as It Emerges

# 07 关于界点

在我们的学习之旅开始时，我提出了一个问题："我们的行动来源于何处？"为了回答这个问题，我们进行了社会场域的漫步。我们发现世界正经历着无形的变迁。就像站在一扇门前，我们将要穿过这扇门，进入我们之前从来不能接近的房间。但是，某些事情阻止了我们移入这些房间，并从中观察这个世界。这个隐藏的障碍就是我们的盲点，同时也是我们的老师。你应该还记得，我们在系统的所有层面上追踪了这个盲点的涌现：

- 在个人层面上，在大火面前，我与盲点不期而遇，它毁灭了我过去的身份，却清理出一个我先前未知的空间。
- 在团队层面上，我们共同面对盲点；"向过去学习"这一过时的学习方法不会给我们带来任何好处，因此我们提出了问题：怎样才能和孕育着最高未来可能性的微妙场域相联结？当未来在生成时，我们如何向它学习？
- 在组织层面上，我们把盲点视为一种新型的领导力挑战。当今，领导者们面临着很多与新兴复杂性高度相关的紧迫问题，传统的解决技巧无济于事。因此我们提出了问题：既然我们习惯的世界正在崩溃，我们怎样才能在"空白画布"的情境里有效运行？随着脚下的土地被抽走，我们如何重新确立我们的机构？

- 在社会层面上，我们遇到的盲点隐藏在三场同时发生的、并在 21 世纪初达到顶点的全球革命的潮流之中：全球经济的兴起、网络社会的崛起以及个人和集体意识新形式的发展。随着这些革命改变了各种系统、文化的力量对比，我们目睹了旧的系统和结构的加速崩溃和失败，并迫切呼唤应对我们这个时代紧迫问题和根本挑战的新方法。
- 在社会科学领域，盲点把我们关注的焦点从客观结构转移到创建系统的过程，然后又转移到社会现实形成的源头。虽然 19 到 20 世纪的社会科学一直被客观性（objectivity）和主体间性（intersubjectivity）的元范畴所支配，但在 21 世纪，为了应对当代最紧迫问题的挑战，社会科学必须包括第三种元范畴：超主体性（transsubjectivity）。超主体性区分了个人和集体注意力的结构，可作为任一社会领域的定义特征。
- 在系统科学领域，我们看到系统思考与哲学的盲点如何从实体转移到过程，再从过程转移到涌现和觉知的初始源头，即转移到我们所处情境（我们行为和思想的源头）的本体论和认识论的基础。

在每个层次或领域，我们都遇到了同样的注意力的根本转移，这种转移扩展了对社会现实感知的深度，囊括了原本不可见的“空白画布”情况，即注意力、意图和集体行动的源头。当工作、家庭和社区中的挑战不断迫使我们以这样或那样的方式应对盲点的出现时，我们就站到了一个重要的界点之前。无论个人、团队、组织还是全球社会系统，都面临这样的界点。为了跨越这个界点，进入更深的疆域，我们必须正视我们正在应对的情境的深层次源头——必须学习面对大我。

## 跨越界点

“界点”（threshold）这个词来自古老的打谷过程——把外壳敲离谷粒。所以，界点的字面意思是“坐在金子上。”说到这里，我就记起了歌德的神话故事《绿蛇与美丽的百合花》。在故事里有一条绿色的蛇，她吞下了很多金子，变得美丽而灿烂。她在地下庙宇发现了4位国王。其中一位国王询问她："你是怎么来到这里的？"她回答："从金子堆积之处的裂缝。"这引出了下一个问题："什么比金子更耀眼？"回答是："光。"再后来，他们问她："什么比光更有生命力？"她答道："谈话。"

当我们开始寻找比金子或光更加珍贵的东西时，我们就能够跨越这个界点。我们很快会发现，这种界点挑战在所有系统中都是一致的。当我们认识到惯有的观察和行为方式不能使我们应对新的挑战时，我们就必须转向（个人或集体的）注意力，使认知的前沿回溯至源头，回溯至正在执行行为的人身上。这种转移一旦发生，我们就开始站在一个不同的地方关注一切了。注意的场结构描述了可见世界（我们看到的）和不可见世界（我们看世界的源头或场所）之间的区域。当我们改变了注意方式，崭新的世界就会涌现。

当大火把我的家烧为灰烬，我的注意力场结构从前半天习惯性地坐在课堂里观察世界（1），转变为突然从出租车中远远看到浓烟和大火（2），再到看见大火和当下的自我：站在大火面前，感觉火焰渗透进了我的思维，意识到我过去的一切都随风而逝，经历了观察者与观察对象之间界限的消失（3）。当时间放慢，我站在界点前，就要跨过界点，迈入"金子"。过去的我和正在生成的未来我之间的门即将打开——这就是我即将跨越的时刻（4）。

在集体层面上，跨越界点也显示出同样的特点，要求我们弯转、转向和转换集体注意力的场域。1989年柏林墙倒塌和12年后世界贸易中心大楼倒塌，这两种情况都要求我们深化认知，并开启观察者与观察对象之间的界限。在那崩溃的时刻，我们中的一些人开始看到"外边的"（out there）事情如何和我们"内在的"（in here）行动及身份相关联。当然，不是每个人都跨过了这个界点。对于很多人来讲，纽约市世贸中心大楼的坍塌什么都没有改变，只是触发了最古老的惯性反应：“邪恶的帝国从外部攻击我们，所以我们必须以牙还牙。”这种反应方式（第1层）的结果是可以预料的：本来应该被解决的问题此时反而被创造和放大。任何第1层的反应在结构上都忽视了正是我们共同创造了生活于其中的系统（世界）。这种低层次的反应也许能在短期内缓解症状，但是它的失败迟早都是不可避免的。

与那些强势国家所不同的是，处于高度动态环境之中的公司和非政府组织，必须对周围的变化、对生活呈现给他们的“金子”做出更快的反应。就像那条绿蛇，他们已经在放光了。也就是说，他们已经学会如何收好他们与周遭互动时所产生的金子。其中的某些公司和非政府组织，已经灵活到根据需要对本组织快速重组、重建和重整的程度。这样的“金子”组织充当了两个世界间的桥梁，把当下的运行环境和对未来机会的感悟和把握联结了起来。能够嫁接这样的桥梁是组织在变幻无常的环境中通往卓越的必经之路，也是取得出色绩效的关键。停留在一侧（当下的现实）或另一侧（生成的未来）在稳定的环境下都意味着平庸的组织质量，而在迅速变化的环境下就意味着公司（组织）将会很快倒闭。

## 我们时代的标志

工作上和个人生活上的体验要求我们到达歌德所写的“更深的地下”——大约就和绿蛇遇到国王的地下庙宇差不多。这和我们前面提到的树根系统是同一个意思，通常是场域中肉眼不可见的部分。为了面对这些社会现实创造的更深层级，我们必须跨过这个界点。那么，我们怎么才知道自己是否到达这些层级了呢？

这些界点或门槛通常出现在传统的运行方式不再奏效时，也就是碰壁的时候。我们必须放弃陈旧的工具，转向注意力并将其转移到在我们内心和周围展开的场域。这就像现实中的一道裂缝：突然之间，裂缝就出现了，就在你的面前。于是你有了以下的选择：将裂缝重新涂平，或者停下来。如果你停下来，扔掉你的工具，关注在你面前开启的裂缝，与其同频，将注意力转向至其中。然后，你就能顺势而为。有能力看到裂缝，之后停下来与其保持同一频率，这是我们这个时代一个关键的修炼。如果没有这项修炼，我们就无法在关键时刻创造出高绩效。这一修炼需要关注和培养，正如农场的土壤需要关注和培养。它是进入 U 境所必备的修炼。

虽然农民们培育和改善土壤质量所使用的方法和工具广为人知，但我们却没有什么相应的方法和工具体系来培育社会场域的内在状态，以期熟练地发现、停下来和同频至裂缝。本书的第二部分“进入 U 境”将帮助我们获取这些工具。

放眼四周，你会发现有些变革迫在眉睫。我们也许可以将其称为这个时代的标志。它邀请我们超越盲点，放眼观看在“空白画布”上开始形成的影像。我们现在面临的挑战是敦促自己从不同的角度看待问题，锐化和深化我们的注意力。我们需要培养集体的能力来转变我们行为的内部发源地。

我认为所有系统和层级都使用同样的基本转变程序或过程。不管你是一位伟大的领导者、教育家、艺术家、运动员、物理学家、作家还是教练，无论你是单打独斗，还是团队协作，你一定是通过转变注意力的结构、通过发现并同频至裂缝而跨过界点的。

“领导”（lead）和“领导力”（leadership）的印欧语系词根 leith 的意思是“向前走”、“跨越界点”或者“赴死”。有时，放下就像赴死。但是我们所学的 U 的深层过程告诉我们，在新的事物出现之前，某些事情必须改变，也就是一定要跨过界点。我们面前的旅程将为我们揭示和解释这一基本过程的原则和实践，使之成为一种工具，照亮隐藏在盲点中不可见的领导领域。

第二部分

# 进入U境

THEORY U

LEADING FROM THE FUTURE AS IT EMERGES

在引言中，我曾提到过我们全家每周日都要到农场上散步，我父母借这个机会可以了解农场土壤的状态。我们不时地停下来，弯下腰，用手捡起一小撮土壤，仔细观察。本书也将引导读者进行场域漫步，使我们有机会更为准确而清晰地观察自己的盲点。本书第一部分得出的结论是，为了应对当今时代的诸多挑战，我们需要学习改变关注的方式，也就是我们注意力的场结构。我们使用注意力的方式，我们行为的内在发源地，正是存在于社会所有层次上的盲点。

在本部分，我们将关注注意力场结构转变的核心过程。它有助于我们辨明盲点里各种不同的过程、转折和疆域。这部分将为 U 型理论打下坚实的基础。

从核心上讲，U 型理论区别了行动生成的各个不同层次，亦即我们行动的不同质量。任何社会实体或生命系统都可以基于多个内在场域而运行。而挑战则在于我们未能察觉、未能激活这些内在场域。

通过描述盲点的布局特点，U 型理论为我们提供了全新的语言和路线图，使我们跨越界点，启动真正的变革和创新。为了完成这一任务，我们必须转换自己及所在系统的行为发源地。这是一项艰巨的任务，然而我相信，这正是我们当今时代领导力的精髓所在。

THEORY U

Leading from the Future as It Emerges

# 08 下载

## 过去的模式

我们经常基于习惯的模式进行思考和行动。熟悉的刺激因素，引发了熟悉的反应。这就是传统的下载模式。而若想实现未来的可能性，则要求我们认清并抛弃导致我们一再重演过去的下载型主导模式。

1989年秋天柏林墙倒塌，西方政府迅速宣布该事件出乎意料，没有人能够预测这一地区政治局势的变化。真是这样吗？

就在柏林墙倒塌的两周之前，我跟随一个国际学生团进行全球学习旅行，行程涵盖中欧、东欧以及俄罗斯。旅行中，我们与官方代表及民权运动的基层活动家进行了访谈。通过这些谈话，尤其是和中欧活动家的谈话，我感觉到他们已经预料到了这一深刻的变化。这种变化弥漫在空气中，过去的模式就要发生剧烈的改变了。

我们在东柏林停留期间正好是柏林墙倒塌的前一周，那时和平研究家约翰·加尔通在演讲过程中公开打赌：柏林墙将在1989年年末倒塌。我清楚地记得，之前没有任何一位专家或分析家提出过这样的预测。当我听到这种声明时将信将疑。一方面，加尔通的预测确实和我们在东欧的所见所闻完全一致；但是，我的思维很快又回到过去的模式：这个系统不是已经存在了一个世纪了吗？这些同样的问题、论点和民间反对活动不是也一直存在吗？但他们的努力毫无结果，还是过去的制度获胜。

虽然27岁的我目睹了东欧社会格局即将开始的转变，但当时在我心里，还是不能认识到亲眼所见的一切，认为加尔通的预测可能有点牵强附会。

但他完全正确。柏林墙如期倒塌（正如他的预料），经历了这一事件我开始问自己：是什么妨碍我接受亲眼所见的事实？加尔通所接触到的数据与我们在那次学习旅行中得到的完全一致，为什么我形成了模棱两可的“一方面，另一方面”的观点，而他却能得出清晰的结论？

我、加尔通和其他学生们之间的主要区别，不是积累的知识，而是看待问题的方式。他有一套更加训练有素的关注世界的方法，能够把习惯性评判暂悬起来，而对眼前的事实给予如实的关注。

## 下载的场结构

当我们真正给予关注时，就停止了习惯性的下载模式，同时也向眼前的现实敞开了心扉。只要我们的心智模式受习惯思维的指挥，注意力的源头就产生于我们组织的中心。图8—1表明了这个场的结构机制。其中，白色圆点居于中心，代表注意力和行动的来源，圆圈代表组织边界，处于外围。

大多数组织中的会议和常规谈话经常建立在下载模式上。我们习惯复制已有的行为和思考模式，组织在这种模式下运行时，我们就被限制在旧世界之中，像监狱里的犯人一样无处可逃，只看到自己投射到这个世界上的心智建构。

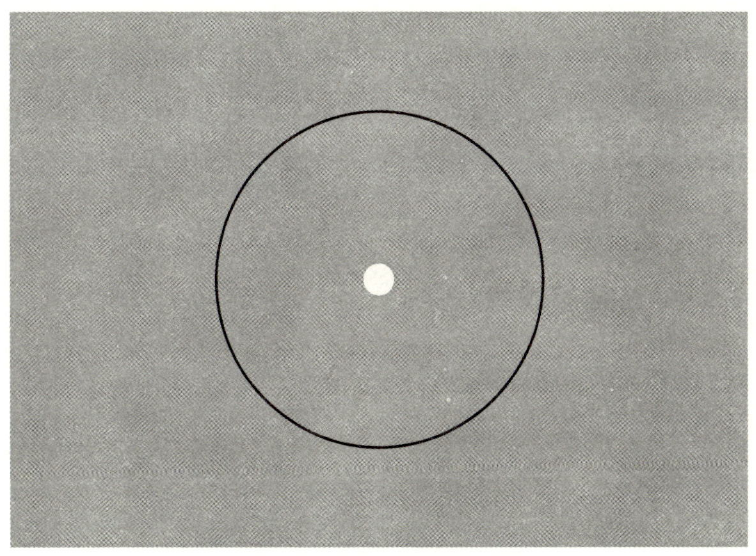

图 8—1 下载的场结构

哲学家保罗·瓦茨拉维克（Paul Watzlawick）对这种过程给出了一个极好的例子。

一个人想把照片挂起来。他有钉子，但没有锤子。他知道邻居有锤子，所以就想去借来一用。但他脑海里马上闪出一个疑问：“要是邻居不借给我怎么办？昨天我向他问候时，他连头都没有点一下。也许是他有急事，但也有可能是他不喜欢我而假装正忙着。他为什么不喜欢我呢？我对他一直很好。他很明显是对我有误会。如果有人找我借工具，我当然借给他。那他为什么不想把锤子借给我呢？一个人怎能拒绝如此简单的要求呢？像他这样的人真是可恶。他甚至可能还觉得因为他有一把锤子，我就事事都得求他。我要好好教训他一顿。”

于是，我们的主人公就冲到邻居门前按响了门铃。

邻居打开了门，但还没来得及开口说“早上好”，我们的主人公就喊道：“留着你该死的锤子吧，呆子！”

# 全球健康公司

组织或系统都习惯性地下载过去的模式。来看一下全球健康公司（化名）的例子，该公司是业内规模最大、最成功的企业之一。20 世纪 90 年代，该公司的欧洲分部引进一个新产品后经历了一次重创。公司招募了一支庞大的队伍来推动新产品的销售，结果却发现投入的力量越大效果反而越差。最后，电视节目曝光了这个产品的副作用。调查人员要求和公司管理者对话，却遭到拒绝。一年后，一位一直使用该产品的消费者死亡。

现在回想起来，很明显当时一直有迹象表明该产品有副作用，以及产品需要专门的营销方式。问题是：为什么管理者没有看到并认识到这些早期的警示信号呢？

## ‖公司病毒的制造‖

问题的答案和公司的文化及历史紧密相关。在《组织文化与领导力》（*Organizational Culture and Leadership*）[①]一书中，沙因描述了两个原则，对于了解公司错在哪里至关重要：第一，在理解公司的文化上，创始人的角色总是非常关键的；第二，组织的文化基于与过去的成功经验紧密相连的设想。接下来我们借全球健康公司的例子看看这两项原则。

## ‖4位CEO‖

### CEO一世：20世纪60年代

“全球健康公司的第一位 CEO 于 20 世纪 60 年代来到公司，”一位当时还在公司任职的高级经理说，“他的首要任务就是销售。他的管理理念很固执，管理风格也很专制。他打造了一支销售队伍，并且坚持说我们的国家是个特别的地方——在这里，你不能使用与别处相同的销售方式。”

① 本书中文简体字版已由湛庐文化策划，中国人民大学出版社出版。——编者注

这种独断专制的作风在公司总部的研发人员身上也可见一斑。全球健康公司的一位员工说："他禁止任何人和监管当局谈论产品的副作用，认为即使存在什么问题，也绝不可能来自产品本身。"

## CEO二世：20世纪80年代

20 世纪 80 年代，第二位 CEO 代替了创立公司的 CEO。他把公司总部迁到一个大城市。"他是一个毁灭性的领导，"另一位公司经理回忆道，"如果有人不认同他，他就直接把这人开除。如果你说了一些不应该说的关于公司的事情，也会被炒鱿鱼——你的工作就是保护公司。"第一位 CEO 尽管独裁，但如果你不同意他的观点，你毕竟还可以把你的想法说出来。而这位 CEO 却一意孤行，不能容忍不同意见。

## CEO三世：20世纪90年代早期

第二位 CEO 干了三年之后，第三位 CEO 于 20 世纪 90 年代初走马上任了。像前两位 CEO 一样，他也很独裁，但是他带来了不同的风格。"他会走来走去和人们聊天，这种做法效果很好，尤其是和他的两位前任相比。他虽然专权，但跟员工比较亲近，因此人们接受起来也容易点。"

一位研发部门的高级经理回忆道："后来，他变得野心勃勃。他增加了公司员工的数量，特别是销售人员，其中大部分人都在为这个新产品的上市做准备。他的本意是好的，但操作起来却困难重重。"

她继续说："很快，随着公司的增长，他无法再把握好公司的脉搏。此时他非常依赖于几个人向他汇报公司的进展情况。前任研究主管是他非常信任的一个人，就像一个标准的全球健康公司的研究主管一样，报喜不报忧。"

"这一时期的一个缺点是过分强调市场导向。市场部负责人只看销售数据。他相信多打电话就能提高销售额，而不考虑产品的高价和已经证明的副作用……”

“他为了保持高价，不允许销售代表们相互交流，并且不允许医疗部和市场部交流。”

“当产品的副作用已经到了无法忽视的地步时，他仍然不想和公司外部的那些持批评态度的人交谈。现在，我们认识到我们必须走出公司，和顾客合作，并积极处理副作用等问题。但 CEO 三世骨子里还是在说，‘嘘！别这么大声，安静！不要向顾客和报纸透露这么多信息’。”

### CEO四世：20世纪90年代中期

这位高级经理回忆道：“从一开始，CEO 四世就花费很大力气向每个人解释他想采取的措施。我们第一次碰到开放的政策，而不是之前一直持续的那种封闭式会议。”

前些年公司管理层的所作所为已经建立起了一种掩盖问题、不分享信息的文化，关起门来开会等行为模式。一位经理回忆道：“信息代表权力，这里早已人人明哲保身。公司里几乎形成了一套暗语。”

因此，CEO 四世的新开放政策遭到了质疑。“人们并不愿意互相谈论负面的信息，他们还是觉得自己会被解雇。”

CEO 四世采取了诸多措施，其中之一是聘请了一个全球咨询公司来“重新设计”组织。咨询公司得出的结果都在意料之中，公司要解决的主要问题是沟通和顾客满意度——更好地与顾客、专家、公众及所有的外部利益相关者进行合作。但是随后，由于要进行一次重大的兼并，该项目就终止了，那些提出的变革措施没有进入实施阶段。这恰恰是很多人从一开始就预料到的。所有关于改革的设想最后都变为空谈，没有人真正实施。另一位经理回忆道，“公司里有太多‘言行不一’

或者做事‘虎头蛇尾’的反面例子。我们曾经尝试过再设计、过程改进和团队建设。我们做了很多分析，但从来没有实施过。在很多项目中，大家努力工作，有时努力了一年或者更长时间，但是却没有任何结果。”

这种模式的不断重复演变成了玩世不恭。“人们必须看到结果。但是，如果管理层不改变思维和行为方式，你就不要期望人们的想法会发生变化。我们开了很多会议，努力工作、得出了很多结果。但这些结果就像被扔进了垃圾桶，因为没有人会实施它们。”

概括地讲，另一位高级研发经理说：“人们根本不信任管理层，而且外部认为公司臃肿且毫无特色。”她继续说：“（全球健康）公司在受一种病毒之扰——悲哀地说，这是公司历史的遗留问题。即使是新人也会很快感染上这种病毒，真丢人。管理者们需要认识到现在的局面还是很糟糕。”

## 组织学习和变革的4重障碍

全球健康公司的例子说明，一个成功的组织因延续过去的下载模式而陷入困境。即最初在某种特殊业务环境下可能起作用的管理行为，很快就会发展成一个生命体，并演变为整个组织的习惯。这会导致无效行为不断被复制和下载，日益加剧，就像有机体中的病毒。开始这种管理行为碰巧有用，于是被下载下来，并在整个组织文化中传播，感染了组织的成员，使他们丧失了学习能力，因而不能看到和处理组织正在面对的现实。有 4 重障碍有利于病毒的生存，同时使系统禁锢在下载的模式当中：

- 没有认识到你所看到的（割裂了感知和思考）；
- 没有说出你所想的（割裂了思考和谈话）；
- 没有做到你所说的（割裂了谈话和行动）；

- 没有看到你所做的（割裂了感知和行动）。

## ‖障碍 1：没有认识到你所看到的‖

第一位 CEO 的行为最终导致了学习障碍。“他的管理理念很固执，管理风格也很专制。”和绝大多数创业者及开拓者一样，CEO 一世相信自己的想法（他所相信的）胜于相信这个世界呈现给他的数据（他所看到的）。所有开拓者都首先基于自己的愿景行动，而不考虑当前的现实。但是，如果此类行为随着时间的推移不能得到转换，任何成功的机会都会因为重复下载行为模式而被隔绝在外。这很快就会变成公司前进的绊脚石。因此，第一重障碍的结果是不能认识到你所看到的。在全球健康公司的例子中，高管们没有看到药物的副作用。

## ‖障碍 2：没有说出你所想的‖

CEO 二世的行为引起了第二种学习障碍：没有说出你所想的。“如果人们不同意他的做法，他就直接把这些人开除。如果你说了一些关于公司的、不应该说的事情，也会被炒鱿鱼。”这种管理行为迫使人们培养了公司病毒的第二种成分。为了在这位总裁手下生存，其他管理人员也不得不学会不要说出你的想法。任何违背这一规则的人都会被炒鱿鱼，即从公司文化的“基因库”里被清除掉。确保生存的唯一行为就是对你想到的保持沉默，也就是说，只能进行符合公司思路的对话。公司病毒的这一成分妨碍了公司吸取经验教训，使公司重蹈覆辙。

## ‖障碍 3：没有做到你所说的‖

CEO 四世极力想改变建立在前两种病毒成分之上的文化，但他没有履行自己的诺言，缺乏行动力，也只能以失败而告终。很多关于重组和变革的谈话都只是空谈，而没有转化为行动。那些相信领导会言出必行的人们，发现自己不过是在浪费时间，最后失望至极。另一方面，那些认为所有变革都只不过是空谈的人们却越过越好，因为他们没有把时间浪费在那些最后不了了之的宏大项目中。

## 障碍 4：没有看到你所做的

第 4 重障碍是没有看到你所做的。也就是说，所有 CEO 都处在盲点之中，没有看到他们的行为已经导致了 4 重学习障碍。

全球健康公司的故事表明，下载模式在组织文化里已经根深蒂固，是引发重演旧有模式的强大力量。很多人认为这种力量是无法撼动的。

U 型过程的第一步是学习“停止下载”的技能。这适用于所有领域：个人、团体、组织，甚至社会。停止下载是进入 U 型过程的前提。只有终止下载，我们才能清醒过来看到现实，才能进入 U 型过程的下一个认知阶段：观察（见图 8—2）。

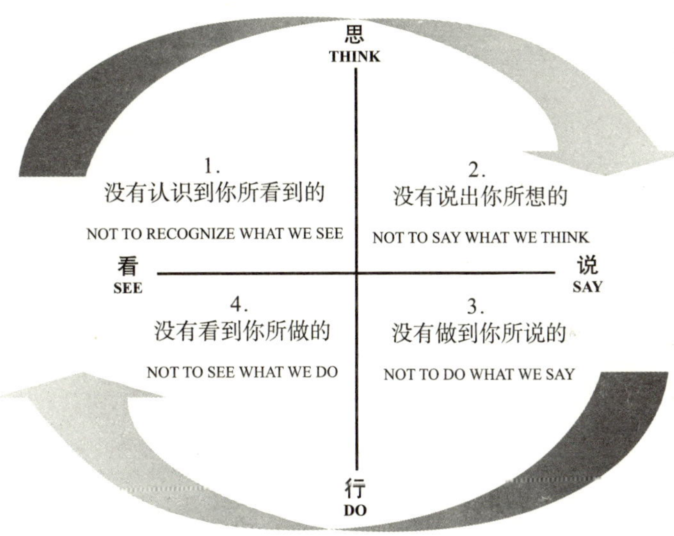


图 8—2　组织学习和变革的 4 重障碍

THEORY U
Leading from the Future as It Emerges

# 09 观察

## 如何观察：外在的景象

停止下载的习惯之后，我们就进入了观察的阶段。我们的直觉变得更加敏锐，并开始意识到我们所面临的现实。一旦从这个认知空间开始行动，我们即可以从组织的外围，即观察者与观察对象之间的边界开始感知。对此，物理学家亚瑟·札炯克（Arthur Zajonc）在《抓住光》（*Catching the Light*）一书中重现了一个歌德的例子，当时他试图观察到牛顿所说的“色散现象”[①]。那是 1790 年 1 月，歌德被要求退还他保存在壁橱里的一盒光学设备。盒子里有一个棱镜。一个仆人正站在一旁，等着拿回盒子。歌德匆匆拉出棱镜，想最后尝试观察一下牛顿所看到的现象。可是，他在 1 月的阳光里所看到的却截然不同。札炯克解释说，“歌德观察着房间的白色墙壁，（按照牛顿提出的理论）应该看到墙上铺满了彩虹的颜色。但是，他看到的却只是白色！”那一刻，他知道牛顿错了。

歌德满怀意外地再次把棱镜转向窗口，黑色的十字窗框在浅灰色天空的映衬下，显得异常突出。而就在那里，就在窗框和天空的边缘，光线和黑暗相遇的地

① 牛顿设计的一个实验。当时大家都认为白光是一种纯的、没有其他颜色的光，牛顿把一面三棱镜放在阳光下，太阳光通过三棱镜后，经过两次折射，在墙上被分解为红、橙、黄、绿、蓝、靛、紫7种单色光。依次排列，称为光谱。——译者注

方，他看到了鲜艳的颜色①。

## 从下载到观察的转换

当歌德举起棱镜开始观察的那一刻，他注意力的发源地（图 9—1 中的白点）就从其自身组织——他平日的习惯和常规生活的中心，移动到了外围——正好处于其自身组织的界限边缘（圆圈）。他从那里透过自身组织的窗户，观察呈现在他面前的世界。

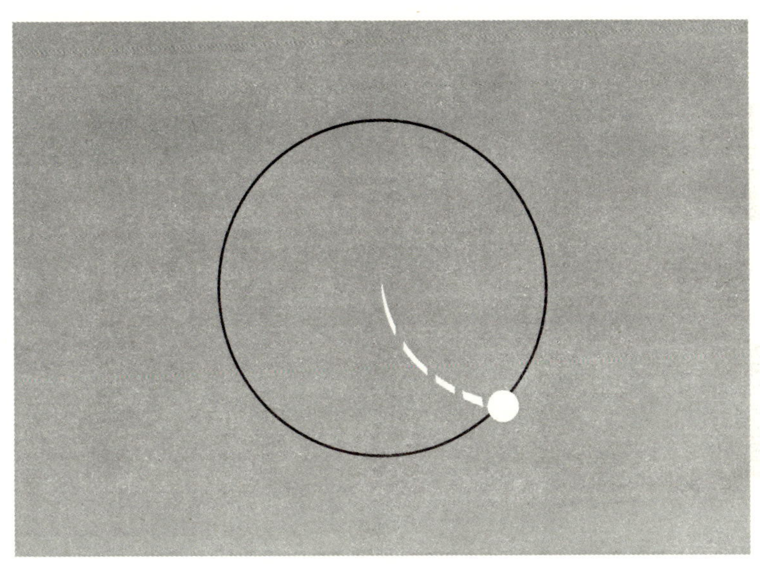

图 9—1　观察的场结构

1978 年 4 月 2 日早晨，当我去上学的时候，一切和平常没什么两样：我坐火车，步行穿过火车站和学校之间的公园，课间阅读《明镜周刊》，不去理会同

① 1810年，歌德出版了一本书，名为《论色彩学》，他认为这本书是自己最重要的作品。在书中，歌德强烈反对牛顿对颜色的分析。歌德认为颜色是出自光明和黑暗之间的相互作用，光明与黑暗的关系如磁铁的两极，黑暗可以减弱光的能源，相反，光可以限制黑暗，在这种互动情况下便会出现颜色。——译者注

学们之间那些毫无意义的闲聊。但是，在这些基于下载模式的常规行动之外，我开始注意到两个我解释不了的现象：老师和我谈话时红红的眼睛，以及我试图给家里打电话时出现的忙音。此时，我的注意力模式开始改变。当我坐在出租车里时，注意的场结构彻底发生了变化：我突然间看到了正在发生的一切——农场升起了滚滚黑烟把天空染成灰色。我作为观察者坐在出租车里，但是隔着透明的车窗玻璃，我能够意识到外面正在发生的一切（观察者与观察对象是分离的）。

从下载到观察的转换很简单，虽然有时令人感到痛苦。有时，转换的发生并不需要观察者采取任何可见的行动，比如在农场大火的例子中，我所做的就是当一个目击者。而在另外一些时候，它需要观察者进行更多的训练，就像歌德和棱镜的例子。据说歌德是一位非凡的观察大师，他一生都在培养自己的感知能力。

为帮助我们从下载转移到客观的观察，需要考虑下列三项原则：

- 澄清问题和意图；
- 融入相关的情境 (context)；
- 暂悬评判，保持好奇。

## 澄清问题和意图

我在与和平研究家约翰·加尔通一同旅行和工作的过程中注意到一个现象，他在演讲后接受提问时，总是先在笔记本上写下什么，然后才回答。我问他写的是什么，他说每次有人提出一个有趣的新问题时，他都要写下来——是问题而不是答案，以防他会忘记这个重要的信息。在他看来，好的问题是带来先进科学的原材料。

同样，在和号称全球最有影响力的设计公司——IDEO 公司的高级设计师一起工作时，我为设计师们在一个项目开始之前所花费的大量时间感到震撼。

对此，IDEO 的一位领导者向我解释说："创意设计过程的质量取决于问题的表述质量，它定义了过程的起点。"我过去一直认为，有创意就意味着你要始终对所有的可能性保持开放心态。原来并非如此。就像科学家在开始实验前要阐明和找准研究的问题一样，设计者也要明确自己的任务。很久以后我才明白，即使前面有了一个明确的研究议题或问题表述，也并不意味着你就可以忽视过程中不断生成的新情况。你可以让自己的注意力稍微偏离目标，放在新生成的情况上，但是要保持着觉知这样做。

## 融入相关的情境

我们可以把情境想象为一个真实的实验室，是观察这一行为发生的场所。数学家和建筑学家克里斯托弗·亚历山大（Christopher Alexander）相信设计的最终目标是形式（form）和模式（pattern），他解释说："形式是我们要去塑造的那部分世界，而世界的其他部分则保持不变。情境就是对形式提出要求的那部分世界……形式是问题的解决办法，而情境则定义了问题。"在歌德的例子里，他创造了一个情境让自己可以在其中观察感兴趣的问题（通过棱镜观察颜色）。在管理和社会科学领域中，这种情境经常是真实的社会环境，例如加尔通和我们学生团队造访时的东欧。在这两个例子中，观察者都移入了允许他们近距离研究和观察现象的情境。

在过去大约 20 年里，很多公司和组织都变得越来越聪明，学会了融入顾客、合伙人和供货商的情境。从最初的谈论顾客到后来转变为与顾客沟通，直到现在开始了解顾客的体验，目的是了解顾客未曾开发的能力和尚未满足的需求。但是，谈论顾客体验是一回事，实际去了解顾客体验则是另一回事。

为了说明融入情境对开发观察能力的重要性，弗朗西斯科·瓦雷拉和我分享了一个关于小猫的残酷实验。新生的小猫需要几天时间才能睁开眼睛。在实验中，新生的小猫被成对地绑在一起，其中一只在另一只的背上，而且每一对中只有下边的小猫可以走动。上边的小猫（在可以走动的小猫背上）虽然经历了同样的空间运动，但却没有动腿。实验结果表明，下边的小猫学会了正常观察，而上边的则没有，它还是眼前一抹黑，能力或者视力开发得非常不充分。实验证明（也是瓦雷拉想说明的）感知不是被动的，而是身体在运用时产生的一种活动。

我们在知识管理和战略规划这方面就如同上边那只小猫，只靠雇用专家和顾问告诉我们世界如何运转，而不是自己去领会。我们把身体力行的部分外包了出去，对于简单的问题，这可能还适用。但是，情况越复杂，自我感知就变得越重要：随着问题的演化，我们必须时刻保持和问题的接触。如果和问题的情境没有直接联系，我们就会像上边那只小猫一样，无法学会观察。

## 暂悬评判，保持好奇

据说现代进化论之父查尔斯·达尔文随身携带着一个笔记本，用来记录那些和他的理论及预期相悖的观察和数据。他很清楚，人类的头脑倾向于很快忘记那些与熟悉的框架不相匹配的事实。就像歌德暂悬了对光的颜色的评判，达尔文知道今天相悖的数据就是明天理论创新的原材料。所以，在头脑轻而易举地遗忘这些不知如何归类的数据之前，他把它们记录了下来。

在我们今天的组织机构中，有没有暂悬评判的机制呢？对此，可能很多人脑海中闪现的是类似“头脑风暴”和“集体决策”之类的例子。但是大体上讲，我们组织内部及跨组织的谈话和互动，都采取了鼓励发表意见、表达评判而不是把它们暂悬起来的结构。

然而，只有将评判暂悬起来，我们才能敞开心扉、迎接好奇。好奇是指注意到一个超越传统下载模式的新世界。因此，好奇是使 U 型过程生根发芽的种子。

没有好奇、探询的能力，我们很有可能陷于心智模式的禁锢之中。

好奇是孩子带给我们生活最大的礼物，因为他们以最纯粹的方式保持着好奇心。尽管如此，仍需不断强化探询精神，以充分开发这种能力。人没有好奇心，就如同植物没有水一样。

我发现，一个人的知识越渊博，越有可能已经培养了好奇的能力；相反，一个人的知识越是浅薄、狭隘和有限，也就越不可能具有或培养这种能力。

与布莱恩·阿瑟相会几个月后，我在施乐帕克研究中心碰到了他的同事杰克·沃伦（Jack Whalen）。沃伦是一位非常受尊重的专家，他的研究方向是知识社区和人种学观察。他给我讲述了他如何开发出一套人种学方法来观察和分析人们的工作方式，我被深深地吸引住了。最后，我问他："如果把你的方法论应用到你自身，那么你最重要的工作实践是什么？你采用了哪些工作实践来完成你的工作？"

他沉思了一会，然后回答道："和人们建立关系，并培养对其他科学领域浓厚的兴趣。"他停顿了一下。"还有好奇心。从本质上说，我所做的是建立一个保持无穷好奇心的学科领域。哦！看呀，这个世界！"

培养观察能力对个人来说是困难的，对于组织和集体则更具挑战性。它是领导变革的一个关键条件，也有人说这是唯一的关键条件。

多数变革努力之所以失败，不是因为缺少良好的意图或崇高的抱负，而是因为领导没能充分观察到所面临的情况并采取相应的行动。我第一次了解到这点，是在麻省理工学院埃德加·沙因主讲的"变革管理"课堂上，但直到我亲眼目睹，才充分理解了这个道理。

在课堂上，沙因总是强调变革管理最重要的原则是“始终应对现实”，也就是说，从观察实际上正在发生的一切开始。我们的挑战是找到一种培养和提高集体观察能力的方法。

## 在共同观察的同时对话

大卫·玻姆和比尔·艾萨克斯把对话定义为共同思考的艺术。我建议把这个理念稍稍转换一下，将对话定义为共同观察的艺术。这种变化非常微小，但却有着非常具体的方法论含义。

我为什么坚持认知（perception）的重要性呢？整个人生中，我从来没有碰到过任何情况会严重到让人承受不起的程度（虽然这种情况的确存在）。每次我看到事态崩溃（组织内外都有）发生，原因都在于否认：没有真正观察或没有真正面对。

另一方面，我非常吃惊地发现，无论情况多么困难，当你选择去真正面对、正视其丑陋面目时，你也就被赋予了新的解决它的力量。而且有趣的是，这些力量通常都刚好匹配应对你所面临的挑战。你应该还记得那个外科医师的故事，他惊讶于与人们承受最糟糕事实的能力相比，不愿意面对事实的力量根本不值得一提。相比之下，全球健康公司的悲剧问题所在不是4位CEO缺乏抱负或愿景，他们都有很多愿景、核心价值观和使命，这方面一点儿都不缺。问题在于，4位CEO都失去了与现实的联系，失去了与正在发生的事情的联系。他们没能看清现实。于是，他们越用力“推动变革”，系统倒退得越厉害。人们并不抵触变革，除非有人要求他们在看不到大局、又不了解改变的必要性时做出艰难的牺牲和改变。所以全球健康公司的销售人员才说出如下这番话：“公司希望我们像成年人一样完成销售任务，可谈到公司的发展情况时，我们却又被当作孩子。”

共同观察虽然听起来容易，想要真正做到却极具挑战性。很多领导者都像那

4 位 CEO 一样，看不到所面临的实际情况。

与广为流传的理念相反的是，我并不认为领导的主要工作是创造愿景、目标和方向。这种狭隘的观点常常变成一种不利条件，妨碍了整个组织联结到正在发生的事实，而与此同时，这些领导者却又在四处宣扬他们认为下一步应该怎么改革。

通过和舍恩的共同研究，我相信领导者的首要工作是提高个人和系统的观察能力，以便深刻地注意人们面对和正在造就的现实。因此，领导者真正的工作是帮助人们发现观察和共同观察的力量。

## 观察实例：患者—医师对话论坛

1998 年，我和同事厄休拉·维尔斯蒂根（Ursula Versteegen）博士开始了一个新项目，该项目是和德国一个地区医师网合作进行的。那时，厄休拉是一个位于慕尼黑的医疗保健创始公司的首席知识官，我们两人与这个地区的医疗保健网一起工作了两年多。当这个网络进入和保险公司的新一轮谈判时，我们与网络中的核心医师小组碰了个面，为下周即将召开的整个医疗保健网会议做准备。保险公司的代表将宣布他们是否资助医师网提出的紧急救护项目。

医师网需要依靠保险公司来管理和控制医疗保健预算，他们料想保险公司不会资助这个项目，所以纷纷开始抱怨医师职业太过于依赖“这些官僚”。可以感觉到屋里的能量越来越低，人们开始不耐烦地看表。但是，当一切就要结束时，却出现了令人惊讶的转折，这多亏了一个叫乔治的人。

那晚刚进房间时，和我走在一起的是个我之前从未见过的人。我们互相打了招呼，我问他从哪里来。他就是乔治，刚从印度回来。他在那里创建了一个流动医院并领导着一个项目，为当地的贫民区服务。“哇，”我说，“挺有意思。”并且还想多了解一些情况。可是会议开始以后我就忘记了这次简短交流。直到临近结束时，我们的目光碰到了一起。我知道我们都在考虑同一个问题：“这到底是怎么回事？为什么每个人都打不起精神来？”我抓住了一个机会，问他能否给大家介绍一下印度的项目。虽然这和那天的讨论没有什么明显的联系，但我有感觉他能提供一个不同的视角。果然，当乔治开始讲话时，我能发现他周围的场域真的开始充满能量。听他讲了 10 分钟后，整个人群就都已经融入，成为他所绽放出来的能量的一部分，没有人再想着按时离开会场了。

“我去印度度假，偶然碰到一位在附近经营乡村医院的医师。他向我介绍了一个 600 万人口的贫民区的医疗情况，并带我去参观。当我亲眼看到贫民区的情况时，直觉告诉我，一定有什么办法可以创造一些不同。一个愿景开始形成：我们可以创建一个全球项目，为这样的社区提供基础的医疗保健服务。于是，我开始制订计划，把全部精力投入到实现这一愿景当中。长路漫漫，有几次我们好像都要失败了。但每次看到问题出现时，我都会以更高的专注和精力来回应。我真的不能放弃，我不能不做这件事。”

“尽管如此，有一次我还是差点放弃。我曾经劝说世界各地最优秀的同事利用假期一起做这个项目，他们也同意在印度无偿工作。医疗设备准备好了，所有的捐赠也到位了，没想到我接到一个电话说，‘很抱歉，我们承诺为你们提供的飞机被迫取消了。’我心灰意冷，飞回法兰克福，在途中和一位先生聊了起来，把整个故事都告诉了他。几天之后，我接到了他的电话。他是汉莎航空公司的 CEO。他说：‘我愿意帮助你们。’他派出飞机把我们的设备和 27 名医师运到印度海得拉巴，几乎没有收取任何费用。我们每天工作 12 个小时，每天为 100 名患者检查治疗。我们在学校和帐篷里工作。短短 10 天，我们为 15 000 人提供了医疗支援。”

“现在我和同事们在印度共同创立的休麦迪卡（Humedica）医疗项目中，有1 000多名志愿者。其中，800人是医师、护士和急救助理。但是，如果没有第一次任务中奇迹般出现的空运帮助，今天这一切都不会存在。如果第一次没有成功，也不会有现在的休麦迪卡医疗队了。”

这时，厄休拉说道：“谢谢，乔治。你的故事不禁让我思考，我们的医疗网项目提出的问题究竟是太大让人无法解决，还是太小而不足以激励人心？”

于是，我们开始问自己：“这个系统中的真正需要在哪里？就像乔治给我们讲述印度贫民区真正的需要一样，我们系统中的需要是什么？什么样的崇高目标可以最大限度地调动人们的能量和承诺？”

接下来出现了如下的评论：“你知道，每个人都在谈论医疗改革和以患者为中心的健康保健，但却很少有人和患者探讨他们的经历。”于是，我们开始提出如下问题：患者对医患关系的亲身体验如何？对健康的体验如何？患者认为何为健康？他们的病从何处来？人类健康和疾病的深层根源是什么？

这些问题深深切入了第一人称的维度，从患者的角度探究了当前医疗体系的真实体验。到那时为止，这一直是当今以结果为导向的医药研究中存在的巨大盲点。

我们迅速制订了一个和100名患者面谈的计划，以了解这些患者对健康和疾病的体验，此外还访谈了为他们治疗的35位医师。三名被邀请来做会议嘉宾的学生愿意承担采访任务，并将其作为毕业论文的一部分。第二天早晨，我们对他们和医师的初次接触情况提出了一些反馈意见。接下来，我们就如何进行对话和深度倾听式访谈进行了为期半天的培训（见图9—2）。

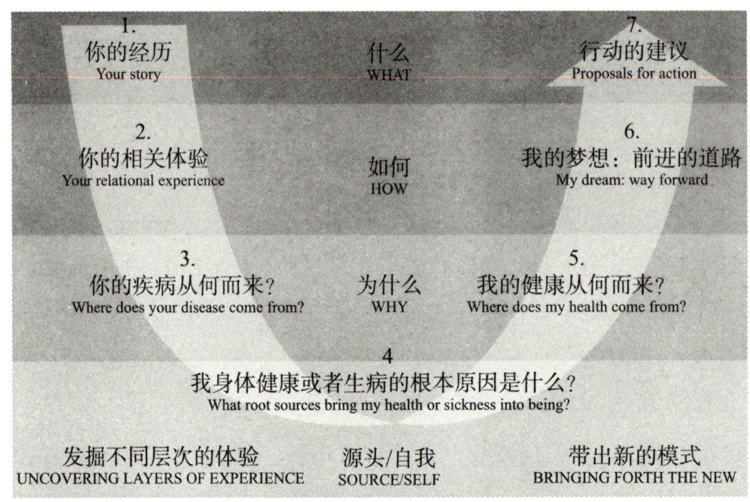


图 9—2 聆听图解

之后的两周，为了对他们即将进入的、更大的场域有所了解，学生们开始跟随几位医师实习。他们亲身经历了不分昼夜的紧急呼叫，才开始进行那 135 个采访。

3 个月之后，1999 年 2 月一个寒冷的周六，我们邀请了所有参加访谈的患者和医师到附近镇上一所小学参加为期一天的反馈大会。135 名被访谈者中有近 90 人出席。致欢迎词之后，我们展示了访谈的结果——一张冰山形状的图，描绘了 4 种不同层次的医患关系，对应着健康和身心关系的 4 种理解层次（见图 9—3）。

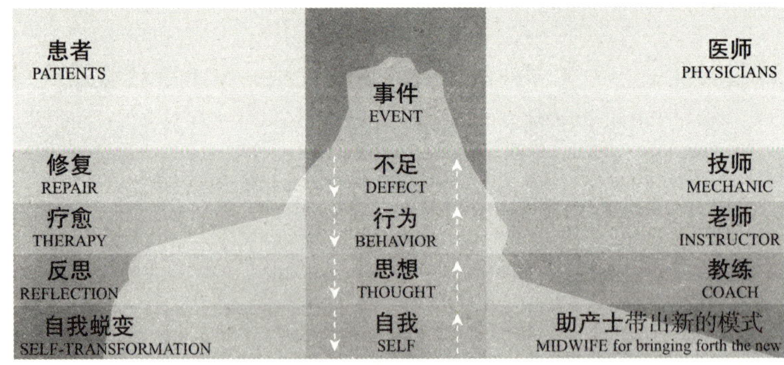


图 9—3 患者—医师关系的 4 个层次

## ‖第一层：修复‖

在第一层，健康问题只是被视为需要快速修复破损（患病）的零件。一位患者说，“我带着问题去找医师，希望他能解决我的问题。我的角色需要帮助，而医师的角色则提供帮助。”以心脏病为例，患者会期望医师提供紧急治疗。

## ‖第二层：行为‖

个人需要应对的每一个健康问题几乎都是由某种行为引起的。比如，心脏病可能是由于压力和过度操劳引起的。在这点上，一位患者对她的经历以及和医师的关系提出了质疑：“是不是一定要采取药物治疗呢？我认为不是，对我不适合。我想要被告知：‘是你的态度有问题，你必须改变你的行为。你必须更加关爱自己。’”在这一层次上，医师的角色相当于一位老师，为患者提供正确的建议以改变他们的行为。

## ‖第三层：思想‖

有时候，在行为层次上讨论健康问题确实有用，但有时候我们还必须从更深的层次来采取措施，因为行为源于人们的想法和思维习惯。以心脏病为例，引发心脏病的行为，诸如压力和过度操劳等，可能都是源于某些对工作和生活的想法，这些想法使人们把工作放在第一位，而没有时间去关心本该是最重要的家人和朋友。就像一位患者告诉我们的：“一个人生病是为了思考。”当你说没有时间思考时，疾病会强迫你放下工作来思考，我对这点很肯定。你的未来规划是什么？当你无心于此，不把生活当作礼物的时候，你就会生病。完了，强迫你思考了吧。很多人告诉我：“我没有认识到生命是怎样一个过程，没有认识到活着有多重要。我把生命当成了理所当然的事情。”对于这个层次上的人来说，医师的角色就是教练，帮助患者反思生命和思维的模式。

## 第四层：自我蜕变的当下

最后，还有一个层次，比前三个层次更加深入。在这一层上，健康问题被看作是个人发展和培育生命这场旅途的原材料，引导我们全面接触一个人内在的创造源头，并开启追寻真实自我的旅程。“我认为自己是那种永远都不会生病的人，”一位女士告诉我们，“可突然间，我得了癌症。过去，我是走到哪儿都能活跃气氛的人。我努力工作，参加了好几个委员会，我对自己生病的事实视而不见。这是一场战斗，我不想它发生在我身上。我告诉自己：就当它不存在。我继续全职工作，结果两年后，我彻底病倒了。我被迫停止工作。后来，我接受了手术并持续治疗，学会了谈论自己的病情，并学会了拒绝。你知道，我到58岁才学会了说‘不’。之前，我总是时刻准备着投入生活，总是处于高速运转的状态。我甚至没有意识到，在前进的路上我已经迷失了自己。现在，我不再关心前途如何。今天，当下，对我才是最重要的。”

在第四层的医患关系中，医师的角色是新生命的助产士。

展示结束后，我们询问参与者是否觉得这四个层次充分地代表了他们的经历。他们先进行小组讨论，然后进行大组讨论，最后一致认为这至少是表述医患关系的一种有效方式。接着，在上午的间休之前，我们让参与者投票。每位参与者都在一张大图上标出两个圆点：一个黑点，表示他们认为现在的医疗保健系统所处的位置；一个白点，表示他们所期望的、未来的健康保健系统所在的水平。

## 开发共同观察的能力

通过观察患者—医师对话论坛可知，要开发集体的共同观察能力，需要参考以下4 项基本原则。

- **澄清意愿。**当核心小组在论坛开始前夜把论坛所在的那个房间基本布置完毕后，我们聚成一个小圈，所有人都站着，开了一个明确意愿的小会。每个人都用一句话表明我们心中第二天的活动的最终目标。一旦每个人都已经清楚地表述了这个目标，我们就以短暂的静默作为结束，回到各自的岗位继续工作。
- **移入情境。**会议前，我们通过访谈和每一位参与者进行了联系。在这些深入倾听的面谈中，人们讲述了他们生命旅程中的故事，分享了他们曾经经历过的情境。
- **暂悬评判、保持好奇。**为了暂悬评判并保持好奇，最有效的机制之一是让人们互相分享各自的亲身经历。第一步是一对一的面谈。第二步是在展示结果的过程中，我们引用部分患者的经历，进行情景重现。在表述集体经历的关键部分时，再没有比用人们自己的语言更为简单有力的了。
- **对话：进入共同观察的空间。**共同观察的演化过程经历了三项不同的活动：首先，人们听取了 4 个相关层次的概念以及在生活中的例子；其次，他们把这些层次和自己及他人的经历联系起来（小组讨论）；最后，他们通过投票进行集体评估，同时也把我们带入故事的续篇——感知。

# 10
# 感知

当从观察（Seeing）移至感知（Sensing）时，认知就开始从整个场域的范围生成。彼得·圣吉相信这种转变是系统思考的核心。这将形成一个闭合的反馈回路，将人们对现实的体验（“系统对我们所做的”）与他们对整个体验的参与感联系起来。当这一切发生时，圣吉认为，人们会说出类似这样的话：“天哪！看看我们正在对自己做些什么！”

## 患者—医师对话论坛

现在来回顾一下投票结果（见图 10—1）。

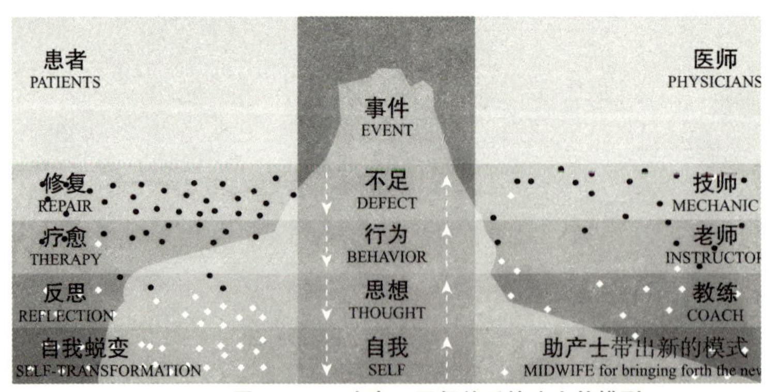


图 10—1　患者—医师关系的冰山状模型

在第 9 章中，我们曾提到要求论坛参与者投票。每位参与者可以在冰山上画两个圆点：一个黑点，表明他们认为现在的医疗保健系统运行的位置；一个白点，表示他们期望未来的系统所处的水平。

95% 以上的参与者（包括医师和患者）把黑点画在了第一层和第二层上——这意味着，95% 以上的人都认为，现有医疗保健系统的侧重点是技师式的修复再造。同时，95% 的参与者把白点放到了第三层和第四层上，表达了他们的希望：应该通过培养、自我蜕变和内在成长来应对健康问题。

投票之后，我开始说："大家似乎都同意现在的系统是在第一层和第二层运行，同时你们也都希望未来的系统应该移动到第三层和第四层。鉴于你们就是这个系统的患者和医师，并且大家的观点都基本一致，那究竟是什么阻碍了你们达到理想的状态呢？毕竟，你们就是这个系统。这个系统不是柏林的'他们'，不是布鲁塞尔的'他们'。这个系统就在这个房间里，不在其他地方，它就是你们创造的。"

当时，房间里一片寂静，甚至都能听到针掉到地上的声音。经过了片刻的沉默，另一种类型的谈话开始涌现。人们更加深入地进行思考，并开始提出经过深思熟虑的问题，这些问题包括他人的，也包括自己的。情况开始有了变化。休息之前，会上的谈话更像是患者和医师在相互交换意见。但现在，人们已经能够直接体会到彼此的感受，反思也更加深入。一些参会者问："为什么我们集体制造出了谁都不希望看到的结果？"

医师们开诚布公地讲述了他们的困难、压力和挫折，之后一位男士站起来，介绍说自己就是这个小镇的镇长。"我们在医疗保健系统看到的一切与政治及政府系统的一样，总是在第一层和第二层运转。我们所做的就是对问题和危机做出反应，过去一直如此。但是如果我们在两个更加深入的层次上运转，也许就能够得到完全不同的结果。”镇长坐下后，又是片刻的沉默。接着，坐在房间另一侧的一位女士站了起来。“我是老师，在附近一所学校教书。你们知道吗？”她停了一下，看着那位镇长和所有人，“我们也面临同样的问题。我们在学校所做的一切，也都集中在前两个层次上。”她指着墙上黑色和白色的圆点继续说，“我们的课程是按照机械式的学习方法设计的，只注重记忆过去、验证旧的知识体系，而并没能教会孩子们如何开启智力上的求知欲和创造、想象的能力。我们总是处在应对危机这个层次，从来没有想过把我们的学习环境移动到这里（她指向冰山型图表的第 3、4 层），而只有在那里，孩子们才能学会如何塑造他们的未来。”

接着，我旁边的一位先生站起来说：“我是农民，我们也在和同样的问题作斗争。在今天的传统农业中，我们所做的，全都是在第一层和第二层上手忙脚乱地对付表层问题。我们使用化肥、杀虫剂，把所有能用的东西都扔进田地里，就像你们把一堆僵化的知识灌进学生的脑袋里一样。以工业化的方式进行农业生产，只是机械式的治标不治本。我们没能把我们的农场和整个地球当成一个活生生的有机体，当成我们共同的空间。”

每个人都从更真实的处境、以更真实的自我做出了真挚的发言。这时，一位患者倾身向前看着那位医师（她刚才全神贯注地聆听了这位医师的发言），温和地说：“我很关心你，我不希望我们的系统害了你和其他优秀的医师。我们能帮你做些什么呢？”房间里又一次陷入了沉默。

## 感知的场结构

那天上午，每一个参加谈话的人都感觉到有更深层次的联结存在。这次交谈开始变得与其他谈话不同。人们开始提出诚恳的问题，而不是仅仅表达意见和陈述观点；他们不仅一起谈话，还一起思考。时间似乎放慢了，我们周围的空间也似乎变得厚重并且向什么新的东西打开。人们的交谈开始放缓，时不时沉默片刻。他们之间相互联系的结构已经发生了变化，某种力量使他们超越了进行争论的常态，不再是单独的个体，不再是他们自己大脑的“俘虏”。

此时，我们认知产生的地方（图 10—2 中的白色圆点）从个人头脑的内部（观察场域），移动到了观察者自身组织的界外（图 10—2 中的圆圈），即认知开始来自于整个场域。

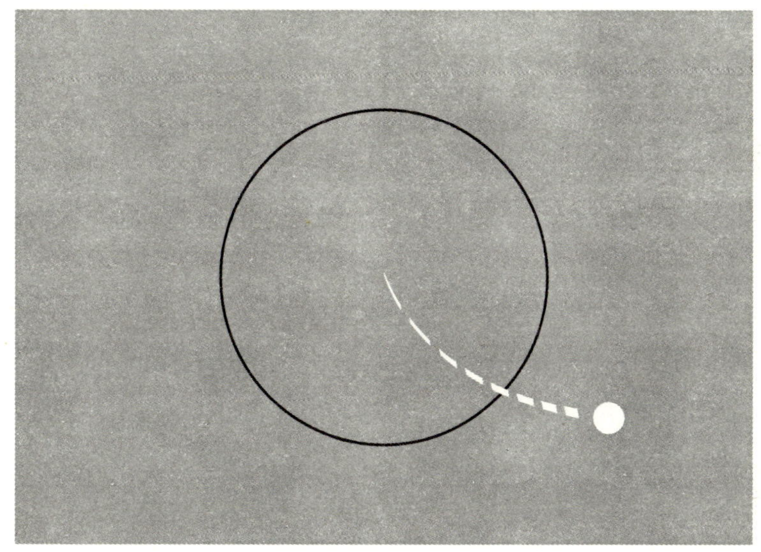

图 10—2 感知的场结构

当这个转变发生时，观察者和观察对象之间的边界就消失了，观察者开始用一个完全不同的观点看待这个系统：开始将其自身也视作被观察系统的一部分。系统不再是“外在的”某种东西（他们给我们造成的问题），而同时也是“内在的”某种东西（看看我们给自己造成的问题）。

当一个团队开始在这样一个场所运行时，其参与者们也开始看到自身与系统之间的关系，以及他们是如何共同制造了这样一个系统。

## 原则

进入共同感知的场域需要 4 项主要原则：充实容器、深度潜入、转向注意力以及打开心灵。

### 充实容器

组建起共同感知的场域需要一定的条件。在患者—医师对话论坛的例子中，这个条件是通过如下的着意设计产生的：

- 空间条件：去旧除陈，清空整个房间，最好只留四面墙壁；加入简约的元素（如灯光和钢板雕刻），一套高脚展板（我们在刚刚医疗健康的项目中就在展板上张贴照片，讲述故事）。
- 时间条件：创建一个符合能量流动的时间表，使一天的时间安排也顺着 U 型自然形成（上午，沿着 U 的左半部分下行——共同感知；下午，沿着 U 的右半部分上行——共同创造）。
- 关系条件：（1）会前和每一位参会者建立个人联系；（2）明确职责（如会议地点门口的迎宾员）；（3）计划好过程（管理细节，如进行精彩的演讲或者朗读访谈的部分内容）；（4）准备基础设施（饮料、食品等）。
- 意愿条件：在整个核心小组内部要有明确的目标：我们为什么要做这些？我们希望能带来何种未来可能性？我们想创造什么？

### 深度潜入

要进入感知和共同感知场域的大门，需要完全沉浸于整个场域之中，完全共处于当下所面对的情况。要和你所研究的现象融为一体，并不是要去研究你的客户，也不是和你的客户进行对话，而是去成为你的患者或客户。完全生活在他们的体验世界里，与其成为一体。

在对话论坛中，为了实现这点，我们采取的方式是以第一人称一字不差地大声朗读那些亲身经历，展示访谈中的关键问题，抛砖引玉，以及请大家针对这些问题分享自己的故事。

作为负责带领整个小组完成集体场域转换的辅引师，关键策略之一是不要让人们陷入争论或下载的行为和思维模式；当人们开始他们惯有的争论时，你就要进行干预；而且你还要设法让大家集中注意力进行不带评判色彩的观察，使他们可以开放地接纳不同的观点。通往深层疆域的大门需要沉浸式的体验，来直接感知这个活生生的场域的各个方面。

## 转向注意力

当你展示了整个活跃的场域中所发生的情况之后（比如患者们和医师们的经历），就需要设法把人们的注意力从“事物”（个人的故事）转向到正在形成的场域，即“源头”。换句话说，你需要邀请人们深入探究那些事例发源的场所。在辅引过程中，你设法进入每个事例的场域，在深化的同时，脑海里还保留着刚才提到的事例。就这样，一个例子接着一个例子地进行，深入聆听一个又一个观点。随着聆听的深入，你开始注意到不同观点之间的空间。就这样保持你的注意力，然后，在你正要进行下一个事例时，突然间发生了一个转变，使你能够看到引发你面前所有事例的集体模式，看到联结它们的形成性力量。

有一个简单的测试，可以帮助你判断是否已经成功地转向了注意力：你看到的全局图应该包括你自己——观察者，你应该是你试图修复的系统中的一部分。在上面的例子中，我问道：“你们就是这个系统，但是为什么你们集体制造了没有任何人想要的结果？”人们就开始了改变，参与者们开始真正地把自己视为全局图中的一部分。当镇长、老师和农民依次站起来说他们也面临着与患者和医师同样的问题时，突破就实现了。

加州大学伯克利分校认知心理学家埃莉诺·罗施将其描述为从"外部"观察系统转换至从场域观察系统。我问罗施她所说的"场域"是指什么。她解释说："在场域内，注意力、身体和思想合而为一。你开始明白认知是在整个场域范围里产生的，而不是来自于某个单独的观察者内部。'场域'是我能想到的，在当代科学的范畴里最接近这种整体性的叫法。"

## 打开心灵

于是，我问罗施："那么，场域整体的本质是什么？你如何与之相连，又如何滋养它呢？"她看看我，停顿了一下，说："通过心灵。在任何沉思式的传统文化中，心灵都不是指多愁善感或者情绪波动，而是一种深层的合一的中心。"

打开心灵意味着触及并激活我们深层的情绪认知。从字面上讲，用心聆听指的是把我们的心以及欣赏和爱的能力当作认知的器官。唯有做到这些，我们才能真正观之以心（see with the heart）。

当这样一个深层场域转换发生时，我们几乎总是能观察到一些端倪，为这些转变的到来打开一道"缝隙"。这一点星星之火总是伴随着片刻的沉寂或发自内心的一个问题而出现。在患者—医师论坛的例子里，它发生在一位患者对医师说这句话的时候："我很关心你，我不希望我们的系统害了你和其他优秀的医师。我们能帮你做些什么呢？"

## 神圣的问题

为了更好地理解这个特殊的转折点和开端，让我来讲一个童年时读过的故事。故事的主角是一位生活在12世纪的男孩。他的母亲名叫心酸（Heart Sorrow），她丈夫和两个长子都是勇敢的骑士，都已经战死。所以，她决定到一个偏远的地方抚养这个孩子，以避免他重蹈父兄的覆辙。他叫帕西法尔（Parsifal），意思是

“天真的傻瓜”。然而直到长大成人，当他能够打开心灵时，才了解自己的名字并认识其真正的涵义。

有一年春天，年轻的帕西法尔骑马出去掷标枪，这件事他一向做得很出色。突然，不知从哪里冒出来 5 位全副武装的骑士，骑着高大的战马从他身边经过。“他们一定是上帝，或者天使！”他想。当骑士们停下来和他说话时，他激动得都快晕倒了。帕西法尔没完没了地问他们是谁，他们怎么使用矛和盾。然后他跑回家，把这一切告诉了妈妈。“我遇到了最优秀的骑士！我想成为他们的一员。”这是她最可怕的噩梦，但是她说服不了儿子，于是她说：“好吧，去吧。但是，答应我三件事：每天去教堂，尊重所有的女孩子，还有不要问问题。”

帕西法尔开始了他生命的探险。他首先要去见亚瑟王，因为他听说这位国王可以使一个男孩成为一位骑士。路上，他遇到一位全身穿着鲜红色战服的伟岸武士。他不知道，这位红衣武士一直威胁着亚瑟王及其宫廷，而且没有人能打败他。这个天真的傻瓜径直走到红衣武士面前说：“一旦成为骑士，我就会来取走你的盔甲、武器和战马。”红衣武士面带讥讽地回答说：“好，听起来不错。等你当上骑士，赶快回来试试。”

当乡巴佬帕西法尔到达亚瑟王的宫廷并请求“授予我骑士称号”时，宫廷上的每个人都嘲笑他。一位 6 年里都从未笑过的年轻女士，走到帕西法尔身边，看着他的眼睛，微笑着给他打气：“你将是所有骑士中最出色、最勇敢的那个。”帕西法尔离开了宫廷，准备去挑战红衣武士。

当再次和红衣武士相遇时，红衣武士说：“噢，是天真的傻瓜回来了。”帕西法尔把标枪直接插入了红衣武士的脑袋，杀了他。然后，帕西法尔穿上了红衣武士的盔甲和衣衫，跳上红衣武士的马飞奔而去。

那之后，他经历了很多次探险，有一次还住在一位贵族的城堡里。这位贵族教他骑士之道，还告诫他尽量少说话。

帕西法尔一直旅行，直到来到费雪国王居住的安福特斯城堡。费雪国王是圣杯的持有者。国王受伤了，人们用草垫把他抬进华丽的宴会厅。长矛刺入腹股沟，伤口让他疼痛难忍，甚至难以平躺。人们都在期待他早日恢复健康。宫廷的一位弄臣预言，当一位真正天真的人来到宫廷，国王的病就会痊愈。而且这位天真的人必须问："什么困扰着你？"每个人都等着帕西法尔发问。但是他问了吗？没有。他想高声大喊："什么困扰着你，叔叔？"但是，他曾经被提醒和指点不要问太多问题。费雪国王被人抬回到床上，帕西法尔也睡觉了，想着明天一早就问国王到底哪里不舒服。

但是，到了第二天早晨，城堡空空如也，他错过了机会。他沮丧地骑着马穿过了吊桥；吊桥在他身后关闭了，城堡也消失得无影无踪。

后来，帕西法尔开始四处奔走，徒劳地寻找着城堡的居民。一度，他遇到了一位少女，坐在树下问他的名字，有生以来他第一次念出了自己的名字："帕西法尔。"她正怀抱着自己恋人的尸体。"你都去过哪里？"她问他。帕西法尔告诉她，在圣堡他没有问出该问的问题，结果给很多人带来了悲剧，这时她告诉他：他的母亲也因为心碎而过世了。

帕西法尔非常伤心，答应为她死去的恋人报仇，然后离开了。故事仍在继续，帕西法尔花费了很多年的时间，直到最后，经过无数次的磨难和尝试，终于找到了返回圣堡的路。这次，他成功地把自己全身心地置于情境之中，问出了神圣的问题："什么困扰着你？"这恢复了国王的健康，给整个王国带来了和平。

帕西法尔的挑战是真正打开心灵，并按自己的心声采取行动，而不是按照所谓的“上等教育”和社会标准去做。当对话论坛的那位女士表达对医师的关心时，她同样提出了神圣的问题：“医师，什么困扰着你？”这个问题转变了医师和患者之间平时的对话模式。发自内心的问题具有巨大的力量，而力量就来自它的真诚，它是从情境的“缝隙”之处发端的，是来源于当下的。

## 感知实例

### 7 人圈

我第一次听到“7 人圈”[①]这个说法，是在和贝丝·简德诺（Beth Jandernoa）一同组织研讨会的时候。在我认识的所有辅引师中，她可能是表现最出色的一位了。看上去她好像没做什么，但却能在瞬间和整个房间里的人建立一种心意互通的联系。像我这样的普通人需要下很大工夫，而且要经过两三天，才能达到心意相通的程度。可贝丝只需要站起来看着听众，用眼睛和心微笑，不一会儿，所有人就都被她吸引住了。

我曾经直截了当地问她：“你是怎么做到这点的？”

“其实很简单，”她回答，“30 多年的经验告诉我，走上台之前，要打开心灵，并有意识地向屋里的每个人传递无条件的爱，这样就产生了一个爱的场或氛围。我在场能力的加深，得益于和一个由女性组成的叫做‘7 人圈’的多年交流。”

“7 人圈？”谁是 7 人圈？我很好奇。“是一些好朋友组成的圈子；我们一年聚三到四次，每次三天。在人生旅途中，我们互相支持和包容。刚开始是 6 个人，第一次聚会于 1995 年在圣达菲进行。”她告诉我，其他的成员包括安妮·多舍（Anne Dosher）、芭芭拉·科夫曼－塞西尔（Barbara Coffman-Cecil）、葛莱妮弗·吉

① 7人圈（Circle of Seven），一家经过注册的非营利组织，致力于以朋友的形式，通过各种各样的方式为社区提供支持。更多信息请访问网站：www.circleof 7.com。——编者注

莱斯皮（Glennifer Gillespie）、莱斯莉·莱恩（Leslie Lanes）以及塞雷娜·纽比（Serena Newby）。

那是我第一次听说这样的圈子。从那时开始，我听说了很多相似的小组，他们定期聚会，目的是互相倾听并共同支持每一位朋友的生活。我发现这些小组成员突出的一个特点是，即使在不见面的时候，他们对各自的生活似乎依然能够产生切实的影响。例如，贝丝就用她从这个圈子获得的经验有意识地强化自己的人际关系能力，使自己在职业生涯和个人生活中都能够更加投入，更有效率。

于是，我开始对这个圈子的故事感兴趣，想要了解更多。我问贝丝："我是否能够参加你们的聚会，和整个小组面谈？"她们大方地同意了。2003年9月15日，我飞往俄勒冈州阿什兰，和她们一起度过了两天半的时间。

我了解到，她们最初的计划是为正经历职业生涯或个人生活转变的女性朋友建立一个项目。但是第一次聚会后，她们放弃了帮助他人的高尚目标。无论多么努力地为其他领导者创造这项活动，她们还是不断被拉回到自己的生活。虽然每个人都致力于服务他人，但她们认识到，自己当时的疗愈需求超出了她们为别人服务的目标。于是，她们决定先探求一下，从自己的内心深处和这个圈子的场域来联结能得到什么样的结果。

后来，7人圈真的为未来领导者制定了若干项目，让大家分享她们的经验。与此同时，她们的职业生涯也日臻成熟。她们的满足感不再来自于促成英雄式的组织变革；她们发现，把自己在工作中学到的对领导力的敏锐感受和方向感传递给下一代女性们，助她们实现打造健康和谐世界的梦想，更能令她们感到满足。

## 通过深潜体验来使容器充满能量

我与这个小组最初10～15分钟的访谈内容充分阐明了前面讨论过的基本原

则。我的第一个问题是这样的："当你们小组开始工作时，最先做的是什么？"

"我们总是先一起重新决定如何开始，"芭芭拉说，"这并不是说，我们每次都按照同样的步骤。没有具体的第一步，但我们最关注的是创造一个充满能量的容器以使我们能在其中工作。""例如，来看看这次访谈开始时我们做了些什么，"葛莱妮弗解释道，"我们点燃蜡烛，敲响铜磬，一同进入静默。"她进一步解释说，在静默中，她们可能进行着不同的内心活动。一些人倾听内在的声音，另外一些人则在倾听静默。"我们的做法是想一同充分地融入场域中，然后进入深层次的分享，给彼此充足的时间讲述我们生活中发生的事情。通过这种方式，我们的空间聚积的能量越来越多。"听到这些开放性的言辞，我认识到她们所描述的"使容器充满能量"的方式和人们开会时通常采用的方法非常不同。一般来说，会议开始都是领导讲话，或遵循一定的议事日程进行。相比之下，这个小组开始的方式却是以共享体验来激活"心灵"。

### 开启心灵的智慧

"我们圈子有一个练习，就是现场集思广益、设计方法，帮助一个我们的成员解决自己正在苦恼的事情或世界上发生的我们关注的问题。"贝丝首先发言："这个小组为我设计的一个特别过程，是让大家表演出我的不同性格特点，以便我能后退一步，发现一部分并不熟悉的自我。其中，我发现了我的'内在智慧形象'。"

"它的存在感那么强、那么真实，好像一直藏在我身体里面，像我身体里的一个宝藏一样，洞察力和认知力都源于其中。小组聚会开启了这个场所，我站在那里，那里是我一切的发源地……由于集体的力量，我能够在自己身上发现这个场所。从那时开始，那里就是我每次寻找智慧都要光顾的地方。"

“这个过程之后，我发现自己的决策更加明智了，视野也更加广阔。对我而言，这个故事说明我们的小组聚会产生了一种力量，延续至我的生活并时刻伴随着我。”

我对贝丝说，当她谈到那个“内在的地方”时，她的双手指向了自己的心。而当她谈到了她“自己”，她依然把手指向了心。“你能描述一下这种感受的某些因素吗？”我问。“你怎么知道自己的行为是发源于通常的身份，还是发源于内心深处真实的地方呢？感觉有什么不同吗？”

“当身处深层认知时，我的整个身心都放缓了，”她回答说，“我努力体会自己身体的感觉。我的呼吸变缓，整个世界都慢了下来，我也一样慢了下来。感知在我的内心深处。感觉那里像是一个深深的、敞开的、黑暗却又被照亮的地方，还能感觉到它很强壮、却又是流动性的，而且不同于我平时的行为发源地。”

## 保持这个容器

就好像帕西法尔的圣杯和骑士们的故事象征着集体存在感，7人圈打开了每个成员接近创造力和人生旅途深层源头的大门。为了共同创造这个支持空间，7人圈的成员有意识地设计和塑造了空间（物理环境）条件、时间（一年三四次）条件以及关系和意图条件。

贝丝继续说：“我们有一个承诺，当大家不在一起时，也要保持一对一关系中场的纯净，我们努力做到这一点。我认为这种关系类似于婚姻，如果你真的想要保持一段良好的关系，就要用心去经营。很少有集体能够做出这样的承诺。”

“我们虽然也对人的性格层面感兴趣，但那并非我们的终极目标，而是觉得发挥人的性格层面的作用是一个前提条件……此外还有其他层面的承诺作为实现集体场域的更大条件。”

“如果没有人在前进的道路上干扰这种场，我们就会看到更多的可能性。而一旦跨越了那个界点，你会感受到一种丰富性——集体聆听的能力令人叹为观止，又是那么自然而成。”

“很明显，你真正动手做，而不只是空谈，原因在于这样可以把能量带进来，效果远胜于只是几个聪明人谈来谈去。这样让一切及时解决，也是我们发起小组聚会的原因。”

结束访谈时，我感恩自己能够被邀请进入她们神圣的空间。我认识到，我亲眼目睹的只是她们活动的一个缩影，这些女性会用她们非常专注的注意力，继续创造和发展她们的实践场域。她们告诉我，她们在不停地发现新思想，放下那些曾一度奏效但对新形式不再适用的方法。

## 促成转变

2001 年 4 月，一家全球 IT 公司的多名有潜力的领导者，在旧金山进行了为期三天的研讨会。这是每位辅引师都很熟悉的情况。第一天，人们抱怨公司的文化是多么的糟糕及其如何扼杀了创新和学习。第二天，他们集体改变了方向：所有的参与者开始看到是他们自身引发了公司文化的特点。而在此之前，他们一直认为这些是“系统”强加给他们的。

“我们对别人所做的，正是我们自己抱怨的、别人的所作所为。”一位东亚的参与者说，“因此，我们要做的是改变自己，而不是去抱怨系统的毛病。”我知道，如果第一天结束或者第二天开始时，这个自我反省的转折还没有发生，我就没有尽到自己作为辅引师的职责。促成这种转变不是多么深奥的修炼，而是管理者、咨询师和领导者最基本的工作。

在这个案例中，促成转变的工具涵盖了 7 人圈共同学习的很多心得：建立情感活动（深潜体验）；深度聆听和对话（将注意力从自身转向他人）；了解团队集体行动的系统模式；组内讲述关于团队经历和个人转折点的故事以开启进入深层次的觉知（打开心灵）。

### ‖感知的过程‖

所有深度聚会的故事中都贯穿着相似的主线。

一开始，人们深度潜入具体的体验：患者面谈中聆听关键的问题，7人圈聚会开始时聆听寂静开场，还有聆听公司员工讲述组织和个人的故事。

紧接着，人们把注意力从自身头脑转向整个场域：在医疗保健论坛的静默中，人们开始深刻理解白点和黑点的意义，看到是他们自己集体创造了现存的系统。在7人圈中，成员产生能量上的觉知，创造了整体场域的联结。至于领导力论坛，人们开始注意到是他们自己共同创造了早先他们不停抱怨的系统。

随后，他们通过从内心深处的觉知行动，强化了这种转换。

## 整体的两种类型

最近，观察和感知的微妙变化吸引了一些科学家的兴趣，基于20世纪的物理学原理，他们开始研究整体的现象。这个新兴科学观点的典型代表作是亨利·伯涛夫特（Henri Bortoft）的《自然的整体》（*The Wholeness of Nature*）。根据各种资料，如歌德关于科学的著作和20世纪的解释学、现象学和量子学原理，伯涛夫特提出了科学的后实证主义思想，主张观察者应有意、主动地生活在并参与到研究现象及其形成的过程当中。

1999年，我在伦敦第一次见到伯涛夫特时，他告诉我，他的导师、量子物理学家大卫·玻姆曾建议他仔细研究尼尔斯·玻尔（Nils Bohr）的观点。伯涛夫特对整体的概念非常感兴趣，这是玻尔在量子物理学中曾提出的一个术语。玻尔把整体更多地视为对我们思考的限制，但玻姆却不这样认为。伯涛夫特解释说："玻姆认为整体可以被理解，他用全息图作为例子。我觉得这个例子很有启发性，它表明整体存在于部分里。"

伯涛夫特将整体分为两种类型：虚假的整体和真实的整体。他说，两种整体的概念基于不同的认知能力。虚假的整体基于从具体的感官认知抽离出来的智力思维。在这种模式下，思维"从具体的部分转移开"而纵观全局。结果就形成了对整体抽象的、非动态的理解。

相比之下，伯涛夫特继续说，真实的整体建立在另一种认知能力上，即"直觉思维"；它建立在开启更高质量的认知的基础之上。直觉思维为了了解整体而"直接移入具体部分"，也就是潜入部分的具体体验之中。

伯涛夫特在研究中偶然看到歌德的著作时，十分震撼于歌德关于另类观察的观点，伯涛夫特解释说："（歌德）主张从部分见整体的观察，和玻姆的全息论非常接近。"

伯涛夫特认为，不能用了解事物的方式去了解整体，因为整体并非事物。最大的挑战在于认知以部分的形式显现的整体。伯涛夫特说："接近整体的方式是走进并穿过部分，而不是后退一步进行总体观察，因为整体并非凌驾于部分之上，而是某种包罗一切的超级实体。直接走进部分才能感受到整体。我们就是这样进入整体的组成，穿过部分的同时即进入了整体。"

我问伯涛夫特："怎样才能形成这种观察的能力呢？"他向我解释了歌德有关"精准的感官想象力"（exact sensorial imagination）的概念。这个概念清晰地描述了歌德的“潜入”原则。

“你必须要提高认知的质量，力求超越整体进入部分，”伯涛夫特对歌德的思想解释说，“这需要时间，你必须慢下来，你要观察并在想象当中注意每个细节，在脑海中形成一个图像，越精准越好。比如观察一片叶子，在脑海中尽可能准确地描绘叶子的形状。然后，你在脑海中随意地移动叶子，并力求捕捉每一个细节。此时，叶子的形象变为你脑海中的一种影像。你必须让自己的头脑活跃起来。”

他补充说：“我们自己其实并不情愿这样做。多数人大部分时间都忙于‘下载’。如果你想这样做，就必须慢下来。你一片叶子、一片叶子地看下去，突然出现了一种运动，一种动态的运动，你开始看到的不再是单独的叶子，而是这个动态的运动。这整株植物就是这个动态的运动。这，才是现实。”

他继续说：“这种想象变成了一种认知的器官，你可以开发它。我有一种感觉，当你这样做的时候就会进入另一个空间，一个想象的世界。这是一种运动，比外面的世界更加生动和真实。它更加真实是因为‘你’在这样做，‘你’是其中的一部分。歌德在这方面拥有巨大的能力，毕加索也一样，用这种方式作画。当你看到他的画作时，会看到其中显而易见的变形（metamorphoses）。”

伯涛夫特的描述体现了感知的三个原则：首先，潜入感知体验；其次，转向注意力；最后，激活认知的深层能力。

## 认识论的逆转

传统科学视理论为容器，事实为内容。相反，歌德和伯涛夫特把感知到的事实当作容器。伯涛夫特解释说：“意识模式从解析式转移到整体式，也使得容器和内容互相对调了。在实证主义哲学中，理论被认为是事实唯一的容器。现在，按照歌德的说法，如果理论才是现象的真正内容，那么就可以说，直觉上的新洞见，出现在我们在现象中观察时。”

“大自然的展开本身就是一种认识论的逆转，”他继续说，“植物是一种动态的运动。你把叶子视为体现和展示这种运动的某种迹象。当你看到这种运动时，它变得那样强烈。这就是从现象中进行直觉观察，那个动态的运动才是现实。”

我告诉伯涛夫特，他所做的这种区分与我在领导组织变革领域中的经历十分契合。我解释说，他所说的另一种观察方式，其实与心灵的开启相关。也就是说，逆转自己的情绪和感觉，从而和世界建立深入的、更加良好的关系。他回答道：“这正是我最近一直研究的核心主题。”我们都很遗憾没有更多时间共同探讨“观之以心，思之以心”（seeing and thinking with the heart）的现象。

### 走出困境

在对感知的体验（来自内部的观点）有了初步了解之后，我们认识到，正如柏拉图所说，我们平素的行为方式（来自外部的观点）提供给我们的，只是影子般的（次等的）现实，而并非首要的现实。因此，如果说我们被囚禁在一个洞穴里，也并非耸人听闻。只要我们仅采用下载模式，我们就身陷囹圄。我们所看到的全部是墙上的影子，那些在我们内心穿梭的画面产生的影子。

我们已经讨论过，当从下载状态（从投射过去模式的角度看问题）切换到观察（从外部看问题），就像我们转过了头，认识到墙上的影子实际上是我们自己的投影，而现实仍在洞穴之外。在这一阶段，有三项指导原则：转身（移入情境）、认识到事情不同于我们的投射（暂悬评判并保持好奇），以及对外面现实情况的探究（询问）。

当从观察（从外面看问题）切换到感知（从内在看问题）的状态时，我们就跨越了洞穴的边界走到了外边的世界。在这一过程，也有三项指导原则：首先，我们必须把自己融入到具体的部分当中（潜入），不能依靠习惯性下载抽象思维走出洞穴，也不能"躺在别人的背上"出去（像前面瓦雷拉提及的上面那只猫一样，最后落得个失明的下场）。走出洞穴的唯一办法是激活我们自己的感知。其次，需要转向我们的注意力，通过觉察内部不断形成的场域来把握现实。最后，在深化这种动态的同时，我们调动了一种不同的认知能力：从心灵的智慧中浮现出的觉知。我们不仅从个体观察者的角度把握现实，还要从生命及其源头，即太阳的角度把握现实。结果就是用心来看，来观察。

除非我们努力前进，运用感官联系到现今边界以外的世界，否则我们仍将处于失明状态之中，陷于洞穴之中。

歌德对此是这样说的："一个人了解自己的程度取决于他了解世界的程度；他只是在这个世界里才了解自己，在他自己内心才了解这个世界。若经过深刻的思考，每个物体都会在我们内心打开一个新的器官。"

大多数跨界变革过程之所以失败，是由于它们错过了起点：跨界的共同感知。我们需要在系统之间建立长效机制来促进这一过程。因为这些机制尚不存在，所以有组织的小利益团体才会大行其道，它们不考虑整体而只寻求自身利益的最大化，使实践者无法参与到大的系统中来，一起进行感知和创新。如果我们继续像“上边的那只猫”一样躺在别人背上组织社会，得到的将只是没有人满意的结果。你不能指望上边那只失明的小猫在动态的环境里来去自如，也不能指望一个没有观察能力的社会或社会体系，能成功地适应并运作于日益动荡的时代。

THEORY U

Leading from the Future as It Emerges

# 11 自然流现

## 从源头观察

自然流现（presencing）是感知（sensing）和在场（presence）的交融，指的是和最高未来可能性的源头相联结，并把其带到当下。进入自然流现的状态后，认知开始基于未来的可能性自然涌现，只待我们将其变成现实。在这种状态下，我们走进了我们真实的存在——真正的自我当中。自然流现是一种联结正在生成的未来自我的运动。

自然流现和感知在很多方面是相似的，两者都涉及把认知发源的场所从组织（身体）内部转移到外部。最关键的区别在于，“感知”把认知发生的场所转移到当前的整体上，而“自然流现”则把这个场所转移到正在生成的未来整体的源头上，即转移到想要生成的未来的可能性。

当我看到家里的农舍被烧毁，我开始感觉到那个原本的自我已经随风而逝了——这就是感知的一个例子。而当大火和我之间的界限消失，当我明白自己和大火不可分割且熊熊燃烧的房子和我不可分割时，我还是在感知。在感知过程中，我的认知源于当前的场域：面前燃烧的大火。但下一瞬间，当我突然进入了另一个清晰的、有觉察的境界，并感受到了一股拉力将我拉向沉寂和“大我”时，这就意味着自然流现要出现了。

## 创造力的两个根源性问题

U 型底部的区域是布莱恩·阿瑟谈及的联结内在觉知的源头。我们需要跨越一个深层界点，才能联结当下充满创造力以及力量的真实源头。

为了发掘更多关于这一源头的内容，我和约瑟夫·贾沃斯基约见了迈克尔·雷，他在斯坦福商学院开设了企业创造力（creativity in business）这门课程，并被《快公司》杂志（*Fast Company*）称为“硅谷最具创造力的人”。过去这些年，很多人告诉我这门课改变了他们的生活，所以我有兴趣了解他是如何帮助大家触及创造力的源头的。

我问道：“你是怎么做到的？是什么方法真正帮助人们变得更具创造力？”雷回答说：“在每节课上，我都制造一种学习环境，让大家解答关于创造力的两个根源性问题。”他停顿了一下，继续说，“‘我’（Self）是谁？我一生的‘工作’（Work）是什么？”雷解释说，“我”是指一个人最高境界的自我，一个超越了世俗、表明我们“最高未来可能性”的自我。相似地，“工作”不是一个人现在的工作，而是一个人的人生目标，是你到这个世界上来肩负的使命。

这与我和南怀瑾大师的谈话不谋而合。南怀瑾大师告诉我，要成为优秀的领导者，就必须了解自己。“认识你自己”好像贯穿了所有伟大的智慧传统。我记得这是印度甘地学说中首要的一条。“你必须成为你希望看到的改变。”这句话也因为纪念阿波罗神的品质而被镌刻在德尔菲古希腊神庙的入口处。同样，歌德也知道，只有将注意力转回自己身上，才能发现大自然的本质；只有沉浸到这个世界中，才能知道自己是谁。“自我”是我们今天研究的核心，不仅是哲学的核心，在物理学、社会学和管理学中也是如此。

# 自然流现的场结构

当我们的认知开始联结到正在生成的未来的源头时，“自然流现”就出现了。此时，三种场——来自过去的场（现在的场域）、来自未来的场（正在生成的未来场域）以及真我的场，它们之间的边界被打消了。当这三种场域融合并产生共振时，我们经历了一个深刻的转化，我们的行为发源地发生了改变。站在大火面前，我经历了真我的存在，并感觉到自己同时与带我到那一刻的旅途（来自过去的场域），以及我所感到的正在生成的未来（来自未来的场域）相联结。

一天，我在阿尔卑斯山徒步旅行，位置在接近瑞士和意大利边界的瓦尔芳克斯（Val Fex）峡谷，紧挨着锡尔斯玛利亚（Sils Maria），哲学家尼采过去曾在那个地方写作。在欧洲这片区域是个特别的地方，因为它是三条主要河流的分水岭：流向西北的莱茵河、流向东北的因河（the Inn）和流向南方的波河（the Po）。我决定沿着因河去寻找它的源头。当沿河而上时，我意识到，在我的人生里之前从来没有跟随一条河流直至源头。实际上，我从来没有看到过一条主干河流的源头到底是什么样的。

河水变得越来越窄，直到变成涓涓细流。我发现自己站在一个宽阔盆地中的池塘边缘，四周的峡谷覆盖着冰川。我站在那里聆听，然后惊讶地发现自己周围环绕着无数从山上飞流直下的瀑布。它们奏响了优美至极的交响曲。惊叹之余，我领悟到，单一的源头是不存在的。我观察了身边以及上方所有的水源，它们自覆盖着冰川的山顶淙淙流下，汇聚到这个小池塘。那么这个小池塘是源头吗？瀑布是源头吗？山顶上的冰川是源头吗？或者源头是我们这个星球整体的自然循环：雨水、河流以及蒸发现象？

自然流现是一种能力，就好像这幅美景，它让我们的行动能够发源于源头这个外延概念，让我们担当分水岭的功能，感知什么是想要生成的事物，然后允许其成为现实。换言之，就是使周围的瀑布汇聚至一点，注满池塘又溢入江河，成就奔腾不息的水流。

自然流现使感知得到了升华，就像感知使观察得到了升华一样。感知通过把我们的注意力焦点移出现象的“内部”而扩展了观察，自然流现又通过激发“大我”放大了感知。“自然流现”的词根是 es，意思是“存在”（to be），亦即“我在”（I am）。本质（Essence）、是（yes）、在场（presence）和当下（present）这些词，都含有这个共同的词根。还有一个源于该词根的古印度派生词是 sat，同时具有“真”和“善”的含义。这个词语在 20 世纪成为一种重要的力量，甘地用它来传递其主要观点“非暴力不合作运动”（satyagraha）。源于该词根的古德国派生词 sun，指“围绕着我们的那些人”或者“围绕着我们的一切”。

在图 11—1 中，我们运行的地点不仅从中心（下载）移到了边缘（观察），超越了自身组织的边界（感知），还向周围的空间扩展，即向“围绕着我们的一切”扩展。

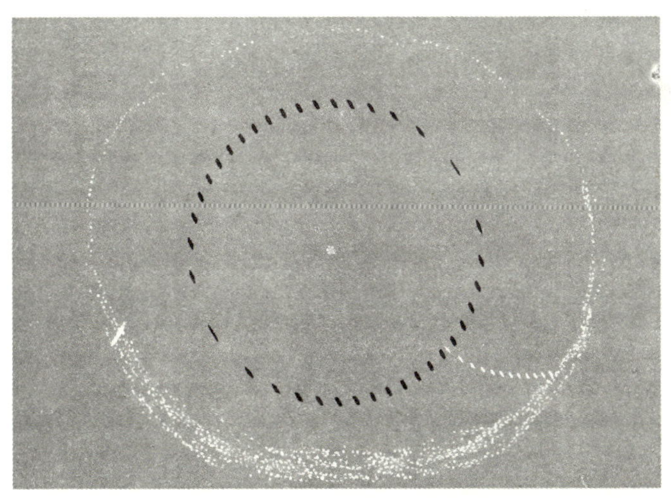

**图 11—1　自然流现的场结构**

为了更深入地了解这种运行方式，我去加利福尼亚的伯克利会见埃莉诺·罗施。在第 10 章我向大家介绍过，她是我们这个时代著名的认知心理学家之一，同时也是加州大学伯克利分校心理学系的教授。

我第一次接触罗施的作品是阅读她和弗朗西斯科·瓦雷拉以及埃文·汤普森（Evan Thompson）合著的《具身心智》（*The Embodied Mind*），我见到她则是在伯克利知识论坛之后，该论坛是在哈斯商学院由野中郁次郎主持的知识管理会议。当时，罗施刚在会议上做了出色的演讲，提出了“原知”（primary knowing）的概念。

## 知识和觉知的两种类型

在演讲中，罗施区分了两种类型的知识：传统的分析型知识（knowledge）和“原知”，或智慧之觉（wisdom of awareness）。罗施论述说，认知科学提供的分析结果是建立在传统的分析型知识，即之前被描述为“观察”的注意力场结构上的。在这种状态下，世界被看作是一套相互独立的物体和事件，而人的心智则被看作是一架分离、存储和检索知识的机器，是世界和自身的间接呈现。

相反，原知的特点则是感知型和自然流现型的认知。人们“通过互相关联的整体（而不是孤立的不相关部件）和不间断的直接呈现（而不是通过存储的再现）来觉知”。这种觉知是“开放的”，而不是限定的；体现的是无条件的价值，而不是有条件的用途，是自我觉知的一个自然组成部分……罗施论述道，“有觉察的行动是自发的，而不是刻意的决策；是具有同理心的，因为它建立在超越自我的整体之上；它有着惊人的效果。”

### ‖心智与外部世界是不分离的‖

“心智与外部世界是不分离的”这个观点对心理学和认知科学的意义非常重

大。罗施说道："心智与外部世界是不分离的，因为体验的主观和客观方面作为同一认知的不同两极（同一信息场的不同部分）同时出现，它们从一开始就联结在一起。"罗施认为我们需要"从根本上重新界定什么是科学"，这让人回想起爱因斯坦的格言——问题不能在问题发生的层面得到解决。按照罗施的说法，"我们的科学需要用智慧的心智来演绎"，我很清楚，罗施正在试图开发一种语言，来形容多数人很少注意的微妙体验。

在走回办公室的路上，罗施说："只是说心智与外部世界并不分离还远远不够。我列举出的所有特征……实际上说明了一件事，也就是藏传佛教所谓的涅槃（the natural state）或道教所谓的本源（the Source）。它是'心中之心之中心'（the heart of the heart of the heart）。我们已经可以确认，这种觉察，这一点星星之火完全不同于我们以前认为的至关重要的事情。它才是一切事情发生的本相，而行动也变成了源于这其中的行动。对其缺乏理解或者无视其存在，我们作为个体、民族和文化只会一片混乱。"

## 自我觉知的场域引领行动

回到办公室，罗施继续说："可以把所有发生的事情，看作是来自这个深层的中心源头每时每刻的呈现，而这个源头是自我觉知的。藏传佛教认为空（emptiness）、明（luminosit）、觉（knowing）三者密不可分。其实，'觉'就是指场域能自我觉知。"

"所以，一个人的行动就是辅助这个过程，辅助场域了解自己？"我问道。

"如果你充分跟随自己的天性生活，"罗施继续道，"跟随到你真的能放下，你就会发现自己其实是最源头的存在（being），也就是存在的本相。存在的本相最了解自己，忠于自己。当你一旦有了这样的认知，甚至只是感悟了一点皮毛的时候，你就会认识到，我们实际上并不是像之前想的那样是一个分离的个体。你不能强求这种对存在本相的认知。你需要把自己调频到这种方式。其实存在的本相最希望的就是做自己，如果你能允许它这样做的话，一切就会自然发生。”

罗施谈到的转折点和我在研讨会上经常观察到的，以及瓦雷拉谈到的转向（调频）和放下是相同的。例如，在患者—医师对话论坛中，患者盯着布满白点和黑点的图，让这幅图浸入自己的心智，而不再接收更多的信息。那一刻，他们注视面前图画时所处的场发生了转变。之前，他们从传统的内在自我去注视，这就是罗施所谓的“个体被锁在皮肤里，通过眼睛往外看”。经过这次转变，论坛参与者的行为发源地开始有所不同，转变成一个部分在皮肤和身体组织内、部分在皮肤和身体组织外的自我。

当你的行为发源于超越和强化了的自我时，也就是同时发源于观察者的组织内部和外部时，你就会把自己视为系统的一部分，并开始看到人们如何共同造就了这个系统。你会觉得似乎不是只从一个点，即所谓“包厢视角”出发，而是从环绕场域的多个点同时对系统进行观察。这就是伯涛夫特所谓的“从整体潜入部分”和罗施指出的“场域了解自身”，如果你成功地调频至场域，它实际上“有很强烈的意愿想要做自己”。

## 真、善、美的时刻

这一切是如何发生的呢？现在让我们看几个例子。第一个例子来自丹麦的雕塑家和管理咨询专家埃里克·雷姆克（Erik Lemcke）。

### ‖我的双手知道‖

“当我完成某一个特定的作品之后，”埃里克跟我谈起他的作品，“事情突然在某一刻发生了变化。其后，我再也不是一个人进行创作。我觉得自己联结到了一种深远的力量，而我的手正在和这种力量共同创作着。同时，我感觉关爱充盈了我的全身，认知也随之拓宽。我在以另外一种方式感知事物。那是对这个世界和即将到来的一切的爱。于是，我的直觉告诉我必须做些什么。我的双手会知道需要添加或去除什么，它们知道应该表现出什么样的形状。在这种指引下创作也变得容易。那时，我感觉到了强烈的感恩和谦卑。”

埃里克的例子十分完美地诠释了自然流现和深层次创造性过程的实质是相同的。

第二个例子来自我和史蒂文的面谈。史蒂文在一家大型国际汽车公司任职，是一位年轻有潜力的领导。他刚刚接受了一项重要任务，该任务在很大程度上会决定公司未来的命运——把公司内部跨地域、跨平台的关键技术元素整合起来。绝大多数的人会说这对公司的未来很重要，但是，考虑到企业文化以及部门之间壁垒分明的情况，这似乎不太可能实现。下面是史蒂文自己的想法：

**日记：我要崩溃了**

新的预算、新的思考、新的工作方式……都要在下周完成。当然不可能。

开始整理思路：一批来自不同团队的部门领导现在要在同一个领域深钻，而不是在各自的团队里工作。拿其中一位领导的话来说：“这是我最不愿意做的工作。”公司已经老化了，即使在濒死的剧痛中都没有挣扎，但每当你面对它时，依然能感觉到它对你的抵触。

现在只是空间上的集合，大家聚在一起互相不认识。而三天后一切必须就绪。没有机会适应……一天接一天，没有步骤，没有策略，没有人脉。要调动很多、很多人，以选出 260 人凑在一起工作……

我的情感记忆：真正的十字路口出现在第三天。我已将各部门领导聚集到一起，在 260 人面前发言，花两个小时告诉他们已知的和未知的（更多的）状况。我整夜未眠准备演讲的幻灯片：重启、打开财务状况表、强调流动资产、削减目标……一清二楚，毫无问题。你甚至感觉不到自己了，该做什么完全由大脑来决定。

但我内心感觉糟透了：我需要我的情绪，高低起伏。有了情绪我才能做好，这是我的方向和导航仪。我是一个开放的人，不像有些同事“全副武装”，但我也不像有些人那样优柔寡断。我是一个能伸能屈的人。到了晚上，我会回顾白天的工作：今天怎么样？我想去哪里？我到了哪里？而那晚我紧张得箭在弦上，已经到了崩溃的边缘。个人的交流对我很重要。我一直以来秉承着那些品质：开放、诚实和关怀，它们是人际合作的基本要素。现在，它们受到了挑战……我已经迎来了生命中从未感受到的一刻，已经不能再把握整个局势。我踌躇着：我们是否抓住了真正的问题？对恰当的人做了恰当的事情？当我去向老板提出这些问题时，他被激怒了并对此嗤之以鼻：“天啊，你还有完没完了？”

我一大早收拾好东西，异常紧张而又无比清醒，期待将要来临的一切。和我同样紧张的还有整个领导团队中的所有人——我看着这260人涌进了房间，所有人面目茫然，想知道会发生什么，谁能保住工作而谁不能，整个事情的意义何在。面对满屋无精打采的团队领导者，我带着不知所云的演讲稿走上了讲台。

一上台阶，我就感觉双腿像被拴住了一样。上讲台的路好像无穷无尽，我不得不挣扎着前行。之后，我看到了260张沉默而充满敌意的面孔。站在这些人面前时，我想：我要崩溃了！我要死了！这一刻我觉得自己异常软弱。时间在我和听众的互相对视中一分一秒地过去了。四周悄无声息，时间似乎也凝固了。

但是突然间，一切都发生了变化。我听到了空气里类似嗡嗡的声音。我突然间充满了力量，确信我们所做的一切都是正确的。这是唯一的出路。工作委员会的一名成员曾经提醒过我：“我们希望和你建立一种公平、信任的关系。”突然间，我拥有了来自内心深处的信心：只有改变过程和思维方式，我们才能帮到这些人。我说不清楚，也许你必须经历这种“置之死地而后生”的体验，才能找到这种真诚。一切都豁然开朗。突然间我变得强大而自信。我后面的发言者也感受到了这种变化。在我周围也有些东西变得完全不一样了，好像真的在嗡嗡作响一样。当然嗡嗡作响不是好事，但我知道是怎么回事。我终于能够畅所欲言了，而且能在众人面前当场提出正确的观点，正中他们的下怀。这是一种非常强大的力量，我和它融为一体，自己也变得非常强大，我能坚持到底……我就随着这股力量……不加以任何控制……感觉真好。突然间，我的感觉全都对了：我知道这是我现在的工作。我已在路上……势在必得。

埃里克所讲的“有意的创作过程”在史蒂文的领导力困境中重现了：裂缝开启——你准备好“置之死地而后生”了吗？

接下来的故事也是通过一个转折点展开的。

## ‖冲破隔膜‖

1999年6月初，我和约瑟夫·贾沃斯基在休斯敦和一些生产线经理及外部咨询专家召开最后一次团队会议。我们开会的目的是要设计一个行动学习计划，帮助一家大型石油公司并购后的下游组织提高高层领导力，以使其更积极有效地领导这个巨大而复杂的企业。当时整个房间充满了紧张、焦虑、气愤和沮丧。

谈话似乎一直停留在格雷欣法则（Gresham's Law）的层面上。托马斯·格雷欣爵士（Sir Thomas Gresham）生活在16世纪，是一位英国商人和公众人士，他经过观察提出了“劣币驱逐良币”这个定律。在小组讨论中，我经常看到不良谈话驱逐良性谈话。不良谈话既喧闹又令人恼火；人们争相展示“小我”，霸占着时间，丝毫不理会来自他人的良性意见，使谈话转变方向。良性谈话需要一定质量的注意力或聆听，即比尔·艾萨克斯所说的“容器”，用以稀释或消除“不良谈话”。因此，良性谈话的产生可能需要暂悬不良谈话，而不良谈话却无需良性谈话暂悬就会产生——它只是不断地持续进行，并且一再自我复制。令我震惊的是，我们小组竟是这项痛苦法则活生生的例子。

几乎每个出生过程所包含的痛苦都和其带来的快乐及神奇的感觉一样多。无论何时，一个小组要获得重要突破，都要首先经历孕育着希望的痛苦和沮丧。可为什么在我们听到过的那么多英雄故事里，英雄不费吹灰之力就能取得惊人的成就？因为那些都是传说！我家的老二出生之后，我的妻子曾说："这就够了，我可不想再生了。"然而三个月以后她就开始琢磨："难道我们真的只想要两个孩子吗？是不是应该考虑再要一个？"如果女性清楚地记得生产的痛苦，那人类的未来真是岌岌可危了。因此，如果我们都清楚地记得团队工作有多不容易，那么我们可能也早就转行了。我们的大脑会重新装点我们的记忆，我们会开始淡化"糟糕的部分"，只保留成功的喜悦。在休斯敦的那个早晨，那个自称为"梦之队"的团队更像是梦魇之队。时间在流逝，而设计一个领导力实验室，帮助这些领导者们顺利迈入未来的任务明显没有完成。房间里的紧张情绪和不良情绪愈演愈烈，于是我们决定休息一会儿。团队领导、约瑟夫和我走出房间，讨论如何更好地利用剩余的时间。

4个月以来，我们定期见面，进行了大量的深度访谈、调研和共同学习，而且我们还形成了大量的共识、理解和共同愿望。我们应该可以做得更好。重新集合后，团队领导拿出一张张的项目清单，继续进行。我扫了一眼大卫，他是贸易部的业务骨干之一，最初就给我留下了铁面无私的印象。他是个铁人竞技运动员，懂得竞技规则，表现从不僭越。同时他也是这个小组里最全神贯注、最认真的人。现在他好像正在努力构思一个问题，试图表达出某个还处在萌芽阶段但已十分清楚的想法。房间里的谈话还在进行，但我看到他还在脑海里努力构思着问题。我看着他，问题似乎已经在他的脑海里成形。他周围的能量场好像加强了。他的问题来自他的源头，这个问题就是转折点。

大卫指着挂在房间四周的 4 张图表，“这些图表看似不同，但其实互相关联”。一张图表是 U 型过程，另一张显示了聆听时的 4 个场域，第三张表明了组织变革的 4 个不同层次，最后一张是我们领导力实验室构建过程的结构图。“我们正在努力触及主动创新的深入过程，这 4 张图表现了工作中的深层次力量。可是，是什么把这四者联系起来了呢？潜在的共同源头是什么呢？”

大卫的问题引起了大家的注意。项目领导很恼火，想继续念他的清单。可这已经被大卫的问题突然打断了。提出问题后，大卫和其他人看着我。我看着他，什么也没说。沉默在继续，好像要持续很长时间。

约瑟夫在沉默中慢慢站了起来，把大卫提到的 4 张图表并列放在一起。当约瑟夫开口时，我们都清楚他是在一个深远的场域发言。房间里的每个人都能感觉到这一点，只有少数几个人除外。大卫的问题、沉默还有约瑟夫的出现为我们打开了一扇门，我们这些人都融入进这神奇而深入的对话流之中。不是每个人都在发言，但是你能从他们脸上看出他们正在全身心地投入。大家的眼睛都闪闪发亮，有些还湿润了。某些深刻的东西突然在我们小组以及整个房间里出现了。时间放慢了，自我觉察以及和小组的联结在延伸。我们所说的话都来自于那个深远的场域，这个场域使我们相互联结起来，形成一个巨大的生成性场域（generative field），让我们迅速形成关键的思想。

事后想来，那几个小时产生了三项显著的成果：

- 第一，小组成员在数分钟内形成了几项核心思想，并在后来领导力实验室的建立过程中得到实施；
- 第二，我们注意到，会后人们能够更快地把握生成性对话的场域，并且没有经历“分娩”前的痛苦；
- 第三，对个人也有显著的影响。

当我几年后看到大卫,他告诉我那次会议是他人生中重要的转折点。我问他，当他提出那个问题时感受如何？他说：“我觉得好像冲破了一层隔膜。”多么精彩的解释！几个月后，大卫成为租赁贸易业务部门的领导，把该部门从最低谷带到业界的巅峰，销量和利润都名列前茅。

确实，我们“冲破了一层隔膜”。每一次诞生都是一场奇迹，并且包括至少三种不同的视角：母亲的视角、帮助者（助产士、父亲和医师）的视角，最终是新生儿的视角——“冲破”原有的界限进入新世界的存在。那天，不只有大卫一人进入了一个崭新的世界，但确实是他帮助接生了新生命。我的朋友卡伦·斯皮尔斯托（Karen Speerstra）自己著书立说，也帮助其他著作的诞生（包括你现在正在读的这本书）。有一次她告诉我，在某种程度上，她的这种能力是从一位真实的助产士那里学来的。这位助产士明智地告诉她：“你必须要有尊重生育过程的精神。”有时我们必须等待。也许我们想抓住产钳，加快生产过程，但是尊重生育过程的精神往往更加明智。

大卫的结论还提醒我，当我决定创造并使用“自然流现”这个词描述这里所说的深层经历时，我在互联网上进行了搜索，以确定是否还有其他人在其他情境下创造并使用了这个字眼。只有两个结果：其一，法国的一位翻译家在把海德格尔的作品译成英文时用过这个词；另一个就是护士和助产士们在谈论本职工作的深层方面时用到了这个词。看到这两个结果，我知道自己为想要表达的东西找到了正确的词语。

### 婚礼

在德国举办患者—医师对话论坛后的第二天，医师们、学生们、厄休拉和包括我在内的核心小组集合起来，清扫我们开会使用过的教室。一些与会的患者也主动加入进来。那像是一个聚会后的早晨，你和朋友们玩累了，却兴高采烈、缓和放松，并且能够敞开心胸接纳当下发生的一切。一个人拿着一杯咖啡坐下，另一个人拉过一把椅子。很快，我们打开了电炉，一起吃着厨房里留下的食物。一群朋友沐浴着春天温柔的阳光，围坐在一起。我问正在摆弄电炉的女士，她如何看待前一天的论坛。“我被打动了。”“被什么打动了？”我问。“我觉得自己昨天好像经历了一场婚礼。在最后，房间里有一种庄严的氛围，就像在教堂，还有一种只有和自己熟悉的人或者家人才有的亲密感。”她真是找到了完美的词汇来描述那种我们都感觉到的微妙体验！那天实质上就是把两个分离的场域或主体联结起来，并使彼此相辅相成、更加强大，扩大了彼此的可能性。

我回过头看着我们这个小型的“婚礼团队”，医师、患者和学生们都团结起来，他们都是我们的朋友。我们已经形成了一个社区，而且完全与彼此处在当下。时间放慢了，爱的能量照耀着整个小组。

后来，这个圈子形成了一个核心团队，是20世纪90年代德国类似团队中最为成功的之一。2000年，该团队启动了一个新的紧急控制中心，包括全年无休的医师热线，并以相当低的总成本提供高质量的紧急服务。

## 穿过针眼

10年间，我和卡特琳·考弗（Katrin Käufer）一直致力于推动德国生物动能农业会议，每年两次，每次为期三天。筹备小组有大约12个人。按照常规，参与者会在每次会议的第一个晚上做深入交流，谈论他/她的工作或生活情况。接下来的两天，我们会讨论小组需要解决的关键问题。在早期的一次会议中，我和卡特琳觉得第一天的交流没有什么进展，事情没有得到解决。某种东西妨碍了小组潜力的发挥。于是，我们邀请每个人和大家分享各自的故事，探究“是什么把我带到了这里。”很快，我们就发现彼此之间有多么不了解。

第二天早晨，影响小组的深刻转折点出现了。我们开始谈论从参与者的故事和经历中浮现出的主题，以及这个主题与这些农民和这片土地——900 年前由修道院开垦出来的土地，会有何种关系。一位农民用非常简洁但很感人的言语说出了他的感觉："照顾好这一小片地球。"他的话发自内心，而人们也感到自己进入了内在场域。在之前的讨论中，人们一直是从个人的视角和观点发言，但现在，他们谈论的是在这片土地的当下和存在——如何作为一个团体来帮助其实现最高的未来潜能呢？

此时，时间逐渐放缓，我们周围的空间也似乎被打开了，我们感受到了通过语言、手势和思想浮现出的微妙的同在的力量，似乎"自然流现"的未来正在注视着我们，向我们靠近。这是一个自始至终都完全仰赖于我们自己的未来。

当那天晚些时候会议结束时，小组已经穿过了"针眼"。在团队和组织中，达到这一点就说明成员开始从一个全新的场域去观察和感知，这个位置允许他们径直联结到未来的场域，并且能够按照未来场域指引（启示）的方式开始行动。对于这些农民而言，穿过"针眼"产生了一连串丰硕的成果，多种形式的创意、活动和合作逐渐增多，持续塑造着农场以及当地的环境。

概括来说，从上面这些故事可知，为了穿过"针眼"，我们必须以新的方式去看待老的问题，并将真我融入到情境之中。

## ‖小组的自然流现‖

在穿过"针眼"的瞬间，团队就会融入"自然流现"的领域。首先，团队成员会感觉到彼此之间强烈的联结，然后体悟到真实存在的力量。一旦团队经历了这一层次的联结，就会有深刻、微妙的联系纽带产生。例如，7 人圈已经系统地开发了工具和方法以帮助人们能够同时融入这种联结感和真实性。但是，这是一个很大的冒险，需要有放下恐惧的意愿。"也许其他人没有这样的感受，"葛莱妮弗说，“但对我而言，放开个人边界，放松进入小组非常困难，我要进行大量内在功课和放下活动。我们每个人放下然后进入集体的方式都不一样，每次都需要跨越一个界点。”

我问葛莱妮弗跨越这个界点的感受。“我觉得，”她回答，“放下一切进入小组时我好像要死了。所以我十分注意这种感觉，确保自己能够接受。我已经想到了在跨越边界时会有这种大限将至的感觉。我会变成谁呢？因为我不知道答案，所以不确定应该如何保护自己。”

“那接下来，你准备怎么办呢？”我问道。

“我通常会跨过边界。如果一路跨过边界，就会十分欣慰自己这么做是对的，也会感觉更加自由。不知何故，即使从前已经这样做过，我还是不知道自己会感觉更加自由。”

“当每个人都成功跨过边界之后，我们以另外一种方式获得了共同的场域。这是一个新的场域——当下的小组场域。我的经验是，不跨过边界就无法经历小组的场域。在这之后，我就超越了个体，作为个体的我不再那么重要了。但矛盾的是，我作为个体的感觉同时也加强了。”

经过片刻沉默，另外一个人接着对葛莱妮弗说：“你在这儿跨越了边界。如果要我具体地描述一下的话，你刚开始说话时音调比较高，语速很快，还有点气喘吁吁的。当你跨越界点后，你的节奏和语速发生了改变，音调也降了下来。能量从头部移动到了胸腹部。我所看到的是你冒了一个险。要想使集体都呈现出这种状态就必然需要冒险。风险可能是一个人、两个人的，或者是我们所有人的。但是，要跨越你所谈到的界点，就必然存在某种风险或完全不设防。我感觉整个空间发生了转变。因为你承担的风险，我们所有人的空间都发生了转变。”

## ‖相互支持‖

“如果说我们小组有一项主导性活动的话，” 安妮解释道，“那就是相互支持。”

我问：“为了使自己成为一个相互支持的集体中的一员，你们如何培养聆听能力？”

安妮描述了三种促使集体支持空间出现的聆听情况（见图 11—2）。**第一种方法，她们称之为“无条件注视”。**“我们这里所谈的注视或支持的质量，是小组内个人对集体源头的识别。你用来观看的眼睛、用来感觉的心灵和用来聆听的耳朵，这些都已经不再是个人的了。”

“在这种情况下，对情景几乎没有任何投射。除了敞开心胸接纳生活此刻呈现的一切，没有其他意图。这是感应而不是操控，这是一种不评判和赐福的精神。”

**第二种方法是用无条件的爱去清理水平空间。**“房间里能量的焦点从大脑流入心灵，因为能量的开启经常发生在某人的心灵真正敞开或场域被识别出来的时候。此时，能量场必须要下沉。”

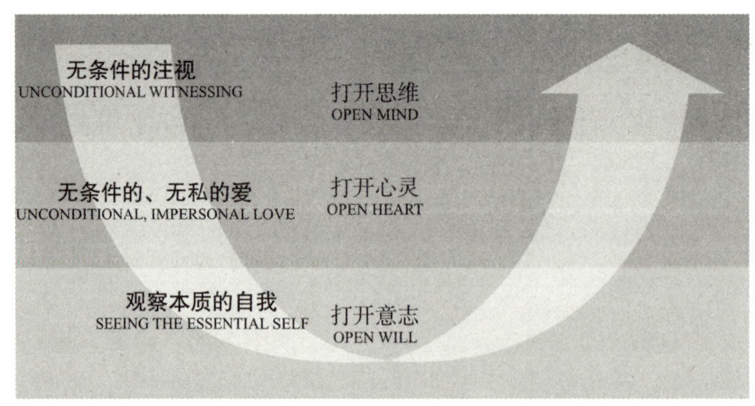


图 11—2　深度聆听和支持的三种方法

“与无私的爱相伴而来的是赐福，这是爱的无私性，你的个人色彩不在里面。而且我真的认为，作为一个集体，我们成功地支持起了这种无私的爱。”安妮解释道。

**第三种方法与你的注意力投放的位置有关：观察本质的自我。**“我透过伤口看到她的真实本质。”芭芭拉解释道，“我就会把我的觉察放在那里工作……这是一种对注意力的训练，关系到我如何观察小组里其他成员所描述的人。”

“我们有个约定，”莱斯莉补充道，“为了观察本我而设定了‘不捣乱原则’，（no-mess-up clause）。无论我们中的一员做什么，她都不能把其他人搞得乱七八糟。只有这样，注意力才会放在本我上。我们还有一个共同的信念，服务大众最伟大的形式之一就是观察他们的本我，即通过我的观察使他们能够感受到更多的自我。”

“这也许是我自己的看法，”葛莱妮弗说，“我对在小组里工作的感受是这样的：我是正在做功课的那个人，正在受到注视或得到其他组员的帮助，我会感到周围的气场有一种厚度，有一种能够赋予能力的场域，允许我走得更深，比只有我和贝丝两个人一起做功课时走得深……我观察到了更多的东西。我看到了更多的自我，看到了更多我正在做的功课。我不知道这是因为小组的技能层次，还是由于注意力的质量，或者是两者兼而有之。但我的体验是，我看到了更多的东西，感受到了更多的自我。”

“我感觉胸怀更加宽广，自我场域更加充盈，还感觉自己通过某种特殊的方式被赋予能力。我觉得自己被看到了，我感到我的注意力焦点的状态好、有质量，不带评判并充满了仁爱。我感觉到当下我们一群人的场域，它与个体的总和完全不同。”

“我可能无法用言语准确描述这种感受。我只知道，当它没有发生时，我会知道。虽然启动当下的小组场域需要一点时间，但一旦启动，我的体验就会发生质的变化，整个气场的质量也会不同。这是其一。其二，我觉得自己更加活跃，更有力量了。”

## 本我的观察和见证

随后，我要求每位女士画两幅图：一幅描绘常规聚会的体验，另一幅描绘她们在这次小组聚会的体验。

“在我的第一幅图里，”贝丝解释道，“我想到的是一个新的团队在一起研究医疗保健改革。我觉得每个人都被一个气泡，也就是他们的身份包围着。所以，我使用不同的颜色画出了他们进门时所处的状态。从某种角度而言，我们已经对将要做什么有了大致的想法，但我们互相并不了解；不知道其他人是否也和自己有着同样的目标。所以，彼此之间都存在距离。”

“在第二幅图里，”贝丝继续说，“你可以感到每个人独特的内在场域或本我。我看到的是更多本我的呈现，同时，我们的思想和贡献也更加有特色。我们更加充分地体验自己的生命，因为我们根本上是谁，以及我们的人格结构和观点都受到了观察和注视。”

“在我感受到的小组的巅峰状态中，我将个人层面和集体层面的本我标注了同样的颜色，代表了我们所处的大场域。但同时，我们又各不相同，所以我也使用了不同的颜色。”

“我的体验是我们周围有一个光圈，渗透进来并支持着我们。这种能量在告诉我们自己现在的接纳度，它影响着我们的理解、感情和整体表达。这个光圈会通过我们每一个人，也通过我们这个整体，从一个宽广、综合的角度照亮复杂的挑战。”

“当我离开这个小组去从事自己的本职工作时，我身上带着我们在这个空间里创造出来的持久的力量和思想主旨。我将它带到我去过的每个地方，我觉得自己在所有那些地方都变得更加强大了。我想，与我处在同一工作环境中的人们接触到这种能量的时候，也会感觉到他们自身的场域和力量。他们进而又会把这种体验带给其他人。”

看着第二幅图，我吃惊地发现，这幅图与注意力的场结构是如此得吻合，都发源于并联结着“那些围绕着我们的人”和“围绕着我们的一切”。

“那么，你所说的‘小组场域’仅仅是一个概念，是一个标签，还是意味着一个活生生的场域呢？”我问。

“我给你个例子，”莱斯莉回答，“有很多朋友来到这里，通过我们这个圈子，开拓了新的方向或开展了新的项目。比如莱克茜，她听到召唤，要建立一个年轻女性的圈子，进行一些她在我们这个圈子里接触到的导师工作。她知道，如果她不是作为一个个体坐在我们的圈子里，而是感受当下整个小组的场域，她就可以把这个种子带回去，让它在年轻女性圈子里发芽开花。所以，‘小组的场域’是带有潜力的。”

“人们把很多事情放到这个圈子里，交由场域来处理。”

“你怎么能断定小组场域确实存在呢？”

“那是一种气氛的变化：双耳鸣响，一切放慢，时间变换。开始不再有差异性，有强烈的感觉抑制我不能随意说话。当受到这个更大的场域的感召时，我才讲话。虽然有时界限不那么分明，但总的来讲，感觉是跳进了另一个区域。有时，我们能注意到，‘我们已经入场’。”

“那么，奥托，”芭芭拉转向我说，“我有一个即兴的想法。你是否希望你和你的工作得到这个圈子的支持呢？”

这个问题一提出，我就有种十分强烈的感觉。实际上，在访谈初期这个问题曾经划过我的脑海。当然，我不好主动提出这个请求。现在，芭芭拉提出来了，我简直有点不知该如何是好。我的耳朵在鸣响。我突然认识到，我是多么想念在欧洲的那群朋友，大家一起生活、学习和创造的时光。我还认识到，在我现在的生活中，我是多么想有这样一个集体支持的空间场域。似乎用了很长时间，我才静静地说：“是的，我非常想得到这个圈子的支持。”

这句话从我口中说出的时候，我感到了注视，充满关爱的场域已经超越了圈子里的每个个体成员，我在一个特殊的空间里得到了支持和注视。我觉得有一个非我的场域或实体在观察着我。

## 自然流现的原则

自然流现可以发生在团队和组织的情境中，也可以发生在个人身上。我经常在深度聆听和对话访谈中遇到这种现象。在这些访谈中，谈话从一个层级落入另一个层级会很明显，你的全身都能感受到。人们经常称之为“心与心的联结”。我经常能体验到我和采访对象之间微妙的当下场域，它围绕并支撑着我们，使我们拥有开放的、深度生成的、安静的心智状态。4 项不同的原则能够界定这种转变。

### ‖放下和臣服‖

**第一项原则是放下（letting go）旧的事物，臣服（surrender）于未知。**弗朗西斯科·瓦雷拉、埃莉诺·罗施和布莱恩·阿瑟都强调，放下和臣服是这个过程的核心元素。“凡是不重要的东西都必须放手”，布莱恩·阿瑟在描述跨越界点的感受时这样告诉我们。当你开始暂悬旧有的行为方式，你的注意力将被某些令你惊奇或感兴趣的事物所吸引——确凿、具体而又出乎意料。此时，你就开始进入到自己打开的思维里。在农场着大火时，燃烧的农舍清除了空间，允许我超越过去所有的思维定势进行观察。在这样的时刻，你必须放下。紧紧抓住一个已经燃烧殆尽的旧有身份有什么意义呢？在这种情况下，放下是容易的，因为你仅仅需要臣服于明显的事实。但是，生活不会总是这么明显。真正的挑战在于，你如何能在不烧毁家里农场的前提下接近那片深层次领域？

在没有重大事件发生的情况下，我们必须更加自觉地放下和臣服。例如，在7人圈中，葛莱妮弗说感觉就像将要死去：“因为要跨越一个边界……我想象那边什么也没有，而一旦跨越这个边界，我就不再是现在的我了。”对于那个农场团体的成员而言，这意味着放弃他们坚信已久的观念，比如农场、他们自己、小组其他成员的目的和身份。对休斯敦石油公司的员工而言，这意味着放弃为了满足先前设定的期限和目标的团队以及领导力方面的压力。对史蒂文而言，这包括放弃准备好的演讲稿和塞满了数据的幻灯片，转而凝视着眼前260张充满敌意的面孔。他需要鼓起勇气彻底放下，然后臣服于眼前的境况。

放下和臣服可以看作是一枚硬币的两面。放下是开启的过程，扫清道路上的障碍和垃圾，臣服则是融入已经开启的境界。当大卫感觉到一个重要的问题开始在他心里和身体周围逐渐成形时，他把全部的注意力集中在这个问题上，不管它是什么，都要顺其自然，臣服于它。在进行对话访谈时，我通常必须放下原有的意图、思路和问题列表，使自己臣服于谈话中正在生成的一切。

## 逆转：穿过针眼

**第二项原则是“逆转”（inversion）。**逆转是我用来描述一个人或一个团队穿过“针眼”，并与生成的场域实现联结的词语。在德语里，逆转（umstülpung）字面的意思是：“把里面的翻转到外面，外面的翻转到里面。”当你穿过“针眼”——放下任何不重要的东西的界点，你行为的发源地就转移到了“那些环绕我们周围的人”；你开始从一个不同的方向观察，并开始走向未来的自我。

在7人圈中，贝丝描述了这种变得宽广、被渗透的感觉。当我觉得自己不仅被圈子成员，还被另外一个不是我、也不是屋里其他人的场域注视时，我也经历了这种视角上的变化。就农场团体而言，逆转发生在星期六晚上的谈话之后，发生在每个人分享和交流各自的故事和观点的基础之上。第二天早晨，人们开始从不同的角度交谈。只有那时，他们才有能力提问：这片土地的存在（being）意味着什么，怎样才能完全实现它的潜力？

对休斯敦石油公司的员工们而言，逆转出现在大卫提出那个深刻问题之后的短暂沉默里，在之后约瑟夫和其他人跟随大卫穿过“针眼”、助其进一步开启那个空间之前。那一刻所有人的行为发源地都从自身内部转移到了一个深层场所，集体创造力开始从那里喷涌而出，感染了整个小组。对德国患者—医师对话论坛的参与者而言，逆转出现在星期六早晨，当时患者们坐在房间的一边，医师们聚在另一边，而第二天早晨，医师和患者小组在外面坐成了一圈。关键的转折点是一位女士发自内心的关切，她不希望她所了解、所关心的医师们受到系统的伤害。在史蒂文的例子中，逆转恰恰发生在沉默之后，当他开始注意到房间里的嗡嗡声和深度的能量转变的时候：“……我和观众就那么互相凝视着……完全的沉默。但是突然间，有一种力量，这种力量来自对我们正在做的一切的肯定。”在上述所有例子中，我们都看到了场域转变发生前瞬间的深层次静默。

## 形成更高层次（真实）的场域和自我

**第三项原则是形成更高层次（真实）的场域和自我。**在7人圈中，葛莱妮弗说，“我的体会是我看到了更多，感受到了更多的自我。我感觉胸怀更加宽广，自我存在更加充盈，还感觉自己通过某种特殊的方式被赋能——我变得更加有力量了。”当你从同理的聆听切换到从深处的源头聆听，你就与更深层次的、想要生成的未来可能性之场联结了起来。而当你的行为发源于想要生成的深层次的未来之场时，你就会联结到一个更深的聆听源头，一个个人和集体都能够利用的智慧的源头——打开的意志之场。

我曾经在对话访谈中反复地经历这种转换。当访谈结束时，你已经是另外一种存在，另外一个人了，完全不同于几小时前加入访谈的那个个体。你会（有一点点）更加是你自己。有时这“一点点”意义重大。有一次，在一场特别深刻的谈话结束时，我的身体感觉到了伤口般的疼痛。为什么会这样？因为那次谈话创造了生成性的社会场域，使我联结到人生旅程和自我的深层。离开那个支撑的空间（社会场域）时，那种深层联结也断裂了，因此我感受到了伤口被撕裂般的疼痛。

这同大卫在休斯敦提出问题之后的感受一样。大卫在两年后告诉我，实际上当时他已经深刻地体会到了一个全新自我正在缓慢生成并逐渐开启的过程。

当农民们就自我身份、相互关系以及他们农场的深入变化而进行交谈时，也感受到了一种牵引他们前进的拉力。这个拉力来自于一种完全不同的、更开放的可能性，从某种意义上说，拉力联结了完全不同的自我——真我或本我。

当史蒂文打破沉默，他感觉“进入了一个崭新的比赛场”，“突然间，我很强大，我感觉到联结的力量，我觉得自己正在做正确的事。”

在以上每个例子中，我们都看到了相同的基本事件：全新的自我降临、开始诞生、形成，真我和本我使我们明白我们究竟是谁。

## 场的力量：创造深度聆听的支撑空间

**第四项原则与场的力量有关。**“自然流现”必定发生在特定的场所中，即在某种空间的支撑之下。7人圈描述了这个空间的三种情况：无条件注视或不评判、客观的爱以及观察本我。当这种转变发生时，个体和集体之间形成了新的关系。贝丝说：“我的体验是我们周围有一个圈，它渗透进来并支持着我们。”在农场社区、休斯敦石油公司以及患者—医师对话论坛的例子里，支撑空间是由情境分享、经历和深度聆听自觉创造的。在汽车公司的例子和我直面大火的故事里，这个空间是通过现实生活中的危机形成的，这些扑面而来的威胁打破了我们一成不变的习惯，迫使我们集中注意力并放下原有的一切。

在多数情况下，大自然也可以充当通往深层次场域的老师。如何在个人和集体当中利用当下及某种场域的力量来联结真实的自我，将是未来若干年中最有意思的研究课题之一。

### 四项基本原则

本章所有故事的“主线”都在于区别感知（从当下的整体行动）和自然流现（从正在生成的未来整体行动）。我们可以借助各种各样的支点，加深自己从深层次源头行动的能力。它们是：

- **修炼。**在U型过程底部，起作用的不是思想而是修炼。很多人（采访对象和客户等）给我留下的最深刻印象都是其独特的修炼方式。很多都是在早上，比如清早起来，静坐一小时，联结到承诺和创造力的源头。有些人是冥想，一些人使用其他的沉思修炼。没有硬性的修炼“标准”，人们必须自己去发现哪些方式奏效，哪些方式不奏效。

- **创造一个场域圈子**。成立一个互助小组，使大家在前进的旅途中或在探究深层问题与挑战的过程中互相支持。想想 7 人圈的例子。她们的圈子不是唯一可行的方法，但这对她们的确有效果。这里的原则就是建立一个常规的支撑空间，如虎添翼一般，助我们跨越人生重要的门槛。

- **培养集体修炼**。培养诸如有意识地静默或生成性对话的集体修炼方式，它有助于人们在日常生活工作的情境中，接近共同认知和注意力的深层次源头。开发自然流现新型的集体修炼方式是未来最紧迫、最重要的任务。自然流现的集体修炼不同于个体修炼，个体的各种觉察和自然流现体验是一道大门，联结和进入集体创造力和觉知的源头（比如德国农场社区的例子）。

- **做你热爱的事情——热爱你所做的事情**。这是迈克尔·雷所说的另一个根源性问题：我一生的工作（Work）是什么？我发现有一个非常简单的公式可以解释我的能量持续的水平。这个公式只需要两个条件：我做的事情必须是非常重要的（与我的人生目标相连），而且它必须产生积极的变化（反馈机制）。如果满足了这两个条件，我就会处于不断增长的正向能量循环之中。

总之，我们每个人都不是单一个体，而是双重个体。每个团体也都不是单一结构，而是双重结构。一方面，我们是从过去至今的旅途中所成就的个人和团体，即当前的自我；另一方面，还有另外一个蛰伏的自我，它在我们身体里等待着新生，期望能够从我们未来的旅途走进现实当中。自然流现就是将这两个自我联结起来的过程——把现在的自我和真正的自我联结起来，从未来向真正的自我靠近。

无论是个人还是团体，当我们进入深层存在的状态时，就获得了根本的自由和创造力，进入了真正的自由。因此，自然流现的社会技术也是自由的技术。从操作层面上讲，自然流现的根本特征是放弃操纵及操纵性行为，这是核心。要做到这点，我们所能做的就是敞开大门。但是，我们永远不能剥夺每个人的决定：穿过这道门，或者停在门外。

跨越界点之后，我们走进了真正的力量——未来所能发生的最高可能性的自我运行的力量以及与我们周围的场域联结的力量。这种深度的联结在各种文明中被赋予了不同的名字：本源（道教），涅槃（佛教），梵天（印度教），耶和华（犹太教），安拉（伊斯兰教），上帝，耶稣，圣灵（基督）或伟大的神灵（印第安传统）。所有这些词汇都指同一根本层次的体验，描述了在我们内部或通过我们而存在的个人或集体层面上的深层状态。但是，为了自然流现的发生，我们必须跨越 U 型过程底部的界点。

THEORY U

Leading from the Future as It Emerges

# 12 结晶

上一章描绘了 U 型过程的底部——自然流现。你可能还记得，我把“自然流现”描述为穿过“针眼”或者“逆转”的过程。在古耶路撒冷，有一扇叫作“针眼”的门。此门非常的窄，以至于每次满负重荷的骆驼到达此门时，赶驼人都要把骆驼身上的所有行李卸掉，骆驼才能通过。《马太福音》里，耶稣说：“骆驼穿过针眼，比富有的人进入神的国更容易呢！”同样，U 型过程的底部也有一扇“内在的门”，要求我们放下一切不必要的东西。

那么对于团队、组织和社区来说，是什么构成了 U 型过程底部的“针眼”呢？正是和真我及大我的联结。如果建立了这样一种联结，首先发生的事就是“空无”（nothingness）。万事皆无。存在的仅仅只是一个联结，但是当我们继续保持这个与深层觉知的联结时，我们就可以更好地把握未来的可能性。现在开始“行动”，从一个“不同的地方”出发，从一个不同的源头运行。在这里，我们预见、尝试并实现新的创造。

“自然流现”既可以当作名词，也可以当作动词，它指的是与自我和觉知的深层源头的联结。由于我们在 U 型模型的右侧始终保持着这个联结，因此可以说在 U 型模型的右侧过程中我们一直处于“自然流现”（联结到源头并由此行动）

的状态。“结晶”是这个过程的第一步。

“结晶”意指基于最高未来可能性澄清愿景和意图。“结晶”和通常所说的“愿景”的区别在于：结晶发生在觉知和自我的深处，而愿景可以开始于任何阶段，甚至可以开始于“下载”阶段。

在团队里，经过静默或自然流现的瞬间之后，你会注意到自己微妙的身份转换以及团队工作基础上的变化。到此为止，我们只是感受到了一种未来的可能性。经历了“自然流现”之后，人们已经准备好把这种个人和集体的潜力转化为现实。“我们无法不行动”。行动的第一步就是更明确地澄清愿景和意图。接下来，我们将结合具体的情境来说明这一过程。

## 改善患者—医师间关系的质量

医师和患者形成一个用来共同思考的集体对话场域之后，就已经准备好从“意义建构”阶段进入到行动阶段。如果我们成功地做到了这一点，就会引发相应的行动来改善患者—医师间关系的质量。反之，我们的努力就会付诸东流。

“今天下午，我们想改变一下方式，邀请大家进行头脑风暴，讨论一下采取哪些行动和提议可以帮助我们从第一、二层转移到第三、四层。我们需要改善由黑点体现的医疗保健体系现状，并将其移至白点所在的位置，如果大家有任何实际想法，现在就可以提出。”厄休拉和我补充道，“而且你们知道，如果没有足够的建议来让我们拟定下午会议的议程，下午的讨论就不得不取消了。”

你能看到人们脸上闪过了怀疑和不信任的表情，接下来是不确定的沉默。午餐休息时，没有一个人离开。很明显，这个提法已经引起了整个团队的兴趣和关注。他们想继续前进，但从来没有人要求他们以“开放的”方式来制定会议的议程。你能看到人们在脑海中左右盘算：

> 你们这些家伙不可能是认真的，你们一定在开玩笑。难道不是吗？让我们自己提出后续会议的议程……看起来我们必须要努力一下。我能提出什么呢？我刚才不是正在考虑那个可能帮助我们的事情吗……？

经过一段沉默，一个人站起来为团队提出了一项提案，接着另一个人提出了第二项。接下来是第三项、第四项……不久，我们将整个团队划分成6~7个小组，分别讨论不同的行动提案。当天结束时，每个小组向整个团队汇报讨论结果。

第一组想创立一个市民论坛，为在该地区医疗保健系统内部的人员提供一个发表意见的场所。另一组提出很多方法来扩大对一项现有议案的支持，对该地区现有医疗保健急救系统进行重组。第三组提出了一项有关患者的提案，强调提高患者和医师之间创建并维持“对话关系”的能力。第四组正在设计“教育年轻人”的计划，目的是提高年轻人对慢性疾病的敏感度。他们准备走进学校，和大家分享自己的故事，并且讨论一下预防如何使他们的人生不同。

格瑞特·施密特（Gret Schmidt）博士，他是医师团体和医疗保健系统的联合创始人，帮助核心小组澄清了愿景和意图。“来看看我们这里的情况，”他说，“你也许会感到沮丧。我们有28万居民，其中6万人患有慢性病，有10所医院，15 000名员工，400名医师，再加上所有这一切衍生出来的官僚机构。每年，当地的患者和医疗保健系统之间的联系有600万次。我们怎么可能变革呢？但是，今天的论坛使我能够从一个全新的角度看待这些问题。其实一切都可以简化为一个公式：患者A存在问题B，需要C来解决。就像混沌理论（Chaos Theory），可以将复杂系统的行为减化为大约三个变量之间的关系。当我从这个公式的角度看待医疗保健系统的本质时，我认识到，整个系统发展的核心是患者和医师之间的关系。在这次论坛之前，我从来没敢设想过这个事实。但是现在，连保险公司和医疗保健供应商也开始接受这一观点。没有完好的医患关系，任何医疗保健系统都无法正常运转。”

施密特博士接着解释说，他现在明白了，解决很多问题的关键都在于应该关注这个地区。“健康问题取决于你的基因、生活方式、社会环境，以及当地医疗保健系统的架构和程序。你无法改变你的生物基因，但你的生活方式、环境以及医疗保健系统的架构和程序——所有这些都是在当地开展的，因此所有这些都可以在该地区的环境中得到改变。我们需要有勇气穿越这一切，看到问题的本质，看到自己能够创造出什么；我们需要有勇气达到对下一步行动一清二楚的那一点。这种勇气来源于这次对话论坛和我们刚才进行的系统分析。”

施密特博士及其同事信心满满，离开了患者—医师对话论坛：“我们打算把我们的系统从第一、二层移动到第三、四层。”

由于团队对每一层次的互动都进行过系统的探讨，使得本次论坛中提出的很多见解都变成了现实。论坛举行一年后，即 2000 年，新的保健急救系统开始运行。现在，医师们可以根据患者的需要，提供心理安慰、心理咨询或者家庭出诊，而不必把每一个电话都交给急救中心处理。同时，电话打到一个专门的中心而不是打给 100 个执业医师，从而减轻了医师们的工作负荷。一位高级医疗保健管理人员说，他认为这个主意之所以成功，是因为“论坛核心小组高质量的承诺和意愿持之以恒，改变了整个系统决策者的意识”。

## 结晶的场结构

正如我们所说，“自然流现”是与源头联结；“结晶”则意味着保持该联结，并从该联结开始行动。这一历程的第一项活动就是澄清即将生成的事物。结晶使得关于未来整体的想象鲜活地浮现出来，使正在生成的未来的愿景和意图清晰而明确。

就施密特博士和德国医疗保健团体的例子而言，结晶带来了更深层次上的系统观点，也引发了对“把我们的系统从第一、二层移向第三、四层”这一意图的澄清，包括一些为新方式塑造原型的切实可行的提议。

在某全球公司采购团队战略干预措施的例子中，结晶阶段的关键结果是对新身份的定义，以及对未来新的经营方式的认知。“我们不只是工厂的服务供应商，实际上，我们是一个全球企业的管理者。”

该提议的结果是，供货商的数量精减了 80%。他们使以往互相竞争的供货商彼此合作，形成了一个战略网络，与这个全球公司及工厂网络沟通，统一口径。

指导整个干预过程的彼得·布鲁纳（Peter Brunner）说：“最让我印象深刻的是，结晶和通常的愿景过程竟是如此不同。在愿景过程中，你只需要形成一个关于未来的梦想即可，不必管它与正在生成的未来是否关联。但是经历了学习历程、分享和反思，以及 6 个小时的个人场域漫步和冥想后，我让大家在散步回来时分享他们的愿景和意图。他们讲出来的都是最本质的东西，联结到了他们真正关心的事情、他们真正的自我。这对形成正确的提案原型非常有帮助。”

图 12—1 描绘了注意力的结晶场结构。你行动的发源地（圆点）已经向周围的圆圈（白色圆圈之外的部分，代表着观察者自身的界限）转移了。当你从这个大的支撑空间开始运转时，新的事物从中心开始呈现，并且开始结晶。

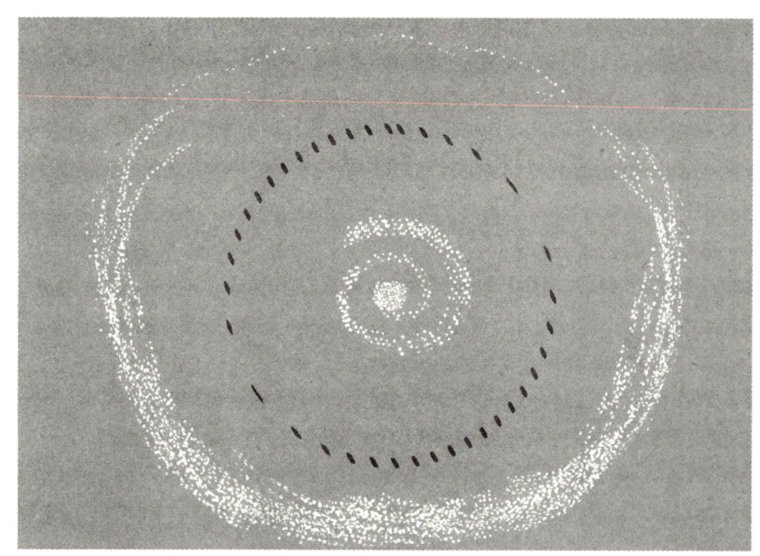

**图 12—1 结晶的场结构**

我请彼得·圣吉描述一下他在创造时都做了些什么。“要进行音乐创作，你必须有乐器，如小提琴，对吧？但是，音乐并非来自小提琴。小提琴只是乐器。根据我的经验，这和我做讲座或与一个团队在研讨会上一起工作是一样的。我在自己的意识里创造了现实，然后开始弹奏乐器。我只是非常享受这一切，欣赏着这些人。我知道，在某个层面上，当我主持某个项目，而事情开始按照这种方式发展时，一切都会很顺利。无论发生什么，都是当时正好需要发生的。现在，我不总是有同样的感觉，但是这种状态出现时我知道。这就是基督教传统中所谓的‘恩泽’（grace）的状态，基督教的神秘教派对这种状态有更深的理解。这都是关于喜悦的，但并不意味着总是快乐，有时会非常紧张激烈，可你一定会有‘一切绝不会出错’的感受。这并不意味着一切总是按照你的计划进行，而是意味着，无论在那一刻发生了什么都是正确的，这就是音乐。”

他继续说道：“我们授课或者主持项目时，有一项最基本的原则，就是人们之间的关系质量比演讲者的表述更为重要。比如说，两个人在辅引课程，那么对结果来说唯一重要的就是这种关系的质量。这并不是说关系一定要风平浪静，而是一定要有同在感、存在、意识，你可以与发生的任何一切在一起。对我而言，这就是爱的关系的本质，因为爱是关于同在的。”

“我认为举足轻重的是一种更深层的力量，是关于你是否有能力活在你想创造的世界里……如果你清楚自己想创造什么，从某种程度上来讲，你就已经可以在自己的意识里那样生活。再也没有什么比在那种觉知、意愿和场域里行事更强大的了。”

## 结晶的原则

据我的观察，结晶有 4 项基本原则：意愿的力量、接纳、宏图大志（grand will）和觉醒之道。

### ‖意愿的力量‖

尼克·哈诺尔（Nick Hanauer）创建了 6 家非常成功的企业，并多年担任亚马逊书店的董事。当我和约瑟夫·贾沃斯基采访他时，他正和一个小组一起工作，“重新设计”华盛顿州的教育系统。当我们问起“意愿”在他创业经历中所起的作用时，哈诺尔回答：“我最喜欢的一句格言来自玛格丽特·米德（Margaret Mcad）——‘永远不要怀疑一群全心投入的公民能够改变世界。事实上，改变就是这样发生的。’我完全相信这句话。5 个人可以做成世界上的任何事情。如果只有一个人，当然很困难，但如果把这一个人和另外 4 个或 5 个人放在一起，你就有了众志成城的力量。我想这就是创业精神的全部——创建这种无以伦比的愿景和力量。”

我第一次亲身体验意愿的力量，是在德国维滕 / 黑尔德克大学（Witten/

Herdecke）上学的时候。有一天，我和十几个学生坐在一个大早餐桌旁。管理学院院长埃克哈德·开普勒（Ekkehard Kappler）和一位特别的客人约翰·加尔通和我们坐在一起。约翰·加尔通生于挪威，被誉为“和平学之父”，是“正确生活方式奖”（The Right Livelihood Award）的获得者，这一奖项也叫作“诺贝尔替代奖”。他以“结构暴力”理论而闻名，在全球 60 多所大学授课，并出版了 100 多部著作。一个学生向他提问：“加尔通先生，您已经取得了这么多成就，还剩什么是您想做的？在有生之年，您还想进行哪些创作？”

“我有一个创立流动性的‘全球和平大学’的想法。这个大学的学生将在全球旅行，学习如何把全球系统当作一个生命整体去观察，学习如何站在不同的文化和文明的视角去观察整个世界。”

接着，加尔通开始详细描述这种全球学习旅行的运作方式，我意识到这就是我想尽一生要做的事情。在座的其他人也有同感。这种觉知是巨大能量的源头。原来，加尔通曾经试图和一所美国大学合作来实现这个全球大学计划，但是组织、资金筹措和管理等方面的问题太复杂，以至于迟迟没有行动。虽然作为学生，我们缺乏对此事的任何经验，但凭直觉，我知道我们能够做到。于是，我们开始付诸行动，并如期实现这一目标。

我们在几个月内，齐心协力完成了这件事：我们制订了详细的项目计划，从企业及私人捐助者那里募集了 50 万美元，和 12 所合作大学的 290 位老师签订了合同，从 10 个不同的国家招募并筛选出第一批学生，包括来自第三世界国家和东欧的参与者在内共 35 名。我们募集了奖学金资金，并通过招募志愿者服务，解决了财务和组织细节上的问题。我们在这个项目上的共同努力和付出，让我们充满了力量。这是以前我们从未经历过的。我们感觉自己是一个更大场域的一部分，一个创造力的生成性场域。当我们的行为发源于这个场域时，任何事情都不能阻挡我们成功。是的，我们不断遇到困难和羁绊，但是每当我们感到山重水复疑无路时，我们都会柳暗花明又一村，某种“预料中的奇迹”会出现，某扇大门会向我们打开，援助之手也最终会出现并引导我们继续前行。

贾沃斯基称这种巧合的帮助为“同步性”，并提出整个U型过程都与之相关——进入深层次的意愿流，并顺其自然。当布莱恩·阿瑟提到“意愿不是一种强大的力量，而是唯一的力量”时，很多企业家和他的想法不谋而合。

## 接纳

浸入意愿流的内在功课和“放下”与“接纳”有很大关系，“接纳”是意愿力量的另一面。真正的问题是：你如何才能同频至这种意愿，并与之共振？答案是：欲同频至某种新事物，必须首先放弃旧事物。仔细想想，几乎我所有最成功的项目都来自于他人的启发，加尔通关于“全球和平大学”的设想就是其中一个例子。这就是为什么U型过程始于观察（进入并关注这个世界）而不是始于反思的原因。首先，你进入这个世界。当你继续前行的时候，宇宙会以它独特的方式暗示你行动的方向。你潜心静听，全神贯注于来自内在的涌现。要真正做到这点，你必须学会放下和接纳。旧有的态度必须离去，新思想才能清晰而丰满地进入画面。

## 宏图大志

当我们向新事物敞开心灵时，我们就渐渐接近了我们深层次的意志，马丁·布伯称之为“宏图大志”。在《我和你》（*I and Thou*）这本书中，布伯对一个人接近宏图大志时的双重运动，给出了准确的描述：

> 自由者就是那个拥有意志但不武断的人。
>
> 他相信命运，相信命运仰仗于他。命运不会严格地操纵他，而是等待他，

> 他必须走向命运，虽然不知道到哪里去发现命运，但他知道必须全身心地投入。事情虽然不会因为某个决定就应声而出；但是，当他决定自己的意愿时，该出现的终会出现。他必须放弃那些受外在事物和直觉控制的、微不足道的、不自由的意志，建立宏图大志，方能突破命中注定的存在。于是，他不再插手干涉，但同时他也不会放任自流。他聆听涌现自内心的声音，聆听世界所有存在的进程；不是为了从中汲取养分，而是为了按照其意愿将其变成现实。

布伯首先假设自由的人相信命运，而命运也仰仗于人，但是我们不知道去哪里找到它。要找到它，我们必须愿意进入一个未知的领域，并全身心地投入进去。这可能需要牺牲精神，这不仅仅是沉思，而是对这个世界生命过程的聆听，是带着饱满的行动意愿对即将涌现的事物的聆听。一旦开始进行，我们必须加倍专心。

物理学家亚瑟·札炯克曾在麻省理工学院主持过一次认知科学对话活动。他告诉我，在主持的时候，他知道不仅只有那些自己能够看见的人在与他互动——他很想听到那些"看不见的人"的发言。

"我尝试了几种方式来达到这个目的。例如，我将要参加董事会议，会议讨论激烈，我面临一些棘手的问题。我不知道该如何处理这个局面。我发现自己处在放下的那一瞬间。于是我说，'好了，对这个问题我们已经给予了非常全面的关注，我们的确推翻了很多事情。'接着，我坐回去，开始让漫无边际的觉察延展。有一种腾空的感觉。有时，我甚至假装旁边有一位无形的人。当我主持一个新学校的董事会议时，我会想象有一些不可见的孩子们坐在桌旁。我实际上是在为那些没有到场的孩子们考虑。他们是我在那里的原因。我努力聆听那个空间，未来也在桌旁。当每位演讲者都认识到这一特殊瞬间时，奇妙的创造性的一刻就来临了。我鼓励他们抓住这一刻，充分展现这一刻的美妙。"

"这些创造性时刻赋予团队很多积极的能量，包括原创性、意愿度和合作度。

没有人把这些化为己有，因为想法可能来自桌对面的其他某个人。”

## ‖觉醒之道‖

结晶的发生需要某种环境或情境。

在德国农场社区的研讨会上，核心小组成员从邻近社区邀请了一些人，因为他们觉得会议议题可能和该地区的未来有关。那天的活动日程是按照U型过程设计的。早上，大约有80位参与者登记报到，互相交流他们生活中遇到的各种问题。下午，我们围绕大家希望共同创造的主题，形成了5个提议小组，这同我和厄休拉在患者—医帅对话论坛所做的一样。

大约一年之后，我们获悉，5个小组中的4个小组已经发起了一系列令人称赞不已的活动。他们在农场里成立了一个类似幼儿园的游戏小组，该小组不久就变成了一所信誉良好的幼儿园；策划并举办了一系列音乐会和文化活动；形成了跨机构合作，包括分享农业机械等，节省了很多资金；作为将来公众讨论会的前身，他们还成功地举办了几次关于自我领导力的研讨班。

为什么这一天的会议比这个核心小组以往召开的很多会议都更为有效呢？可能是因为这次会议自始至终都蛰伏着一种潜力。但是，如果没有产生感知和结晶所需的环境，就什么都不会发生。在这个例子里，环境就是这个为期一天的研讨活动。

## 两种意志

本章主要识别并探讨了两种意志：个人小志和宏图大志。通过自然流现所体验到的真实自我与源头联结，人们可以找到自己深层的意愿或“意志”。第二种意志，即宏图大志，包括下列几种基本的行动原则：

- 利用自然流现的体验中涌现出的未来可能性，“检验”并澄清自己的意愿；
- 传播意愿的力量，开启创造性生成的大门；
- 接纳：聆听内在涌现出的声音；
- 将自己作为正在生成的未来载体，顺其道而行；
- 建立基础组织结构，实现跨界的共同觉醒。

结晶意味着和源头保持联结，并慢慢澄清接下来的愿景和意愿。在这个过程中，关于未来的影像不断演进、变化和转型。接下来，我们要更进一步，为我们想要创造的未来创建实例或原型，变意愿为现实。

# 13 塑造原型

在建立了和源头的联结（自然流现）并澄清了对正在生成的未来的觉察（结晶）之后，U 型过程的下一个阶段是通过行动探索未来，即塑造原型。塑造原型是通过行动和试验探索未来的第一步。这里我们借用了设计行业的词汇。颇有影响力的设计公司 IDEO 的创始人和 CEO（首席执行官）大卫·凯利（David Kelley）十分简明地总结了这一方式："失败能引导我们更快地走向成功"。塑造原型是指，在实施行动之前先提出概念，快速地反馈学习效果并进行调整。

## 医疗保健网

施密特博士和其同事离开对话论坛之后，打算把他们的系统从第一、第二层移动到第三、第四层，但是他们知道，要实现这个目标需要不同类型的平台进行合作。于是，他们决定保持与该系统内关键的机构领导者之间的对话关系，并从工作中遇到的实际问题着手。首先，他们界定了谁是问题的"持有者"，答案通常都是在自己的机构系统内有能力和责任做出决策的人。"我们想召集几个可以相互支持的从业者小组，采取有效的行动以解决实际工作中遇到的问题。"施密特博士说。

“我们畅所欲言，谈论所有的问题和难点。重点是要制订可执行的方案，然后实施并迅速回顾一下。当一个问题得以解决，相应的小组就解散或重组。现在，我们有 10 个这样的小组在运行，所有小组的工作都比以前的小组效果更加突出。”

施密特博士说，当造访临近地区的同事时，他们深切感到自己迈出了一大步。“他们还在担心保险公司会怎么想、怎么做，这个问题我们早就已经解决完了。现在，我们的关注点是怎样才能带来最大程度的影响力。”施密特博士的一个行动小组关注的是慢性糖尿病。该小组把主要的医师和糖尿病患者召集到一起，制定了一项策略，即宣传新的饮食习惯。这种方法将使人们超越药物治疗，开始崭新的生活。

其他特别行动小组制订了各医疗小组间分享特殊诊断设备的协议，建立了医院和外部医师间传递信息的新形式，在负责两地患者护理的联合执行办公室间相互协调，以及最重要的一点是：建立新的紧急控制中心。现在，在紧急情况下，患者至少有三种选择：他们可以给本地医师打电话，给中心打电话，或者拨打救护车集中调度中心的紧急救援电话。

施密特博士和他的同事们相信，这三种选择方式的配合，不仅节省了金钱和时间，还为患者提供了更好的护理，让医师的生活也变得更为轻松。一方面，该计划建立了一条看不见的纽带，让本地区那些独自生活的老年慢性病患者和中心联系起来，让他们觉得有所依靠；另一方面，医师热线允许患者在下班时间或周末进行咨询，减少了不必要的紧急出诊。调查表明，70% 的急救呼叫根本与紧急情况无关，而是人们在征求意见。以前，只要有紧急呼叫，医院就派出救护车。但现在，医师和护理人员在新的联合控制中心并肩工作，接听热线电话，减少了不必要的救护车出诊，患者对他们的救护工作也表示满意。仅此一项措施，就节省了 4 倍于该项目运行成本的资金。

纵观整个过程，开始时谈判让人气馁，包括本地医院、医师、救护车服务中心以及保险公司，每个主体都有自己的利益和约束条件，从自己的本位出发。当从业者开始谈论他们自己的体验或人们对紧急救援体系的体验时，才出现了突破口。他们很快就达成了共同的意愿和愿景，希望建立一个更加完整、协调一致的患者服务系统。共同的意愿让他们连为一体，使谈判获得成功。

## 塑造原型的场结构

图 13—1 是注意力场结构的示意图。这个图与前文出现过的自然流现和结晶的两个示意图类似。我们从自然流现（与源头联结）和结晶（允许未来的图像生成）发展到了下一个阶段。这其中加深了支持的空间（外圈的白色部分），并让中心的接纳部分（图中心的白色生成箭头）从愿景变为实施。

图 13—1　塑造原型的场结构

要有效地塑造原型，我们必须整合三种类型的智力：大脑、心灵和双手。正如电影《重返荣耀》（*The Legend of Bagger Vance*）中罗伯特·雷德福（Robert Redford）所说："手永远比大脑聪明。"当我们综合利用各种类型的智力按照鲜活的例子塑造原型时，要时时警惕两大主要的危险和陷阱：不经过思考的行动和不采取行动的思考。

## 塑造原型的原则

若想有效整合这些不同类型的智力，我们需要和源头及整体建立联结，快速反馈，并建立适用于反思和醒悟的基础设施。

### ‖与灵感相连‖

进入原型建立阶段，你首先要和灵感保持联结，而灵感的火花来自于"仰仗于你"的未来。

"你是怎么做到这点的？"我问约瑟夫·贾沃斯基，他是建立这类直接联结的专家。"首先要放松，"他回答，"你需要每天进行练习。实际上，这是你每天早晨起床时要做的第一件事。"约瑟夫在黎明前起床，有一套他自己的练习模式。"所以，第一件事就是练习、练习、再练习。每天你都要为自己创造一个沉寂的空间。"

约瑟夫说话时，我想到了我的父母。早晨 5 点，父亲开始挤牛奶，那时他和妈妈已经一起读完了早晨的冥想经文。我还想到我的几个受访者，他们都经常在黎明前的几个小时练习沉寂。

约瑟夫继续说道："第二件要关注的事情是要始终如一地联结到深层次的源头，一整天或者一个星期、一年，甚至更长的时间。"

怎样才能如此投入呢？企业社会责任领域的创新者，美国斯伦贝谢公司（Schlumberger）的西蒙娜·安伯（Simone Amber）有一次告诉我：“我花了很多年的时间才完成从想法到行动的转换。不要责怪自己为什么花费了这么多时间，重要的是要始终如一地坚持自己的意愿。当我迈出了第一步，所有的门都打开了。援助之手在向我召唤，我感觉自己好像已经在路上了。”

“第三项练习，”约瑟夫继续道，“是感知并抓住出现的机会。无论何时，真正的机会通常都不会在你预想的地方出现，所以，你必须要随时注意，注意那些和你内心深处的意图契合的机会可能会出现的地方。机会出现时，一定要立即采取行动。我会从最高可能性的自我开始行动，这样我会敢于冒险……这是我平时做不到的。”

“例如，有一次开研讨会时，我有一种感觉，一个声音在召唤我们形成一个宏大的设想。我拉住了一家大型跨国制造公司的 CEO——其实我当时跟他并不熟悉，我对他说，‘在这里等着，我们谈谈。’我走来走去，又拉来了其他三个人：某基金的领导人、美国国家公园服务组织的高级执行官和一个非政府组织的活动家。我把他们带到那个 CEO 面前，拉过 5 张椅子，开始开会。现在被称作‘多重利益相关者合作项目’（Synergos Mutistakeholder Partnership Program）的设想，实际上就诞生在那一刻。”

由这个小插曲可知，从未来开始行动要注意几个关键点：新事物的出现首先表现为一种感觉，然后是一种模糊的感悟，似乎自己正在被引向某处。与其说是一种“为什么”，倒不如说是一种“是什么”的感知。你受到感召去做某事，但说不清楚确切的原因。只有当你实际运用双手和心灵的智慧之后，你的大脑才开始明白为什么。

如约瑟夫所做的那样——从未来开始行动，可能需要很多年：觉察到这种感觉，觉察受到感召，融入那个空间，从当下开始行动，使生成的新事物结晶，为新事物塑造原型，并将其变成现实。西蒙娜·安伯这样的社会变革家和企业变革家们声称，从受到感召到跨越这一界点从而开始他们发现和创造的旅程，通常要花费五六年，甚至七年的时间。但是，你也要做好迅速行动的准备，就像约瑟夫所做的那样。如果花了很长时间还没有结果，也不要因为这么多年只有想法没有行动而责备自己。只有一件事情是真正重要的，那就是你当下所做的事。其他所有的决策点（所有应该完成的和可能完成的）都已在我们身后，没有任何实际意义了。

当基于过去的模式开始行动时，我们在事情发生之前就已经知道为什么了，这意味着，我们先用大脑来进行思考。大脑告诉我们遵循已经建立的规矩，这时，我们剩下的只有空虚和失落。

类似的状况曾发生在施密特博士身上。1994 年秋天，他参加了一个关于“本地医师医疗实践及其未来展望”的调查。调查表明，很多医师对工作的感觉都接近绝望，根本不抱什么变革的希望。60% 被调查的医师由于工作压力大而有辞职意向；49% 的医师说他们至少产生过一次自杀的想法。施密特博士自己也感到压力很大，事实上这还是一个患者告诉他的。那天，他读完了医师调查的结果，离开办公室跑到一个患者那里。那个患者说：“你压力太大了，恐怕没有足够的时间留给我。”回到家里，他更加沮丧，因为 10 岁的女儿对他说：“爸爸，我怎么总是见不到你呀？”

也就是从那一刻，他开始和同事们讨论如何改变这一切。正如我们所看到的，早期的讨论生成了一个由医师、患者、保险公司、政府和其他官员组成的完整网络，并引发了重新设计该地区医疗保健急救系统的变革。

## 和整体对话

《快公司》杂志的联合创始人艾伦·韦伯（Alan Webber）讲述过一个类似的

故事。为了探寻机会创办新杂志，他离开了《哈佛商业评论》编辑这一职位，探寻的结果就是《快公司》。他首先感受到了正在发生的真实意愿——即直觉或有关未来的灵感火花。按照他的说法，他将这种意愿与聆听“来自整体的反馈”结合起来。

韦伯解释说：“整体实际上是一个非常有用的场所。也就是说，无论你得到了什么回应，你都明白它想以某种方式帮助你。”韦伯继续说：“如果你对自己的思想持开放的态度，整体就会帮助你，试图暗示你改进思想的方法。”

“有些部分比较像探险，比如倾听所有的思想和建议，并尝试判断哪些是有益的、哪些是有害的。”韦伯解释道。他把这个过程称为“用诚实的耳朵聆听”。你必须保证所做事情的完整性，同时内心里要始终笃信你最初接收到的理念是真诚而美好的。“你用诚实的耳朵聆听，并始终如一地相信你内心深处的领悟和觉知。”

这恰恰是施密特博士和他的同事们向各种利益团体宣讲他们的理念时所做的。他们接收并听取反馈，这些反馈帮助他们调整、改进并重申关于新卫生保健系统的设想。但是，对于那些希望保持现状的人们所提出的令人气馁的反馈，他们告诉自己别太在意。

在共创“多重利益相关者合作项目”的过程中，约瑟夫·贾沃斯基做了同样的事情。他接收那些帮助改进其设想的反馈，并忽略其他所有反馈。这种接收和忽略几乎是同时发生的。

### 0.8 原则：越早失败，越快学习

在思科系统网络技术有限公司有一个“0.8 原则”，它说的是：不管你的项目周期多长，你都必须在 3~4 个月内提出第一版原型。这个原型不一定成功，不

是1.0版，但“0.8”意味着你必须交出点什么，即使没有完成的东西也可以。其目的是引发大家的反馈，帮助你改进原型，让它进入下一个改良版本。

就医疗保健团体的例子而言，最早的原型是那些会议，虽然没有产生什么重大的结果，但却引发了下一步的行动：给合作平台创造理念。在“多重利益相关者合作项目”的例子中，原型是早期展开的全球范围内的采访项目及随后进行的研讨会。该研讨会为未来的核心参与者提供了一个微观而具体的世界，帮助他们重新关注并界定项目的目的和方法。

至于艾伦·韦伯和《快公司》，新杂志初始原型的产生使所有核心参与者都兴奋起来，全心投入，同时也使创立者的关注点——如何最好地改进杂志的方式和理念，更加澄清、明确。

### 战略性微系统：为正在生成的未来可能性铺平道路

所有原型都需要保护、支持、培育和帮助。根据生物学原理，我们知道，若新事物没有碰到友善的环境，免疫系统将会按照预先设计的功能将其扼杀。为什么？因为新事物与众不同，并且威胁到现状，它“不属于这里”。这就是胚胎需要子宫的缘故，每个新生事物都需要保护膜来形成适宜的保护环境，以支持其生根、发芽。

同样，你不会每天都把农田里的作物拔出来检查它们的长势如何，相反，你需要浇灌它们，给它们时间。种子不喜欢被打扰，组织也一样。你并不希望经常受人盘问，你也不会让总裁在盛大的公开演讲中发布你的新设想。你想从某个安静的、不太招摇的小地方开始，你希望首先和有实际经验的从业人员着手于实际问题。

医疗保健团体建立新合作平台（特别行动小组）的设想，就是在不引起公众注意的情况下开始实施的。一直在指导医疗网络项目的厄休拉·维尔斯蒂根说："这个创意一开始完全是由小部分医师提出的，后来演变为一个跨机构平台，召集本地区关键的从业者。它形成了崭新的合作关系，我们现在都觉得这理所当然。"

战略性微系统是一棵脆弱的生命之"苗"，可以将其通过设计或者嵌入（embedded）与基础设施结合起来。一般来讲，设计式原型应围绕着意欲实施创新的项目而展开。想一下新建的医疗保健急救中心，设计它的目的是引进和提供新型的服务。相比之下，嵌入式基础设施则存在于不断进行的实践活动中，并围绕其展开。我们请几名医师和患者就医疗保健系统这种新型的"嵌入式"关系举几个例子。他们推荐了一个非政府组织。这个非政府组织帮助病人整理档案，与医师交流，调整系统前进的方向。这是个关于涌现的创新如何在旧系统中孕育的绝佳例子，这里的旧系统是指"填写表格"。一个护士以自己的故事说明了这点："今天上午，一位年长的女患者过来要求填写'生前遗嘱'。我告诉她，我们不会轻易发放这种表格，因为它涉及一个影响深远的决定。女患者翻了翻白眼说，'我只想签上我的名字，赶紧了事。'我告诉她，在这张表上签字需要严肃、认真的考虑。患者需要明白，如果在表格上写下'当我康复无望时，不要用任何措施延长我的生命'，也许会被理解为'我不需要任何的静脉滴注'，意味着你可能会十分痛苦地死于干渴。这种声明也可能意味着，在你临终前不对你实施人工喂食是合法的。"

"这就是我通常会给患者举出的例子，一旦吸引了他们的注意力，他们就会认真考虑了。他们开始意识到自己要签署的文件有多重要。作为一名受过训练的护士，我曾经亲眼目睹很多患者在事先没有经历这样一个认真考虑的过程就离开了人世，我也是直到母亲过世时，才认识到医护人员手中拥有这样一份患者的'生前遗嘱'意味着什么。我必须履行作为我母亲监护人的职责。她当时患了中风，靠呼吸机维持生命。我记得几名医师站在她床前。虽然她有意识，但是只能躺在那里，不记得任何事情。她像一个牙牙学语的孩子，不停地问同一个问题。开始时，神经科专家和高级医师站在她的床边，谈论她的病情，好像她只是一件物品。但是，我向他们出示了母亲的‘生前遗嘱’，他们从这份决定的字里行间感受到母亲的人格，从而不再像对待一件物品那样对待她了。虽然她还是不明白正在发生的一切，但是她事先对这种情况的深思熟虑赢得了医师们的尊敬。她的远见使他们有能力采取个人行动。突然间，我母亲变成了一个活生生的人，我也得到了巨大的尊重，医师们也大大地松了一口气。”

在以上的例子中，即使是填写表格这种官僚式要求，也能变成一种嵌入式基础设施发展的工具。在这个例子中，基础设施的目的是开启大家对医患关系有着深远影响的思考。它把患者拉出“赶紧解决我的问题”这种行为模式，并引发了能够改善医患关系的反省过程。患者要对自己的生命和健康负责。其他医疗保健供应商发现，把慢性病患者和急症病人分时治疗，有利于关注病人的病情，并提供更多个性化的咨询和教育。

成立于 2004 年 6 月的“可持续粮食实验室”也是跨机构原型的一个例子。该实验室是欧洲、北美和拉丁美洲的政府、企业、民间社会组织的合作结晶。经过研讨会的几轮学习和亚利桑那州的荒野务虚，这个团队成立了原型小组。他们利用 U 型过程建立了 7 个原型，目的是进行创新，使食品系统在经济、环保和社会等方面更加具有可持续性。其中一个原型把拉丁美洲家庭农场的粮食生产与全球市场联系起来，把本地农场的高质量产品输送给学校、医院等地。另一个原型的重点则放在为市民、消费者和政策制定者重构粮食可持续性这一问题上。

在塑造原型的过程中，实验室团队的规模扩大了两倍。来自好市多公司（Costco）的雪莉·弗莱斯（Sheri Flies）就是在原型阶段加入实验室的。她认为，提高现有粮食系统的可持续性需要考虑三个要素：“首先，消费者群体要有可观的、善意的市场需求。其次，应该实现整个供应链在经济、社会和生态方面的完全透明化。再次，应该让生产者和农民们多参与进来，你需要让他们与消费者形成个性化的联系。这样做会反过来加强人们对高质量产品和过程的善意需求。”

欧盟的很多城市和地区现在正忙于另一个叫作“生活实验室”的原型项目。此概念最先是由麻省理工学院的威廉·米切尔（William Mitchell）提出的。生活实验室作为一种研究方法，用于在多重结构并不断演化的现实情境中感知、塑造原型、验证并精炼复杂的解决方案。瑞士和芬兰的社区和市政当局正在兴建各种生活实验室，并将它们用作技术、文化和社会创新的热点场所。

### 联结的三种类型与交流机制

通过建立三种类型的联结和交流机制，我们可以为未来铺平道路、塑造原型：

- 上行联结——联结到灵感、最初的直觉和意图的火花；
- 水平联结——聆听环境给予的反馈；
- 下行或本地联结——参与到本地的嵌入式原型的快速开发中，并从中学习。

为了新事物的产生，我们还需要建立基础设施和场所，来促成这三个相关维度的实际整合。当我们继续前进时，我们总是在两种危险之间小心航行：未经思考的行动和没有行动的思考。利用双手、心灵和大脑的智慧，我们可以找到设计并体现新行动的方法。本书第18章列出了自然流现的24项原则，在那里，你会了解关于原型的更多细节。

THEORY U

Leading from the Future as It Emerges

# 14 运行

我们上一章讨论了原型，它是对新事物的试验性探索。虽然原型包含了最终产品或生态系统的一些基本特点，但它只是多次重复的第一步。而最终产品将会成功地融合其早期形式的所有优点。

现在，我们重点来看看自然流现是如何在日常实践中表现出来的。想一想舞台剧或许会有帮助。如果你曾经有幸观看过排练现场，你就知道演员们是如何彼此取长补短并通过导演的指导从而不断优化演出水平的。“这里需要添一点东西，那里需要去一点东西。”剧院是一个鲜活的场域，沉着、明亮而精美。只有经过多次排练，大幕才会拉起。之后，剧作还会借助观众的能量或互动参与而继续优化。

## 演奏宏提琴

运行意味着我们的行为发源于一个自我们与观众以及周围场所的深层联结而生成的宏大的场域中。小提琴家米哈·波加奇尼克（Miha Pogacnik）把这种巅峰状态的表现称作“演奏宏提琴”。

“当我在夏特尔大教堂第一次举办音乐会时，”他回忆道，“我感觉这个教堂几乎要把我踢出去。‘滚出去！’这个教堂仿佛冲我喊道。因为我太年轻了，而且我只懂得按照惯有的方式演奏——只是在拉我手中的那把小提琴。但随后我就认识到，在夏特尔教堂，你实际上不能仅仅演奏‘微提琴’而必须演奏‘宏提琴’。‘微提琴’是你手中的乐器，而‘宏提琴’则是整个围绕着你的教堂。夏特尔教堂完全是遵循音乐原理建造的。演奏‘宏提琴’要求你全心聆听，使自己的演奏发源于另一个地方，即你的外围。你必须超越内在的自我去聆听和演奏。”

剩下的问题是：在现实环境中，例如前面讨论的健康保健系统中，怎样才能发现这种“宏提琴”并和它建立联结呢？

## 发现本地的“宏提琴”

施密特博士说：“在我们收到的所有反馈中，能够看到有一个共同的主题和洞察逐渐突显出来：进一步发展我们医疗保健系统的唯一可持续方法是，在所有参与方之间实行区域自治。这种反馈赋予了我更大的勇气按照这个方向采取具体的措施。其结果是我们建立了一个由本地区所有主要领导者组成的团队。该团队的目的是创建共同的愿景——作为一个地区，我们应该朝哪个方向前进，并制定下一步的行动方案。”

“有意思的是，过去我们夜间要配备 32 名医师，而现在只有 15 名，可情况却比以前改善了许多，”一名医师报告说，“而且，我们再也不是孤军奋战了。”

这个网络系统尚处在早期阶段。有一点比较明显的体现是更大的系统依然面临不断的危机，以至于很多人觉得他们正在“设法修理一个垂死的系统。”一些人认为，与其维持这个庞大、垂死的医疗保健系统，还不如斩断根源，结束一切。但是另一方面，这些网络系统的改革方式也带来了明显的变化，有效地减少了法律官司，患者的投诉几乎降到了零，这和其他地区形成了强烈对比。医师们再也不必参加危机处理会议，而患者和医师间的关系也得到了改善。一位医师说："我又重新发现了工作的乐趣。"

医师和患者现在的运行方式也发生了变化。通过正式的机制和经验分享，他们各司其职，彼此互相照应。护理的合作机制，或者更广义地讲，整个地区的医师之间的沟通得到了改善。但是最微妙的变化可能在于自我如何与整个系统联结，以及个体能对该系统产生何种影响。虽然医师们还是超负荷工作，但他们感觉不那么封闭了，他们更加投入工作而且取得了更好的效果。

我问施密特博士如何解释这些变化，他回答说："一方面是共同成就事物的体验，这是力量的源泉；另一方面是观察你和你的同事所处的工作环境，这会改变你对大系统的看法。你学会了在整个地区的背景下体会工作的意义。能够看到宏大的整体以及将你的工作与之相连便获得了力量。通过更好地理解系统和整个地区如何运行，认识相关人员，你打开了接近成功的一扇门，事情开始变得更加容易了。"

## 运行的场结构

当我们从原型的场域移动到运行的场域时，关注的焦点也由塑造微系统转移到塑造和演化大的机构生态学。就像一个新生儿的降临标志着父母养育的开始，原型标志着启动共同创造，接下来需要做的是塑造一个环境，让新生命进入下一个发展阶段。

一旦有机的原型得以诞生并通过了考核，就要考虑如何将其带入旅程的下一个层级，即如何使其与组织的基础设施相结合，使得该原型通过大的生态系统而不是单个机构的生态系统而得以不断演进。就小型团队或个人而言，这个基础设施可能是允许新事物形成和持续发展的一系列支撑空间、练习、同伴、过程或者节奏。

伴随着 U 型过程从自然流现发展到结晶、建立原型，然后运行，最初出现在 U 型过程底部的新的集体场域，即与我们周围的源头相连的状态，得到了更加充分的展现。图 14—1 说明了这个展现过程，中心位置出现的新模式不断地联结、衍生并塑造出更大生态系统的其他方面。

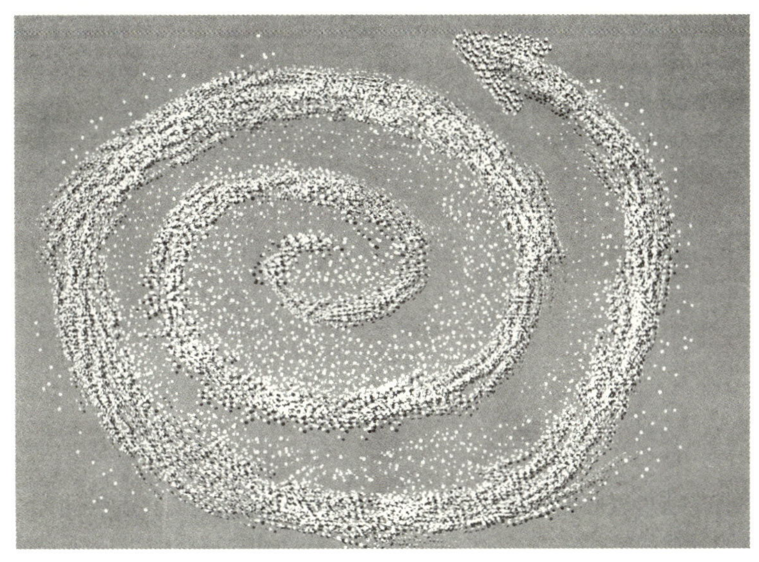

图 14—1　运行的场结构

## 运行的原则

图 14—2 说明了如何将这种机构生态学加以概念化。图中的三个圆圈分别代表了三个不同的领域：商界、政府以及公民社会。注意最中心的重合部分。

其实核心理念很简单：组织不是单一结构，而是多重结构。为了“呼吸”，它们必须嵌入到某个关系网中。在图 14—2 中，这个关系网包括供应链或者制造功能，包括交付功能或用户界面，还包括绩效系统的创新功能。每项功能都按照不同的经济规律在运转：规模经济、范围经济和自然流现经济。虽然其他领域的组织各有其特点，但总体原则是相同的。以全球非政府组织为例，首先，要有一个基本系统以帮助并赋权给该领域的受益人。其次，要建立一个完整的基础结构，以便把服务充分传送给这个领域。这不仅包括融资，还包括建立物流设施等。整个供应链也必须到位，并以合理的成本提供高效服务。最后，还要有创新系统，以应对不断变化的环境。

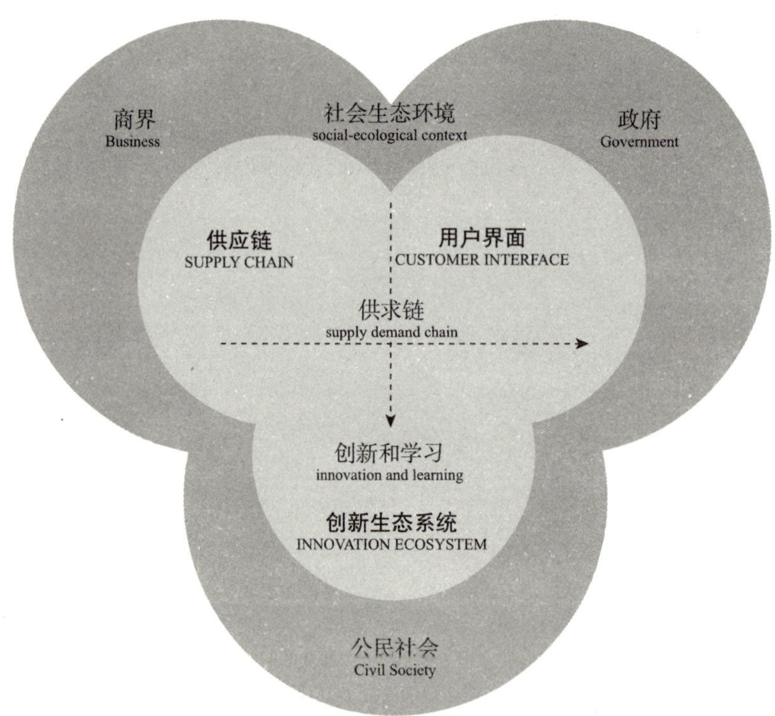


图 14—2　机构生态学的三个领域

图 14—2 有三个主轴，描绘出了当今组织和管理者所面临的主要问题和挑战。第一个主轴是横向的整合，代表了顾客或患者眼中价值创造的无缝流程。这

个水平轴向通常被称作供求链。

第二个主轴标志着纵向的整合，对应着学习、创新和变革。

第三个主轴代表了绩效系统（内圆）和大的社会生态系统环境（三个外圆）之间的关系。

应用这个整合的机构生态学框架,可以说明前面分享的医疗保健团体的故事。它表明，驱动这个故事发展变化的主要动力有三种：系统整合、创新以及系统与自我之间的转换。

## 系统整合

机构变革的第一个动力是对价值创造的核心过程，即临床和医药治疗方式，进行系统整合的必要性，如图 14—2 中显示的沿着水平方向进行的整合。

在医患论坛的诊断团队和疾病管理中，这种整合表现为运用全面质量管理等方法和工具，把功能导向的绩效系统改变为跨职能管理的绩效系统。虽然此类型的变革在各领域和行业的大系统转型中非常普遍，但值得注意的是，这种重组的效果往往难以保证。例如，在德国医疗保健系统中引入诊断小组这个方法时，曾实施过一项固定费率补偿制度，目的是鼓励各医院让病人提早出院，以降低医疗成本，提高系统的“生产效率”。毫无疑问，患者住院的平均天数的确下降了。情况还算不错。只可惜，一些人开始抱怨系统的总成本一直在上升。

“怎么会发生这种事呢？”我问医疗保健团队的弗洛里安·格林德勒博士（Florian Gründler）。

“我给你举个例子。上周五，医院给我送来一个我前几天送去住院的病人。

他好像并没有好转，反而更糟了。救护车把他送到我的诊室，我发现他心脏病发作了。经过紧急救护后，我又把他径直送回了医院。当然，这次他需要重新登记入院，因为上次我送他去医院时看的不是心脏病。看到了吧，系统就是这样运行的：虽然每个病例的平均住院时间降低了，但总体的住院时间和额外的健康问题及成本却增加了。”

格林德勒博士的故事让我想起了其他很多变革案例，这些变革往往因没能充分理解社会复杂性问题而以失败告终。医疗系统要想成功地重新设计，不仅局限于对技术和医疗复杂性的理解，还必须要处理社会复杂性、不同的文化、利益和观点所带来的一系列问题。简单地把一个变革计划强加给医院工作人员是行不通的。

## 创新生态系统

变革的第二个动力是持续增长的创新压力，即以同样的或更少的资源创造更多的价值。在图 14—2 中，它随着纵轴展开：通过持续的跨界学习与创新，促进生产绩效系统的改进。新建立的医疗保健急救控制中心可以作为这种创新型基础设施的一个例子。该中心营造了一个“位于当地的脉搏上”的空间，而且医师也注意到这个空间“促成了医师、急救人员、消防员及其他人员的一系列重要学习过程”。

这类变革的动力不是对临床治疗方式的理论优化，而主要是基于从业人员平时对真实病例、患者以及其他问题的实时处理经验。

但是，这种变革方式仍然存在一定的局限性。它或多或少还是受到现有体系的约束，即医疗保健系统的主要目的是处理疾病的症状，而不是从源头上强化健康。这就涉及了第三个动力。

## 进化生态系统的场域转变

第三个动力尚处在初级阶段，是系统和自我之间关系的微妙转变。就像施密特博士提到的："当你看到你及同事工作的环境后，你将会改变自己对大系统的看法。你学会了在整个地区的环境下看待工作的意义。能看到整个大系统并了解自己的工作与之有何种关系，这就是力量……最后，你打开了接近成功的一扇门，事情开始变得更容易了。"

我们如何才能弄清楚这些场域转变的微妙含义呢？还是要再次通过 U 型过程。

参考医师与患者之间关系的四个层次，可以把这些场域的转变看作是调频至第四层级关系的方法。在这些当下的瞬间发生并联结到正确的注意力和意图的时候，就能够在场域中形成一股积极的力量，对系统中的其他参与者产生切实的影响。正如德国的一位高级经理人所观察到的："这个小组持续释放出来的承诺和意愿质量很高，改变了（大）系统中决策制定者的意识。"

## 现代医疗保健系统的进化观

参考图 14—2 中所描绘的三个核心维度动态，我们发现该医疗保健系统的进化过程可以区分为 4 个不同的发展阶段（见表 14—1）。

在第一列中，"体制保健"描述了德国传统的医疗保健系统。该系统由奥托·冯·俾斯麦在 19 世纪末创立，是为对抗当时正在兴起的德国社会党而进行的变革。该系统采用垂直的层级结构，是目前三重核心变革维度的前身。几乎所有人都同意必须对其进行变革，由于很多原因，例如人口结构（老龄化）和政治问题（与东德重新统一）等，都使其成本变得过于高昂。在美国，医疗保健系统很大程度上已经演进到下一阶段：管理保健。

表 14—1　　现代医疗保健系统的 4 个演进阶段

| | 体制保健 Institutional Care | 管理保健 Managed Care | 综合保健 Integrative Care | 整体保健 Integral Health |
|---|---|---|---|---|
| 组织范式 | 以系统为中心 | 以结果为中心 | 以患者为中心 | 以人为中心 |
| Organizing paradigm | System centered | Outcome centered | Patient centered | Human centered |
| 患者—医师关系 | 第 1 层级 | 第 1~2 层级 | 第 1~3 层级 | 第 1~4 层级 |
| Patient-physician relationship | Level 1 | Level 1-2 | Level 1-3 | Level 1-4 |
| 关键维度 | 功能性（体制结构） | 医疗方式（核心过程） | 患者方式（患者—系统界面） | 人类发展 |
| Key axis | Functional（institutional structure） | Medical pathways（core process） | Patient pathway（patient-system interface） | Biographical journey |
| 创新机制 | 体制内、功能有效性 发病机理 | 结果导向、跨体制、跨功能 发病机理 DRG、DMP、TQC | 患者导向、跨体制 发病机理 新的紧急救护控制中心 | 以人为中心、元体制 健康机理 |
| Innovation mechanism | Intra-institutional, functional effectiveness Pathogenesis | Outcome driven, cross-institutional, cross-functional Pathogenesis DRG, DMP, TQC | Patient centered, Cross-institutional Pathogenesis New emergency care control center | Human centered, metainstitutional Salutogenesis |
| 主导的复杂性类型 | 细节复杂性 | 动态复杂性[a] | 社会复杂性[b] | 新兴复杂性[c] |
| Dominant type of complexity | Detailed complexity | Dynamic complexity | Social complexity | Emerging complexity |
| 合作机制 | 等级命令 | 市场价格 | 对话：相互适应 | 自然流现：从整体看问题 |
| Coordination mechanism | Hierarchy command | Market price | Dialogue: mutual adaptation | Presence: seeing from the whole |
| 基础结构 | 社会立法（俾斯麦） | 市场运转标准和规则 | 学习和创新的基础设施 | 在整体环境中感悟的基础设施 |
| Infrastructure | Social legislation（Bismark） | Rules, norms to make the market mechanism work | Infrastructures for learning and innovation | Infrastructures for seeing in the context of the whole |

a. 这里指的是不同类型的功能、技术和医学知识的整合。
b. 不同文化、世界观和策略利益之间的跨界整合。
c. 新兴情景，其中的问题、诊断和解决方案都会随着项目的发展过程进化。

在第二列中，“管理保健”表明系统的主流现在正朝着哪个方向移动，不只在美国，很多国家正把市场机制添加到现存的等级制度中。管理保健的理念是沿着图 14—2 中的水平轴整合全部医疗方法。

在第三列中，“综合保健”把一线医疗保健服务的操作层面和创新生态系统联系了起来，丰富了管理保健模式。新成立的医疗保健急救中心就是一个很好的例子。以患者为中心的综合保健是围绕着具体的患者治疗方法和生活空间展开的，有利于第三层级的医患关系得到改善（例如：家庭保健）。

在第四列中，“整体保健”描述了未来可能出现的健康保健系统。该系统囊括了所有四个层级的医患关系，注重强化健康的源头（健康机理）而不仅仅是应对病理症状（发病机理）。前面的模式引进了额外的治理机制，这个模式也引进了新的治理机制——从整体看问题，更好地对互相关联的各项医疗保健活动进行实时协调。如前面患者—医师对话论坛的例子，能够促进共同观察、感悟和行动的基础结构是建立这种系统的关键。

那么，该地区的医疗保健网络应该在图中的什么位置呢？该网络位于第三列和第四列之间，而它所处的大的系统环境正在从体制保健移向管理保健（第一列和第二列）。就如同医患关系没有好坏之分一样，表 14—1 描述的四种健康保健系统也未必有好与不好的区别，关键是适合或不适合某种问题或情况。它们的不同之处在于关注的重点和医患关系所处的层级。但我们必须记住：用第一层级和第二层级的机制来解决第三层级和第四层级的情况就会出现问题，反之亦然。

## 创造高效学习的基础结构

组织不是单一结构，而是三重结构。它们沿着三个主轴演进：对现有价值创造流程的整合（横轴），持续创新和学习的平行系统（纵轴），以及与演进的社会环境的有机联结（第三个主轴或环绕轴）。

发展第三、第四层级的机构，关键是创造有利于高效学习的基础结构。

通过观察很多成功的以及更多没有成功的学习型社团，我把自己的观察结果和经验教训总结为如下8点：

- **核心小组的构成**。核心小组的构成越符合整个社团和环境的构成，其效果越好。例如，学习型社团如果是由研究人员、咨询师和从业者构成的，那么只由咨询顾问构成的核心小组可能无法实现既定目标。
- **实践的重要性**。所有真正的学习都根植于现实世界的实践。实践的类型有三种：专业实践——追求卓越的绩效；个人实践——追求自我领导力；以及关联实践——追求共同思考、对话和行动质量的提高。
- **实践的场所和工具**。如果没有训练，任何交响乐团或者职业篮球队都不会获得世界水平的优秀成绩。同样，为了实现公司的管理目标，领导者和管理者一方面需要工具，另一方面也需要能够学习有效使用这些工具的练习场所。
- **平行的学习结构**。平行的学习结构是任何一种学习架构的基石，是一个环境设定，能够让行动主体反思体验、分享学习心得、投入新体验以及从同事那里获得帮助。
- **目的和共同原则**。目的的质量有赖于学习型社团的学习内容及学习型社团与人的联结。例如，一个只为其核心成员的未来服务的学习型社团是不可取的，而建立在所有参与者最高理想基础上的学习型社团则是可行的。
- **激情或者个人人生目标的体现**。通常来讲，如果没有人把所有的事情整合起来，使其运转，那么什么重大的进展都不会发生。自我组织

（self-organization）并不会自发进行，而是需要人们积极地创造有利条件使其演进。

- **认知导向的参与。**创造一种人们乐于分享（我能给予什么）而不是索取（我能得到什么）的环境，有两种关键的机制：从建立联合智力资本开始，确定基调；建立认知的共享行为，使大家能够感知、认可并欣赏对共享知识库的贡献。
- **产品。**把采用整个社团的智力和关系资本所创造的产品，如关于新方法和新工具的培训课程，作为打造社团能力和社团建设的手段。

第三部分

# 自然流现，引领深层次的创新与变革

THEORY U

LEADING FROM THE FUTURE AS IT EMERGES

在本次调研的一开始我就提出，领导者以及各阶层的人们都面临着日益增长的破坏性挑战和变革，因此他们需要放弃过时的思考和行为模式，并感悟新的未来可能性。这些挑战可能是技术经济方面、关系政治方面或者文化精神方面的——当然也可能三种都有。

纵观全球，我们共同感受到了一种深刻的需要，可由如下问题表述出来：我们如何面对这些挑战并跨越人类发展的界点？做到这一点要求有一种觉察和关注的全新品质：不仅要关注我们做什么和如何做，还要关注我们行为的内在发源地，即我们大多数人的盲点。

U 理论提出了一个简单的分类：一位领导者的任意行为以及我们在工作和日常生活中的所有行为都可归纳为至少 4 个不同的源头：中心（我中我）、周边（它中我）、超越个人边界（你中我）以及渗透到个人所有开放边界的区域（当下我）。由于我们行为的源头不同，所以引发的结果也大相径庭："我（这样）关注，因此它（那样）生成"，随后我们将对此进行十分详细的讨论。

通过学习物理，我们知道，物质的状态如果发生变化，其表现形式也有所不同。例如，水在低于 0°C（32°F）时就形成了冰。如果我们持续加热，温度超过 0°C（32°F），冰又会溶解为水。如果我们把温度升至 100°C（212°F）以上，水就开始蒸发变成蒸汽。而在三种状态下水分子结构（$H_2O$）并没有变化。同样地，在团队、组织和大型系统中，也正是个体之间关系结构的变化带来了不同的集体行为模式。从现在开始，我将把这种集体行为模式称为社会场域。

科学场域理论主要有三种：电磁场、重力场和量子场理论。相比之下，关于社会场域的结构模式和状态、社会场域状态转变的条件以及由此引发的新型行为模式，我们就知之甚少了。但是有相当多的证据表明社会场域确实存在，而且确实对我们的生活方式、我们如何创建个人和集体行为模式有着重要的影响。

为什么社会场域的变迁如此难以理解呢？首先，社会场域很难被观察。我们不能只是轻松地坐在实验室里坐等它们出现。我们可以把一块冰放到火炉上看其如何溶化，然而在社会环境里却不能这样进行观察。当社会场域的状态发生改变时，观察者会紧密地与这个过程联系在一起，就好像观察者从水壶的外部和内部同时观察水的沸腾一样。

其次，社会场域的变迁涉及物质、容器和机制之间的关系。一块冰的溶化需要三项事物的互相影响：冰、装冰的容器以及热量——引起变化的机制或力量。那么以此类推，社会场域的变迁需要哪些条件呢？

社会场域中的"物质"不是一样物品，而是主体和实体间的关系网，还有他们不同的思考方式、谈话方式和集体行动方式。社会场域的容器是使这些关系得以展开的情境，即支撑空间。而引起社会场域从一种状态转化为另一种状态的，是关注力的源头的改变，即主体和实体互相关联的方式。也就是说，这种机制是个体和集体感知及行动发生的"场所的转变"（源头的转变）。

若想以更加可靠和透明的方式接近社会场域微妙的深层维度，首先需要了解一种全新的社会基本原理。

THEORY U

Leading from the Future as It Emerges

# 15 社会场域理论的 21 个命题

当人们经历革命性转变时，他们能察觉到社会场域的结构、氛围和质感都发生了深远的变化。但是，即使人们对所发生的转变基本达成了共识，他们通常却并不知晓其发生的原因。所以，我们需要阐明社会场域的基本原理，来帮助人们明确地描述到底发生了什么，以及认识发生这些变化的原因。

为此，在本章中，我提出了社会场域理论的 21 个命题。这实际上是对社会场域理论的一个概要介绍，因为这一理论本身就足以写成一本书。如果你对更深入地了解场域理论没有什么兴趣，可直接进入操作部分（参见本书第 16 章到第 18 章的内容）。但是，如果你想从进化的实体（大我）角度更深入地了解社会现实创造的认识论和本体论，你将会在本章有所收获。

## 社会环境与人类意识

我们生活并参与其中的复杂社会网络是所有人共同构建的。然而，尽管事实上 60 亿人都在时时忙于共同造就这个场域，人们却依然无法完全了解社会现实创造的过程，因为它恰好与我们的盲点相连。在大多数时候，我们都觉得社会现实是身外之物——是一个给我们带来问题的“外部”世界。大多数人都不了解这个外部社会现实最初产生的过程：即我们与他人和自我互动时，我们的注意力、意图和行动产生的源头。

我对社会场域的研究，是建立在20世纪最富创新力的社会学家库尔特·勒温的成果之上的。勒温将社会环境视为人类意识互动的一个动态场域。社会环境中的变化会引发某些特定的心理体验，反之亦然。在勒温的理论中，场域被定义为“共存事实的总和，而这些事实被认为是相互依存的”。他认为，要理解一个人的行为，必须要审视其行为的整个心理场域或“生活空间”，两者都是在多种力向量（force vector）的影响下构建起来的。

因此，人们的行为是由个体生活情境的总和所决定的。当某种行为发生时，这些情境就是当时的社会场域的函数。勒温通过整合拓扑学（如生活空间）、心理学（如需求、渴望等）和社会学（如力场）的洞察力，来了解影响行为的各种潜在力量（需求）的作用。

勒温的“场论”（field theory）是20世纪社会心理学和行动研究方面取得的根本性突破，并引发了不计其数的实验和项目。20世纪五六十年代的T小组训练法[①]，以及20世纪末涌现出的对话、组织学习、系统思考方法和相关运动，都和勒温的场论一脉相承。

此外，我从21世纪的视角撰写有关社会场域的文章时，还能够借鉴很多有关觉知源头的洞见，而这些在勒温进行研究时还尚未存于世。比如已故认知科学家弗朗西斯科·瓦雷拉的研究成果——神经现象学（neurophenomenology），玻姆和艾萨克关于集体场域的研究成果——对话，以及其他一些社会实验和行为研究项目。

① T小组训练法，又叫作“敏感性训练”（Sensitivity Training），是库尔特·勒温于1946年创造的。T小组的主要目的是让接受训练者学会怎样有效地交流、细心地倾听、了解自己和别人的感情。——译者注

诚如我所说，以下所要阐述的社会场域理论，在很大程度上是借鉴了勒温的研究成果。然而这 21 个命题中添加了一个勒温在其时代无法清楚说明的维度，即让注意力场结构和行为模式得以成为现实的 4 种不同源头。它是社会场域本体论和认识论的全新基础，阐明了个人和集体注意力场结构发源地上的盲点。

## 社会场域理论的 21 个命题

通过学习社会场域理论的 21 个命题，你就能更好地理解我们所处的社会系统如何分化和瓦解，同时知道未来该采取怎样的干预措施和行动策略。

### 1. 社会系统是由在其情境中的成员造就的。

这第一个命题描述了社会系统和社会科学原理的发展现状：

- 社会系统是由其成员造就的，反过来社会系统又塑造了其成员的行为；
- 所有行为的发生都必须有一个情境。

其后的 20 个命题都与这一命题十分契合。在患者—医师对话论坛中，参与者们认识到系统并不是简单的“外部事实”（如图 15—1 中的第一层），而是医患相互关系的一个产物；他们意识到，正是自己造就了自己运作于其中的系统（如图 15—1 中的第二层）。

### 2. 当前社会科学、社会系统和场域理论中的盲点关系到社会系统生成的源头。

社会系统和结构是个体在情境下造就的，而这一情境又取决于个体关注各种状况的方式；而关注方式又取决于他们注意力产生的内在源头（如图 15—1 中的第三层）。举例来说，医疗保健系统的成员显然没有意识到他们选择行为的内在源头不同，会导致同一系统通过不同的方式表现出来，并带来不同的结果。医疗保健系统究竟会被设计并造就成一个破损零件的机械修理厂，还是会去关注个体关系、以人为本？这在很大程度上是自己的选择，而其成员并未预料到这一点。

图 15—1 社会现实创造的三个层次

### 3. 有 4 种不同的注意力源头能够衍生出社会活动。

所有的社会系统和社会活动都可以从 4 种不同的源头中演化和造就出来。相对于组织的边界而言，每个源头的位置都是不同的，因此也衍生出 4 种不同的注意力场结构（见图 15—2）。

每个社会活动和社会结构都源自这 4 种注意力场结构中的一种，而行动的主体通常察觉不到。尽管大多数行动者和系统都是从前两种场结构运作的，但是有些则能够在社会现实创造的所有 4 个层面上展开其发展演化过程。关键在于每个人类行动者和社会系统都有多个注意力场结构或者源头（或者认知和意识的状态）可供选择。

### 4. 注意力的 4 种源头和结构会产生 4 种突现性的场域或涌流。

基于我们行为发源的注意力和意识的源头不同，人们会产生和推动不同的社会动态和模式。“我（这样）关注，因此它（那样）生成。”这同样也适用于集体层次。以交谈为例，基于对组织的 10 年研究，我观察到交谈性现实创造的 4 种基本模式：下载、争论、对话和在当下感知（见图 15—3）。

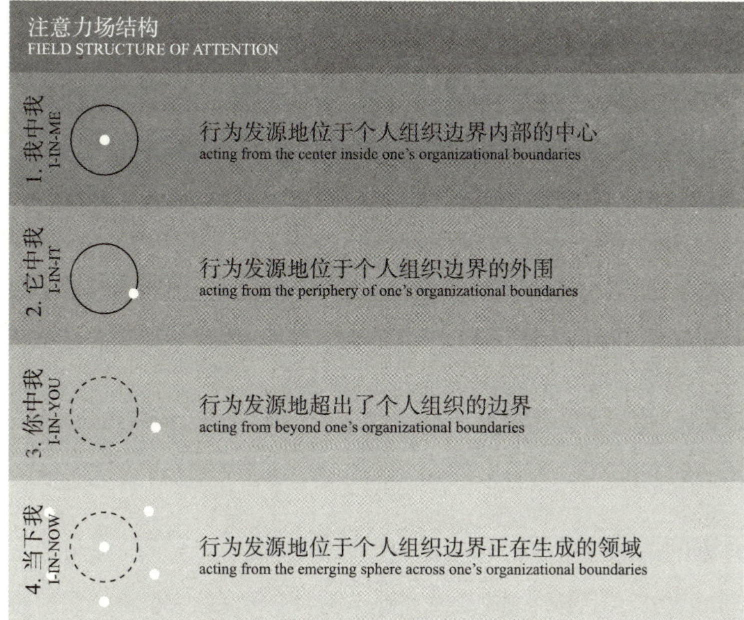


图 15—2　注意力的 4 种场结构

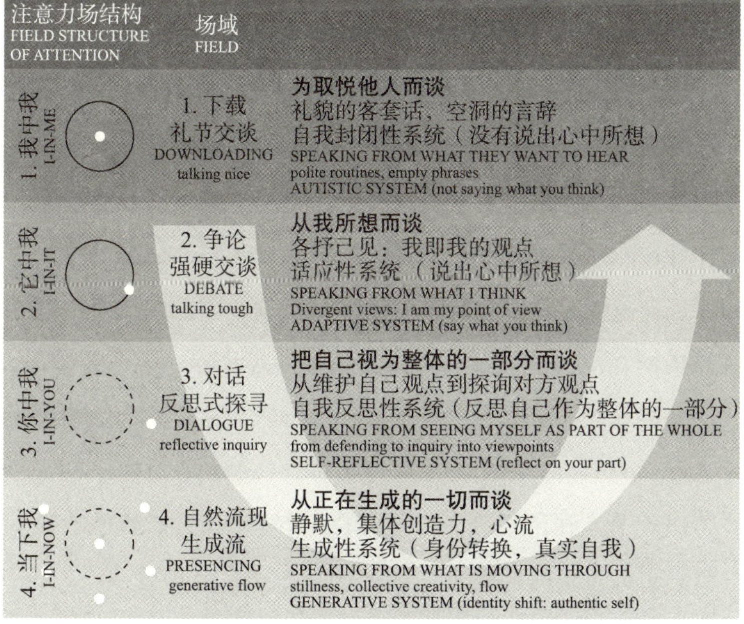


图 15—3　谈话的 4 种场域

举例来说，患者—医师对话论坛的参与者们，从最初的彬彬有礼（场域 1：下载）过渡到更加开放并面对面地表达他们各自的看法和兴趣（场域 2：争论）。当发现系统是由他们自身构成时，谈话转向了第三个模式（场域 3：对话），这要求他们必须去互相探询对方的观点和体验，并反思他们如何集体造就了没人想要的系统。紧接着，这个群体自然而然地进入了同在和静默的状态开启的“裂缝”和深层社会突现性的时刻（场域 4：自然流现）。

就像随着所处情境（容器）的温度逐步升高，冰会变成水、水会变成蒸汽一样，医疗保健系统的成员也逐渐从惯常状态演进到众说纷纭，再到对话模式，并最终达到集体同在的状态。

在该过程的每个阶段中，参与者的行为都是发源于不同的源头和不同的生成流及意识场域。在“下载”，或者说“礼节交谈”阶段，团队的行为局限于现有表达规则的边界内，只是“老生常谈”。在“争论”，或者说“强硬交谈”阶段，团队成员开始面对并明确表达自己对当下情形的许多不同的观点和看法。这样一来，群体成员就必须暂悬惯有的礼仪，进入一个更加激烈却坦诚的谈话阶段。

在“对话”阶段，团队超越了其成员各自的观点界限，开始将集体造就的模式视为整体的一部分。在任何“对话”类型的交谈过程中，主要的转变都非常简单：从将系统看作外在的事物，转变到将自己视为系统的一部分。此时，系统和每个成员都开始看到自身的存在。在“自然流现”阶段，团队成员开始进入一个更深层的相互联结的同在空间——这样做通常需要通过开启一条“裂缝”，或者经历一段静默，团队的每个人开始放下自己的“台词”，随后他们会进入共同创造的生成流，产生深远的创新。那么你如何得知自己是否处于这样一种状态呢？当你参与到这样的谈话中，就会感到自己变成了另外一个人，微妙地转换了身份和自我。你变得更真实，体验到了真我。

谈话中的这 4 种场域，按照第一、第二和第三人称的视角来看，结构各不相同（见图 15—4）。

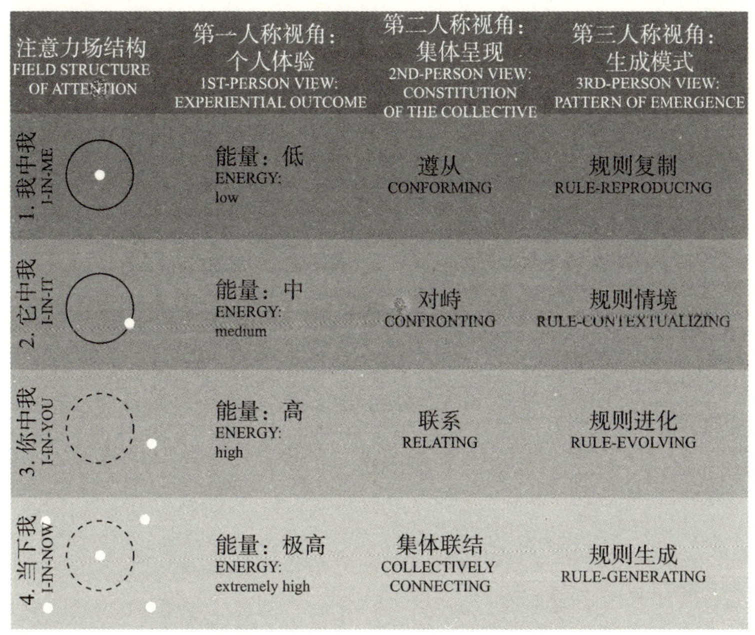

| 注意力场结构 FIELD STRUCTURE OF ATTENTION | 第一人称视角：个人体验 1ST-PERSON VIEW: EXPERIENTIAL OUTCOME | 第二人称视角：集体呈现 2ND-PERSON VIEW: CONSTITUTION OF THE COLLECTIVE | 第三人称视角：生成模式 3RD-PERSON VIEW: PATTERN OF EMERGENCE |
|---|---|---|---|
| 1. 我中我 I-IN-ME | 能量：低 ENERGY: low | 遵从 CONFORMING | 规则复制 RULE-REPRODUCING |
| 2. 它中我 I-IN-IT | 能量：中 ENERGY: medium | 对峙 CONFRONTING | 规则情境 RULE-CONTEXTUALIZING |
| 3. 你中我 I-IN-YOU | 能量：高 ENERGY: high | 联系 RELATING | 规则进化 RULE-EVOLVING |
| 4. 当下我 I-IN-NOW | 能量：极高 ENERGY: extremely high | 集体联结 COLLECTIVELY CONNECTING | 规则生成 RULE-GENERATING |

图 15—4　第一、第二和第三人称视角

从第一人称的视角出发，参与者主观感受到的能量层级从最低的场域 1（老生常谈）上升到居中的场域 2（看到某些新事物），再到高层的场域 3（用全新的眼光、全新的角度观察），最终到达最顶端的场域 4（改变一个人的身份、意图和小我：感知我们是谁以及我们在此的原因）。

从第二人称的视角出发，参与者的主体间联结模式也依次发生了变化，从最初的遵从和适应一系列的既定规范、结构和规则（场域 1）；到正视各自不同的观点并使现有规则融入当下情景（场域 2）；再到成员进行反思，相互间感同身受，以整合出一系列正在生成的规则（场域 3）；最后到集体联结，创造条件使想要生成的未来加速实现（场域 4）。

从外部观察者（第三人称）的视角来看，生成的模式从场域1中的规则复制（重复过去的模式），到场域2中的规则情境化（根据当时的具体因素而定），再到场域3中的规则进化（反思并与不断变化的情境共同进化），最后到场域4中的规则生成（集体孕育寻求生成的未来）。

**5. 造就社会现实的4种场域结构适用于社会现实创造的所有领域。**

造就社会现实的4种场域和涌流遍布了社会系统中微观、中观、宏观和世界4个层面（见图15—5）。

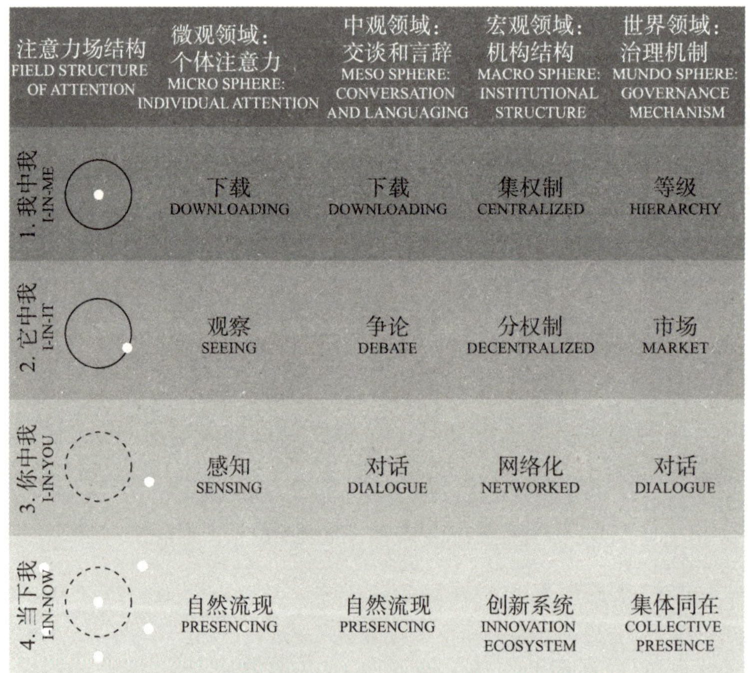


**图15—5 生成流的4种场域和4个系统层次**

在微观层，不同层次地生成流表现为个人注意力场域的非连续转变：

- 下载：认知在重复过去的模式；
- 观察：认知注意到不一致的数据；

- 感知：认知开始从场域产生；
- 自然流现：认知开始从创造的源头产生。

这 4 种不同的认知方式各自基于截然不同的注意力结构和源头。更多的下载并不会转变为观察，更多的观察也不会合并成感知，以此类推。

在中观层面，4 种涌流表现为团队注意力和言辞的非连续转变，例如：

- 下载：礼节性交谈，彼此说些客套话；
- 争论：强硬地交谈，彼此交换不同的观点；
- 对话：对不同的看法进行共同思考；
- 自然流现：从静默的源头和真实的同在中进行集体创造。

同样的生成流和模式也适用于社会现实创造的宏观和世界层级。在这些层次上，一种生成流到下一种生成流的转变表现为机构权力分布的非连续变化。因此我们可以从如下方面来探寻大型机构的结构演化：

- 中央集权的官僚制机构：以规则和中央计划为基础来运作；
- 分权化部门结构：将决策权下放到贴近市场和顾客的层级，使之能及时调整规则和策略；
- 网络化的组织结构：将权力的分布从等级单元转变为不断进化的关系网络，注重解决常规组织结构顾及不到的问题；
- 流动的创新生态系统结构：由集体感知和认识到的实时需求和机会而组建、成型或解散。

在世界层面，更大系统的演化过程与上述 4 种管理机制的差别相符合。表现在：

- 等级：通过中央集权、中央计划和中央规则来协调（机制 1：权力源头位于中心）；
- 市场：通过遵守共同规则的竞争来协调（机制 2：权力源头移至外围，移至市场）；
- 对话：通过在多个利益相关者间的对话来协调（机制 3：权力源头居于关系网中）；

- 共同自然流现：通过在生成的整体中感知和运作来协调（机制4：权力源头居于生态系统正在生成的整体之中）。

### 6. 场域之间变换的转折点在每个层级都是相同的。

场域之间的转变有赖于转折点，正是这些转折点构成了社会原理：

- 开放和暂悬（打开思维）；
- 深潜和转向（打开心灵）；
- 放下和接纳（打开意志）。

图15—6显示了这三个转折点适用于关注和思考（微观）、言辞（中观）、机构化（宏观）和全球治理（世界）等方面的场域转变。它表明，要从场域1移动到场域2，需要对外部世界的数据秉持开放态度，并暂悬根深蒂固的、习惯性（通常都是功能失效）的活动和思考方式（打开思维）。

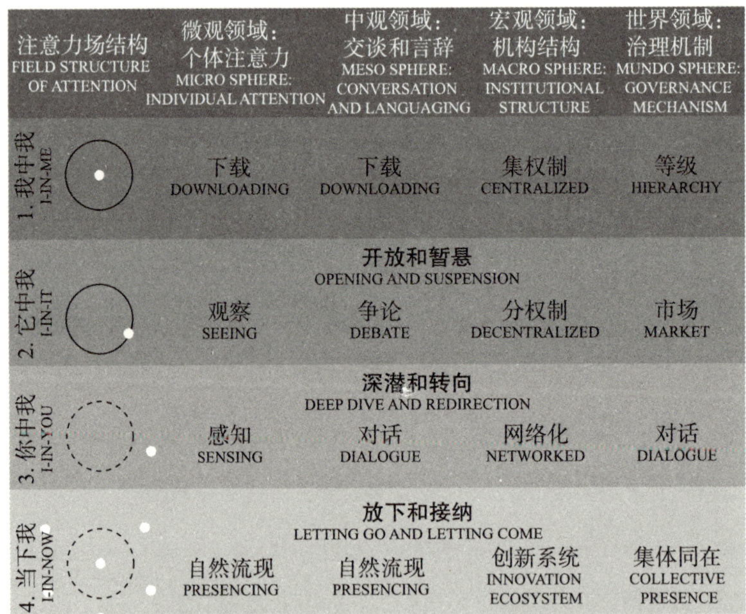


图15—6 各个层级之间的转折点都是相同的

从场域 2 移动到场域 3 需要深度潜入相关的情境中，转换个体的注意力的方向，使认知开始“从场域中发生”（打开心灵）。

从场域 3 移动到场域 4 需要放下过去的身份和意图，接纳全新的身份和意图，以期直接联结到个体与集体的行为和能量的最深层次源头（打开意志）。

**7. 系统的超复杂性（hyper-complexity）程度越高，其从社会生成流的深层场域运作的能力就显得愈加重要。**

公司、组织和社团面临着三种类型的复杂性：动态复杂性（由因果关系在时空上的距离界定）、社会复杂性（由不同利益相关者之间的兴趣、文化和世界观的分歧界定）和新兴复杂性（由情境中创新和变革的破坏性模式界定，在这些情境中无法用过去的模式来预测和塑造未来）。超复杂性是指同时在所有方面都表现得非常复杂。一个系统的超复杂性程度越高，组织、公司和社团越需要发展自己从社会生成流的深层场域运作的能力，并保持打开思维、打开心灵和打开意志。

当一个过程在某一个层次上的运转受阻时，与其继续做同样的事情，不如以不同的方式来应对这一问题，促使其深入到更深层的复杂性和生成流之中。图 15—7 描述了这三种类型的复杂性是怎样关联到三个更深层次的社会生成流的。

**8. 若想启动应对三种复杂性的深层次变革，需要整合如下三种运动：对关键情境保持开放（共同感知）、联结到静默的源头（共同自然流现）、塑造新事物的原型（共同创造）。**

图 15—8 描述了这三个阶段过程在 U 型图中的位置。这个过程可能发生在电火石光之间（如在武术中），也有可能需要数星期乃至数年。

前文所述的三个转折点（暂悬、深度潜入、放下）都应用于 U 型过程左侧的下行阶段；而与之对称的 U 型过程右侧的上行阶段，则包括了在日常行为和实践中接纳、具化（塑造原型）和实施（运行）新生事物。

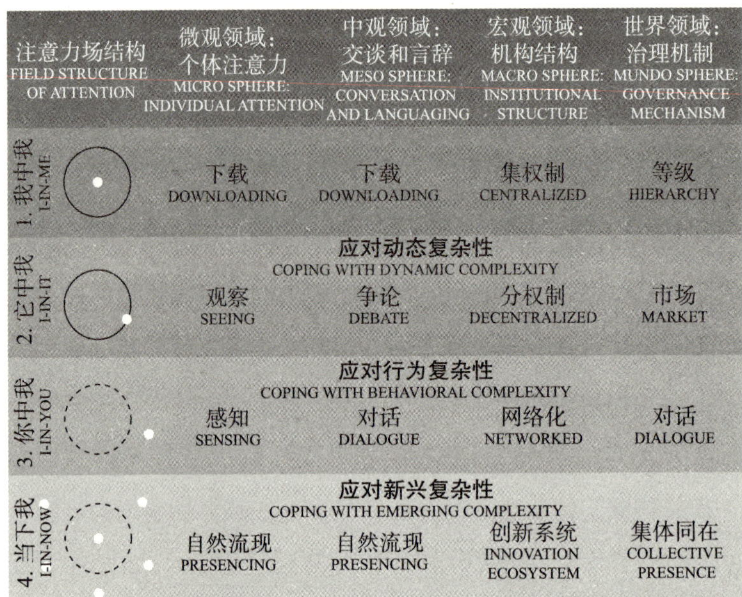


图 15—7　复杂性的种类和场域的层次

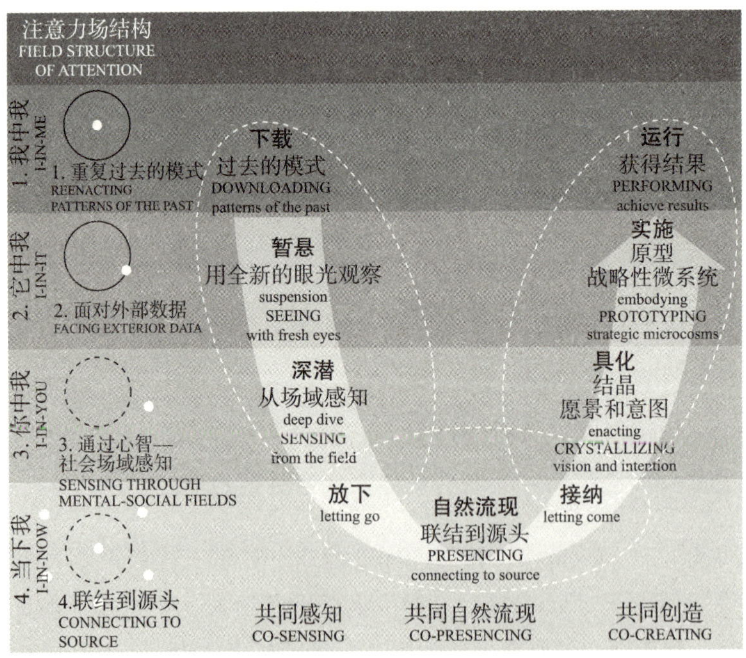


图 15—8　一个过程，三种活动

9. 为了接近和激活社会场域的深层源头，必须使用好“三器”：打开思维、打开心灵和打开意志（见图15—9）。

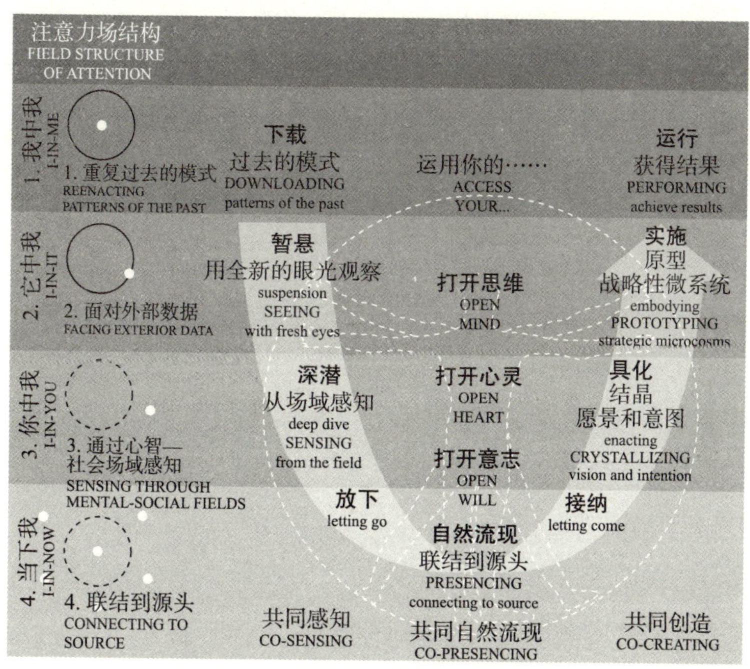


图 15—9 三器

深化社会场域需要适当的工具。所有的音乐家都希望能在制作精良、音色优美的乐器上演奏乐曲。然而在社会场域里情况却截然相反。我们总是妄图用“跑调的乐器”应对眼前的情况。而且我们非但没有停下来调整音调，反而加快了动作的频率。请来的顾问也只是进一步削减了本应用来调音和练习的时间来增加产出；请来的指挥家也只是承诺加快演奏速度，诸如此类。然而我们最应该做的事情——停下来，集体给乐器校音，却并不容易实现，因为这需要我们的心智向更深远的运作层次转变。

- 打开思维：有能力用崭新的眼光去观察、探询和反思，使得个体能够向第一个转折点前进，从场域 1 进入场域 2（保持开放并暂悬旧有习惯）。

- 打开心灵：有能力感同身受地聆听、欣赏式探询以及与他人或其他系统换位思考，使得个体能够向第二个转折点前进，从场域 2 进入场域 3（深潜和转向）。
- 打开意志：有能力放下过去的身份和意图，同频至正在生成的未来可能性，使得个体能够向第三个转折点前进，从场域 3 进入场域 4（放下和接纳）。

**10. 开启这些更深的层次需要跨越三重障碍：评判之声（VOJ）、嘲讽之声（VOC）以及恐惧之声（VOF）。**

在 U 型旅程上前进的人并不多，主要原因是两个字：阻力。阻力是使我们目前状态与最高未来潜能疏远、隔绝的力量，来自于我们的内心。阻力有许多不同的面孔，哪个地方最薄弱，哪个地方就越容易出现阻力。阻力会悄悄地开始行动，并且通常在人们毫无防范的时候给予痛击（见图 15—10）。

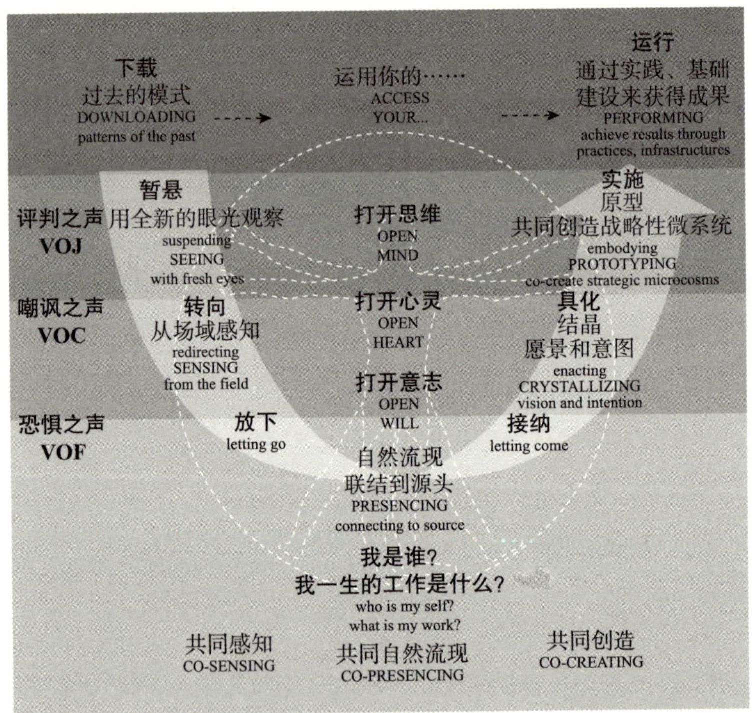


图 15—10　三个敌人

每个人在踏上 U 型旅程，寻求生成流的深层次源头的时候，在思维、心灵和意志发生蜕变的时候，都会面临这三个强大的阻力：

- VOJ（评判之声）：旧有的、有局限性的评判和想法。如果没有能力关闭和暂悬评判之声，我们将无法前进，无法触及创造力，并且永远无法达到 U 型过程的更深层次；
- VOC（嘲讽之声）：像冷嘲热讽、自大和冷酷无情这些阻碍情绪，会使我们无法深潜周围的场域；
- VOF（恐惧之声）：害怕抛弃熟悉的本我和世界；害怕前行，害怕臣服于“空”。

只有系统具备力量对抗这些阻力带来的挑战时，我们才能获得从 U 型过程的深层次运作的能力。每个人都能拥有巅峰体验，但是只有那些能够克服阻力的人，才能在社会生成流的更深层次中运行、驰骋。

**11. 沿着 U 型过程的右侧上行（共同创造）需要服务于整体的承诺和重新整合头脑、心灵、双手等多方面智慧的能力。**

重新整合头脑、心灵、双手的智慧是通过思想（意图）、行动（建立原型）和机构实践（运行）的蜕变来进行的。这里的挑战在于防止头脑、心灵、双手中的某一个支配了其他几个，因为这会导致没有行动的头脑（头脑处于支配地位）、不经思索的行动（手处于支配地位），或废话连篇（关系或交谈处于支配地位）。

**12. 外部系统复杂性和内部联结深层生成流的能力之间差距越大，越有可能使一个系统偏离轨道转向反生成性的破坏性空间。**

正如反物质（antimatter）是由正常物质的反粒子（antiparticles）组成的一样，反生成性的社会空间由正常社会生成性的反行为（anti-practice）构成。沃伦·特纳（Warren Tignor）将这些反粒子称为失明（blinding）、失察（desensing）和固步自封。正常的生成性社会空间以自然流现的循环为基础，亦即激活观察、感知、自然流现、结晶、塑造原型的过程；相比之下，反生成性的社会空间则以脱离当下的循环为基础，也就是无视（not seeing）、失察（desensing）、固步自封、假象（illusionizing）、脱离和毁灭（见第 16 章图 16—1）。

生成性社会空间和反生成性社会空间通过辩证关系进化。两者之间的张力产生了社会场域的各种现象。这个潜在的场域在日常生活中表现为妨碍我们跨越界点以及妨碍我们进入生成流更深层次的阻力。我们对抗这些阻力的方式，决定了我们这两个空间的相对位置。

在脱离当下的循环中，第一阶段是无视，这意味着我们对新生事物视而不见的情况日益加剧——我们被困在了一个单一的意识形态里。我们将自己与那些不符合我们意识形态的现实隔离开来（思考：布什政府在伊拉克搜查大规模杀伤武器）。

失察意味着我们不能进入一个新的场域，不能与他人感同身受——我们被困在了当前个人和集体的边界内。我们封闭了自己理解他人感受并与正在生成的场域同频的能力，我们与周围正在进化着的社会场域隔离开来（思考：美国媒体对“敌人”大规模妖魔化，对“非人类”动武合理化）。

固步自封意味着我们丧失了联结想要通过我们而生成的未来的能力。我们被禁锢在当前的本我和意愿中，无法共同进化，不能联结到静默的源头和更深层次的集体社会场域（思考：纳粹政府陷入反生成流之中，狂妄自大，自欺欺人地妄想大规模毁灭生命——见图 16—1 的右半侧）。

假象、脱离和毁灭意味着预见、具化和实施未来可能性的能力被逆转成了反行为，其结果是，我们身陷单一意图、单一世界观和单一真相的状态，变得盲从，抵制任何不符合我们意识形态的事物。

总之，脱离当下的病态循环表现为破坏性机制，其产生基础是社会体系脱离了根植的场域以及生成流的源头。这一循环的结果是破坏性以及暴力在当今社会中已屡见不鲜。

相比之下，自然流现的循环则展示了创造性机制，其产生基础是将社会体系与其周边的社会场域和生成流的源头联系起来。这一循环的结果是集体创造力和深远的创新与改革。若想摆脱反生成性的社会空间，重新融入创造性领域，需要有意识的努力以及向行为和思想更深层次的转变（见第 16 章，图 16—1）。

**13. 反生成性社会空间表现被称作“原教旨主义”的“冰冻”式反应。**

在系统所面临的复杂性与进入生成流的深层次源头的能力之间有一道鸿沟，会导致一种被称作“原教旨主义”的“冰冻”式反应，其特点是始终在反生成的暗箱中运作。三种主要的原教旨主义类型刻画了我们现今的世界：宗教、经济和政治。而这些原教旨主义有 4 个关键特征：失明、失察、固步自封和毁灭。

- 失明：顽固地遵循特定的信念和原则，固守唯一言辞和唯一真理；
- 失察：不能容忍其他观点也无法换位思考，固守唯一中心和集体（“我们”和“他们”）
- 固步自封：认为问题的源头在外部而非内部的世界观，固守唯一自我（不反思、不进化的自我）；
- 毁灭：对那些被视作“邪恶”的人暴力相向，固守唯一意愿（盲从、暴力）。

宗教中的“原教旨主义”的 4 个特征是：信仰一个无所不能、无所不知、无所不在的上帝（唯一表达、唯一真理）；相信自己附属于那些被选定的人（唯一集体、唯一中心），因此对这个集体之外的人（“异教徒”）无法感同身受；相信神圣和邪恶的源头居于人类身外而非人类内心；相信人类的角色就是服从神的意志，为了与邪恶的化身斗争而做出牺牲；愿意为了实现神圣的目标而使用暴力摧毁生命（见表 15—1）。

**14. 社会场域是一个逐渐发展的整体，可以通过 5 个维度观察和体验：社会空间、社会时间、集体、自我和支持场所（地球）。**

整体的原则意味着，由于所有的人都是相互联系的，发生在他人身上的事情同样也会发生在自己身上。这不仅是因为我们处于同一生态系统之中，相互间有着千丝万缕的联系，最重要的原因还在于我们彼此之间有着直接联系，当我们进入社会场域的更深层次时，这一点会变得更加明显。

表 15—1　　原教旨主义的三种类型

| | 宗教原教旨主义<br>Religious Fundamentalism | 政治大国沙文主义<br>Political Fundamentalism | 经济殖民主义<br>Economic Fundamentalism |
|---|---|---|---|
| 失明：固守唯一真理和唯一表达 | 一个全能的、无所不知、无所不在的上帝 | 一个全能的、无所不知、无所不在的代理人（国家、世界历史） | 一个全能的、无所不知、无所不在的机制（看不见的手） |
| Blinding: stuck in one Truth（and one language） | One almighty, omniscient, and omnipresent God | One almighty, omniscient, and omnipresent agent（state; world history） | One almighty, omniscient and omnipresent mechanism（the invisible hand） |
| 失察：固守唯一集体，对外面的人缺乏同理心 | 选定人群综合征<br>“异教徒”必须彻底清除（十字军东征 / 圣战） | 选定历史代理人综合征<br>抵制历史客观法则的人（政敌）遭到迫害 | 高层综合征<br>上层人士设计结构和政策，位于金字塔底层的穷人成为牺牲品 |
| Desensing: stuck in one collective<br>There is a lack of empathy for those outside | Chosen people syndrome<br>Infidels must be killed（crusade/holy war） | Chosen agent of history syndrome<br>Those who resist the objective laws of history（the opposition）will be annihilated | Top-tier syndrome<br>The have-nots at the bottom of the pyramid are victims（killed）by structures and policies designed from the people at the top |
| 固步自封：固守不进化的唯一自我 | 前现代人① | 苏维埃人② | 经济人③ |
| Absencing: stuck in one nonemerging self | Homo pre-modernicus | Homo sovieticus | Homo oeconomicus |

续前表

| | 宗教原教旨主义<br><br>Religious Fundamentalism | 政治大国沙文主义<br><br>Political Fundamentalism | 经济殖民主义<br><br>Economic Fundamentalism |
|---|---|---|---|
| 毁灭和暴力：固守唯一意志 | 直接暴力：恐怖主义<br>文化暴力：使用暴力合法化的意识形态 | 直接的和结构暴力：歧视和灭绝少数派 | 结构暴力：人民生活在水深火热之中 |
| Destruction and violence:<br>stuck in one will | Direct violence: terrorism<br>Cultural violence: ideologies that legitimize the use of violence | Direct and structural violence: discrimination and annihilation of minorities | Structural violence: people living and dying in daily misery |

这个连通性社会场域包括 5 个维度：社会空间、社会时间、集体、自我和支持场所。回想一下第 5 章中所述的我们在布罗克多夫的示威经历，我加入到 10 万示威者大军当中，抗议在我们的社区修建原子能工厂。我以此为例来分析社会场域的 5 个维度：

- 我感受到社会空间是我们（抗议者），它（建筑工地）和他们（警察）之间的动态互动。
- 我感受到社会时间起初是正常状态的时间，后来逐渐放缓，直至静止，然后出现了一个契机（kairos），即警察攻击我们，整个人群陷入静默状态的时候，我对自己真正是谁的感知发生了转变。
- 我感受到集体最初是遵从群体的惯有行为（到建筑工地游行），后来依次转变为

① 前现代人（Homo premodernicus），是指思想意识等仍停留在工业社会来临之前状态的人群，前现代是相对于现代和后现代而言的。——译者注

② 苏维埃（俄文：совет 的译音），意思是“会议”，起源于 1905 年俄国革命，当时出现过一种由罢工工人作为罢工委员会组织起来的代表会议，简称“苏维埃”。在这里，作者指意识形态强烈的人群。——译者注

③ 经济人（Economic man，拉丁语：Homo oeconomicus），又称作“经济人假设”，即假定人思考和行为都是目标理性的，唯一试图获得的经济好处就是物质性补偿的最大化。这常用作经济学和某些心理学分析的基本假设。摘自中文维基百科。——译者注

混乱的对质、联结，再到最后一刻的同在和静默。

- 我感受到自己最初是处于“常规—理性”的层次，然后随着当天事件的进一步展开前进到“联系—真实”的层次。那天晚上我回家时，我已经不再是原来那个我（意即在整个事件过程中的某处，我遇见或联结到了正在生成的自我）。
- 地球作为我们的实体支持场所，虽然常常被我们忽略，但它毫无疑问也会影响我们更深层的存在体验。

**15. 随着社会场域的进化并进入生成流的更深层次和流向，人们对时间、空间、自我、集体和支持场所的体验也会经历一个立体的逆转过程。**

每次转变都会给空间、时间、自我、主体间性和支持场所的体验质感带来变化（图 15—11）。在这个过程中，社会空间的背景逐渐变得丰富而生动起来：从一维的心智映像（场域 1）到观察者与观察对象之间的二维外部联系（场域 2），再到观察者移入观察对象场域的三维社会空间，最后到达全景认知的鲜活四维时空。这一切都仿佛发生在第 11 章所述的林中空地或分散的溪流，即在我去寻找河流源头的时候，最终发现的那个地方，周围的山巅覆盖着冰川，无数瀑布倾泻而下（场域 4）。

这个逆转过程的第 2 个维度表现为时间的深远变化。当社会场域从场域 1 移动到场域 4，人们起初会感到与时间割裂开来（场域 1），随后变得正常，构建事件的外部顺序（场域 2），然后时间开始放慢、拉长，使人仿佛感觉到时间的内部维度正在开启（场域 3）；最后，人们到达了静默的场所——在那里，整个宇宙似乎都屏住了呼吸，人们分明感到与即将喷薄而出的更大场域同在（场域 4）。

这一过程的第 3 个维度是自我意识的体验转变：从惯有的自我（场域 1）到大脑中固有的理性自我（场域 2），再到从心开始运作的关联自我（场域 3），最后到达一个等同于最高未来可能性的真实自我，通过在集体层面上的人体场域开放界限而变成现实（场域 4）。

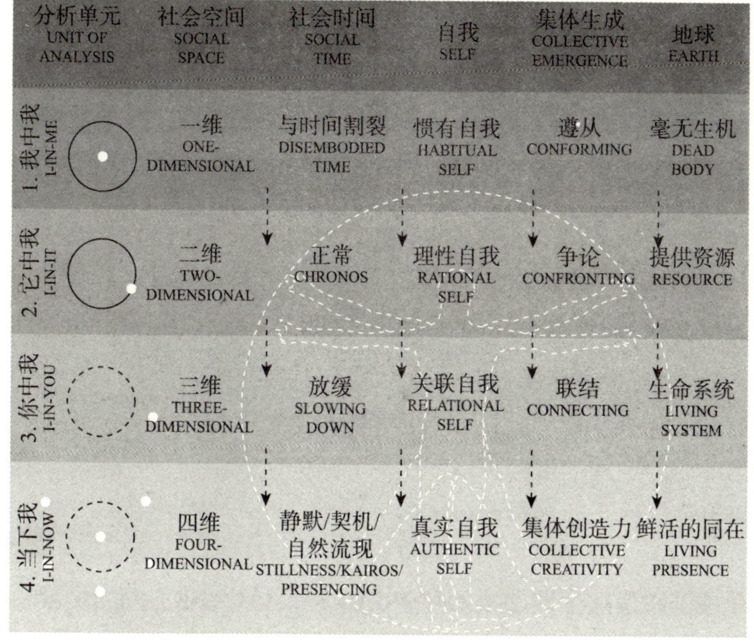


**图 15—11　空间、时间、自我、集体和支持场所的转变**

社会场域转变的第 4 个维度涉及主体间性的体验：人们首先通过适应和遵从现有的框架、规则来与他人进行互动（场域 1）；接着，人们通过讨论现实问题，各自表达不同的观点与他人进行互动，通常都是对抗已经存在的固有观点（场域 2）；接下来通过与他人的换位思考与深入理解，人们开始反思，看到自己是更大整体的一部分（场域 3）；最后，人们进入了一个沉静的（神圣）空间，深远的联结感和集体创造力正在生成（场域 4）。

随着我们经历了这些社会场域的转变，支持场所，即我们与地球的关联方式同样也发生了逆转：最初，我们并未注意到有东西在支撑着我们，感觉就像踏过一个毫无生机的实体（场域 1）；接着，我们开始有所察觉，把地球视为一个有机资源，看作一个互动的空间（场域 2）；再接下来，我们会深化对场域的认识，注意到地球是一个生命系统，与我们以及和社会的互动在诸多方面都相互联结

（场域 3）；此时，地球作为全球性的当下存在，变得神圣无比而又独一无二，是一个特别的灵性场域（spiritus loci），人们的社会场域恰在此处延伸至更深层次。每当我回忆起在布罗克多夫的那次示威游行，那时支撑我们的场所力量和宇宙存在仍令我记忆犹新。

在体验质感中的每一次微妙变化都可以概括为一次生成性逆转（generative inversion）。对空间的感知由单一的原点变换为分布的场域；对时间的感知由外部的顺序变换为内在的生成；对自我的感知由封闭的、固有的小我变换到开放的本我；对集体的感知由遵从转变为集体静默和同在；最后，我们对场域（地球）的感知由冰冷的、毫无生机的实体变换为神圣的生命空间——邀请我们融入圆满的当下存在，了解真正的自我和前进的方向。

### 16. 生成流和深层生成源头的开启逆转了个人和集体之间的关系。

随着注意力结构的改变和生成流的深化，部分和整体、个人和群体（系统）之间的关系也发生了微妙的变化。

图 15—12 描述了集体和自我之间的关系的逆转：首先是在一个有界限的空间里，自我被局限于自身组织的中心和当前现实之中，被禁锢在当前的属性模式之中（图 15—12 的左半边），其后自我进入了一个全新的构造，不再被封锁于自身组织的中心（图 15—12 的右半边）。在这里，自我在开放的边界和周围的领域运作，作为生成性的容器，使全新的集体现实得以呈现。在这里，自我不再局限于中心位置，而是参与到新的社会集体的实现过程中，与之共同进化。圣杯可以作为这种集体持场或阴性精神（feminine spirituality）很好的范例。

在这场逆转或质变的过程中，旧有的集体蜕变为全新的关联结构，个体积极地融入共有的支撑空间，使新的生命社会场域得以生成。

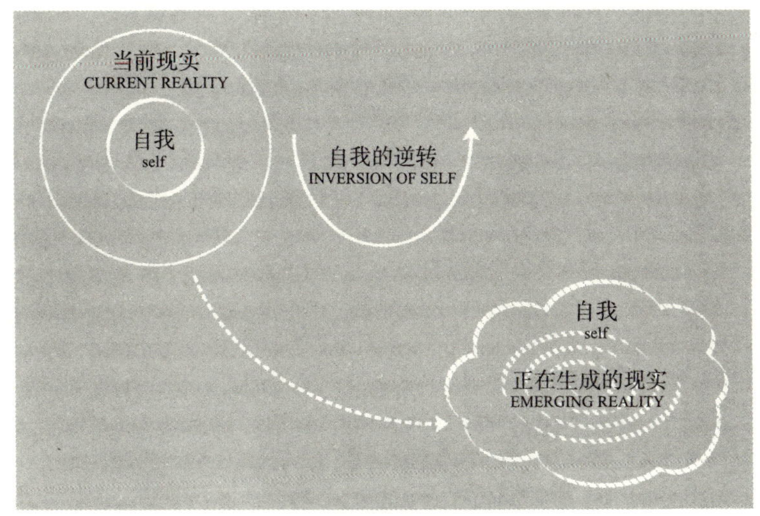


图 15—12　自我的转变

**17. 生成流和深层生成源头的开启转换了知者（knower）与所知（known）之间的关系。**

上述生成性逆转的模式同样适用于知者与所知之间的关系。同样的，我们也可以把知识归类为三种形式：显性知识、隐性知识和自我超越型知识（见第 4 章图 4—5）。

三种知识的形式构成三种根本上不同的认识论立场，即三种不同的知者与所知之间的关系模式。每种知识都关联到从不同角度所描述的现实（见表 15—2）。

显性知识是从场域 2 的角度关联到外部现实，是有关可观察事物的知识。隐性知识是从场域 3 的角度关联内在现实，从我们的所感、所行中获得的知识。这类知识基于鲜活的经验，其所有者能够对其进行观察、反思和再现。

自我超越型知识是关于思想和行动发源并变成现实的源头或"场域"的知识（场域 4），关注的是任何行为实体化之前最初崛起的根源和基础。为了抵达这个社会行为中最上游的层级，知者必须参与“行动中的反思”或“原知”。知者须进入到这种所知的层面并按其生活。

所以，从注意力结构的第 2 个场域移动到第 4 个场域的过程中，包含了知者与所知之间关系的蜕变（逆转），由分离（K1）到合一（K2, K3）。在隐性知识的情况里，自我会在“事后”感知自己的行为（对于行动的反思）。与之相反的是，在自我超越型知识的情况里，自我“在行动过程中”实现主体和客体的结合。因为美学体验通常都被描述为内（行动）外（观察）兼具，因此各种类型的自我超越型觉知都可以被称为真正的美学体验。

表 15—2　　三种认识论

| 维度<br>Dimension | 认识论 Epistemology<br>K1：显性知识<br>K1:<br>Explicit Knowledge | <br>K2：隐性知识<br>K2:<br>Tacit Embodied Knowledge | <br>K3：自我超越型知识<br>K3:<br>Self-Transcending Knowledge |
|---|---|---|---|
| 知识类型<br>Type of knowledge | 关于事物的知识<br>Knowledge about things | 关于实体化事物的知识<br>Knowledge about enacting things | 关于实体化事物的起源的知识<br>Knowledge about origins for enacting things |
| 数据<br>Data | 外部现实（场域 2）<br>Exterior reality（Field 2） | 已经实体化的现实（场域 3）<br>Enacted reality（Field 3） | 尚未实体化的现实（场域 4）<br>Not-yet-enacted reality（Field 4） |
| 体验<br>Experience | 观察<br>Observation | 行动<br>Action | 审美<br>Aesthetic |
| 行动 – 反思比例<br>Action-to-reflection ratio | 没有行动的反思<br>Reflection without action | 对于行动的反思<br>Reflection on action | 行动中的反思<br>Reflection in action |
| 真理<br>Truth | 匹配现实：你能观察它吗？<br>Matching reality: Can you observe it? | 制造现实：你能制造它吗？<br>Producing reality: Can you produce it? | 自然流现现实：你能与它同在吗？<br>Presencing reality: Can you presence it? |

**18. 社会场域是不断形成的时间雕塑。**

传统的雕塑作品存在于空间，而社会场域则是时间雕塑的延伸和进化。就像传统雕塑品具有物质和形式两个核心元素一样，社会场域也整合了时间的两个维度和流向：一个是将过去模式延伸到现在的显性时间，另外一个时间流向来自于完全不同的方向——想要生成的未来可能性。

举例来说，回顾一下我 16 岁时经历大火的故事。当时，时间的质量是如何变化的？我从学校回来到达火场之前，所关心的一直都是现在和过去的力量。但是，接下来的体验带我穿过了一扇门，开启了一个新的时间维度，将我拉向未来的源头或者正在等待我的未来可能性。当时间的方向发生这种变化时，人们开始从未来走向自我。

要想社会时间雕塑得以实现，需要将时间的两个定向性——过去和正在生成的未来，在当下结合起来。

德国先锋艺术家约瑟夫·博依斯（Joseph Beuys）最早提出了“社会雕塑”这个概念，他说在地球上存在着两种不同的创造：一种是一个艺术家的创造，塑造外部现实；另一种是一个女性的创造，通过孕育新生命将创造的概念内在化。社会时间雕塑要将这两种创造方式结合起来。当这两支时光之箭相遇，人们和团队就开始参与到集体创造新事物的过程中，这种状态会从三个视角同时发生：

- 母亲的视角：通常都是由团队集体感受；
- 辅助观察者的视角：提供支持和保持场域；
- 新生儿的视角：“冲破了隔膜”。

社会时间雕塑的独特之处在于：它构成了宇宙中唯一能够使参与者从内在主动以三个视角同时运作的空间。

### 19. 社会场域是一场无极形态共振（scale-free morphic resonance）。

社会场域的“交响乐”关系着我们运动的方向和目的。这个场域是既定的，还是偶然的？抑或是由我们共同创造的？强化并吸引着生成模式的“奇异吸引子”（strange attractors）①或形态发生场域（morphogenetic fields）②是什么？

网络理论方面的最新研究进展表明，许多有机系统是根据“小世界”（small-world）理论组织起来的，这个理论可以通过对比公路交通图和航空网络图来说明。在公路系统中，每条路都是联结 A 点到 B 点，而航线则围绕着有许多联结点的网络中心来营运，使乘客能通过几步到达任何一个城市。

与此类似，关于社会场域的问题是，什么样的超级联结能让生态系统的子集从一种运行方式转换到另一种？我相信，这个答案就在于建立一个立体场所（places）网络，囊括上述整体的 4 个层次和生成流的 4 种场域。这样的“无极属性”（scale-free）意味着即使是一套有限的“战略性微系统”都能为未来可能性的生成发挥着“降落跑道”和“奇异吸引子”的作用。如果这些场所有机地联结起来，作为整体共同进化，它们最终将会成为整个场域深层次变革到来时的全球性降落跑道。

### 20. 系统的未来取决于我们所选择去展开行动的场域（源头）。

此类形态共振的“微系统”能否变成现实，取决于个人和集体行为是发源于生成流的最初几个场域还是所能触及的全部 4 种场域。

每个人都能选择，是使自己的行为发源于固步自封的非生成性空间，还是发源于决定未来如何铺展的生成性和自然流现的社会空间。全体人群和所有社会体系都能够随时从这两个空间中做出选择。

① 奇异吸引子，借用混沌理论的术语。
② 形态发生场域，借用鲁珀特·谢德瑞克（Rupert Sheldrake）的因果律理论术语。

### 21. 唤醒人类深层次的生成性能力，即“当下我”，是 21 世纪的革命性力量。

社会场域理论包括 5 个要点。目前，我们的探寻已经掀开了其中 4 个要点的面纱：

- 社会场域理论探讨的是关联空间的质量和社会系统的生成性模式。
- 关联空间的质量和社会生成性的模式是个人和集体注意力结构的功能体现。4 种不同的结构和源头构建了 4 种不同的生成性场域。
- 为了进入生成性的深层次源头和场域，社会系统必须校准并激活“三器”：打开思维、打开心灵和打开意志。
- 与生成性的社会空间相对应的是反生成性的黑暗空间。一个系统究竟作用于一个深层次的生成性空间还是其相对的反生成性空间，取决于该系统是否有能力应对三种阻力：评判之声、嘲讽之声和恐惧之声。

第 5 个要点揭示了下面这个问题的答案：促成“三器”和深层生成源头的开启、引发一个空间到另一个空间的场域蜕变的驱动力到底是什么？这是最后一个命题所涉及的领域。

当今时代的革命性力量是“当下我”，亦即每个人和每个社会系统能够调整注意力结构，联结到生成流第 4 个流向的能力。这其中的“我”并非自我。自我是包含实质内容的实体。如果没有内容，“我”只是一个空的躯壳。而“当下我”点燃了有意愿和意识的关注力的火花，它可以有意识地转换以及改变注意力场域，仿佛是一只“意志之眼”。它是一种我们随处都能激活并使用的同在的力量。它源于当下。一旦这种力量或火花被唤醒，它将是开启能够联结到 U 型右半边的深层生成性源头的钥匙。每个人和每个社会系统都能唤醒并培养这种沉静和蜕变的深层源头。它同样可以帮助我们应对现实：“当下我”这种能力开发得越完善，我们就越有能力处理生活中日益加剧的高压力、高复杂性情况。

## ‖小结‖

时至今日，这 21 个命题总结了我们对社会场域理论的初步研究结果，本书的后续章节将阐释该理论在所有 5 个社会层级（微观、中观、宏观、世界层以及元层）上的实践应用。

从自我进化，即改变我们行动发源的内在场所的观点来看，我们会发现有 4 个根本性的（但是基本上是隐藏着的）元过程，它们持续创造我们所生活的世界。这些元过程在塑造我们当今社会的制度和现实生活时所起的作用，远比那些我们经常讨论的功能或制度上的核心过程更加深远。这 4 个普遍、通用的过程，或者说元过程是思考（关注）、对话（言辞）、组织（结构）和集体行动或生成场域（协作）。这些元过程的非连续性质的转换，大部分隐藏于我们的盲点之中。

举例来说，我们可以看到思考过程的结果或成果，但通常察觉不到根本的创造性过程。这个过程即思考的过程。不要被蒙蔽：思考就是一个创造性过程。思考创造了整个世界。然而只要这一切都发生在我们的盲点之中，我们就无法与这种呈现现实的根本过程同在。也就意味着，我们无法完全参与到（并且察觉到）创生整个世界的过程。这个原理在“对话”和集体行为的过程中也同样适用，我们稍后会进行详细讨论。

在最后一章中，我将总结自然流现的原则，并将其视为自由的社会技术，让它为我们所用，为现实世界带来社会转型和体制变革。

THEORY U

Leading from the Future as It Emerges

# 16 个人行动

## 从一个三岁孩子那里学到的

一天，我往洗碗机里放要洗的餐具，突然发现清洁剂用光了。洗碗机边上有一个盒子，我不太确定那里边的皂液能否拿来代用，但是我想：管他呢，先试试吧！结果几分钟后，泡沫就开始从机器里汩汩地往外冒。该死的！我关了洗碗机，开始处理这些泡沫。瞧这一团糟啊：洗碗机里满是水、餐具和肥皂泡。看起来要从洗碗机里把水弄出来是不可能了，于是我决定干脆让它接着洗，泡沫涌出来就拿抹布擦掉。

就在我全神贯注地应付这个烂摊子时，我三岁的儿子——约翰·卡斯珀被我的"表演"给吸引住了。他开始帮我擦那些没完没了地涌出来的白色泡沫。当泡沫涌出的速度开始放慢一些的时候，约翰·卡斯珀停下休息。这时，他开始轻声而又认真地和洗碗机说话。

"你在说什么呢？"我问他。

"我在和泡泡说话。"他回答我。

“和泡泡说话？”我很诧异。

儿子接着说：“这些可怜的泡泡没有眼睛，它们看不见，找不到正确的路，所以总是从错的地方冒出来。”

我三岁的孩子和我面对的是同一个状况，我简直想要踢洗碗机几脚，而他却十分同情这些泡沫，和这些泡沫沟通，仿佛它们是有感情、有知觉的生命一般。他注意到这些“生命”没有眼睛，并且认定这是它们迷路的原因，它们需要我们的帮助。虽然面对同样的状况、同样的信息，但我们却赋予其两种不同的意义。

之后我们就在静默中与这些“白色生命”沟通。我们不再说话，转而融入了有韵律的工作流之中，全部身心都用来帮助那些“白色生命”找到正确的路。

现在，让我用在第15章中介绍的“场域模型”来解构一下这个故事。

往洗碗机中不假思索地倒入不适用的清洁剂，这是“下载”的一个典型例子。然后，当泡沫开始涌出时，我从第1层（下载）跳到了第2层：“该死的！”（观察到糟糕的情况）。然后，我就开始尝试解决问题。此时的挑战就在于超越“评判之声”（例如，“为什么他们不能生产带有‘排水’功能的洗碗机呢？”），并且要保持冷静，分析可能的解决方案。假如我当时顺着评判之声的道路走下去，就会遇到更多令我愤怒的情况，可能真的就去踢洗碗机，然后……我们都知道：否认和毁灭的循环里面充满了导致破坏性行为的反馈环路。

然而这些都没有发生，这是因为卡斯珀从不同的层次——场域3参与了进来（他同频到在他看来是有生命的泡沫中，并和它沟通）。所以，他教会我不去踢洗碗机，而是开始深潜，从内心开始感知。最后，我们找到了协作的韵律和感觉，不再需要更多的语言。我们对该做什么了然于胸，并且很容易就着手实施了。

关于这个故事，我想强调三点：

- 在我们的日常生活中，专念（mindfulness）和同在（presence）随时随地都会出现。它并不需要我们去执行庞大的“登月计划”（尽管有些人确实是通过此种方式来获得这种体验的），而是需要我们的注意力有一个向内的转变。
- 外部挑战的压力越大，面对的局面越混乱，我们就越容易陷入“固步自封”（踢洗碗机）的黑暗空间之中，这一点后边我会详述。
- 进入场域的第3层和第4层的目的在于，不要再以为自己是在和“物体”打交道，而要把我们工作和互动的对象当作是有情感的生命体，我们可以直接与其从内心进行交流（没有眼睛的泡沫）。

## 剧院舞台和集体场域

大概在14岁时，我第一次在舞台剧里出演主角，那种奇妙的感觉我至今难以忘怀。你尽己所能地去准备，记住所有的台词和舞台提示。接着到了登台演出的时候，幕布就要拉开，观众逐渐安静下来。突然之间，你觉得地球停止了转动。你在几个月里所做的准备似乎都缩成了一小团绝望和空无，然后全部消失了。原先记得的东西现在都忘记了。你很害怕，很孤独。此时你内心充满绝望而不是愿望，虽然你还坚持着，但并不是因为你多么有胆量，更多的是因为现在才逃跑（这个念头在你的脑海中一闪而过）已经太晚了。然后在你还没缓过神来的时候，就看见大幕已经升起。太晚了，没得逃了。连时间都静止了。

绚丽的舞台灯光让你看不清东西，你被包围在一个不熟悉的圈子里——里面满是热切的关注和能量。慢慢地，你犹疑着开始了第一个动作，说出第一个词、第一个句子，摆出第一个姿势。你开始沉浸于表演之中，然后突然发现你并非孤身一人。另一个“生命”正在和你密切地交流，那就是观众。他们的关注为你创造了一个支持空间——一个指引你的场所。你调动身体里所有的神经来感受它。你现在所处的场域正注视着你、与你沟通，并且用你从未感受过的能量来滋养你。

这个场域联结到你的源头和存在，是属于你的场域。

在这个例子中，我作为一个演员，背下了莎士比亚笔下普洛斯彼罗（Prospero）这一人物要说的820句台词，以“下载”的模式走向舞台。到了台上，当幕布升起，阻力开始以害怕的形式出现：害怕失败，害怕卡壳，害怕面对300名观众却连一句台词都想不起来。夹杂着绝望和勇气，我跌跌撞撞地“跨过了界点”，开始了我的表演。在最初几个惯性的动作之后，我精心准备的行为从场域1和场域2移动到了场域3和场域4，也就是说，我开始进入持续深化的同在感和生成流。

是什么让这一切成为可能？是一个集体支持空间：300名充满爱心的亲友带着完全打开的意志和心灵坐在台下，带着尊重欣赏孩子们的表演。

在这个例子里，最开始出现的是阻力（害怕），然后通过充满爱心的观众所营造的集体支持空间，下沉浸入到一个深远的流中。集体支持空间能够驱散反生成性的黑暗空间，集体的力量可以解放我们。然而在下面的故事里，这种力量却把我们困在反生成性的社会空间之中。

## 希特勒的秘书

特劳德·琼格（Traudl Junge）曾是德国农村一位平凡而谦逊的女子，她早年丧父，窘困的经济状况使得她无法去追求自己所渴望的艺术生涯。极为偶然地，她去了柏林。在那里，经一位叔叔介绍，她得到了一份工作，然后无意中参加了一次打字比赛并获奖。不久，一个说话轻柔而友好，和她叔叔年纪相仿的人对她进行了面试。这个人正在找一个新的私人秘书，他就是阿道夫·希特勒，他雇琼格为自己做口述打字。

在战争接近尾声时，希特勒在地堡自杀了，特劳德·琼格才回到了外面那个真实的世界——一个充斥着灰烬和废墟的世界。

特劳德·琼格试图逃往德国南部，但被苏军在柏林抓获。因为她从未加入德国纳粹党，因此很快就被释放了，之后在慕尼黑定居。此后不久，一个偶然的机会，她看到了白玫瑰（Die Weisse Rose）的墓碑，那是一个以慕尼黑为基地的反纳粹组织，成员全部遇害。看着墓志铭，她惊讶地发现，白玫瑰小组所有骨干成员都和她一样，出生在 1920 年。那一刻，她突然意识到，对于她和同龄人而言，没有借口躲避。白玫瑰小组的骨干成员都与她同龄，但不同之处在于：他们在生命中做出了有意识的抉择，而她则从来没有。她意识到，自己所做的一切从根本上讲，完全是她的个人责任，不能归咎于他们这代人的命运。她辞世前不久，接受了奥地利著名记者安德烈·海勒(Andre Heller)的采访,而此前她一直保持沉默。在采访播出的前几天，她告诉海勒，直到 50 年后的今天，她才能最终原谅自己。在采访播出后的第二天，特劳德·琼格去世了。特劳德·琼格精确而明晰地描述了最后几周在希特勒地堡中发生的事件，十分生动、有趣。她的思维和记忆力就像一架超高像素的照相机。同时她也是一个很有天赋的二阶观察者（second-order observer），非常明确地知道在自己的记忆里有哪些遗漏，知道自己有哪些画面和经历无法确切地回忆起来。

按照特劳德·琼格的描述，当时，希特勒及其随从藏身在一个坚固的地堡里，围墙有 11 米厚,而炸弹不停地在他们周围爆炸,苏联红军离此也仅几道关卡之隔。希特勒的军队已经崩溃，从几乎占领了整个欧洲到彻底战败。然而，尽管周围充斥着各种与其认知相悖的信息，尽管一直有炸弹落在他们的头顶上，地堡里的一些人却仍然不肯放弃希望和幻想。他们依然坚守着陈旧的心智模式，不愿意接受现实。落在地上的炸弹仍不足以穿透他们思想上的这堵厚墙。当被问到为什么希特勒建议她离开而她却没有照做时，她答道："我害怕离开这个安全的地堡。"

这正是失明（无视）和固化（失察）的破坏力所在：我们被囚禁在自身这个拥有厚厚墙壁的地堡里，与外界正在上演的真正现实割裂开来。尽管如此，我们还是无法完全理解她留下来的决定，那么她将自己锁在地堡里的真正原因是什么呢？

解开这个谜团的一个方法是，想象她被限制在反生成性的黑暗空间中，冻结了智慧的深层资源（打开思维、心灵和意志）。她失去了与真我的联结，最终做出反生成性的行为（见图16—1）。

- **下载**：琼格十分详细地描述了地堡内的生活是如何继续的，人们就像机器人一样。一些日常生活的步骤，比如茶道，甚至是特殊的典礼，比如希特勒和爱娃·布劳恩（Eva Braun）的婚礼（在希特勒自杀的前两天）还在继续，完全与世隔绝。
- **失明或无视**："我被困在围墙里，完全截断了消息，不知外界情况如何，"特劳德·琼格说道，"当我刚到那儿时，以为自己到达了信息的源头。但是后来，我意识到自己所在的地方是（整个体系的）盲区。"
- **固化和失察**：在战争的最后几年里，希特勒总是乘坐一辆特殊的火车旅行，窗帘拉得紧紧的，所以他不会看到战争所造成的破坏。当他回到柏林火车站时，他的司机也会根据指示，选择一条遭受破坏最小的路线。他在地堡里甚至不想看到鲜花，因为他"不希望被（鲜花的）残骸围绕"。多么具有讽刺性啊！一个夺去了5 500万条生命的人居然不愿意看到垂死的鲜花。
- **固步自封**：琼格对地堡内最后日子的回忆最为困难，她那超精准照相机般的记忆此时出现了黑洞，无法想起最后那些天的感受和情绪——仿佛这部分感情被抹去了，或者被深度冻结在她体内。琼格将她每天的日常行动比喻成一个没有意识的机器人，不仅与外界所发生的灾难性事件失去了联结，还脱离了她真实的自我："我们就像机器人一样生活，我不记得自己有任何感受，就像是处在真空状态之中，我不再是我自己。"
- **自欺**：这时个体的未来期望与现实世界完全背离。据琼格讲述，希特勒召开的许多会议和试图扭转战局的策略都基于虚幻的假设之上，最后只能不了了之。它们唯一的作用就是加深了地堡内的世界与外部事态发展状况之间的鸿沟。"我们与外面事态的真实进展完全隔离，"琼格回忆道，"我们不知道世界将会变成什么样子。"

- **终结**：塑造原型是为未来世界塑造微系统，终结则是终止并扼杀未来的生活。在地堡里，希特勒先用氰化物杀死了狗，然后是所有小孩以及其他人，最后在苏联红军取得最终胜利之前选择了自杀。
- **毁灭**：在希特勒自杀后，琼格说，剩下的人坐在一起，犹如一群六神无主、没有生命力的傀儡。

如是，希特勒周围的这个群体陷入了围绕下载、失明、失察、固步自封、自欺、终结和毁灭而展开的反生成性社会空间之中。图 16—1 刻画了这些黑暗空间是如何与自然流现的 U 型空间形成对立面的。

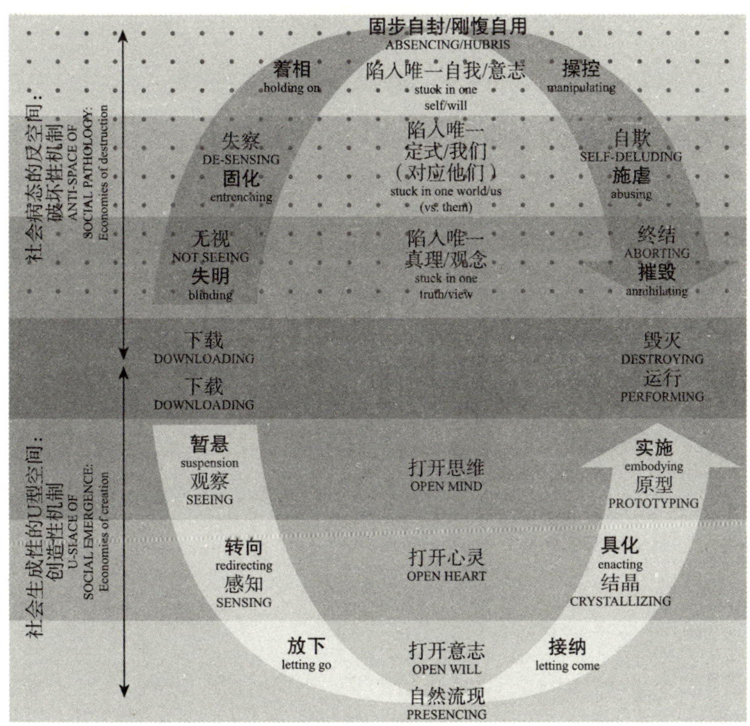


图 16—1　U 型空间和反空间

正如自然流现的 U 型空间阐明了创造机制一样，固步自封的黑暗空间反映了破坏机制。每个循环都有自我强化的动力：社会生成性的 U 型空间的力量基础是打开思维、打开心灵和打开意志；相反，社会病态的反空间的基础则限于一个真理（僵化的意识形态）、一个核心或集体（傲慢、憎恨）和一个意志（盲从和暴力）。简单来说，固步自封的空间表现出了原教旨主义的所有关键特征。

对于琼格来说，她自己也感到疑惑：为什么我没有离开呢？

没有离开地堡，也是因为她陷入了一个致命的固步自封的模式之中。如今，束缚她的机制又回到了企业当中。由于这些破坏力极度顽强，我们必须对社会病态空间所呈现的过程和方式有一个更加清晰的把握。当人类系统面对高风险，并与打开思维、心灵和意志的联系断开并冻结时，这种病态空间就会出现。

图 16—1 总结了 U 型过程的个人维度：

- 世界上有很多人对这个 4 个层级都有过丰富的体验。当初次接触 U 型过程时，许多人会说：是的，我确实知道第 1 层和第 2 层，确实体验过下载和观察，但是我不确定是否有第 3 层和第 4 层——感知和自然流现。但在那之后，人们开始对其给予关注，在深入生活和工作旅程之后，大多数人都会更快地发现存在于各种界点体验内的“金子”。
- 从第 1 层（下载）向 U 的底部或者更深层次的转移，可以出现在任何情境中，可能是在为期 4 周的冥想静修中，也有可能是在把家里的洗碗机搞得乱七八糟时。
- 与在更深层次上运作的人同在会对你大有裨益，在某些情况下可能是一个三岁大的孩子。在另一些情况下，这种智慧之觉会由其他人通过其他方式带来，我们称之为领导力。
- 如果只是偶然与根源相互联结，这是远远不够的。大多数人已经有过这种体验（不过常常没有充分注意到），关键在于如何维持这种联结。因为如果你做不到这一点，就有可能会遇到危险，执著于那一点体验，进而变得僵化，最后陷入社会病态的反空间里（唯一真理论、唯我独尊论、唯一意志论）。
- 我们随时随地都有可能从深层次的社会生成性空间，跳转到反生成性的黑暗空间中。只要我们丧失了带有无私奉献意图的注意力、觉醒意识和坚定信念，这种情

> 况就会出现。我们很容易就能看出琼格如何陷入一个体系，使她最终躲在 11 米厚的墙壁后面，死死抓住信息的盲点不放。这种模式很容易辨别。然而我们身上不也是每时每刻、日日年年都在发生同样的情况吗？我们是否意识不够清醒，意图不够坚定，被情境和系统钻了空子？正如琼格一样，我们被系统牢牢地困在了盲点。

那么我们如何保持与源头的联结？要觉醒并且保持觉醒。

思考是一个强有力的过程，可惜常常未被开发、利用以及获得人们的认可。思想创造了世界！然而我们没有去发掘真正思考的创造性力量，反而随波逐流地陷入下载模式当中。这种模式与真正思考的关系，就好比柏拉图所讲的洞穴里的阴影与洞穴外的太阳和现实之间的关系。

只有当思想元过程的力量冲破场域 1 的固定模式和阴影（下载），人们开始联系外界的真实进展状况时，觉醒才得以开始（域场 2：观察）；当我们开始联结到周围的其他人，以及与之类似的情境与感受时，我们就会获得一双翅膀，带领我们逃离自己心智模式的枷锁（场域 3：感知）；最后进入火焰的最深层源头。从本质上讲，真实思考就像纯粹的火焰，它是创造力的火焰，是当我们到达场域 4 时就能触及的火焰。

# 17

# 谈话行动

在本书的开篇，我把自家的农场比作社会场域，用它来形容社会互动过程的品质。谈话是社会场域在生活中的具体呈现，是改进社会互动的重要起点。在对组织的研究工作中，我注意到与改进谈话相关的两个方面：

- 谈话的生成有其模式或者场域，并且这些谈话互动的模式趋向于保持不变；
- 在谈话中所能见到的通用场域模式非常有限——到目前为止，我只发现了 4 种：下载（场域 1）、争论（场域 2）、对话（场域 3）和自然流现（场域 4）。

这 4 种场域的区别在于其形成谈话的内在空间：为取悦他人而谈（场域 1），从我所想而谈（场域 2），把自己视为整体的一部分而谈（场域 3），以及从正在生成的一切而谈（场域 4）。谈话的场结构是一个互动模式，一旦引入，所有谈话参与者便趋于重复演练。当谈话从一种模式（如"礼节性谈话"）转向另一种模式（如"说出你的想法"）时，该转变通常会包括所有的谈话参与者，而不是其中的几个人（见图 17—1）。

识别这些谈话的模式与引导变革之间存有极大的关联。我们正是在谈话（第二元过程）中带出新的模式。纵观历史，不同的文化演化出了不同的规则，它们控制了群体、社会和组织中的互动。社会学家诺贝特·埃利亚斯（Norbert

Elias）将这些指导我们日常社会互动的无形规则的演化称为“文明化过程”，这一过程可以追溯到好几个世纪以前。另外一位社会学家欧文·戈夫曼（Erving Goffman），向我们展示了这些规则和模式化预期的演进如何塑造了我们在工作和生活中与众多观众之间的互动，又如何决定了我们在面对面的团队中构建、展示和造就自我以及自身角色的方式。尽管这些研究阐明了这些模式的作用，加深了我们对其谱系的理解，然而却没有说明当一个群体或团队现存模式的功能已明显失调时，我们可以采取哪些实际措施。这里所说的功能失调，意味着集体行为的结果明显和参与者的实际意图不相吻合。

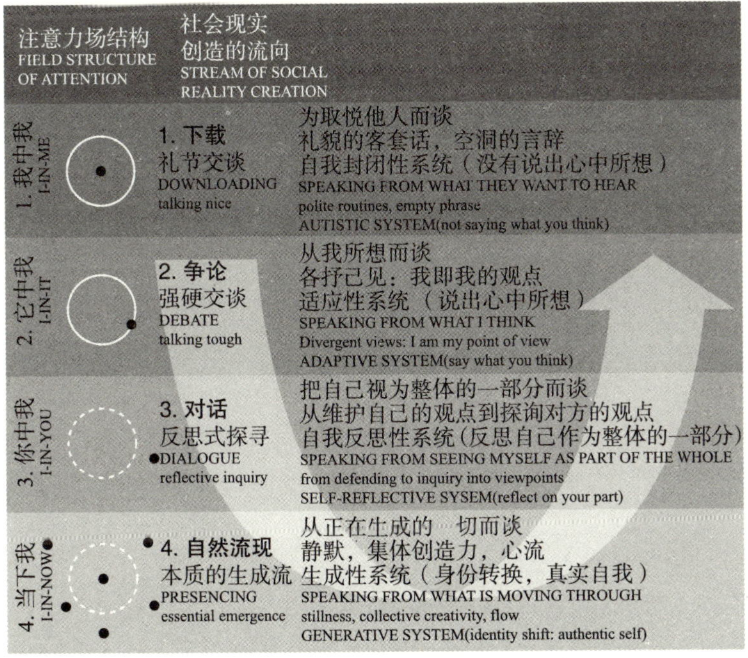


**图 17—1　谈话的 4 种场域**

当面对这些问题和状况时，我们不禁要问，我们到底要怎么做才能使谈话场域的模式发生转换呢？我们采取哪些措施能够帮助一个团队看清、评估和改变参与者集体具化的模式？

以上这些问题以及其他问题共同引发了过去 10~15 年间对富有成效的谈话和对话技巧的兴趣。“对话”这种行为在很大程度上应对的都是观察和暂悬有关礼仪以及脸面的文化规则。比尔·艾萨克斯借鉴了马丁·布伯和大卫·玻姆的研究成果，将对话定义为共同思考的技巧或获得集体智慧的能力，这细化了对“谈话”的 4 种不同场域结构的研究进程。

## 冲突的观点

1996 年，我在德国的维滕 / 黑尔德克大学为学生、艺术家和商人讲授一门为期 4 天的关于艺术、领导力和社会转型的课程。本来过程还算愉快，但是在我的简要讲述之后，一位艺术家说：“你说的我一个词都没听懂。”我感到自己时间尚短的讲座生涯到达了一个前所未有的最低谷。后来，时任德国雨果博斯（Hugo Boss）服装公司的 CEO 阐述了该公司对众多艺术机构的赞助是如何与他们的商业成就相关联的。而此时一位剧场导演厉声说道，雨果博斯服装公司承担社会责任的赞助形式只不过是资本主义体制剥削人民的又一例证，而这实际上是问题的一部分，不是解决办法。这实在是场激烈的辩论，我目睹了一场心智模式或世界观之间生动而猛烈的冲突。

### ‖移出“我的立场”边界之外‖

第二天，我们进行了分组。每个人花 15 分钟做了一个小雕像来表明自己想要创造的东西。接着我们举行了一个类似欣赏画展的仪式，在这个过程中，每个成员对自己的雕像进行阐述。而这对自身和他人想法的真实探究使我们触碰到谈话现实的另一个场域。这种欣赏式探询的场域和前一天的“堑壕战”之间有着天壤之别。

### ‖在纯粹的同在感中自然流动‖

研讨班最后一天的早上，我们以一个大型的开放论坛对话作为本次课程的结尾。而这一对话和第二天的棘手情况之间区别十分显著。相互大声叫嚷被一系列深刻、冷静的谈话所代替。谈话中的坦率、微妙和亲密感反映出了心与心的联结，通过在谈话尾声出现的一阵自发性的安静，大家都感受到了当下的同在感。

反思这个经历，我认识到这个群体作为一个整体，在运作中应用了谈话的不同场域结构。在这个研讨班进行的过程中，我识别出谈话的4种不同的场域结构：下载（礼节交谈）、争论（强硬交谈）、对话（反思式探询）和自然流现（深层的共创流）。从这个观察中得出的对话模式见图17—2。

具化正在生成的未来
ENACTING EMERGING FUTURES

| 整体<br>首要性<br>PRIMACY OF THE WHOLE | | | 部分<br>首要性<br>PRIMACY OF THE PARTS |
|---|---|---|---|
| | **自然流现**<br>生成流<br>集体创造力<br>静默和恩泽<br>从正在生成的未来聆听<br>他人=最高的未来自我<br>生成规则<br>**PRESENCING**<br>generative flow<br>collective creativity<br>stillness and grace<br>listening from the emerging future<br>other = highest future Self<br>rule-generating | **对话**<br>探询，反思<br>我能改变自己的观点<br>从内部聆听（同理聆听）<br>他人=你<br>看到自己是当前整体的一部分<br>**DIALOGUE**<br>inquiry, reflection<br>I can change my view<br>listening from within<br>(empathic listening)<br>other = you<br>seeing oneself as part of the current whole | |
| | **下载**<br>礼节性交谈<br>礼貌，谨慎<br>不说出真实想法<br>聆听=投射<br>遵从规则<br>**DOWNLOADING**<br>talking nice<br>polite, cautious<br>don't speak your mind<br>listening = projecting<br>rule-conforming | **争论**<br>强硬交谈：交锋<br>我即是自己的观点<br>从外部聆听<br>他人=同伴<br>对峙规则<br>**DEBATE**<br>talking tough: clash<br>I am my point of view<br>listening from outside<br>other = counterpart<br>rule-confronting | |

重复过去的模式
REENACTING PATTERNS OF THE PAST

图17—2　谈话的4种场域

## 下载：从场域 1 启动谈话的过程

"你好吗？"

"我很好。"

组织中的许多正式会议都是用这类例行公事的、预先设置好的语言来进行的。为了有效进行这类谈话，参与者需要遵从与他人互相礼貌问候的主要模式，而不是说出他们心里的真实想法。在学校里，我们学会了只说老师想听的话。而这项技巧也正是我们用来对付老板以及在组织中取得成功所必需的。如果这项技巧对我们很有用，那它的问题又出在哪里呢？

从组织学习的角度来看，这种谈话类型的问题就在于它会导致功能失调的行为：它会阻碍团队谈论正在发生的真实的情况。也许团队成员会在别的地方，比如在停车场或者回家的路上谈论真实的情况。但在会议上，他们除了彼此礼貌问候外什么都不做，这纯粹是浪费每个人的时间。如果个人和团队不谈论这些被克里斯·阿吉里斯称为"难以启齿讨论的"困难问题，他们将无法进行反思，无法改变任何状况。一个既定挑战的复杂性越高，就越需要拓宽一个人的谈话本领，需要学习怎样从一个生成性谈话的其他场域开始运作。

下载式谈话的指导思想只是简单复制现有的规则和语句。在个体的下载中，个人世界观局限于现存的心智框架和模式，而在谈话中的下载过程也同样仅仅表述了符合群体主要框架和谈话模式的那部分现实（参与者所经历的）。所说的话（我很好）和实际情况（我快死了）之间的差距越大，系统在未来道路上遇到困难的可能性就越高。

## 争论：从场域 2 启动谈话的过程

"你好吗？"

"很糟糕。"

场域 2（争论）的定义性特征是参与者说出了他们的真实想法，正如那位艺术家说我的讲座他一个词都没听懂，再如有人告诉那位 CEO 他的某些商业实践是有害而愚蠢的。气氛因此高度紧张，每个人都感到不舒服。该群体从复制规则的语言切换到一种激烈的谈话类型，在这种类型中，个体提出了有分歧的观点。

进入场域 1 谈话（下载）的入场券是（不言而喻的）遵从，而进入场域 2 的入场券则是自动自发地站在不同立场，提出不同观点。为了在场域 1 的谈话中获得一些发言的机会，你必须顺应别人的观点。在场域 2，你提出了不同的甚至相反的观点。正如在个人的感知中，从下载到观察的转变意味着开放接纳相悖信息（与我们的心智模式相悖的观察结果）。场域 2 的谈话意味着开放接纳那些挑战主流思想的观点。

用全新的眼光观察事物的能力，可以通过暂悬评判和关注相悖信息得到开发（达尔文总是带着一个笔记本，每当他观察到不符合他的理论的东西都要记录下来）。从下载（客套地交谈）向争论（强硬地交谈）转变的能力，同样可以通过鼓励团队表达不同的观点得以实现，或者也可以营造这样一种氛围——重视个人意见表达高于重视交谈礼仪。

这种互动所构建起来的框架通常是争论。“争论”这个词的字面意思是“斗争或打倒”，正好道出了这种谈话场域结构的模式。人们用他们的论据打败或胜过对手，即那些持有不同观点的人。

辩论风格的谈话在组织中很有用，因为它可以让团队就一个主题在会议桌上得到所有不同的观点。我发现在东亚和东南亚的文化中，进入场域 2 的最好方式并不是（像在西方那样）对抗性的争论，而是让参与者组成一个个小群体，然后让所有的参与者就同一话题分享他们不同的观察结果和观点。这会避免由于注重面子而无法产生不同观点。虽然如此，这种方式仍然传递着场域 2 同样的底线：

表达有分歧的不同观点。

但如果手头的问题需要团队成员反思和改变他们基本的思考习惯以及指导性假设，就还需要另一种不同的谈话类型——按照比尔·艾萨克斯极富表现力的表述，这种类型让参与者意识到："我所说的并非我真正的观点。"我可以暂悬和观察自己的观点，同时观察别人所提出的想法。但要做到这一点，我必须进入场域3。

## 对话：从场域3启动谈话的过程

"你好吗？"
"说不好。那你呢，朋友？"
"我也说不好。我也有种不自在的感觉。"
"哦，是吗？有意思，说说吧，都发生了什么？"

研讨班的第三天，当群体中的每个成员对他们的雕像进行阐述时，谈话的整个流向就从"堑壕战"转向了开放和欣赏式的探询。人们用打开的思维和心灵相互聆听。一位南非工会的黑人领导曾经和一家采矿公司的白人代表共同参加了研讨班，他这样描述在那个研讨班中从争论到对话所发生的变化：

> "他代表着罪恶的资本主义制度，代表矿场的董事会。我则代表全国矿工总工会。1987年，我们带领34万工人罢工，其中15名工人被杀害，300余名工人受了重伤……（那时）他是我的敌人，而现在，创伤依然刺痛，我却和这个人共处一室。我说的是1992年，距1987年已经过去5年了。"
>
> "今天让我说'他也参加了研讨班是件好事'相对容易一些，因为他也不得不生活在一个自己都不相信的未来里……我认为研讨班的作用是使他能从我的观点看世界，同时也使我能从他的观点看世界。"

另一个例子来自一名危地马拉研讨班的参与者。这个研讨班的辅引师是我的同事亚当·卡亨，其目标是在来自该国所有领域的不同代表（从军队代表到游击运动代表）之间创造对话和关于未来的共同愿景："我们能够理解他人，与他人交谈；我们能够尊重他人，我们能做到。我确定这个研讨班给该国的许多人留下了深刻印象。有一个谈话是这样的，'游击队的人在那儿吗？如果是，他们在听吗？在听'。虽然看起来那么简单，但我相信其中某个过程可能影响到那个国家现在所发生的一切。"

作为个人和团队，参与者们开发了一个内部观察机制，来帮助他们专注于自己正在做的一切。他们更仔细地聆听，从争论中游离出来。其中一个参与者回忆了这种谈话类型："我认为其最大的影响，是发现了你通常在多大程度上参与了谈话却没有聆听别人所说的内容。这种情况实在是太明显了，马上就可以开始练习……这是我的心得。"

对话（dialogue）这个单词源自希腊语 logos，logos 在希腊语的原意是"词语"或"意思"；而 dia 的意思是"通过"，合在一起从字面上可以译为"意义的通过"。

从争论（场域 2）移动到对话（场域 3）这一过程包含了谈话展开的基础——注意力集体场结构的深刻转变。在个人微观层面上，从观察到感知的转变是指从将世界作为一组外部物体来看待，到从场域（内部）体验世界。同样地，从争论到对话的转变是指从试图打败相左的观点到互相探究彼此的观点，移入感情，并从别人内心聆听的过程。

当谈话向着对话的场域发生转变时，你的视野拓宽了，将自己也包含进来——你从将世界看作一组外部物体，转移至看到世界是由你自己参与并共同创造的。参与者们在个人和集体层面上开发出了一个内在观察机制，帮助他们认识和转换运作的方式和焦点。这就好比一个人不仅在观看屏幕上的电影，还能看到这部电影的摄影师、导演甚至作为观看者的自身。个体感知到了多重的、动态的、互相关联的角度，而这些角度共同构成一个场域。在患者—医师对话论坛上，这个转变发生在参与者意识到“他们自身就是系统”那一刻的沉静中。当这个转变发生时，人们从辩护自己的观点变为探究这些观点，并且发言也建立在将自己视为问题系统一部分的基础之上。

## 自然流现：从场域 4 启动谈话的过程

“那么，奥托，我想知道你是否希望你和你的工作得到我们这个圈子的支持呢？”

当芭芭拉问我这个问题时，我感受到 7 人圈中气氛发生了变化。

时间放缓，空间开启。在我的访谈项目中，我多次遇到这种向实质性深层生成空间的转变。当这种转变发生时，时间放慢到几乎要停滞，气氛更加凝重，我的空间感打开了，我仿佛身处一片空地或更大的空间。空间开启，在我们周围并通过我们透射出来。我和谈话对象之间的边界现在完全打开，我们开始在一个共同的场域中运作。这时，感觉仿佛有什么在庇护着这个共有的同在。谈话从自我反思转向正在生成的一切。“我不能随意说话，”就像 7 人小组中莱斯莉所说的，“当融入一个更大存在，需要发声时我才讲话……我们已经进入了场域。”

这种深远的共同创造的情况开始时通常会出现一道“裂缝”，会出现放下和接纳的转折点，我们之前描述为“感觉自己大限将至”或“冲破了一道隔膜”。

场域 4 的谈话与对话（场域 3）相比，不仅体验质感有所不同，还会带来两个不一样的长期结果：参与者间独特而深入的联系；整个群体和个人都常会有重大收获。

我承认这个说法的证据更多来自大家的感悟而非统计数字，但这两种谈话的结果的确形成了自己的模式。比如参与的群体和个人都建立起了深层的联结纽带。他们能感觉到深层的、忘却了时间的联结将不会消逝。你可能不会特意谈及它，但是它依然存在。这就好像你和最好的朋友在分别多年后重逢，会发现你们依然“合拍”。而曾进入过自然流现深层流向的团队或群体通常发现下一次进入会容易得多。

自然流现在个人和集体层面上，都能够让我们与自己工作的本质和自我的本质深刻联结。触及这个根源可以转化为真正的力量，但需要大量的注意力和努力才能将这一新事物变为现实。有时我们可以联结，有时则不能。

我的同事亚当·卡亨讲述了一个成功实现的例子。正如之前提到的，他当时在危地马拉领导一个国家项目，那时危地马拉正处于一场巨大内战后的复苏时期。这个项目的主要目的是帮助参与者看到他们前进过程中所需要应对的各种阻力。项目初期的某天晚上，参与者们在晚饭后坐在一起，讲述他们认为能说明某些阻力的故事。一个女商人谈了如何设法揭露她的姐妹被军队暗杀的事实，而一位此前和她就此事交涉过并否认有任何牵连的军官就坐在她旁边。

接着，人权活动家罗纳斯·欧查塔（Ronalth Ochaeta）讲述了他去玛雅族村庄的一次经历，当时他亲眼目睹了对由于大屠杀所形成的一个巨大坟墓（许多坟墓其中之一）的挖掘工作。刨开土地时，他注意到很多很小的骨头，他问法医这些人的骨头是不是在大屠杀中被弄断了。法医告诉他并非如此，这个坟墓里有孕妇的尸骨，而这些小小的骨头是她们腹中的胎儿的。

“当欧查塔讲完了他的故事，”亚当说，“整个团队都安静了。我一直主持这个讨论会，此前从未经历过这样的静默。我也懵了，不知道该说什么或该做什么，所以只好待着不动。这样的安静持续了很长一段时间，可能有 5 分钟……讨论会的结尾，我做了一个不同寻常的总结：‘我觉得这个房间里充满了精神能量

(spirit)。'”亚当在讲述的时候，能感到人与人之间的隔离感被减轻了；两位参与者谈及这个体验时说这宛如一场“心灵共享”(communion)，他们从欣赏对方的不同观点转移到共同形成一个整体的“我”。

亚当说，“听欧查塔的故事所引发的感情并不是对他的同情。这个故事并不是关于他自身的，他讲述时也不带任何感情色彩；在这个房间里的其他人可以讲述他们自己类似的亲身经历。然而欧查塔是载体，将这个至关重要的故事带进这个房间，让整个团队听到它。每个故事都是包含了整个画面的全息图。在欧查塔的故事中，团队看见了危地马拉本质的现实全貌：他们需要联结到事实真相，并据此展开行动”。

当沟通到达心灵融合的境界时，参与者认识到了彼此的共同点，深深地感受到了他们在此的目的。所有的互动和谈话开始从一个不同的空间发散开来；一个深层联结和实质的生成流开启了。

## 生成流的谈话场域和反场域

图 17—3 展示了谈话场域更具差别化的一种类型。它与图 17—1 的区别有两个方面。第一，它显示了 U 型图右半边的三种额外的谈话场域。这三种类型是：战略对话（意愿性生成），头脑风暴（创造性生成）和运行（嵌入性生成）。它们都属于以自然流现为基础的谈话（也就是说，它们具有相同的联结到源头的注意力场结构）。三种类型中，个体的行为都发源于深层次的源头。但是它们适用于不同的情境，每种类型捕捉到了新事物形成过程中的不同阶段：作为一幅画面和意图；作为现存的原型；或作为每天的行为。

你将注意到图 17—3 中还有些别的新东西——一块社会病理的黑暗区域，在这块区域中不会有对话发生。

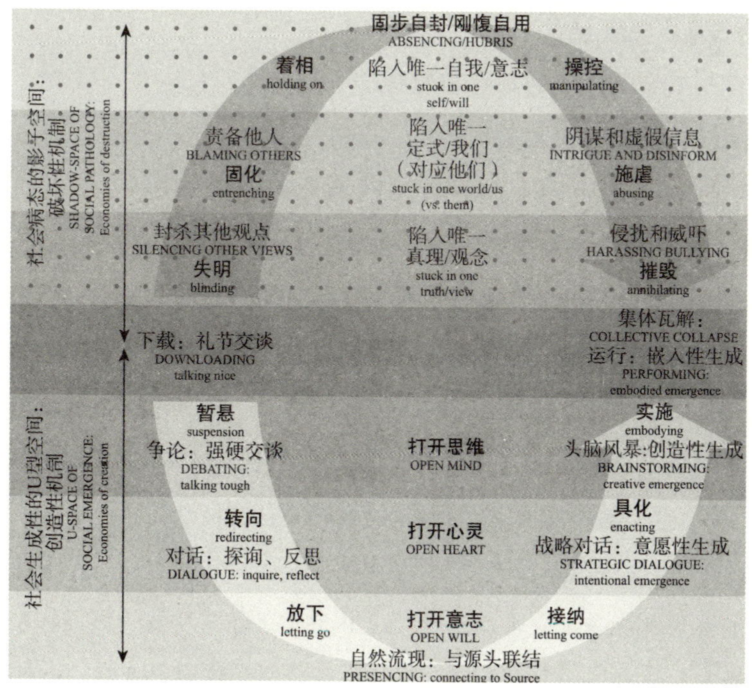


图 17—3　U 空间和反空间：谈话

## ‖为什么有时对话不会发生‖

看看我们身边，许多系统和机构被深深地困在了下载模式中。下载是通过什么机制变得如此根深蒂固的？为什么这么多的系统被困在病态的行为模式中呢？

社会系统会通过我称为“固步自封的谈话”的循环陷入社会病态中。它是自然流现循环的对立面。我们现在就来看看“固步自封的谈话”的 7 种削弱行为。

1. 下载。

重演过去的模式。下载是固步自封循环中其他所有行为的种子和母体，正如关注和好奇是自然流现循环中所有行为的种子和母体一样。

2. 封杀其他观点。

领导者并不鼓励分歧的观点和健康的争论，反而打击不一致的看法，否定与其认知相悖的信息，屏蔽其他观点。思考一下第 8 章中全球健康公司的第二任 CEO 的例子，“他是一个破坏性的领导者，”该公司的一名高级经理这样回顾道，“如果人们不同意他的做法，他就直接把这些人开除。如果你说了一些不应该说的关于公司的事情，也会被炒鱿鱼——你的工作就是保护公司。”关于这点，另一个著名的例子是“挑战者”号航天飞机的失事。美国国家航空航天局的谈话封杀了所有包括相悖信息的观点，而这些信息对后来的飞行成败至关重要。另一个屏蔽分歧观点的例子（常常是无意中的）来自于约瑟夫·斯蒂格利茨（Joseph Stiglitz），他叙述说国际货币基金组织（IMF）的内部工作导致过去采取了许多不明智的政策：“那些政策没有受到国际货币基金组织中掌权人的质疑，没有受到那些制定重要决策的人的质疑。这些政策通常都是被发展中国家的人们所质疑的，但这些人大都害怕他们会失去国际货币基金组织的资金支持，即使有疑虑也要特别小心地表达，之后干脆只在私下里说说算了。”

3. 责怪他人。

责怪他人会掩盖处理社会复杂性和社会冲突时最重要的现实，妨碍个体从其他利益相关者的视角来看待自己，明白自己对眼前的问题也负有责任。责怪他人的谈话模式阻碍了团队了解最重要的社会复杂性，即将自身视作眼前系统的一部分。当压力增大，而系统被困于责怪他人的谈话类型中时，可以预见其结果也会是丝毫不起作用的。构成这种谈话类型基础的反能力躲进自己的小世界里，而不去越过边界接触外面的世界。责怪他人意味着不与他人联结，无法了解他人的真实观点。即使在有着良好个人意图的大型机构里，这种情况也会经常发生。斯蒂格利茨的优势在于，他没有在国际货币基金组织的内部政策中陷得太深。所以对他而言，同时连接到国际货币基金组织的观点和另一方的发展中国家的观点并不那么困难。斯蒂格利茨也会为另一方说话：“如今很少有人会为这种伪善行为辩护，即假借帮助发展中国家为名，强迫他们开放市场，接受发达工业国家的商品，同时却又保护这些工业国家的市场。这些政策使得富者更富，穷者更穷——也更气愤。”这样的伪善不能仅仅被当作是个人行为问题，只能把它作为集体现象来对待，其中现实感知的一些方面被结构性地过滤掉或屏蔽掉了。

**4. 固步自封和刚愎自用。**

假如责怪他人是横向地与他人断开联结，那么固步自封就是纵向地和自己——一个正在发生的或真实的大我，断开联结。这种联结的断开在某种程度上是最微妙的也是最富戏剧性的。我曾参加过一次电话会议，目的是为一家全球知名的国际组织的高层决策者集会进行策划。当那位客户，同时也是会议的赞助者，概述他的想法和会议的要点时，我感到自己在默默地退出，因为他所描绘的并不是他、他的核心团队，或我所预想的。在和他早先的谈话中，我本以为自己要参加的是一个更加大胆且有突破性的会议，可现在我觉得他修改后的提议只会浪费大家的时间、精力以及我本应该有的贡献。那一刻我仅仅是碍于礼貌才回应着他所说的。但是在内心深处，我知道照着这位客户现在的计划走下去，他以及核心团队的其他成员所期待的未来可能性就会毁于一旦。心里悟到这点之后，我后悔自己不应该碍于礼貌而随波逐流。虽然我觉得必须设法挽救局面，但却不知该从何做起。

那天晚上，在与该客户一对一的谈话中，我表达了我的担忧。随着我们重新找到了谈话的一致方向，我们俩都感受到了起初与最高未来可能性的那种联结。

正如这次电话会议所表现的，固步自封隐含着一层蓄意破坏。这一层非常隐晦，只有当它发生时你才会注意到。你在蓄意破坏谁？你的真实大我，及其与其他关键核心方面的关系——你和你的项目或团队的最高未来可能性能否实现完全取决于你。一旦你切断了和真实大我之间的生命线，你会立即感到一种内在的空洞。这种空洞常常很快被昨天，甚至是前天的小我和其他东西（如在法西斯的例子里）所填满。如果出现了这种情况，你很快就会失去和想要发生的一切的联系，最后落入集体自怜或刚愎自用甚至两者兼具的深渊。

固步自封和刚愎自用是自然流现的反面。在自然流现的情况里，自我作为载体，能够带来为更大的整体生成的最佳未来可能性。反之，当人们将私我、小我或自怜置于中心，周围的世界就变成了任由自私自利和刚愎自用无限盘剥的资源。这种差异很重要，因为它能够澄清诸如纳粹德国是属于固步自封的情况，而不是自然流现的情况。希特勒和他的同伙确实有一些超出我们理解范围的手段，可惜只用来为他们的集体私我服务。他们的狂妄自大将自己不偏不倚地置于中心。他们试图把其他国家变为自己的资源。结果，他们无法将私我撤出中心舞台，因此无法激活本应该正在生成，能够带来更大整体演进的更高大我。

病态集体其余的三种活动，即“U 型阴影”的右半边，完成了固步自封的过程，正如 U 型图的右半边完成了自然流现的过程一样。

**5. 阴谋和虚假信息毒化了谈话和思考的集体源头，加剧了系统与其最高未来可能性的联结断裂。**

他们通过隐瞒真相或将虚假信息植入共享的谈话空间，来达到操控别人观点和行为的目的。两种手段在组织和公司政策中都得到了广泛的应用，同时在通过秘密机构展开的外交政策中也非常普遍，约翰·珀金斯在《一个经济杀手的自白》（*Confessions of an Economic Hit Man*）中就提到了这一点。

**6. 侵扰和威吓则进一步毒害了互动和关联，主要是指对个人或群体持续的口头或武力袭击。**

这些行为大范围地发生——发生在幼儿园的操场、发生在组织的会议室甚至发生在政府礼堂，我们几乎随时随地都能见到。创造性的头脑风暴能够孵育正在生成的未来可能性的微系统，而侵扰是终结正在生成的未来的微系统。

7. **集体瓦解是破坏关系结构的最后一步。**

正如运行通过具化正在生成的未来完成了自然流现的活动，瓦解通过驱散潜在的未来完成了固步自封的活动。

总结起来，在图 17—3 表示黑暗空间的左半边描绘了这个循环运转的三个基础：当一个系统从生成流的三条生命线——外部情境、内部情境和生成流的深层源头切断时，系统将陷入瘫痪。封杀其他观点会切断系统与可观察外部现实的联系，比如“这部分现实不符合我们的惯例”。责怪他人会切断系统与内部现实的联系，即系统从另一个利益相关者的视角看待自己的能力。固步自封会切断与最高未来可能性的联结。切断了这三条生命线，剩余的谈话类型就只会（通过阴谋和虚假信息）污染、毒害和病态化集体思考，只会（通过侵扰、胁迫、扼杀创新）毒害正在生成的未来的缩影，以及最终破坏结构化的集体根基本身（集体瓦解）。

借助图 17—3，我们可以对每时每刻发生在组织和机构中谈话的集体现状进行一些诊断性观察：

- 大多数组织的参与者的个人意图，都是要从创造性的生成流空间运作，而不是从病态的黑暗空间运作。
- 然而集体造就的结果却是，在许多甚至大多数组织中的谈话都发生在反生成流的病态空间中，而不是发生在生成流的创造性空间中。
- 所以，我们集体造成了没有人想要的结果：在病态谈话模式的毒性气氛中活动。
- 这种谈话空间的毒性或局限性表现在两个方面：它阻止了个体参与者接近其存在和意识的更深层次；它阻止了集体机构接近深层集体生成流，使其无法与环境共同进化。
- 受污染的病态谈话空间所导致的无效结果，常常通过聚焦于反生成流的右半边来解决，但是这种无效的行为源于破坏性循环的左半边（和顶部）：它切断了与内部世界和外部世界相连的生命线。

假如黑暗空间或破坏性的循环是无效的，是每个人都不想要的，那么为什么世界还牢牢地被其掌控呢？这是现在最困扰我们的问题之一。我们之后再来讨论这个问题。

通过这些观察所引发的另一个问题当然就是：我们怎样从破坏性的空间移动到谈话的创造性U型空间中去？我们来看一些实际的问题。

## 在组织中运用对话访谈

对话访谈在许多不同的组织情境下都会有效。例如，在为一家全球领先的汽车公司新晋升的主管进行的领导力项目中，整个过程以开场对话开始。这个谈话（用电话进行）需要90~120分钟，谈话内容包括当前的问题和挑战，以及将这些受访者带到当前的个人领导力的旅程。过去10年间，和我一起开发和打磨这个方法的厄休拉·维尔斯蒂根描述了她的一次经历。

“不久以前，我与沃尔特进行了一次对话访谈。对我而言，对话中最艰巨的挑战出现在当我必须‘从桥上跳下去’的时候。将自己从安全的地方推进完全的‘同在’是我在访谈中最困难的时刻，当我感受到这一刻正在逐渐临近时，我非常害怕。但是一旦我战胜内心的犹豫和疑虑，勇敢地跳下去，这就成了最自在、最美妙的存在方式。”

“沃尔特是一家全球汽车公司的工程师。他告诉我说，‘我记得自己10岁的时候就想成为一名工程师，从事跟汽车有关的工作。当我还是个孩子时，我就把大量的时间花在废弃汽车堆积场而不是游乐场上’。10余年中，沃尔特在不同的工厂和地区担任着质量专家的职务。当沃尔特说起他热爱的汽车时，我连听都觉得很享受：‘从一开始，所有人就都与我并肩战斗。我很早就被委以重任。’我几乎能触碰到他对制造高质量汽车的自豪感。”

"'这几周以来,'他接着说道,'我一直在人力资源 / 劳资关系部门。对我而言,这是一片陌生的领域。这儿有一份冗长的事务清单。'他开始念这个清单:'我现在要负责:工作组织架构、组织重组、工厂的领导机构、工会、健康管理、病例清单报告、健康维护、就业保障、老龄劳动力、新的雇用模式以及艾滋病高发国的病原传染情况。我的挑战在于,我该怎么说服工厂的员工参与健康管理?我该如何与工会谈判,向他们推销我们的理念?我该如何在没有正式权力的情况下为需要遵守所有这些规则的人们制定决策?"

"他向我宣读了那个清单之后,我顿时感到一阵疲惫。过了一会儿我才意识到,自己的能量水平已经从 100 降到了 0。为什么?发生了什么事?我继续听他讲述那些挑战,并且注意到他也有了变化。他的声音变得更加僵硬,语速也加快,他说话的方式让人感到更加疏远、更加封闭,也许甚至更加坚决、武断。我开始有点听不进去了。他仿佛从一个友善的、热情的生产线工人转变成了一本正经的官僚角色,早已盘算好了工厂所有的员工必须做什么。我也感到疏远。我心里开始慢慢对这些可怜的生产线人员产生同情,他们将成为所有公司活动的目标。我开始问其他的利益相关者的问题:'就你现在的新工作而言,你将与哪些最关键的人对话并获得不同的看法?'我暗暗希望那些利益相关者能告诉他一些我觉得我无法告诉他的东西。'哦,我已经这么做了,'他马上说道,'在做第一个 100 天的就职访谈时就做了。我告诉他们我的责任并征求他们的意见和建议。我还要再做一次吗?'"

"我看到自己站在了'桥'上,我知道自己必须'跳下去'来改变对话局面。但是一种难以置信的内在重力将我拉了回来。一个我在说,'告诉他为什么这种与利益相关者对话的方式没用。'而另一个我,稍有胆怯,他在说,'打开你的心,允许他改变你。'那一刻,一段记忆涌上心头:不久前在一家国内制药公司总部工作时,我曾面临过和沃尔特同样的局面。我必须说服业务部门和生产部门接纳一些理念、说明和待办事项，而这些我自己都没有接触过。不知为何，越是觉得无用，我的沟通风格就越变得死板和教条。”

“想到这里，我跨出了那一步：‘在听你说的时候，我开始思考在工厂工作和在总部工作的不同。’我看到他暗暗点头。我们之间的距离开始消融。我的语速放慢，发自内心地说起那时觉得失落和无用的自己：‘我不知道我的一些经历是否与你现在的情况类似。’我说话时如履薄冰，等待着合适的词语毫无征兆地出现。‘当我有一次问生产部门的员工需要我做些什么的时候，他们的回答是，维尔斯蒂根小姐，很遗憾地告诉你，我们根本不需要你现在所做的一切。’”

“沉默。我甚至都能听到针掉到地上的声音，但是这样的沉默蕴含的是纯粹的能量，我听到了深深释然的声音。随后，沃尔特说，‘这也正是那些人对我说的’。就在这一刻，整个谈话发生了转变。我问他，‘此前你提到过，在生产中所学到的最关键的东西是，同样一件事情从外部观察和从内部观察看起来是不一样的。这一点该如何应用于你现在所面临的局面呢？’”

“时间慢了下来，我们开始进入一股流中。终于他说：‘噢，有一次访谈不太一样。那次的访谈对象是一个我很了解并且很敬重的生产主管。我并不是以一个劳资关系工作者的身份与他交谈，而是仍以一名生产主管和同事的身份与他交流。他说，‘沃尔特，作为公司代表，你给我的答案我并不需要，因为我没有这些问题。但是作为同事，我有许多问题和事情需要你的帮助，需要你帮我找到创新型的答案。’”

接着，厄休拉问沃尔特：“他为什么这样对你说？”沃尔特回答道：“我猜是因为我能从他的角度看待问题，能从生产的角度看待公司管理。而在其他的访谈中，我是从外部看问题的，从公司管理的角度看待生产。现在我发现这种差异又给我带来了一个新问题：到底应该是公司围绕着生产线来组织，还是生产线围绕公司来组织？作为一名前任工厂经理，我能应用新职位将谈话从以公司为中心转变到以生产为中心。”

## 运用对话识别大规模变革过程中正在生成的主题

实施组织变革和大型系统变革的一个常规挑战是，分析关键利益相关者的见解。对话访谈是获得这些见解的有效工具，同时也能够将这些利益相关者彼此相连，与这个过程相连。例如，在患者—医师对话论坛中，我们有 130 个访谈可供分析和量化。其他项目也收集了相应的数据。我发现了以下 10 个有助于分析和综合访谈数据的步骤：

**1. 准备。**

采访者团队（通常由内部和外部人士共同组成）通过阅读访谈的完整记录来准备。每个成员都要做好准备，并且从这些访谈中挑选出能够表达系统性问题的片段。

**2. 开放。**

首先，每个访谈者分享访谈项目中“触动了我”或“触动了我的心”的短小轶事。虽然讨论是轻松的、非正式的，但是这能确定基调。几分钟之内，这些故事就激发出了社会场域的火花，这些火花促进并预示了过程的后续阶段，并且迅速确定了事情的中心点。然而，坚持跟进数据很重要，要点是分享而不是过分解读这些故事。

**3. 清晰地表达讨论中的意图和核心问题。**

随后，真正的工作开始了：清晰地表达出变革是否重要以及为何重要、项目的目标以及该项目在组织过程中的核心问题。

4. 合奏。

观察、观察、再观察。观察和感知活动的主要部分是围坐在一个大圆桌前，每个人面前都放着谈话记录，然后大声地读出来。这样的朗读很像一场即兴演奏会：乐器是你所遇到的人——你的访谈对象；乐谱是你面前的访谈记录；你所创造的音乐作品是观察和感知正在生成的系统的社会艺术，这种社会艺术正是你设法从访谈对象的想法和言语中引发出来的。

正如精彩的爵士演奏会或即兴创作一样，这其中是有规则可循的。在这个舞台上首要的规则是暂悬评判。你不允许说“我喜欢这样”或“我不喜欢那样”，甚至不允许说“我想这样”或“我相信那样”。这个舞台上没人对访谈者所持的观点或信念感兴趣。这类表态甚至会扼杀整个进程。在这个舞台上，只有一件事情最重要：访谈和故事中捕捉的真实体验。其他的一切在这个舞台上都是噪音，都应该被过滤掉。

某个人开始宣读一段她觉得很重要的访谈记录。她可能还会提供一两句背景。接着会有一段暂停。暂停中孕育着火花，触发另一个人宣读另一段访谈记录，内容与第一段是否相关并不要紧。她也可能会发表一些评价加在背景当中。紧接着会有另一段暂停以及第三段访谈记录的宣读，以此类推。这就像是一幅拼贴画，每段访谈记录是这幅画的一小块儿。当所有人把手中的碎片都摆在一起之后，一幅图画就呈现在大家眼前。这个过程需要好几个小时。当他们朗读这些记录时，整个团队越来越深地潜入现实之流。他们有了共同的节奏，学习聆听宣读之间的暂停空白（深潜），领悟到那些未曾言明的精髓——此时无声胜有声。

5. 从场域中感知。

在聆听访谈记录拼贴画呈现的过程中，参与者们开始同频至其中一些正在生成的模式、画面乃至极点上。随着故事和访谈引述数量的积累，他们开始将聆听的场所转向从整体聆听，即从所有例子、故事和访谈引述出现的共同场域来聆听。

在一个挂图的中心画一个空心圆圈，在中间（你的聚焦）写一个问题或一个关系，然后将你听到的所有与这个问题相关的都写在一个小圆圈里，聚集在第一个圆圈周围。每一个小圈都是这个核心现象的不同表现形式。例如，你在圆心写下医患关系，然后你在周边的小圈中写下这个现象的所有不同表现形式。你会有许多这样的思维导图（mind mapping）的挂图，将它们并排展示，你会发现正在生成的模式和主题的过程。

这个练习将团队的集体思维沉浸于场域或系统的有形的详细议题之中。每个访谈引述都可以理解为场域更大运动的一个“足迹”。通过共同朗读和聆听每个引述，团队的集体直觉思维与这些足迹相连，而后又通过同时保持和联结这个动态足迹的整体而与场域的活动联结。

当思维开始观察到这些活动，开始从这些活动观察现实（转向）时，画面、想法和问题就开始生成了。这时你所要做的一切就是关注它们。

**6. 本质的生成流。**

随着谈话的进行，你试图深化和结晶生成的模式和主题。你开始将这些图画和模式浓缩，提炼出那些能够引起共鸣，能够捕获和契合人们关键体验的精华。然后，你会问：是什么样的场域力量决定了一个现象在此空间或彼空间显现呢？引起一种模式以此种或彼种方式运行的系统和场域的主要条件有哪些呢？

当结晶了这些核心主题、模式和难题，并且深化了对建构起这些生成流模式的主要场域条件的理解时，你就会更加关注从思维“后门”涌进的东西。正是在这个阶段，团体开始担当起未来生成的工具。为了实现这个目标，至关重要的一点是让自己投身于为正在生成的未来可能性所提供的无条件的服务中。从这个角度看，自然流现就是带着将要生成的未来可能性进入场域对话的这一过程。除非你将心智的后门打开，否则这类对话发生的可能性微乎其微。

此外，你要将注意力转向根本问题，比如：想要从这些引述、观察和形成的力量中涌现的事物的深层本质是什么？有哪些限制性因素使这些功能失调的系统继续存在？在目前的系统中谁是被排除在外的“失语者”？什么能将系统/场域与其真正的源头重新联结起来？现在摆在我们面前的还有什么问题？

**7. 结晶。**

结晶过程包括确认本质特征、核心主题和问题、系统性问题以及使这些充满生机的关键引述。结晶的结果是绘制出前进的道路。

**8. 塑造原型。**

在一个小型利益相关者聚会上检验你对系统的分析，这将为你分析的内容和形式提供一些即时的反馈和改进建议。

**9. 提出和执行。**

在一个类似医患对话论坛这样的多重利益相关者或系统的小规模会议上提出、讨论并深化结果。朗读一些原始的访谈引述来触发和唤起团队的集体场域，辅引集体生成流的到来。用这个小规模会议的集体场域来生成和启动关键提案，从而将系统从目前状态带到最佳未来可能性。

**10. 行动后回顾（After-action review）。**

回顾、反思和存档所学到的东西。

我曾与一个大约10人的团队进行访谈分析会议，他们来自于美国最受景仰的公司之一，这经历至今还历历在目。为了从内部视角感知组织的未来发展，这个团队组织实施了100次对话访谈，访谈对象包括高层管理者到一线员工。最后，我们试图用一句话来概括所有这些不同观点的本质。我们已经颇为详尽地探讨了这个本质，但却无法把它浓缩成一句话。当时间逐渐耗尽、会议即将结束时，一位女士做了最后的尝试。她说："我被两个世界撕扯着。在一个世界里，我是运转于压力、权力、效率和控制之下的机器。而在另一个世界里，我是一个生命存在，正在进入一个以全新方式开放、联结以及进化的空间。我感觉自己在这两个世界之间被撕裂了。"

她的话改变了房间里的能量。她感受到了一些新东西。使我格外注意的是，她从"我"开始谈起。在她之前的每个人都是从第三人称的视角出发来发表观点的。她的发言如此有力，是因为这个"我"的模糊性。是她个人的"我"吗？还是她从公司集体"我"的视角表述着组织的体验？

总而言之，在U型空间和毁灭性的反空间之间的动态是非线性的和辩证的。一个空间几乎可以在瞬间反转为另一个空间。这个过程不是线性的——正是出于这个原因，它被描述为黑暗的或反空间的。对这个空间的分析提供了深化的系统理解，而此前我们常常将其忽略：为了解决右半边普遍的问题（操控、施虐和瓦解），我们必须关注左半边以及顶端：将内部和外部的情境重新联结起来。病态黑暗空间最微妙的源头可能是自我蓄意破坏或固步自封。固步自封带来的问题是，除了你没有人会及时注意到其发生。所以你必须唤醒你身体里一个类似眼睛的器官来指引你穿过这道门槛。这是你的意识之"眼"。我们的注意和意愿的火花发源于这个像眼睛一样的存在，这正是我所谓的"当下我"。这是真实的同在和力量不可见的根源。

## 谈话场域的进化道路

谈话很重要。它们构成了我们创造这个世界的第二元过程。有时我将谈话看作是活着的生命体，并问自己：作为谈话的参与者，假如我们的工作是帮助它们进化，帮助它们从进化和意识的低级阶段发展到高级阶段，那么我们的所见和所做会有什么不同吗?

这正是我要用图 17—4 设法表达的。图中显示了谈话场域的 4 种发展旅程，结果是谈话的 4 种不同类型。黑色字体描绘了 4 种旅程的最终阶段——下载、争论、对话和自然流现。然而，黑色字体没有道出的是形成该谈话类型的不可见旅程。这种由普通字体体现的隐匿旅程，描绘了场域的发展状态。这 4 种旅程的区别在于，谈话冲动（conversational pulse）迅速地具化为谈话的内容。

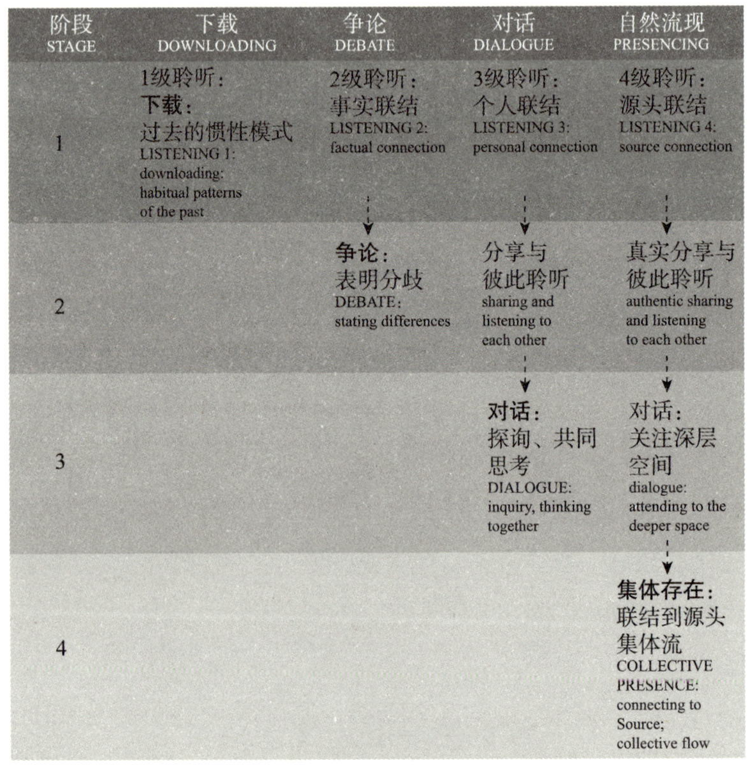

| 阶段 STAGE | 下载 DOWNLOADING | 争论 DEBATE | 对话 DIALOGUE | 自然流现 PRESENCING |
|---|---|---|---|---|
| 1 | 1级聆听：**下载：**过去的惯性模式 LISTENING 1: downloading: habitual patterns of the past | 2级聆听：事实联结 LISTENING 2: factual connection | 3级聆听：个人联结 LISTENING 3: personal connection | 4级聆听：源头联结 LISTENING 4: source connection |
| 2 | | **争论：**表明分歧 DEBATE: stating differences | 分享与彼此聆听 sharing and listening to each other | 真实分享与彼此聆听 authentic sharing and listening to each other |
| 3 | | | **对话：**探询、共同思考 DIALOGUE: inquiry, thinking together | 对话：关注深层空间 dialogue: attending to the deeper space |
| 4 | | | | **集体存在：**联结到源头集体流 COLLECTIVE PRESENCE: connecting to Source; collective flow |

**图 17—4 对话场域结构的进化**

第 1 列向我们展现了第 1 种谈话场域（或谈话生命体）。当一个谈话冲动直接且立即以一种方式显现出来的时候，就形成了这种场域。而这种唯一可以瞬间成形的方式就是过去的模式："你好吗？我很好。"

第2列向我们展示了从最初的冲动到具化为谈话内容之间的过程，在稍微复杂一些时，同样的谈话冲动会有何表现。首先，我们要经历与现场真实信息的联结（打开思维）。如果这种联结先发生了，那么所引发的谈话场域通常以陈述区别（争论）或仅是对当前局势发表不同观点的方式显现出来："让我就这个话题提出不同观点。"

第3列向我们展示了当在冲动和谈话内容之间的过程更加高级的时候，谈话场域会处于何种状态。首先，与情境的联结会更加个人化、体验化或同理化（打开思维、打开心灵）。其次，谈话会有一个各位团队成员互相分享和聆听的阶段。这需要人与人之间真诚地感同身受。只有在这个热切地互相聆听的阶段之后，团队才能做好准备，移动到集体真实思考的空间（对话）。还记得沃尔特的经理在长时间聆听之后作为朋友所说的话："沃尔特，作为公司代表，你给我的答案我并不需要，因为我没有这些问题。但是作为同事，我有许多问题和事情需要你的帮助，需要你帮我找到创新型的答案。"

第4列展示了谈话元过程的另一个进化阶段。它展示了从最初的冲动到谈话场域显现之间最与众不同的旅程。该旅程历经4个阶段：第1阶段仍旧是联结情境场域。与上述类型唯一的区别是，在这种情况下，随着谈话的展开，与场域的联结会变得更加真实和深入。接着是第2阶段，谈话进入了真正的分享阶段。此阶段也属于"空白画布"的范畴，因为我们需要清理空间，以一张完全空白的画布的状态互相聆听，纯粹地聆听。想想那个即兴合奏，仔细琢磨每个访谈引述。想想厄休拉，她不但聆听她的访谈对象的述说，还聆听她自己的内心和能量。接下来第3阶段就要进入对话了。此时，不能局限于进行普通的对话，还要把注意力和意图聚焦于正在生成的深层源头和空间。想一想厄休拉在“桥上”，她知道那一刻已经来临。她问自己：“我准备好跳下去了吗？”在这个阶段，作为一个辅引师或参与者，你所要做的是不断检测将要出现的更深远的事件、问题或语句。在冥想中你常常用祷文与源头相联结；在这类谈话中，你设法感知将要出现的哪个语句、问题或事件是现实祷文（reality-mantra）。如果在一段自然生成的静默中集中并增强注意力，现实祷文将帮助团队与源头相联结。想想亚当在危地马拉听完关于巨大坟场和胎中夭亡的孩子的故事后，坐在团队中的那一刻。“静默持续了很长的一段时间，可能有 5 分钟……我感到这个房间里有种精神的力量……”

言辞（languaging），恰如思考，是我们创造世界的元过程。但是也正如在思考的情况当中，我们常常忽视了这个过程及其如何塑造我们集体创造世界的方式。图 17—4 提供了类似地图的工具，帮助我们观察集体创造的不同场域结构。由黑色字体体现的谈话阶段展示了 4 种谈话场域中比较明显的方面：谈话冲动所具化成的某种谈话的形式。对比之下，普通字体体现了不那么明显的发展方面。而这些不明显的方面非常重要，因为它们决定了一个特定的谈话冲动到底会以下载、争论、对话还是自然流现的方式显现出来。这 4 种类型的谈话场域的区别在于，谈话冲动和其在谈话之间的表现各不相同。

任何特定的谈话场域都能在图 17—4 所绘的整个版图上活动。例如，我之前提到的在德国一所大学举办的研讨班，从下载移动到争论，接着移动到对话。当然，一个团队越是熟练、有修养，比如厄休拉的对话访谈或 7 人圈，谈话就越容易被吸引到第 4 列中普通字体所体现的通路（自然流现）。

就其本质而言，谈话将我们与集体智慧的力量相联结。谈话可以仅仅是影子——空洞的措辞（下载）。它们也可以将我们与他人的观点相联结（争论），甚至可以将我们与他人更深地联结（对话），或者可以将我们联结到集体创造世界的深层次源头。当这一切发生时，谈话就将我们与真实的自我（自然流现）相联结。当行为发源于那个更深层的空间时，我们就开始成为比自己更大整体的工具或元素。我们开始与“包围着我们的存在”相联结。我们从正在发生的一切开始运转，从当下的力量开始运转。

这将我们不偏不倚地带回之前讨论过的难题上：大多数个体渴望从谈话和觉知的更深层次开始运作，而当前的现实是，大多数的机构和系统还牢牢地被病态的破坏性模式束缚着。为什么？

因为我们不知道如何开启图 17—4 中所描述的不可见旅程。该旅程要求我们在谈话开始前，即将谈话冲动付诸行动之前，先加深我们的注意力。

所以，如果那种看不见的能力的确是关键所在（只是为了论据起见），而且你想阻止人类接近这些深层的领悟，你会怎么做呢？你将炮制一个什么样的方案呢？

这里有 5 个点子：

- 把你的孩子放在电视机前，越经常越好（完全消除人际交流）；
- 鼓励他们在视频游戏中消磨时光（杀手游戏能最好地帮助他们重现之前在电视上看到的暴力）；
- 把他们送到学校，使他们深受下载类型的教学方式的毒害，这将阻碍他们开发打开思维、心灵和意志的能力；
- 注意力缺乏症一旦发作（这是从前三项中完全可以预见的结果）就用药物让他们安静下来；这样可以确保他们的身体对周围不健康和非人道的环境所做出的反应只能得到表面症状上的处理，而没有人理会根本原因；
- 确定以应试教育（不让任何孩子落后）为基础教育策略，保证老师们在未来若干年里，无法创造出让我们的孩子体验和探索深层意识、创造力和觉知的环境。

悲哀的是，这些并不仅仅是想象中的情况，而是实际情况，它说明我们如今是怎样阻止孩子与觉知的深层源头相联结的。但是换一个角度看，如果这是我们为孩子架构世界的方式，我们就同样有力量改变这种方式。

THEORY U

Leading from the Future as It Emerges

# 18

# 自然流现的原则和实践：引领深刻的创新和变革

引领深刻变革就是转变系统运行的内部场所，这只能通过集体协作来完成。本书中我们把该行动称为一种“社会技术”。我们已经探讨了这项社会技术的诸多方面，现在让我们从整体和实践的角度考虑以下问题：帮助我们与最佳未来可能性相连，并实现这种可能性的原则和实践有哪些？这项社会技术建立在5项主要运动的基础之上。每项运动都基于下文将要讨论的一系列原则和实践。这5项运动如图18—1所示。

图18—1　U型过程的5项运动

最后，我们会找出构成 U 型社会技术基础的三项根本原则，对这本“微型操作手册”进行总结。

## 共同启动：聆听他人的观点以及生命对你的召唤

第一项运动：共同启动，是指从零开始，揭示共同点。我们首先要创造场域或空间，使得另外 4 项运动的生成逐步展开（见图 18—2）。如何生成这种空间呢？答案就是聆听。聆听场域里其他核心成员的声音（聆听他人），聆听生命对你的召唤（聆听自己），聆听更大系统中指引未来的核心群体所正在生成的一切（聆听共同点）。

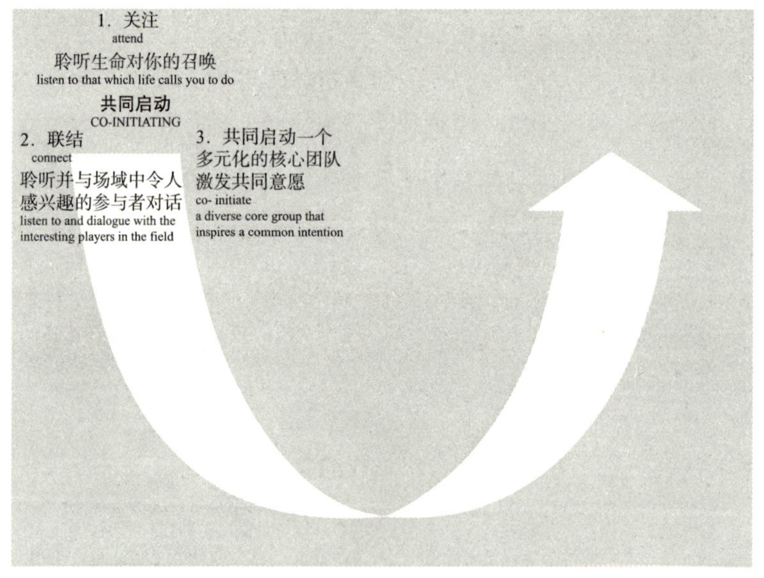


图 18—2 第一项运动：共同启动

**1. 关注：聆听生命对你的召唤**。所有伟大的思想都源于某种启发。U 型过程的实质就是强化我们在这个世界上的存在以及对世界的积极参与。正如埃德加·沙因过程咨询方法始于“帮助他人”和“应对现实”两项原则一样，自然流现的U型过程也是从认知和注意力的首要性开始的："聆听生命对你的召唤。"就这点而论，U型方法扎实地根植于过程咨询（process consultation），并将其奉为主要的母定律之一。

例子：一个一年级的MBA学生尼尔·坎托（Neil Cantor）曾经为我提出过一个设想，后来成为我在麻省理工学院最受欢迎的课程。一天，他走进我的办公室，建议我开设一门关于企业社会责任的课程。因为下学期的教学计划已经制定完毕，所以我第一反应就是"我做不到"。但是经过考虑，我意识到他的建议恰恰是几年前我来麻省理工学院时最初想做的事情。多年来我一直怀有这种想法，但到现在仍没有实现，所以几乎快忘记了。就在这时，一扇"门"毫无预料地打开了，仿佛是宇宙给我传递了一个信息，提醒我真正想做的事情。一般遇到这种情形，最开始你会说："对不起，我现在真的无法做这件事！"然后等你稍加思索，就会意识到："哎呀！我不能不做。"于是你会进一步静下心来："好，既然我已经收到了这个信息，那就改变一下计划，完成这件事。"

实践：每天晚上花4分钟回顾一下当天发生的一切，从外部的视角审视自己。留意你与他人互动的方式以及他人希望或建议你做的事情。不要去判断，仅仅是观察。随着时间的推移，你就会成为一个内在观察者，使你能够从他人的角度来看待自己。

**2. 联结：聆听并与场域中令人感兴趣的参与者对话。**联结将你带到了平常世界之外，把你吸引到场域有趣的边缘和角落里：你与最感兴趣的成员交流，聆听他们的意见，以便学到改变现状并通往最佳未来可能性的途径和方法。你要与最显眼的核心成员交谈，但是同时也不要忘记不那么显眼的成员——那些没有发言权的人们可能被功能失调的现存系统屏蔽或封杀了。当你继续在这场微型旅程中前行时，你需要得到这个场域的教导、吸引和指点。最重要的参与者、帮助者、未来的伙伴及向导常常与预期大相径庭；因此，你分内的工作就是虚心听取建议并积极配合宇宙给予你的帮助和指引。

例 1：在刚才提到的企业社会责任这一课程期间，我和一个学生团队前往联合国全球契约（UN Global Compact）纽约办事处进行了一次感悟旅行。受访谈对象的启发，学生们萌生了一个想法：麻省理工学院可以开发一套领导力课程，帮助高层领导以更加可持续性的、具有社会责任的经营方法来变革企业。他们在麻省理工学院组建了一个学生教员联合行动小组来探讨这一想法。第一次小组会议期间，一位资深教员问我："奥托，你不能尝试开发这套课程吗？"我心想，"见鬼，我现在没时间去做这件事情"。于是我回答道，"不一定，不过我会考虑一下的"。然而第二天早上我就下定决心：不能不做！于是我开始思索如何才能激发出自己最佳的能量状态。我意识到最好的办法是与下一代的高层领导合作，这些人 5~7 年后会晋升到其所在的各个全球性组织的高层领导职位。我意识到，如果一切都按当前的趋势继续发展，在未来的 5~10 年间会出现重大的全球性崩溃和破坏性变革。没有人指导未来的 CEO 们如何扮演好自己的角色；他们不清楚自己即将面对的情况，不知道如何应对可能出现的重大崩溃。

这个想法及其所具备的能量同时也推动了我自己的微型学习历程。我走访了 10 家全球性组织，包括国际组织、全球性企业以及非政府组织，向他们提出了同样的问题：如果我们开发一个联合项目帮助下一代全球企业、非政府组织和国际化组织的 CEO 们应对未来的全球性挑战，培养他们跨系统创新的实际技能并让他们亲自塑造这些创新的原型——你会参加吗？非常出乎我的意料，所有人的回答都是："好极啦，这正是这个时代所缺少的——我们可能会参加。我们会考虑派出最佳员工配合你的工作，至少我们对此非常感兴趣。你的名单上还有谁？"

例 2：如何在组织中开展这项工作呢？一种方法是利益相关者访谈。比如，在一个全球汽车公司的案例中，我开发了一套针对新晋升总监（仅次于CEO）的领导力塑造课程。课程开始，新任命的总监们要参加三项活动：一场启动性对话，持续90分钟，他们要探讨自己的领导历程和面临的挑战；一个影子练习，他们要跟随该组织其他部门有经验的总监学习一整天（见下文的详细描述）；以及与最重要的利益相关者进行一系列的对话访谈。

其中一个参与者比尔是当时的IT战略部全球领导，他回忆道："我面临的一个主要挑战是负责各国业务的领导者之间互不交流。美洲区、欧洲区和亚洲区的行动互不协作。"当与最重要的利益相关者进行访谈时，他向每个人提出了4个问题，帮助自己站在他人的角度审视自己的工作。

比尔说道："作为公司的一个新人，我感到组织中缺乏足够的信任。带着这些问题，我进行了'利益相关者访谈'，为领导力研讨会做准备。我认识到的第一点是，利益相关者访谈完全不同于平常的对话。不需要核对和争论事先准备好的计划，不需要努力说服他人。相反，我必须转变自己的视角，从利益相关者的角度进行换位思考：'他或她如何看待我的工作？我必须找出辅助利益相关者取得成功的方式，必须明确他们需要我做什么。'"

"最初我有点担心：这些家伙把我当作专家聘到公司来，可我到这儿之后却转来转去地提出问题，而不是给出明确的答案或者提供解决问题的方案。然而，后来我惊奇地发现：这些访谈的益处超乎想象，省去了我数月的沟通工作！我以这种开放的方式从利益相关者的视角了解到的情况，是'常规交流'绝对无法提供的。访谈后不久，我不认识的人都会过来跟我聊：'我们听说了你主持的开放式交流，这些交流带来了很多信任感。你是怎么做到的？'我所做的一切仅仅是努力地'不知道'，忘掉自己的身份和职责。以前我通常会去'推销'我的工作计划并且说服大家协作完成。但现在既然站在利益相关者的角度进行换位思考，很明显我就不能再那样做了。是打开思维引发了我的洞察力并使我完成了本应耗费数月的工作。从来没有一个计划能够达到这种程度的共识。而最让我意想不到的是：除了洞察力之外它还带来了信任。这更令人惊奇。”

实践1：这一阶段最重要的练习就是聆听。不仅聆听你内在的心声，还要聆听周围其他人的心声。我和厄休拉曾经在德国举办了一场由医疗保健从业者参与的、为期一天的对话访谈培训。一年以后，厄休拉询问其中一位参与者在那次培训中最重要的收获是什么。这位从业者说：“我那天学到的是，聆听是任何好访谈的关键前提。对于我，这意味着要为我心中的‘他人’创造一个空间。这个内在空间为对方创造了出现的可能性——不仅仅是我自己和我自己的预想。”因此这个练习是为我们心中的“他人”创建空间的过程。

实践2：初始阶段的另一个关键点是坚持不懈，即不要在拒绝或者（否定的）数据面前轻言放弃。我说的是从最初想法到最终行动与实现梦想之间的漫长岁月，那么是什么帮我挺过那段时间的呢？

答案：我周围有一批理解我、支持我并与我志同道合的朋友。坚持不懈意味着形成并维护你最初的支持空间，这些朋友能够联结到你的意愿，能为你提供前行的耐力。这个最初的孵化期可能会持续5年、6年、7年或者更长。而事实上许多关于未来构想的种子都没能超越这个阶段。那么需要的是什么呢？

第一，培育并维护你最初的支持空间；第二，永不放弃；第三，一旦感悟到了使命对你的召唤，一日“信使”出现，鼓励你完成不能不做的事情，先回答“行”然后再思考如何去做（跟随你的感觉，而不是理性思维）。

**3. 共同启动一个多元化的核心团队，激发共同意愿。**共同启动的实质就是召集一群参与者互相扶持，共同行动和前进。这个召集过程需要“天时、地利、人和”。共同启动的反面就是推销——试图让人们“购买”你的想法。这种方法几乎从来不奏效，因为这仅仅是你的一己之见。所以召集参与者的艺术部分在于放松你对自己想法的控制——而又不放弃这个想法。你可以有意描绘一幅不完整的图画，只画上几笔，然后留出很多空白让其他人能够参与进来并补充完善。通过这种方式，你把权力从“所有”转向“归属”，转向从更大的社会场域或整体看待自我的视角。

共同启动的障碍包括对权力（控制）、所有权和金钱的需求（或者依附）。这正是大多数项目一开始就误入歧途的原因。如果在这一阶段就走错了路，你就没有必要再浪费时间来设计其后的过程，因为已经太晚了。任何项目最大的杠杆作用都存在于初始阶段，因为那时你能够清楚地阐明意愿并召集合适的协作者。

虽然在大多数人身上，无法摒弃权力、所有权和金钱的社会习气已经根深蒂固，但我认识到，我的理念所具备的影响力与摒弃这三种诱惑的能力息息相关，我开始放弃的与我后来收获的远远无法匹敌。话虽如此，我还知道（并且经历过）如果别人借机开始利用你，也会事与愿违。当然，有这样的情况你就需要去面对。

例 1：在与 10 个全球性组织和机构完成了我设想的微型学习旅程后，我们在伦敦其中一家参与公司的总部召开了核心小组会议。会期仅一天，会议议程也是完全随性的。参与者全都抱有相当大的兴趣，包括共同启动这一计划的麻省理工学院核心小组。会议一开始，我们让每个人简述一下各个组织、社团甚至是参与者个人生活正在发生的事情。然后就以这些事为起点继续会议。没有正式的演讲，我们自由地交谈着实际的工作情况以及我们身处的社区和社团中存在的问题。按照这种方式，我们不知不觉就发现了共同的兴趣点，并碰撞出灵感的火花，某些火花甚至在会议的头两个小时内就被点燃了。

会议结束时，我们决定针对这个创意设计一个试点项目，设计小组从 7 个核心机构各抽调一人组成。该小组包括来自于政府、非政府合作组织和民间团体的全球参与者。我们把这个试点项目称为“跨行业涌现的创新型领导项目”（ELIAS，Emerging Leaders for Innovation Across Sectors）。6 个月后，这个团队向该活动的执行赞助方提交了建议书并得到一致认可。从那一刻开始，创意的权力和所有权的重心就从小型的麻省理工学院核心团队转向了一个更大的核心群体，两者一起展示了项目的目的和愿景。这种重心的转变要求之前的中心（麻省理工学院核心小组）要开始以全新的方式运行：减少说教，增加学习和探询；减少传统的解决问题方式，采用更多集体性原型的方式。

例 2：当我走进一家全球领先的汽车公司研发中心的会议室时，我对接下来要发生什么事没有一点概念。当时在场共有 7 个人：一个研究中心的主管和一个开发中心的主管，后者刚好也是前者最重要的客户；还有三个他们的直接下属以及一个外部咨询顾问（是该公司的前员工）；以及我本人。研究中心的主管宣布开始会议并建议我做一个简短的演讲。我建议让他先讲。他谈到了他面临的挑战并介绍了公司正在进行的研发过程，还概述了该过程是在哪个环节出现了问题以及未能获得成功的方面。其后，我展示了 U 型过程，把它作为解决类似创新型问题的一个可选方案。整个过程进展得十分顺利。时间在不知不觉中溜走，我们完成了一次简短而具有启发性的谈话和头脑风暴。

会议结束时，我们就该项目的重点、时间日程，以及大致的进度安排（6 个月）和全程参与的核心团队（6 个月后极有可能成为领导者的成员）达成了共识，这两个中心的主管都承诺各自抽调出部分最优秀的年轻成员来参与这个项目团队，在场的每个人都承诺要以项目启动人的身份来提供帮助，我和这位咨询顾问也都承诺会在接下来的 6 个月里支持这个项目团队（以最小的预算运作，让两位中心主管在参与这个项目的同时，不会在组织中引起太多的关注和闲言碎语），还商定好了项目开始和结束汇报的日期，整个会议仅历时 4 小时。

激发出共同目的的火花并不一定需要漫长的过程，其需要的是“天时、地利、人和”。在这个例子中，激发火花的就是由另一位咨询顾问巧妙策划的一场会议，这位顾问凭借早期与众多关键参与者一起工作的经历和个人关系，为方案的顺利进行提供了合适的时间和场所。

实践：在多元核心参与者当中，集体激发共同目的的行动清单如下。

- 为整体进化服务的意愿。
- 当与人沟通或探讨那些看似与眼前战略问题毫不相关的可能性时，要相信你“心灵的智慧”。要以打开的思维面对表达现实问题或机会的不同方式（不同的关键利益相关者会强调不同的方面和因素）。
- 与他人既要有工作沟通，也要有个人联结：试图和人们最高的未来人生目标相连（大我和使命），而不仅仅是和他们的组织角色和责任相连。
- 召集核心小组会议时，应该邀请执行赞助方和关键决策人，他们对探索和塑造机会怀着深厚的职业和个人兴趣。
- 还应邀请核心群体的活动分子：他们愿意奉献自己的生命和灵魂使项目得以完成。如果没有这种激情和承诺投入，就不会有任何新事物出现。
- 邀请现有系统中话语权很弱或没有话语权的人们：比如医疗保健系统中的病人、学校的学生、企业组织的顾客或者非政府组织、领导力开发项目中的未来参与者。
- 邀请关键知识的提供者，为建立一个支持团队和基础组织提供必不可少的关键知识（内部或外部的帮助者 / 咨询顾问）。
- 选择适宜的时间、地点和环境，召集团队成员共同探索前进的道路（感知并抓住机会）。

## 共同感知：前往最具潜力的场所，以打开的思维和心灵去聆听

与核心小组启动了共同的未来意愿之后，下一个挑战就是组建原型行动小组，完成感知、发现和从实干中学习的旅程（见图 18—3），使该意愿能够根深蒂固。

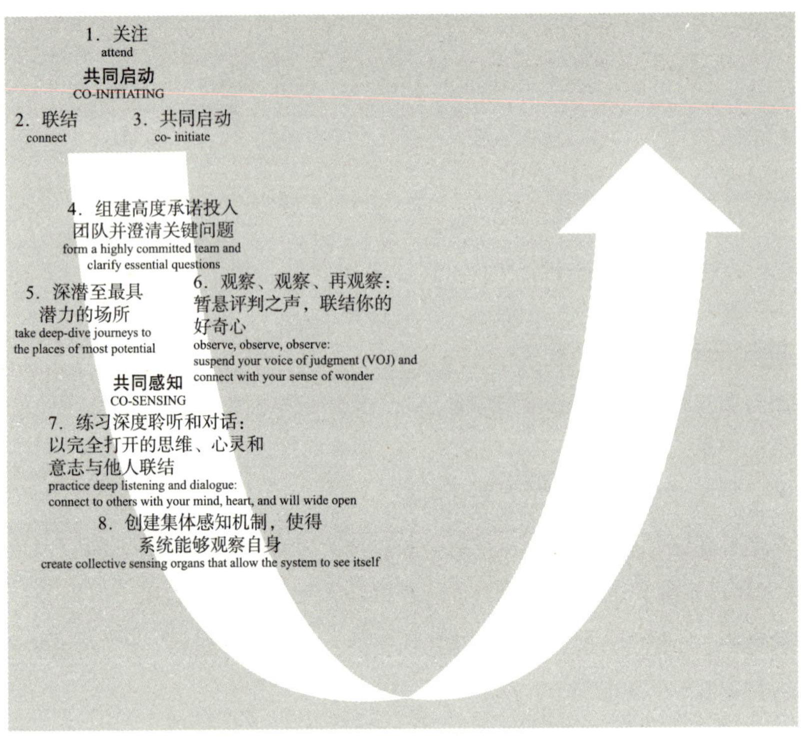


图 18—3 第二项运动：共同感知

**4. 组建高度承诺投入团队并澄清关键问题。**原型核心小组重要的任务是反映出上述参与者和利益相关者的多元化，并全身心投入到原型项目中，使之成为特定时间段内（比如 4 个月、6 个月或者 9 个月）的首要任务。

例 1：在汽车公司的项目中我们组成了一个 5 人小组。他们大部分都是组织中崭露头角的领导者，30 岁出头或不到 35 岁。小组中还有一名经验丰富的工程师，因为在很多关键知识领域的能力而颇有名气，后来事实证明他确实是项目成功实施的关键。

例 2：在像“食品实验室”的多重利益相关者的项目中，项目小组包括 30~50 人。小型聚焦的团队通常比大型分散的团队效果要好一些。团队越大，你就越需要依赖由 5~7 人组成的子团队来交流情况、激发思想以及完成任务。

实践：这里有一张基础工作研讨会的清单，首先需要做的一件事就是召集所有的原型小组成员，建立起他们与启动并支持该项目提案的核心小组的联结。虽然基础性工作研讨会取得成功的方案不止一种，但是列一张预期结果的清单会有助于验证你的设计方案。为了形成关注和承诺投入，需要明确以下几个问题：

- What：你想创造什么。
- Why：为何如此重要。
- How：你实现目标的过程。
- Who：相关参与者的角色和责任。
- When，where：前进的道路。

附加目标：

- 共同分享把我们带到目的地的那些情境和经历，借此来揭示共同点。
- 为团队想要创造的未来激发灵感的火花。
- 将“微型培训”运用到对话访谈以及深潜的最佳实践中。
- 计划深潜旅程的行动：确定需要被考察和访问的核心人选、组织和情境（最有潜力的目标场所清单）。
- 项目希望缔造的未来，应该为人们提供机会，体验对这种未来的初次感受。

5. **深潜至最具潜力的场所**。深潜的学习旅程把人们和情境与思想联结起来，这些情境和思想与创造未来可能性相关。深潜旅程把个人的运作视角从熟知的世界，即个人所处的体制圈子，转向陌生的世界——一个外在的、令人惊奇的、新鲜的世界。深潜旅程不是标杆的旅程，它通过全神贯注地观察现实行为，来触及正在生成的现实的更深层次。它融合了影子练习、参与和对话三种方式。

例 1：前面提到的汽车公司项目的重点，是解决汽车电子启动器的关键质量问题。首次研讨会之后，参与者列出了一张深潜旅程中将要访谈的（公司内外）人员、组织和情境清单，并同时展开了三项活动：基于网络的学习旅程、内部学习旅程和外部学习旅程。随着时间的推移，学习重点从网络转向内部，又从内部转向外部。过了一个月，内部访谈结束，6 人小组拆成两个 3 人小组开始外部的全球学习旅程（历时 3 周）。两个小组都是从欧洲出发，一个从欧洲东去，一个从欧洲西行。我们计划 3 周后在上海集合来进行心得交流。这次深潜旅程使得两个小组接触到了其他行业的研发部门、麻省理工学院的工程实验室或其他开发中心，也包括一些看似不太相关的地方，比如一家有两名传统中医医师和专家的诊所。

例 2：深潜学习的另一个工具是影子练习。全球汽车公司的总监项目中，参与者在讨论会之前花了一整天的时间跟随组织其他部门的总监实地学习。比尔这样描述他的经历：

"作为一位 IT 人士，我选择了'生产'作为我实地学习的内容。我希望体验一下组织中将产品最终投放市场的那个部门的情况。"

"以'非主流'著称的 B 先生是装配线的主管，他极具创造力并善于把创新付诸实践。我想知道他在创新时都做了些什么。"

"财务服务公司的工作通常从早上 9 点开始。但我在工厂的影子学习将从早上 7 点开始。这么早开始，我不得不头天晚上就做好准备——又一个不同之处。工厂非常大！我当时觉得，'基于网络的财务服务公司和真实的工厂简直太不一样了'。坐车下错了站，导致我到 B 先生办公室时晚了 5 分钟。那时他已经离开办公室去参加他的第一个会议了。"

"他的一个员工把我带到他们的晨会，他们正在回顾前一天出现的所有问题。我听到他们正在激烈地讨论一个车型的改进，这引起了我的兴趣，因为在我的印象中那个车型已经‘过时’，新车型即将于 2007 年春天上市。那他们为什么仍然为这款车型投入精力呢？他们对提高质量的热情从何而来呢？”

“后来，在那天的单独交谈中，B 先生和我分享了他的个人经历。他的平静和泰然自若给我留下了深刻的印象。很明显，他作为一个领导者的能力远胜于管理一个装配线的正式职责。我发现晨会上观察到的一切是一个艰难而又系统的过程的成果，该过程旨在建立一种共同创造和持续改进的文化，正是这种文化让工厂迈向成功：6 年间，工厂已经削减了 50% 的装配线！怎么做到的？B 先生讲道，‘刚开始我发现存在很多变革阻力。变革并不一定能够给人们带来实际价值’。”

B 先生意识到需要改变的不是员工，而是自己和他们的关系：怎样才能让他们成为变革的来源呢？采取哪些措施来帮助他们成为变革的动力而非仅仅对他的努力做出反应？他制定了管理规则，而事实证明这是他个人的规则，只能用来指导他自己的行为。

B 先生说道：“当你成为了一名主管，你就会反复遇到同一件事情——聆听、聆听，学会更好地聆听。这是要诀，成为管理者之后不能不聆听，我必须学会聆听。一旦开始了聆听就会觉得：我必须为他人创造一个最大限度利用其潜能来共同缔造未来的机会。当深度聆听时，我来到了一个内在场所，在那里我对聆听对象充满感激。进步和变革的最佳理念来源于人们自己。我仅仅需要全心地聆听，然后不可思议的事情就会发生。曾经有一个工作委员会成员极其反对引进新型的标准化装配流程。我们进行了大量的聆听。最后，在一个大型的工作聚会上，他站起来给大家讲述了他想到的下一个最具价值的举措。猜一下是什么？就是新型的标准化装配流程！”

比尔总结了影子学习的收获：“在我的余生，聆听及学习聆听会深深嵌入我心底。”

实践：扪心自问，基于你希望创造的未来，什么人以及哪些最具潜力的地方可以给予你最好的指导？如何做到这点呢？

当采取一对一的方式或小组人数不超过5人（一辆车可以装下）时，深潜通常最为有效。深潜通过系列活动中的影子练习、对话交谈来发挥作用。准备和汇报以遵守纪律、结构化、及时的方式来完成。深潜旅程的每位小组成员都要记日志；每个小组都有数码相机、移动电话以及用于实时传输资料和跨团队分享的网络空间；为了加快进程，在设计学习旅程时，也应该给予小组战略上和操作上的支持（这的确需要一些时间）。

每次访谈之前：

- 收集关于你要走访的目的地的相关信息（使用互联网）。
- 弄清楚你是想和人一起交谈、进行影子学习还是一起工作，避免只是得到程式化展示。
- 以小组为单位准备问卷（但自己也可以有所发挥）。
- 组织一次关于有效观察和最佳感知技巧的微型培训。
- 准备一些表示感谢的小礼品并分配工作（演讲人，计时人）。

每次访谈之后：

- 在完成“行动后反思”之前不要开机或者使用掌上电脑。
- 为小组的即时反思规定一个时间。
- 反思过程中，每位参与者都应该描述自己的观察，而不要试图在第一轮就得出结论。持续关注正在生成的一切。

这里有一些问题样本：

（1）最吸引我的是什么？最突出的是什么？

（2）最令人惊奇且出人意料的事情是什么？

（3）什么触动了我？什么与我个人相连？

（4）如果被访企业的社会场域是一个生命体，那它看上去怎么样？感觉如何？

（5）如果这个生命体能说话，那它会（对我们）说些什么？

（6）如果这个生命体可以成长，那它希望下一步变成什么？

（7）允许这个社会场域发展并繁荣的源泉是什么？

（8）阻止该场域进一步发展的限制性因素是什么？

（9）在进出该场域的过程中，我对自己有什么发现？

（10）关于我们的盲点，该场域可以告诉我们些什么？

（11）该场域能够对我们的未来做出什么指导？

（12）这种访谈经历还能激发其他哪些（关于前进道路的）想法？

**6. 观察、观察、再观察：暂悬评判之声，联结你的好奇心。**如果你缺乏暂悬评判之声的能力，那么所有进入最具潜力的内在场所的努力都是徒然。暂悬你的评判之声意味着摒弃（或者接纳并改变）基于过去的经历和模式的判断习惯，开启新的探寻和好奇的空间。

例子：1981 年，福特汽车公司的工程师小组参观了基于丰田“精益”生产系统运作的工厂。尽管福特的工程师们直接接触到了革命性的新型生产体系，却没能“看到”（认出）他们面前的一切。工程师们认为看到的是表演而非“真正的”工厂，因为这里没有库存。这种反应提醒我们，即使我们知道自己已经身处最具潜力的场所，暂悬个人评判也是件非常困难的事情。

对于许多创业家而言，全身心的“观察、观察”通常会要求你舍弃过去为你带来安全感的环境。正是这种安全感让你觉得束手束脚，从而激发你跨越从已知到未知的边界。有的人充满恐慌，有的人满载喜悦，而这个转变往往会开启一个充满行动、联结和“魔力”的新世界。《快公司》杂志创办人之一艾伦·韦伯回忆道：

"我清晰地记得离开《哈佛商业评论》后的那种自由感。突然之间我开始接触到一群全新的人。人际互动变得完全不同：'你正在做什么有意思的事情？你是谁？你的感受如何？'我正以崭新的目光看待这个世界。我快速地学习，走访我以前从未到达过的地方，接触我以前从未遇到过的人。就像我刚从一座围城中逃出来一样。"

实践：选择一个物体（比如一粒种子）或者一个情境，然后集中精力观察至少 5 分钟。当你注意到思维开始转移到其他的意念或者想法上时，立即更正方向重新回到纯粹的观察任务当中。

**7. 练习深度聆听和对话：以完全打开的思维、心灵和意志与他人联结。**当与他人或情境联结时，激活并打开所有 4 个聆听"渠道"：从你了解的领域聆听（聆听 1），从你感到好奇的地方聆听（聆听 2），从访谈对象的角度聆听（聆听 3），以及从最深层的源头聆听（聆听 4）。

例 1：在我接触过的所有访谈者中，约瑟夫·贾沃斯基是最为突出的，因为他能够与访谈对象建立信任关系，即使是在风险很高的政治环境中也是如此。我曾经问过他是如何做到这点的。他说最重要的是访谈开始之前的时间，就是在这段时间他集中精力对即将进行的访谈开放自己的心灵。

后来，随着深度聆听和对话访谈经历的增加，我注意到访谈对象往往不希望在时间结束时就停止交谈。他们希望继续留在场域里。有时他们会说："伙计，这简直太有意思啦！可以把录音带给我吗？今天我一定说到了一些我以前从未说过的事情。"他们似乎感受到对话结束之后，由对话产生的联结仍然有一小部分可以永久保留在他们身上，无论如何都不会消失。访谈者也有同感，好像进入了一个场域，与真正的当下更加紧密相连。一些特殊的联结会在对话中浮现出来。最后，当我越来越了解对话场域中的这些微妙变化时，我几乎可以精准地判断出对话从哪一刻开始，由常规的反思性谈话转向充满意义和本质涌现性的深度心流。当这一变化发生时，声音变得柔和了，对话慢了下来，灯光的质地也变得厚重起来，人与人之间放射出强烈的暖意，与此同时我常常听到耳边高频的鸣响。出现这些变化时，我们就进入场域 4，对话也沉入深邃的同在和涌现性中。

对于访谈者来说，要开启这样一个深度对话，最重要的前提就是要打开思维（真诚的问询和兴趣）、打开心灵（欣赏和同理心）以及打开意志（关注正在生成的未来和真实的本我）。

这种类型的聆听和对话是可以学习的吗？我的经历表明：绝对可以。可以学习是因为它们已经存在了，场域 3 和场域 4 的运行方式在所有人类和社会系统中都是一种潜在的能力，不管这个系统是大是小。它们仅仅需要激发或唤醒。

例 2：2004 年，我和厄休拉为德国北部的教师和校长们进行了一次为期一天的对话访谈培训。其中一名成员安娜就职于汉堡的一所学校，她决定把这次对话中的技巧应用到她所在学校的领导力情境当中，所以她请求厄休拉给予她一些基本的教练支持。

安娜谈道："在这所公立学校当了一年校长之后，我非常绝望，教师们都不认可我提出的建议。家长也给我施压，认为我在战略制定、经费筹集以及教学质量管理方面的改革不够迅速。孩子们是我唯一的动力来源。与这所学校相比，我发现自己过去工作过的学校有很大乐趣、有很多创新而且还有一支完美的团队。但是现在，新的概念和想法受到了抵制。我努力试图做正确的事情，取悦他们，但我却非常受挫。每次我走进教师休息室，老师们甚至会停止交谈。"

听完安娜的讲述，厄休拉建议她进行一轮利益相关者对话访谈。安娜后来回忆道："这意味着我必须改变方法。不是给予我认为他们想从我这里得到的（这显然是错误的），而是要咨询他们需要我做什么，这是一场彻底的转变。我当时很害怕，这可能会变成一场噩梦：他们会利用对话告诉我，我就是做得不够好，他们希望换一位校长，而我提出的计划都是垃圾。”

“事实上根本没有出现任何类似的事情。他们非常慷慨地告诉我他们的真正需要。我被深深地打动了，如释重负的同时还深受震撼：一方面，这远远不及我之前的预料。而在另一方面，却又远远超过我需要做的。他们说他们需要的是：耐心、支持、不要有过高的期望、重视我、平等对待我、信任、开放、聆听、帮助我们自己完成任务、当我们需要时给我们指导、平静、有信心、鼓励、有明确的目标和规则。”

“他们需要的正是我一直要求他们为孩子们做的。可能我已经形成了‘做得不够好’的思维模式，进而影响了整个工作空间。这种模式决定了我与他们之间的关系，反过来又决定了他们与孩子们之间的关系。从我自己的视角来观察，下一步要做什么一点线索也没有。但是透过他们的视角来观察，我却看到了一系列的新机会。一切就绪——只是我之前没能看到而已。几周之后，一位年轻的教师说她正计划与几位家长和孩子进行利益相关者访谈。我能为她提供什么帮助呢？”

实践 1：每天晚上花 4 分钟的时间回顾一下白天你用到聆听 3（打开思维和心灵）和聆听 4（打开思维、心灵和意志）的事例。如果你找不出一个深度聆听的例子，也要把这点记录下来。坚持练习一个月，那么你作为聆听者的有效性就会大大提高——不需要再为进一步的培训或者辅导花费一分钱。全部措施其实仅仅就是每天严格要求自己花 4 分钟的时间来回顾当天的聆听过程。

实践 2：挑选出你的各个关键利益相关者，站在他们的立场上与之进行对话，从他们的角度审视自己的工作。每次访谈之前，花点时间平静下来并且做好敞开心扉的准备。这里有 4 个问题是我在前文提到的全球汽车公司的例子中用过的，你可以把它们作为问题清单的参考：

- 你最重要的目标是什么？我怎样才能帮助你实现目标？（你需要我为你做些什么）
- 你采用什么标准来衡量我是否成功地帮助了你的工作？
- 如果在接下来的 6 个月里，我可以在我的职责范围内改变两件事，那么哪两件事可以为你创造最大的价值并使你受益？
- 过去是否有任何压力或系统障碍，使得那些曾经处于我这个角色或者职位的人难以实现你的需要和期望？是什么妨碍了我们？

8. **创建集体感知机制，使得系统能够观察自身。**也许在寻求系统的深刻创新时，组织最大的缺陷就在于缺乏集体感知机制。我们拥有很多集体下载机制（包括广告、电视，不幸的是，甚至还包括大部分教育系统）。相比之下，集体感知机制是利用共同观察和对话的力量，来开启尚无人涉足的集体意义构建和集体思考的资源。

例子：本书前边介绍过的患者—医师对话论坛就是一个集体感知机制的例子：当个体的感知行为（在那个例子中，就是 130 次对话访谈和数周的影子练习）聚合到一起，就逐渐开始形成一个整体的集体感知机制："看看我们正对自己做些什么。"

实践：创建集体感知机制非常有用的一个方法就是"世界咖啡馆法"，该方法的开发者包括朱安妮塔·布朗（Juanita Brown）与同事大卫·艾萨克斯（David Isaacs）和汤吉·莫勒（Toke Moller）以及其他创始人。

方法要义：大型团队坐在一起，就像是在咖啡馆里，每桌坐四五个人。世界咖啡馆的方法不是把互动范围限定在一张桌子上，而是利用 7 个简单的咖啡馆原则来强调多层级的互动（穿线式的挨桌交谈和整个群体的交谈），这 7 个原则是：明确情境、营造热情友好的环境、探索真正重要的问题、鼓励每个人贡献己见、联结不同观点、深度聆听见解和未来的问题，最后是收获发现并与集体分享。要了解更多细节，可登录网站 www.theworldcafe.com。

## 共同自然流现：静修和反思，让内在觉知得以生成

全身心投入最具潜力的情境和场所之后，下一个运动的主要目标就是触及深层觉知的源头：联结到想通过你而生成的未来（共同自然流现）（见图 18—4）。

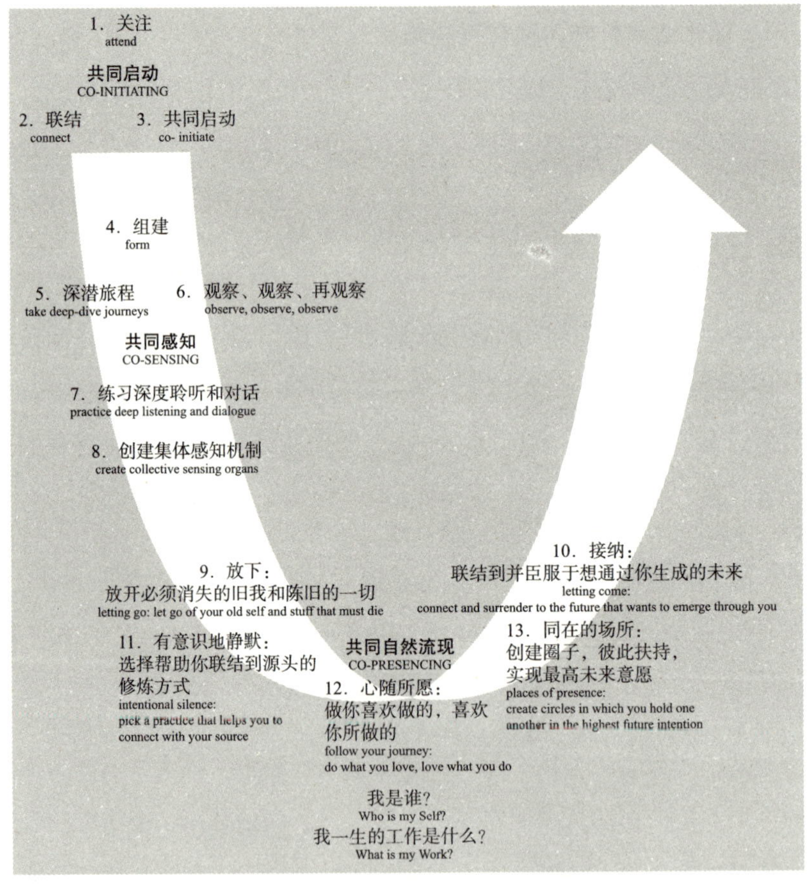


图 18—4 第三项运动：共同自然流现

**9. 放下：放开必须消失的旧我和陈旧的一切。**完成U型过程的最大障碍来自内部：来自你的（个人的和集体的）阻力。当你沿着U型左端下行时，应对这种阻力至关重要。当你的阻力一次又一次出现时，千万不要惊慌，每个人都会出现这种情况。但是当你熟练之后，就会预先知道在哪个阶段它会突然冒出来，而你所要做的就是镇静、理解和集中精力，准备好应对。沿U型下行要求你暂悬评判之声（VOJ），彻底改变你对周围环境愤世嫉俗的态度（VOC），克服你的恐惧心理（VOF），放开旧我——即你的某部分必须消失以促进新我的形成。用经典的美德语言来讲，应对这三种阻力形式需要的是：对真理（与打开思维同在）、博爱（与打开心灵同在）和勇气（与打开意志同在）的承诺。

例子：放下的原则是放开所有非本质的东西。艾伦·韦伯回想在遇到各种障碍的情况下，让他继续《快公司》开创历程的动力："为理想或信念真正痴迷的人通常不能从理性的角度回答'你为什么要做这件事'这个问题。多年前我父亲给我买了一本伟大科幻作家的访谈集，访谈者是乔治·普林顿（George Plimpton）。他问那些科幻作家：'你为什么会成为作家？你为什么早上一起来就开始写作？'回答无一例外是：'嗯，我不能不这样做。'"

"人们会问我：'你为什么会创办《快公司》杂志？'刚开始，我的回答非常理性：'嗯，你知道，这本杂志是讲某某东西的，世界上还没有这样的杂志。'但是很快我就意识到这些不是真正的原因。真正的原因在于我不能不做。但这样说很难解释清楚，听的人肯定觉得你是个疯子。"

实践：练习下述4步冥想法（可以体现为反思性日志或视觉化想象）：

- 生活和工作当中，哪些情境、行为和活动能把你和精力、灵感的最佳来源最为密切地联结起来？
- 把这些行为和情境看作是缔造未来的种子和砖瓦：需要有什么样的未来才能使这

些种子和砖瓦互相联结，成长为激动人心的、与你的最佳能量产生共鸣的整体呢？

- 如果你想把这个未来呈现出来，把它带到世界上来，你需要放下什么？哪些陈旧的“东西”必须要消失？
- 如果你的冒险失败——最坏的情况会是什么？你是否真的已经做好了面对的准备？

勇气源自敢于“赴死”的意志，敢于潜入未知领域的意志，这个领域只有在你敢于涉足那个全新地带之后才会出现。这就是领导力的本质。

10. **接纳：联结到并臣服于想通过你生成的未来。**领导力最重要的工具就是领导者的大我——你的大我。这个原则的基础以及整个自然流现方法的基础，都有赖于这个简单的假设：每个人都不是一个自我而是两个自我。一个是历经过去旅程而形成的我，另一个是要经历前方旅程而形成的潜在的未来我。成为哪一个取决于我们现在做出的选择和采取的行动。未来我是我们最高或者最佳的未来可能性。两个我都构成了特殊的共鸣体——过去的场域和未来的场域，从这个意义上说两个我都是真实的。我可以通过任何一个场域来引起积极共鸣。这两个共鸣场域以及它们所代表的演化自我的不同维度，通常是分开的两个极端。自然流现的本质就是让这两个自我同时在个体和集体的层面上相互交谈、相互聆听，并产生共鸣。

例子：每次在涌现的场域4中进行深度生成性对话时，你都可以体验到真我。对话完成时，你变成了一个与几小时前刚刚进入对话时完全不同的人：对话让你与真正的、真实的本我更为贴近。

实践：这种体验可以比作一粒正在发芽的种子。正如真正的种子需要抚育的场所和爱的关注才能发芽、才能茁壮成长一样，这粒内在的种子也同样需要持续的滋养场所和爱的关怀才能最大限度地进化。问题是如何在我们的日常生活中营造这种场所。一种方法是持续关注两个或更多的人相连时就会出现的深层社会场域。敏锐地关注当下和自我的深层维度，支撑住这个场域以保证深度涌现的可持续性。

此外，还有三种实践性的调节方法有助于保持到达 U 型底部的能力。原则 11 至原则 13 对这些方法进行了阐释。

**11. 有意识地静默：选择帮助你联结到源头的修炼方式。**U 型底部最重要的不是思想、言语或见地，而是修炼。修炼是我们每天都要做的事情。因此这项原则就是选择一种可以帮助你与未来的共鸣建立联结的修炼方式。

例 1：对 150 名富有创新性和领导力的思想家和从业者进行访谈时，我意识到很多给我留下深刻印象的人似乎都做着一件相似的事：他们每天都会做一些练习，帮助自己触及创造力和本我的最高源头。例如，很多人很早起床，利用清晨时光的静寂与自己的目的或本我进行联结。有些人晚上练习，有些人中午练习。他们所做的练习、练习的方式以及时长各不相同。有些人追寻大自然的静默，有些人冥想，还有些人祈祷。有些人通过运动赋予自己能量和控制力，比如练习气功和瑜伽。而另一些人则进入静寂的空间帮助自己重新与目标建立联结。还有很多人把上边提到的这些方法融合在一起。不管是什么活动，原则都一样：那就是在一天当中的某个时候，为自己创造一个深度反思和静默的空间，帮助自己与（对你）最重要的东西相连。

实践 1：晨练可以比作是交响乐最后一个音符之后到热烈鼓掌之前的那一瞬间。那一刻你整个人正在与音乐进行共鸣。同样，醒来时你整个人仍然与晚上深度睡眠时的音乐共鸣着。闹铃声突然破坏了（或者干扰了）这一宝贵的时空。此时的关键在于不能马上失去这种共鸣。你开始通过聆听、关注“音乐的那一瞬间”继续开发这种能力，以便整天都能产生共鸣。

晨练（10~30 分钟）：

- 早起（在其他人之前起床），去一个对于你有效果的静寂场所（最好是大自然的某个场所，不过也可以找一个对你起作用的其他场所），让你的内在觉知涌现出来。
- 采用一种仪式将你与你的源头相连：可以是冥想、祈祷或者仅仅是凭借打开心灵和思维而进入有意识的静默。
- 回忆一下是什么把你带到了你现在生活的场所：你是谁？你一生的工作是什么？你来这儿是为了什么？
- 对你希望为之奋斗的目标许下一个承诺。聚焦于你希望的结果（更大的整体）。
- 关注你在已经开始的这一天想要完成（或者从事）的事情。
- 对带给你现有生活的机会要怀有感恩的心，同理那些从来没有这种机会的人。敢于承担伴随机会而来的责任，对他人、对所有的生命、对大自然——甚至对宇宙都要具有责任心。
- 必要时求助他人，这样你才不会迷失方向，才不会误入歧途。只有你才能发现自己前进的旅程。这个旅程实质上是上天的一个馈赠，只有通过你、通过你的在当下以及最佳的未来本我才能来到这个世界。但是，你不可能独自完成旅行，所以你才需要寻求帮助。

我已经找到了一些对我有帮助的事物。我曾经参加过约翰·米尔顿（John Miltion）举办的为期两周的觉醒培训（awareness training），他是一位生态学家和教育学先驱，并且还是一位冥想大师，他创办了“自然之路联谊会”（Way of Nature Fellowship）和“神圣的通道项目”（Sacred Passage）。经过很多年野外的独处，他提炼出“12 项原则”练习，并将这些原则和在多种智慧传统的深度培训中所学到的知识融合起来。他指导的培训过程的一部分内容就是在大自然中某个特殊的地方进行历时 7 天的独自静修。我发现那一周的静默、戒斋和冥想有助于保持并深化日常练习，还有助于宽恕小的失败。和多数人一样，我经常会开始一项练习但却没能坚持下去，经常以感觉糟糕和自责而告终（启动了我的“评判之声”)。几年之后我才意识到这种模式是多么不正常。关键在于关注你已经完成的小事，并在你偏离路线时不断进行更正——能量应该用在这些地方，而不是浪费在自责上。寻找一位进行相似（或者不同但能坚持）练习的搭档也有益处。最后要注意的是，你的生活越繁忙，你从短暂的有意识的静默中获得的好处就越多。如果你每天确实无法在不影响正常工作生活的前提下抽出太多的时间，那么仅仅10分钟也可以获得与那些时间宽裕的人在30~60分钟内同样的积极效果。

简而言之，这项修炼与早上醒来后就打开收音机、电脑或者电视正好相反。在醒来的第一个小时就点击外界的刺激，会扼杀这项修炼所要培育的静默的内在空间（我过去常常一醒来就打开收音机）。不管我们从事什么职业，是经理、物理学家、农民、教育工作者、发明家、创业家、风险资本家、建筑师、艺术家还是家长，在每天的第一个小时之后，我们多数人都会面临相同的情况：混乱、变化以及始料未及的挑战。这是本世纪生活的一部分，问题是如何应对。惶恐？焦虑？抵制？或许更好的办法是从另一种不同的场所、从你希望创造的未来场域来应对一天的事情？将一个人根植于正在生成的未来场域中就是晨练的目的。

虽然在个体的修炼实践中有很多采用静默的好例子，但在集体工作场所中进行有意识静默的好例子就少多了。然而，随着时间的推移，集体静默行动的发展和改善将被证明是未来领导工作最重要的基点之一。下边的例子和实践是踏入该领域的第一步。

例2：在一个全球汽车公司中，核心团队刚刚结束了学习旅程，该团队负责为采购部门制定新的商业战略。因为没有时间或条件在大自然中进行长时间的静修，所以他们选择了底特律附近的一个高尔夫度假村召开了为期3天的专题讨论会，其间大家进行了6小时的静修。第一天汇报了各自学习旅程的心得体会之后，该团队针对个人、团队和组织可能的未来，进入了群体冥想和对话交谈。第二天早上，在制定了共同目标之后，他们就进入了6小时的静默期，其间大家仅仅是在美丽的自然静修区里散步。“这6小时，”静修教练彼得·布伦纳（Peter Brunner）说，“是这个团队的突破性经历。重新集合之后，他们很轻松地一起确定了新愿景的核心要素，这个愿景后来引出了新的战略定义。结果他们在减少了80%的供货商的基础上，实现了现在的全部采购量。”

例3：在经过分组的深度浸入式学习旅程后，全球ELIAS团队于上海会合，每个小组都带来了重要故事和一路收集的数不清的工艺品。在这个例子中，自然流现的静修持续了4天。第一天，团队主要分享了整个学习旅程中的收获。第二天的重点则在于移入静默的空间。团队花了5个小时进行静默。静默前后我们都聚在一起，共同分享学习旅程中或静默期之前、之间发生在每个人身上的一切。第3天和第4天主要是使提案的原型结晶以及制订推动提案的行动计划。整个过程中，我们采用了不同类型的反思和冥想方式（从早上7点的日出研讨会开始），提高对个人生活和工作旅程的认识和关注。从个体领导力旅程和ELIAS团队集体学习旅程的角度来看，那天进行的5小时静修及静修前后的圈子对话，对这个群体中很多人来说是一个真正的转折点。

例4：静修研讨会提供了反思和冥想的空间，使参与者能够把学习旅程和原型理念中的零散碎片整合起来。比如，为全球汽车公司的项目团队辅引自然流现会议时，我发现在剑桥拜访传统中医专家的学习旅程激发了整个小组的进一步兴趣。由于多数团队成员都自愿参加了早上6点在附近公园和中国居民一起进行的气功练习，因此有一个小组提出关于汽车理想状态的构想原型也在意料之中。他们推测正如人类具有清醒、做梦、无梦睡眠等不同的意识状态一样，汽车也可以拥有不同的运转方式。汽车可能经历自我分析和自我修理阶段，就像人体在睡眠中经历的一样。对这次会议进行总结时，主办方将这个创新思想列为最具前景的两个方案之一，并准备在U型循环下一阶段为之建立原型。

实践 2：举办一次自然流现的静修专题研讨会。静修会议要根据 U 型过程来展开：共享产生于深潜旅程的主要见地和思想；进入静默空间；结晶能够给提案和行动计划建立原型的理念。

必须仔细选择和准备自然流现研讨会的所在地：要考虑物理的和逻辑的、理性的和感性的、意愿的和精神的各个方面。不能选在办公室，应该选择一个可以集中精力的偏远场所，两面（或三面）都带有窗户，接近大自然以延长独处静修的时间（如果可能的话可以过夜），并且应该足够宽敞，整个团队可以在那儿不间断地工作和生活一整周。如能正确实施，对个体和集体而言，自然流现研讨会总会成为触动整个生命并与之强烈共鸣的一次深层体验。辅引师们整周都要谨记该过程所要激发的深刻变革。这个团队或群体正在经历穿过“针眼”的过程，他们要支撑这个空间并保证自己的意愿与服务于最高未来可能性完全一致。

**12. 心随所愿：做你喜欢做的，喜欢你所做的。**对于很多人而言，到达觉知的深层源头需要深潜进入工作的本质。斯坦福大学的迈克尔·雷把这个原理概括为“做你喜欢做的，喜欢你所做的”。这句箴言总结了我听过的很多成功的创造者和发明家说过的话：为了接近最大的创造潜力，你必须经历一场旅行——追随天赐之福、追随你的情感以及你对正在生成的未来的感受。你对这种感觉的信任超越了对别人所有良好建议的信任，尽管这些建议可能是有价值的。归根结底，创造力的本质就是要达到一个深层源头，对于你、你的生活、你的未来都是独一无二的。为了叩开深层源头的大门，你需要经历一场穿过“针眼”的旅程——“针眼”即是你的“大我”，说明你有能力踏上这场独一无二的旅程。

例 1：约瑟夫·坎伯（Joseph Cambell）把这个旅程称为“对冒险的召唤”，跨过界点，沿着探索之路勇往直前，到达顶峰，最后满载而归。这就是“寻找圣杯”。不管我们怎么称呼它，这其实就是接近我们自己全部创造力的潜在发展路径，它以不同的方式潜藏在每个人身上。打开它需要超出通常意义上的旅行，也就是更深层级的旅行。它需要我们走自己的路。

例 2：快要完成博士论文时，我得到了一些工作机会，但没有一个让我动心。我内心的声音说希望离开欧洲，加入位于波士顿的麻省理工学院学习中心。我在那里没有任何熟人，只能自己申请。没人回复，于是我打了电话。他们说需要讨论一下是否邀请我去面试，但其后并没有回话。于是我又给他们打电话，有个人说："好吧，过来与中心的主要研究人员谈谈吧。"我不得不借钱去买飞往美国的机票。面试结束时，麻省理工学院对话项目的创始人比尔·艾萨克斯解释说，实际上麻省理工学院已经结束了招聘，唯一可能的职位就是访问学者（没有报酬）。"你可以自己出经费吗？"比尔问道。"没问题，我能。"我赶紧回答，因为我知道已经敞开了缝隙的大门可能瞬间就会再次关闭。接着他又问我能否在 9 月 1 日开始就职，虽然知道那时还不能完成毕业论文，但我听到自己说："当然可以，没有问题。"毫无疑问，9 月 1 日的第一个星期我就开始了在麻省理工学院的博士后项目，白天工作，晚上撰写我的博士论文，并且守着若干刷爆的信用卡幸福地生活着。多年以后我才意识到如果当时我在麻省理工学院谋到了一份"真正的工作"，那么这个首次消除我经费危机的项目——全球对话访谈项目，就永远不可能出现。而这个项目正如前文所述的一样，可能是我整个职业生涯中最精彩的一笔。

例 3：另外一次我选择顺从自己的内在直觉，而没有追随不成文的行为准则，是发生在我申请德国的第一所私立大学维滕 / 黑尔德克大学（Witten/Herdecke）的创始班时。回想起来，在那所大学的管理学院创始班接受教育是我个人发展极其宝贵的一次经历。当时开始申请那所大学时，我被拒绝了。记得看到拒绝信时我遭受了极大的打击，因为我已经强烈地感觉到自己正在生成的未来与这所大学息息相关。我觉得迷失了方向，我的生活将要误入歧途。所以经过一天的极度沮丧之后，我给大学的行政办公室打了一个电话询问我被拒绝的原因。他们说因为我没有必要的公司工作量。那天夜里我给管理学院院长埃克哈德·开普勒教授写了一封信，向他讲述了我在正式的（公司）和非正式（社会运动）组织中的经历，以及其他的工作经历（在家庭农场里的），还告诉他如果创始班录取我作为学生我会启动哪些活动。我写这封信是因为我必须做点什么（而不是因为我认为能够改变学院的决定——我知道自己的机会微乎其微）。第二天早晨我寄出了信，第二天埃克哈德·开普勒院长就给我打电话，我差点从椅子上掉下来。他说："好吧，如果你能在西德的一家纺织公司里圆满完成所缺少的两个月的工作经历，我们就会邀请你加入学院的创始班。你下周一可以开始吗？"我听到自己回答道："当然没有问题。""那好，我们就这样说定了。"院长说完就挂断了电话。我看看表：星期五下午 4 点。还得花两个小时赶到市里，为自己买套西装，准备周一上班穿。挂上电话时我就知道，与埃克哈德·开普勒院长一分钟的对话使我的生活又回到正轨。听起来可能不可思议，但那的确是我那时（和现在）的内心感受。

实践：一如往常，孩子的成长多归功于父母。我父母从不用钱鼓励孩子干活，而总是鼓励我们跟从内在动机而不是对外在奖酬的承诺。我们找出想做的事，然后他们会鼓励我们沿着那条路走下去。相比之下，如今的多数环境主要是把孩子们拖进一个接一个的活动（别人为他们组织的），使他们社会化，以适应一个奖励"良好表现"的系统。这扼杀了孩子们从内在源头行动，以及从内在动机和喜爱来行动的能力。通往个体创造力的道路包括以下几个阶段：

- 没有什么事情发生；
- 无聊；
- 注意并回应出现在你自己体内的内在冲动。

当你被外在的活动、奖酬和控制系统紧紧束缚时，你很难学会如何踏上这条道路。

这对企业同样适用：企业中大部分激励和奖酬系统可能都是弊大于利，因为该系统强加了一种奖酬导向行为的文化，而不是因为正确而做正确的事。所以这个实践要创造一种环境，让人们能够做他们喜欢做的，并喜欢他们所做的。两者都很重要，喜欢你所做的并充分感恩生活的赐予。怀着喜爱的心情去做你要做的事情——你会对生活给你的回馈感到惊叹。

**13. 同在的场所：创建圈子，彼此扶持，实现最高未来意愿。**世界正在经历一场看不见的运动。这项运动表现在不同的形式和行为中。这些行为来源于相同的潜在原则：形成一个安全的集体支撑空间，以使参与者在理解以及推进生活和工作旅程时能够相互支持。这其实不是什么新鲜事，因为这正是真正的友谊关系通常提供的支持。但是今天这种支持比以往任何时候都更有力、更重要，因为我们的社会规范和结构正逐渐解体并四处消散。当世界变成“燃烧的平台”（参见我家农场大火的经历）时，我们依然需要采取某种方式继续生活和事业。在混乱与崩溃之中，我们必须开发保持冷静、辨别前进道路的能力——即使那条路很不明朗又很不稳定。在旧结构已经崩塌而新结构还未出现的情况下，开发出从当下的空无开始运转的能力，辨识要采取的步骤，也许是本世纪驾驭工作和生活最重要的核心能力。

例子：我知道的最贴切的例子就是 7 人圈（参照第 10 章和第 11 章的详细介绍）。圈内的女士们多年来已经培育出了深度聆听和同在的各种实践方式。实践的结果是集体的同在场域，该场域可以在小组集会期间或集会之外被激活，其作用就是开启一扇大门，达到深层次职业以及个人的同在和精通。

实践：看到我的某些学生和管理团队使用这一原则的成败经历，我提出了对场所、人员、目的和过程需要注意的几点，你可以将这几点用于自己的团队来探索这一原则。

场所：在一个好客、独立而又能提供一种远离外界干扰的、具有亲密感的集会空间里组成小组。运用所有熟知的衡量优良会议空间的标准：宽敞且有自然光，房间至少两侧有窗，简单悦目。摆放能让这个空间充满活力、充满家的感觉的一切东西。

人员：虽然有时两人“小组”也可以,但是由5~6人组成的小组可能更理想。没有必要（也没有什么好处）把小组人员限定在已有的（老）朋友圈中，最重要的是你本人能感到和这些人之间的纽带或者（与可能的未来的）联系。这个群体应该包括那些对定期探索个人和职业旅程的深层级问题怀有兴趣的成员，以及对自己如何与组织和社会变革相联系等问题怀有兴趣的成员。之所以对这些问题怀有兴趣是因为他们深深感到需要追求这种深层的探询，而不仅仅是智力上的好奇。你需要愿意积极投入的参与者，而不是那些只是批评他人的听众。你需要可能与你的未来旅程相连的人；而不是陷在过去宿命的泥潭里（尽管有时候你需要挖掘泥潭去揭示一些深层的共同之处）。

目的：第一次集会要发现一个大于自我的共同目的。该目的将小组存在与更大的全球场域联结起来，你和小组成员能感觉自己是其中一部分。正如7人圈所描述的那样，将小组的当下联结到服务于更大的整体——生命的循环。

过程：开发一个对你和你的小组有效的过程。随着小组的演进，这个过程可能也会发生改变。你可以考虑架构一些基本条件，比如营造有意识的静默，采用个人述说，谈话时始终围绕一个目标，分享个人生活历程中的精彩经历，培养深度聆听，锻炼勇气提出问题并讨论当前那些需要真正信任才能分享的挑战。

## 共同创造：塑造新事物的微系统原型，通过行动探索未来

共同创造的重点在于将想法付诸实践，其实现方法是为你想要创造的未来塑

造微系统原型，以及基于所有关键利益相关者的反馈，不断重复提升现有原型的快速循环学习（见图 18—5）。

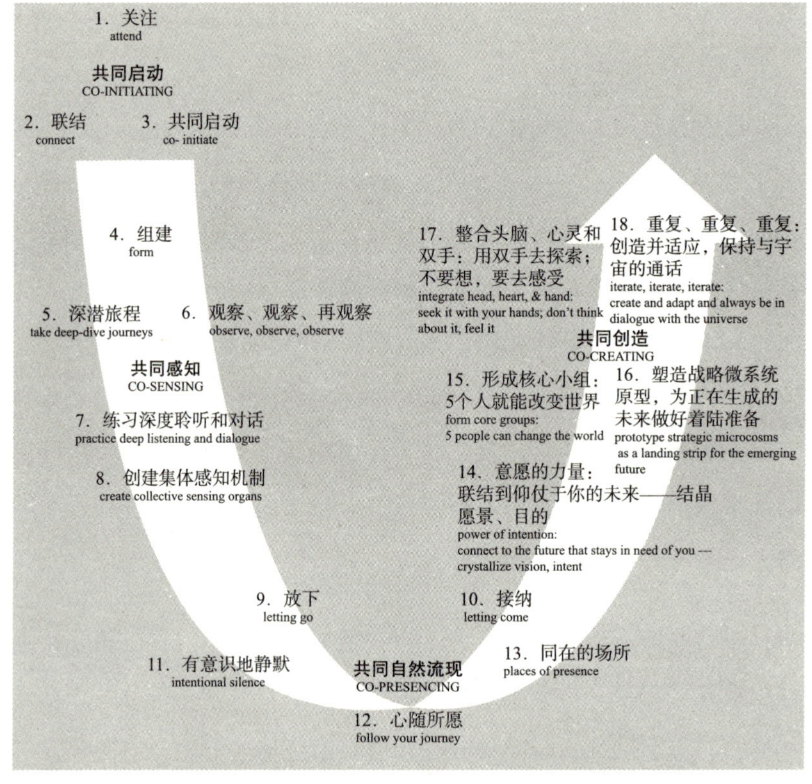


**图 18—5 第 4 项运动：共同创造**

**14. 意愿的力量：联结到仰仗于你的未来——结晶愿景、目的。**哲学家马丁·布伯将两种类型的目的做了区分：小意愿，或一个人的直觉；宏图大志，是需要通过我们才能实现的未来。发掘深层创造力是很神秘的，与一种不同类型的能量经济学有关。这不是你在学校里学到的那种新古典主义经济学，而是一种创造经济学或精神经济学。它描述了能量动力学的一种特质：具有高度创造力的个人和高绩效团队能够将其激活并使其发扬光大。这种经济学的运行原则很简单：如果你将自己的全部和拥有的一切都投入你的重要项目中，你将得到所有的回报。

请注意顺序：首先你必须投入一切，只有这样，你才能得到你想要的一切。这是一种不同类型的经济学，与交换价值毫无关系。它所描述的是一种赠与经济学：你付出的越多，得到的就越多。但是它只有在你对所能得到的回报还不确定时才适用，即在完全付出的情况下才适用。这种创造经济学或精神经济学是科学、商业和社会所有深刻创新的核心。

这里讨论的精神能量经济学可以用一个简单的等式来概括：E=Dm。个人能量（E）是在对于我重要的事情（m）上造成的影响（D）的函数。

如果你所做的没有带来任何影响，就成问题了。或者你所做的事对你并不重要，这也是成问题的。这些情况会耗尽你的能量。你所做的事情本身是不能给你补充能量的。但是假如你所做的真的带来了影响，而且对你而言的确很重要，那么你将进入一个能量持续增加的循环：付出的越多，得到的回报也越多。

这个等式的实际底线是：既然我们总是要在工作上花费许多时间和精力，为什么不把注意力集中在那些重要的事情上呢？如今许多系统的设计核心都是为那些所做工作并不重要或并不产生影响的人付薪。举例来说，我们制度化的卫生保健官僚机构耗尽了人们的精力，让人们沮丧和厌恶，鼓励人们用物质填补内心的空虚，而这些制度设计的结果就是卫生保健费用不断攀升，环境的恶化升级。

在了解了能量经济学后，我知道稍不留神就会失去能量。今天拥有它并不意味着明天还将拥有它。怎样才能持续拥有它呢？哪些实践能帮助人们与深层源头和心流重建联结呢？我发现有两种实践有所帮助：练习创造性张力和优先处理。

实践 1：创造性张力的练习。这个练习由彼得·圣吉和身为作曲家、电影制作家和组织顾问的罗伯特·弗兰兹（Robert Fritz）设计。其经典形式是冥想，包括如下步骤：首先询问“我想要创造什么？”和“相比之下，当下的现实如何？”

然后，将两幅图景画在一起（就像屏幕上的分画面），并注意两者之间的创造性张力。

在你开始U型右半边（结晶）的旅程时，这个练习是一种非常好的工具。我发现在U型情境下可以适当对这个练习进行微调：在第一步中，关注你的旅程的未来状态。在第二步中，不要只将注意力集中于当前现实如何不同于向往的未来，而是试着在当前的现实中找出未来的萌生要素。接着，在第三步中，在三维空间中画出创造性张力。在两极间移动：（带着你的思维和心灵）融入萌生要素，和它们一起朝着向往的未来状态演化，然后再回到当前的现实，如此往复。许多从业者都成功地运用了这一练习。

实践2：设置优先处理顺序并管理时间。我来到这里是为了什么更大的项目？怎样才能创造出让我专注并服务于这个项目的条件？我该如何区分时间的优先次序，使之能够花在重要的项目和结果上，而不是浪费在回应不重要的问题上？该练习的目标就是更加有意识地运用一天、一周和一年的不同特质。早晨的第一件事就是问自己："我今天要做的最重要的一两件事是什么？我该如何利用一天中最好的时光？"这里潜在的原则是能量跟随注意力。这意味着最大的调节作用在于我们关注的对象以及关注某一情境。

随之而来的就是一个问题，我们需要忽略什么，以及哪些情况能接受延迟的反应时间？在即时通信技术时代需要记住的重要一点是，任何时间管理都意味着无法对一大群人做出及时回应。把最宝贵的时间用来确保始终及时回应所有人，这意味着你管理时间的方法（过滤噪音）没有奏效，而且还会令你陷入被动的行为模式中。

能量跟随注意力：重要的是为活动创造特质空间，这些活动包括最为重要的、直接关系到我们感受目的的活动，尤其是那些重要的但并非紧急的活动。

**15. 形成核心小组：5 个人就能改变世界。**每当探寻那些成功的、鼓舞人心的项目背后的故事时，你会发现不论什么规模的项目，都有一个或几个核心人物对项目的目的和结果全身心地投入。这个坚定的核心团队随即走向社会并创造能量场域，吸引推动项目进程的人才、机会和资源，形成发展势头。核心团队就是显现整体的一种工具。

例子：在最近的一次面谈中，尼克·哈诺尔概述了自己创办 6 家极为成功的公司的经历："我最喜欢的一句格言来自玛格丽特·米德，'永远不要怀疑一组全心投入的公民能够改变世界。实际上，这是唯一历久不变的事实。'我完全相信这句话。5 个人可以做任何事情。如果只有一个人，当然很困难，但如果把这一个人和另外 4~5 个人放在一起，你就有了众志成城的力量，突然间拥有了完成一切的动力。"

和哈诺尔一样，我也曾见过五六个人完成了令人惊叹的事情，有时几乎毫不费力。这时你就变成了巨大的生成流和能量流的一部分。当然，"毫不费力"并不意味着什么都不用做，而是指工作流动了起来。只有当你做出了巨大的投入（我不想用牺牲一词），基本上投入你全部的才能时，事情才能有进展。这是人们不愿谈及的，因为这通常意味着要把工作凌驾于生活之上。如何平衡工作和生活这两个方面始终是不变的难题。

实践：问自己以下问题。在目前的生活和工作中，我与哪四五个人以正确的方式联结可能改变世界？要与他们真正地联结起来，我需要做些什么？要让这个核心团队更有效地发挥作用，我必须移除哪些障碍？一旦完成了这些，你会意识到其他许多问题就逐渐消失了。

**16. 塑造战略微系统原型，为正在生成的未来做好着陆准备。**原型是你想要创造的、未来的体验型微系统。建立原型意味着在你的想法（或正在进行的工作）成熟可用之前将其展示出来。建立原型的目的是引发来自所有利益相关者的反馈（这个想法看上去怎样，感觉如何，如何与大家的意愿、理解和认同相连），从而精炼项目的设想。其重点在于通过行动而非分析探索未来。正如IDEO的员工所说（我们在第13章中讲到的），建立原型的基本原理是“经常失败会更快成功”或“失败会使成功更快到来”。建立原型不是试点项目，试点项目着眼于成功；相比之下，原型则关注于尽可能地吸收学习。

为战略微系统建立原型的关键在于为未来创造一个着陆带。战略微系统是你想要创造的未来的小版本，包括了你的愿景的所有核心要素。需要你在弄清楚前进的完整计划之前就有信心开始行动。你必须相信自己即兴行动的能力，与恰当的场域和团体相联结，并由此与恰当的个人相联结。为战略微系统建立原型本身是一个迷你U型过程，从澄清意愿开始，形成任务团队；进行深潜，从而与重要的从业者、合作者和场域联结起来、共同投入；返回并分享学到的所有东西；反思并聆听灵感和觉知的内在源头；共同结晶下一步骤；然后返回将其他成员带入前进的下一个阶段。

这其中的关键就在于不止一次而是多次历经U型过程，甚至可能每天都要如此。通过交流前晚所得洞见、回顾并调整当天日程建立“共同开启一天”（如果可能，使用有意识静默）的团队练习；然后出发开始行动，晚上再次集合分享所学。在夜间进行加工处理，醒来时就有了新想法，再接着重复以上行动。关键是不要对建立原型进行过度计划。你必须跟随着过程中生成的一切前行。除此之外，你也需要设立几个坚实的监测点，来回顾经历的过程和利益相关者的反馈；这些将帮助你保持专注并提供有用的见解。

将社会创新从产品创新中区分出来，通常有三点：首先，对于社会创新，我们需要更多地关注那些可能已经存在一些创新的情境。其次，我们要注意，社会创新的对象是人类生活；“早点失败促进快速学习”的原则必须基于快速循环学习的过程，几乎能让你在犯错误之前就纠正错误。最后，我们必须应对深层的社会复杂性和新生复杂性，包括放下旧有的身份和接纳新的身份（通过穿越 U 型底部实现）。尤其是在大规模直接的、结构性的文化暴力已经困扰某些社会数世纪的情况下（各洲都有许多这样的地方），沿 U 型下行代表着治疗集体所受的大量创伤（一个很好的例子是南非的“真相和调解委员会”所做的工作）。对社会集体的治疗将是这一过程的中心。这并不只是项目的花絮，而是真实的东西。其他所有事情都是进行治疗的情境。

例子（在公司情境下建立原型）：在网络设备的全球领先者思科系统公司，建立原型始于公司所谓的 0.8 原则——无论一个项目周期多长，工程师们都必须在三四个月内提出第一个原型，否则这个项目就夭折了。公司并不期待第一个原型能像 1.0 原型一样——这是一个快速粗糙的产品，其目的是引发所有利益相关者的反馈，从而推动 1.0 版本的诞生。

实践：创造战略微系统需要关注三个方面——参与者、项目和基础设施。以下是每一项的清单。

召集参与者：战略微系统需要跨越边界、彼此依赖，从而实现将系统未来最佳运行方式的关键参与者联结起来。要使微系统团队富有成效，通常需要 5 种类型的成员：

- 对结果负责的成员（问题持有者，正如医院的首席执行官）；
- 了解第一手真实问题的前线成员（如医生）；
- 那些系统底层的人（如患者或公民），他们通常对别人如何花费自己的钱没有话语权和发言权，却能带来有助于重构整个问题的不同观点和关注点；
- 来自系统外部、能够对项目的成功与否提供至关重要的观点和胜任力的人（富有创造性的局外人）；

- 一个或几个完全献身于此项目并使之成功的活动家（怀着正义之心并愿献身于项目成功的人）。

可以从另一个视角看待这 5 种类型，决定哪些人是不该被包括其中的：有 90% 的“专家”（他们都有可能成为“下载”的世界冠军）你都用不上；你不需要那些只对维持现状有兴趣的人——简而言之，你不需要那些使用“改变”这个词时仅仅意味着别人需要改变的人。你需要连接并召集那些拥有人脉、知识、权力和意愿的参与者，为了整体利益他们可以跨越边界共同创造变革。你希望自己的团队足够精简以确保工作的完成。为了有效地工作，大型团队可能需要建立子团队。根据经验，现有利益相关者的代表性越广泛，过程就越缓慢。微系统越有选择性，你就能越快进入快速循环的原型建立过程。如果你在创新行动开始之前就将所有人都包括其中，那将会大错特错。

综合太多的现状会迅速变为创新的敌人。创新凭借的是基于有选择的数据和参与者采取行动的勇气。关键在于正确地选择。在社会创新中我们当然应该包容更多的参与者。但是同样的原则依然适用：你要将重点放在即将产生的系统中的利益相关者身上；你不想只是复制一个特殊利益集团利益相关者的关系网。

选择项目：为建立原型选择和生成理念时应提出以下 7 个问题。

- 是否相关——对于参与其中的利益相关者而言是否重要？要选择一个与个人相关（参与其中的个人）、与机构相关（参与其中的组织）、与社会相关（参与其中的社团）的问题或机会。
- 是否具有革命性——是全新的吗？能够改变局面吗？
- 是否快速——你能迅速着手吗？你必须能马上开始试验，这样才能有充分的时间得到反馈并进行修正（要避免分析麻痹）。
- 是否粗略——你能在小范围中着手吗？你能在最低的能见度上进行有意义的试验

吗？能在局部进行吗？让局部情境指导你如何正确完成。要相信当你发出了恰当的邀请时，适合的帮助者和合作者就会出现。

- 是否恰当——在你所关注的微系统中你能不能看到整体？正确找出问题的维度或项目的定义。在原型中，你有选择性地将聚光灯打向几个细节。要选择适合的细节。例如，在做医患研究时，我们并没有对所有的利益相关者都进行关注。我们从其中的两类参与者开始：患者和医师。在做这样的选择时你必须有勇气，必须是正确的——正确意味着你清楚地看到了系统的核心轴或核心问题。在一个卫生保健研究中忽视了患者，在一个可持续食品项目中忽视了消费者，或在一个学校项目中忽视了学生（只是列举几个我最近碰到的例子）就是没有抓住要领。
- 是否相对有效——是否运用了现存网络和现有社团的力量、能力和可能性？
- 是否能够复制——你能推广这个项目吗？无论是否能够形成规模，商业或社会的任何创新都有赖于创新的可复制性。在塑造原型的过程中，这一准则会激活本地的参与感和所有权感，而将那些依靠注入大量外部的知识、资本和所有权的方法排除在外。

创建基础设施：塑造原型的团队需要以下各类帮助：

- 场所：帮助团队受到最少的干扰，专注于创造活动；
- 一张有严格规范的时间表：促使团队尽快生成初始原型并引发来自所有利益相关者的快速循环反馈；
- 内容帮助、重要关头的专业援助和过程帮助：使团队每天能够通过快速实验调整U循环（活动后的回顾）；
- 定期原型门诊：在会诊中展示原型，从关注前进道路上关键挑战的同辈教练那里获益。

**17. 整合头脑、心灵和双手：用双手去探索；不要想，要去感受。**在2000年的电影《重返荣耀》（*Bagger Vance*）及其原著小说中，高尔夫球主教练在帮助找不到挥杆感觉的球手时这样说道：“用你的双手来寻找——不要想，用感觉。双手的智慧永远高于大脑的智慧。”这个建议清晰地说出了在U的右半边运转的关键原则。沿 U 型左侧下行，就意味着开放以及应对来自于思想、情感和意愿的阻力；沿 U 型右侧上行，则是有意识地在实践应用背景下重新整合头脑、心灵和双手的智慧。

正如沿 U 下行时要应对评判之声、嘲讽之声和恐惧之声这些内在敌人一样，沿 U 上行过程的敌人包括三种过时的操作方式：不能随机地、有意识地行动（盲目的行为主义）；无尽地反思而没有一点意愿和行动（分析麻痹）；不与根源和行动联结的空谈（喋喋不休）。这三个敌人有着共同的结构特征：不是去平衡头脑、心灵和双手三者之间的智慧，而是总有其中一个占据了主导地位（无尽反思的思维、不停行动的心灵以及莽撞行动中的意志）。

总之，U 型右半边最需要的关键品质是对思维、心灵和双手的实际整合，以防止个体被困在三种片面的运转方式中（莽撞的行动、不采取行动的头脑以及喋喋不休）。

这个阶段有一个有趣的细节，接纳的事物在人们头脑中出现的顺序与我们之前的理念是相反的，如下所示：

- 它通常从一种非特定的情绪或感觉开始；
- 这种感觉演变成一种关于“是什么”的感知：新的洞见或想法；
- 接着“是什么”与能产生突破性创新的情境、问题或挑战相连（“在哪里”：情境）；
- 直到这时你才开始开发出一种方法，以理性结构和展示形式架构“是什么”和“在哪里”的形式（“为什么”：理性推理）。

这个顺序能在几乎所有类型的突破性创新中找到。应对创新时最大的错误就在于本末倒置，即首先关注理性大脑。为了让新的洞见生成，其他条件必须已经具备。

简而言之，与最高未来可能性相连并产生强有力的突破性想法需要学习如何接近心灵和双手的智慧——而不仅仅是大脑的智慧。理性的头脑通常是最后一个出现的参与者。

例子：经济学家布莱恩·阿瑟告诉我他是这样得到自己最重要的科学洞见的。当时他正在伯克利写一篇关于一道数学难题的论文，这道题难住了好几位数学家。阿瑟努力了好几个月，但是没有突破性进展，他放弃了。导师建议他选择一个简单一些的问题，他很快就解开了这个问题。论文完成后不久，他漫无目的地在图书馆看书，突然间他的脑中捕捉到了一幅图像。他能看到图像，但是一开始并不能完全认清它。他能看到图像描绘的是什么——解决方法的拓扑展示图。他想：好吧，这是个解决方法。不过是解决什么的方法呢？它属于什么问题呢？接着他意识到这是那道他曾经放弃了的数学难题的解决方法。从这一时点开始，他就能把这个想法具化为一道数学等式了。

这个故事当然是U型的一个漂亮演示：确定解决问题的意愿、深潜进去、发疯地工作、打断工作流（暂停）、关注开始从你大脑的“后门”悄悄溜进来的想法；接着发展和具化这个想法。

实践：聚焦于真正重要的东西，付诸努力。冲个澡，得到一个富有启示性的想法。擦干身子，塑造这个想法的原型。

我们都知道这个顺序。在大部分人身上都发生过这种事。最为重要的是，所有这些要素缺一不可。假如没有进行前面的两个步骤——聚焦于真正重要的东西和投入其中付诸努力，那么仅仅冲澡是无法让你有什么进展的。前面这两个步骤是必要的，但是还不充分。冲澡意味着你通过转换背景打断了工作流；通过感受水你放松了身体，通过走出问题解决模式你放松了头脑；最后你注意到穿过大脑“后门”溜进来的想法（避开使自己分心的事）。

淋浴间成了产生伟大思想的实用空间，这可能一半要归于它能排除干扰：你不能看电视，不能看报纸，你也不能边冲着水边打电话。由此可见，接近智慧深层源头的练习要整合 4 项活动：

- 聚焦（澄清意愿）；
- 付诸努力（将自己完全投入任务中）；
- 打断工作流，转换情境，放松，关注生成的想法（转变关注点）；
- 跟随开始涌现的火花，迅速为其塑造原型，并在实干中学习（重复、重复、重复）。

这就将我们带入了原则 18。

**18. 重复、重复、重复：创造并适应，保持与宇宙的通话。**不要局限于想法的最初形式。这可能只是一个开始。要不断向这个世界学习，在每次互动中磨砺和重复你的想法。关键是要将这个世界看作一个有益的空间。如果你是这么看的，那它就真的是，假如你不这么看，那它就不是。

例子：《快公司》杂志的联合创始人艾伦·韦伯曾生动地描述和勾勒了这项原则。他说“宇宙的确是一个有益的空间。假如你对自己的想法敞开心扉，宇宙就会对你有所帮助，向你提出改进想法的方法。话虽如此，宇宙给你的建议有时很糟。所以我们的冒险就在于聆听那些想法和建议后自己决定哪些是有益的、哪些是有害的。你不能封闭起来说，‘不，这个想法在我脑海中已经酝酿成熟，如果不能按照设想的方式完成，我根本就不会去做’。而另一方面，假如听取所有人的意见，你也会疯掉。”

实践：下面的练习可能会帮助你与更大的视野建立联结。

步骤 1：每天结束前花三分钟时间，写下一天中世界给你的所有建议，不用去判断这些建议的好坏。

步骤 2：通过观察写下一个或两个与你目前工作中的挑战相关的核心问题。

步骤 3：第二天早上，花 5～10 分钟记录下你对头天晚上所写下的核心问题（和观察）所形成的想法。记录下大脑中闪现的想法。

步骤 4：通过探索可能的后续步骤来完成“日志”，进一步对这些可能性进行调查 / 测试 / 原型塑造需要采取什么行动。

这个练习为探索新的或有挑战性的想法提供了安全空间，能够极大地提升个体解读微弱信号和进化理念的能力。

## 共同进化：通过从生成的整体中观察和行动来培育创新型生态系统

从图 18—6 可以看到对 U 型所有步骤的整合。一旦各利益相关者对原型进行了回顾和评估，接下来的活动就聚焦于在恰当的制度生态系统和基础支持结构中试行和改进该想法。我们已经知道许多重大变革和突破的插曲和故事。但是一天终了时它们依然仅仅是插曲。大系统迟早会迅速恢复到以前的运转方式。变革的插曲几乎从未使（积极的）“病毒”像野火一般在现有的系统间传播开来。为什么呢？

我想主要有两个原因：一个是我们还没有充分地开发个人和集体从社会生成性场域 4 运转的能力；另一个是目前还没有合适的制度性基础组织结构，能将系统变革中互相需要的参与者们聚集起来。此外，U 型最后一项即第 5 项运动就是建立基础组织结构。直到现在，我们才开始描绘建设基础组织结构需要采取的行动。原则 19~21 预览了该领域的前沿，欢迎探索未来的这一版图！

**19. 共同演进创新型生态系统，让人们从正在生成的整体观察和行动。**要处理当今时代巨大的体制挑战，组织和大型系统需要采纳和激活第 4 种治理机制：从正在生成的整体的自然流现中进行观察和运转。

今天大多数系统都面临着同样的问题：系统被现存的市场、层级、网络这三种协调机制所共同管制，而这些系统产生的结果却是不足的。我们不想通过仅仅再覆盖上一层规则、市场或网络基础结构来解决问题，我们需要的是能引入第4种管制机制的深度创新：从正在生成的整体的自然流现中进行观察和运转。

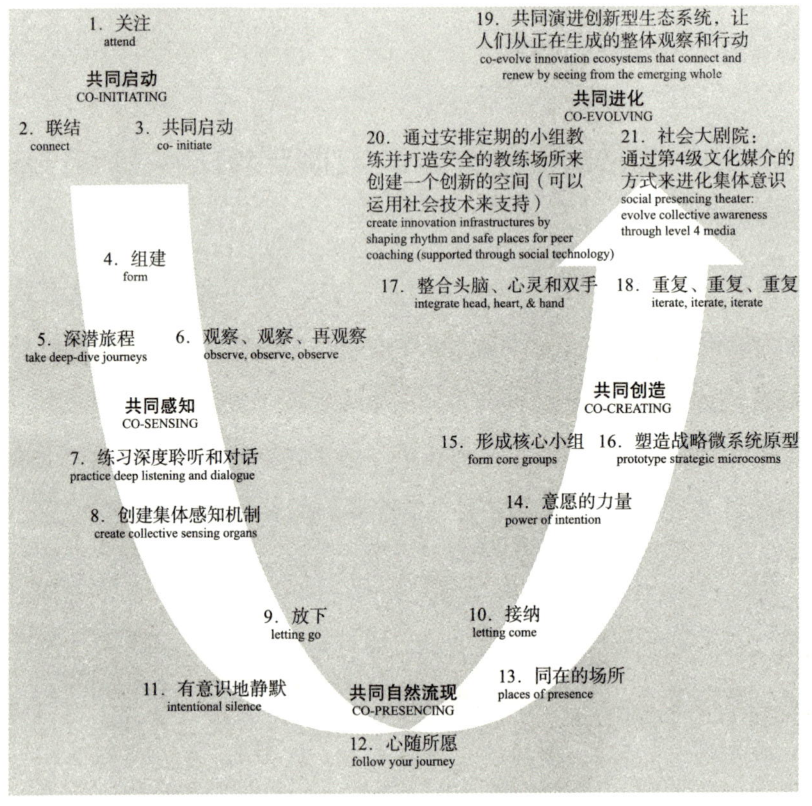


图 18—6　第 5 项活动：共同进化

例 1：想想如祖宾·梅塔（Zubin Mehta）等指挥家，指挥时要全神贯注于正在从独唱者普拉西多·多明戈（Placido Domingo）那里生成的一切。指挥家和多明戈步调一致。要在那个特别的时刻生成的音乐在静默中孕育着。接着音乐从那个神奇的静默之中迸发了出来，显示着流经多明戈和梅塔以及围绕着他们的整个场域的能量。音乐仿佛通过地面继续上升，把这个富有创造性的能量场域中的所有人联结起来，包括独唱者、乐队、观众、空间和指挥家，此刻的指挥家仿佛就是这个场域创造性能量的指挥者。

例 2：想想一位教育家，她注视着自己的学生，她和她的学生以及该学生最高未来潜力步调一致，她迅速采取行动，帮助这名学生踏上实现自身潜力的旅程。或者想想星期天在自家农场散步的一位农夫，他通过这种方式直接联结到农场的鲜活当下，然后尝试着把握住这个有机生态系统接下来需要他做的事情。想想一位医师，他不单单考虑到医患关系中的技术科学部分，还将心灵、社会和精神更深层面的内容纳入进来，与每位患者自我的真实当下相连，然后以此开始行动，尝试着去为这些真实的自我服务。想想那些类似圣雄甘地或纳尔逊·曼德拉般的领导者，他们通过与更大的集体场域相连进行运转，然后从集体场域的同在开始运转，他们充当了实现集体场域最高未来可能性的工具。

所有这些例子都是由个人实施的。而当今时代的基本挑战是要从集体的而不仅仅是个人的角度去完成同一件事：从演进整体的同在进行运转。当今时代几乎所有的主要挑战都需要这种集体运转方式，但是我们还没有学会怎样去做。

许多面临艰难挑战的领导者们都意识到需要新的运转方式，需要用场域 4 的方法进行组织：从正在生成的整体（或生态系统）的自然流现中进行观察和运转。

例 3：英国乐施会（OGB）是一个非常有影响力的全球非政府组织。作为由 13 个组织组成的联盟，乐施会与其他组织一同努力消除贫穷和痛苦。朱迪思·弗利克（Judith Flick）是英国乐施会南非区（安哥拉、马拉维、莫桑比克、南非、赞比亚和津巴布韦）的区域总监。当她接手工作时，大家认为这个区“功能失调”，士气低落，不太遵循组织标准，而且这个区在组织内部还有“完不成本职工作”

的名声。在朱迪思接手工作的18个月中，她精心策划了组织的转型：对组织进行系统性的升级，同时将员工的精力重新集中于当初他们加入组织的初衷——帮助人们减轻贫穷和痛苦。

在履行人体免疫缺损/艾滋病（HIV/AIDS）项目全球领导这一额外职责的过程中，她意识到对这个问题的现有解决办法是不恰当的、无效的："正如这个字眼所表达的，人体免疫缺损流行病是一种在世界范围内传播并会带来全球性影响的流行病；应该通过全球性系统来应对艾滋病，并把艾滋病视为一个世界范围的系统问题，但实际情况并非如此。"将过去的乐施会项目继续进行下去，对于正在瓦解的整个社区甚至社会而言是没有意义的。这就好像在世贸大厦整幢建筑倒塌前一刻去修葺大楼的楼梯。尽管目标是崇高的，但是具体过程与整个局面并不同步。朱迪思说："流行病不光是一个健康问题，还是经济、社会和政治问题；它需要多学科的解决办法，包括疾病治疗的技术方案，人们社会行为的改变，全新的国内以及全球经济系统来提升对抗性、提高卫生保健覆盖率，以及能对地方、国家和全球层次的不同公民群体负责的真正的领导班子。流行病影响着所有领域：政界、商界和公民社会，在每个层次上流行病的影响是不同的，每个层次上都需要进行分析并采取不同的解决办法。"

她说，情况十分紧急，"根据联合国艾滋病规划署2006年的报告显示，全球已有超过3 800万人感染艾滋病病毒，每年有280万人死于艾滋病，仅在南非每天就有2 550人。到目前为止，这种流行病已经带来了1 500万个艾滋病孤儿；它侵蚀了社区安全网络；它将从最受影响的国家吞噬掉无可挽回的巨额财政收入，同时还将破坏这些国家的生产力"。

当工作带来了这样的挑战，你该怎么办呢？你该用传统的解决办法，还是应该停下，充分理解现实，想出与过去的模式不同的答案？

朱迪思选择了后者，她发现了三个有关利益相关者的直接问题。首先，她必须鼓励她的员工内化艾滋病的现实。她打了一个比方，人们生活在类似逐渐展开的艾滋流行病这样的"慢发性紧急情况"中，这样的行为可以比作温水中的青蛙。"假如你将一只青蛙放入一锅烧开的水中，它会跳出来。但如果你将青蛙放入冷水中再慢慢加热，青蛙就会慢慢被煮熟，因为它没有察觉到温度在逐渐上升。我们想让我们的员工跳出来看世界，他们必须意识到这是与我们所有人、每个人都相关的。"

其次，她必须给予员工权力，让他们考虑流行病的激变影响和长远影响，提出他们自己认为能起作用的方案。他们必须停止下载那些公司模式，他们不用担心行为"出格"，只要提出产生不同结果的方案。她仔细聆听员工的想法，相信他们会"读懂"现实情况，而员工们也确实提出了有效的方案。

再次，她要与英国总部的上司以及上司的上司一同努力，推动组织对艾滋病的挑战做出更恰当的回应。这需要组织在资金募集、资源分配、广告宣传以及项目开发上的战略转移。事实上，这意味着组织需要把艾滋病作为投资组合的一部分，还要把联盟的其他成员以及其他部门的关键利益相关者包括进来。

尽管这三项很困难，但还是可以做到。第四项，也是最后一个转变是最具有挑战性的。要做到第四项，必须停止围绕标准过程和项目进行组织，而是要围绕着应对和改变的生态系统或"整体"来组织（场域 3~ 场域 4）。

这显然是最基本的挑战，是否可以做到则是另外一个问题。但是假如可以做到，那么唯一的方法就是将它作为一个生成性的、多重利益相关者的过程来处理。

尽管乐施会一直以来都明白贫穷是一个系统问题，但它通常没有以多重利益相关者的方式来改变生态系统。艾滋病的出现使得这种方式变得势在必行，组织最近也开始尝试这种新的解决办法。

**20. 通过安排定期的小组教练并打造安全的教练场所来创建一个创新的空间（可以运用社会技术来支持）**。创新发生在特定的空间。关于创新网络已经写了很多了，但在对创新网络的兴奋之中，创造性过程其实是反网络分享而行。创造性过程需要一个新事物可以从中孕育的“蚕茧”—— 一个为集体准备的、受到庇护的内部空间。正如种子需要空间和时间生长，孩子需要空间和时间成长一样，创新也需要空间和时间并按照自己的进度演进和形成。

日本管理学学者野中郁次郎多年来一直关注如何更好地解读成功进行知识创造的公司环境。他认为组织中空间的力量包括实体空间、虚拟空间（互联网）、社会精神空间（共有的情境、信任）以及共有的目的和意愿。

在每一个发展过程中，空间的这 4 个方面都是基础性的。一粒种子要成长，需要实体空间（土壤）、连接（水）、滋养（养分、阳光）以及有组织的场域（农夫的农场）。孩子的成长同样需要这 4 种条件：实体空间（家庭、学校）、连接（活动和接触）、社会滋养（关爱、朋友、挑战）以及大我形成的发展空间（生成场域）。

这 4 个条件同样适用于组织中的成功创新。创新发生在实体空间，但是在组织中大多数实体办公空间缺乏培育和智慧的设计。因此，它对员工心智的影响是令人沮丧的，而并非令人振奋或鼓舞。

例 1：国际设计公司 IDEO 的办公区是创造型工场设计的一个良好范例，它将设计、技术和创造力的元素与工业风格功能的开放布局相结合；每个团队还有各自的“蚕茧”，能够依据团队项目的需要和要求放大或缩小。

变革通常需要虚拟的空间和连接，会随着市场中层出不穷的新科技不断演化。

创新还需要共有的社会空间和情境，在 IDEO 是通过位于一个或少数几个场所、高度投入和关注的核心项目团队来形成的。最后，深度创新需要一个精神空间——创造的目的感，这通常是核心团队的灵感和动力。

尽管诸如 IDEO 这样的公司形成了得到以上所有维度支持的创新文化，但是创新导向稍逊的公司或组织可能很难做到这点。对于这些公司而言，挑战在于要在有效运行组织的同时进行创新。应对这一挑战的支点在于节奏和空间：建立一种品质时间和品质空间的模式，促进核心团队交织效率和创新。

例 2：野中郁次郎描述了日本领先的健康消费品公司花王（Kao）的实践。高级管理人员每天早晨 8~9 点进行茶会。茶会上大家就成功的关键性背景信息进行非正式的分享，会后将这些信息传递给他们的管理团队。在这个例子中，节奏是“每天”，空间是允许放松讨论的非正式的休息室。结果是在不需要许多员工停下工作或参加会议的前提下，关键信息就能迅速地传遍整个组织。

实践 1：闭上眼睛，将你负责的区域、你的核心团队想象成一个鲜活的有机体。这个有机体需要你做什么呢？哪种呼吸节奏适合这个关键参与者群体呢？是花王采用的“每天”的节奏吗？还是每周、每月或者每季，抑或是以上节奏的某种组合？一旦确定了合适的节奏，要在哪里进行呢？要建立哪些过程和结构才能带来最多的跨团队的小组教练和咨询？

为你的核心团队回答了这些问题后，尝试着扩大范围，为那些对项目或组织的未来最重要的利益相关者和参与者回答同样的问题：要在这些参与者当中培育集体场域，什么是召集这些参与者的最好方式？怎样的节奏、情境和空间对发展这个生态系统最有帮助？

实践 2：小组教练案例诊所。案例诊所和小组教练需要一个能使团队一起成功工作的结构，以下结构就是一个例子。

假设每次会议 70 分钟，每个团队 4 人。以下是你可以用来构建诊所的一些特定条件。

（1）挑选一位案例提出者和一位计时员。

（2）10 分钟：案例提出者做出意向陈述：局面 / 问题 / 机会 / 项目＝你要解决什么？

- 当前局面：当前困难 / 问题的症状是什么？
- 在这里我个人的发展优势是什么？
- 我的意愿：我想看到什么？我要创造什么？
- 帮助 = 我在哪些方面需要投入和帮助？
- 如果有必要，顾问会要求澄清问题。

（3）5 分钟：顾问们暂悬给出即时建议的冲动，开始短暂的静默，然后每个人都开始反思，回应案例提出者。

- 这个案例让我在脑海中出现了什么样的画面？
- 我感受到了怎样的感觉和情感？
- 对此我产生了什么样的问题？

（4）40 分钟：案例提出者给出回应＋所有人进行生成性对话。

- 教练询问问题，加深理解。
- 进行头脑风暴式谈话，提出解决方案。

（5）10 分钟：顾问的建议。

- 要解决的关键问题是什么？【诊断】
- 我提出了什么解决方案 / 行动？

（6）3 分钟：案例提出者作总结陈词。

- 解决方案给了我哪些新见解 / 答案？
- 怎样才能应用 / 结合这些想法继续前行？

- 下一步我该做什么？
- 谢谢！

（7）两分钟：记日志——关键收获（所有的人）。

**21. 社会大剧院：通过第4级文化媒介的方式来进化集体意识。**在社会层次的基础组织结构中，利用系统某部分深层变革的经验引发其他部分的迅速启动和跨越式发展的机制仍然缺失。尽管有许多机制声称做到了这一点，但大多数还是属于下载和复制过去的模式。超过90%的媒体和媒体产物都被下载行为牢牢地掌控了。当今文化的最大空白就是缺乏场域4的文化产物，即用全球场域某部分的变革经验给其他部分带来灵感和康复。

例子：世界最大的全球服务公司之一——普华永道的拉尔夫·施耐德（Ralf Schneider）和他的团队设计了一个领导力开发项目，该项目就当前的社会危机和体制崩盘展开了深潜活动的学习。他每年召集公司20~25位高潜质的年轻成员，经过密集的准备阶段过后（一些是网上授课，另一些是面对面的体验），将他们分为三人一组，让他们全心投入一项为期两个月的发展中国家的开发项目当中。在此期间，每个三人小组都全职为某个类似“防治艾滋病”这样的现有项目工作。其目标是尽可能为项目主办方做出最大的贡献，同时致力于几项达成一致的个人和团队开发目标。

两个月结束后，全部成员重新集合到一起，通过为期一周的静修进行深度反思和总结，对学到的关键知识及其含义进行结晶。尽管大多数参与者在过程中都产生了深刻的体验，但很多人都是通过这一周的静修才学会挖掘体验的“金矿”并将其整合到个人生活和职业生涯中去。过去4年间我一直和这些团队一起工作，包括参加在他们为期两个月的场域沉浸之前的准备工作，以及回来之后的沉思静修。我始终惊叹于这项似乎简单的干预手段——将人们暴露于真实世界，如果得到了正确的支持，其所创造的改变竟然如此深刻。一年之后和他们的第三次会面也让我确信他们中很多人都已将这段“改变生活的体验”转变为新的项目、风险投资和行为——比如为社会创新和社区工作建立基金，或是通过捐赠在印度创办新学校，其中包括捐出他们的所有积蓄。

现在，我们还不知道如何提炼这种“改变生活的体验”并使之适用于其他人，这就是我们在本书中正在创造的社会大剧院背后的思想。

正如我们所设想的，社会大剧院将综合所有富有创造力的艺术作品、剧院、社会变革技术、能量认知方法、冥想练习和对话。运用极简主义“空白画布”和执行原则，它将把观众变为事件的共同创造者。

该方法隐含的假设很简单：因为全球场域的唯一性，治愈集体社会实体某一部分（世界的一部分）的方法应该有可能治愈该实体的其他部分。事实上，这些部分（社团）已经通过全球社会场域相连。社会表演仅仅是提供了让这些社团更充分地意识到深层联结的机制。通过运用这些组合要素，社会大剧院将于两小时后带领演员 / 观众通过 U 的不同阶段。

## 根本原则：社会场域的三个基础

实践当中，U 型过程的运用有三种不同的方式：作为过程、作为一系列场域原则以及从源头的场域运转。

首先，作为过程：按照启动、感知、自然流现、塑造原型、机构化的顺序。这只是个开始，要让该过程奏效，你还需要和两个更深的层级相连：原则和源头。否则就又变成了一个机械的流程工具，某些人用它来束缚其他人（而且还为此收费）。

其次，作为一系列原则和实践（正如本章通篇所概述的），你不再遵循机械的过程蓝图，而是把 24 项原则作为一个整体应用于眼前的局面。你根据情境的需要置入和调整过程。

最后，与最深层次的源头场域相连并从那里开始运转，即从 U 型底部开始运转。在这个层次，连原则的框架都消失了。下面的三项根本原则清晰地说明了与源层次的联结：意愿基础训练、关系基础训练和真实基础训练。我把它们称作根本原则，是因为它们与其他 21 项原则相关，并为这 21 项原则提供了支持，正如树的根系与树干和树叶的关系。它们为唤起社会场域的存在打下了基础——意愿基础为整体服务；关系基础与社会场域的集体实体相连；作为未来生成的载体，真实基础将你与你的本我相连。

**22. 意愿基础。**有些决定情境（比如一场会议）质量的最重要变量恰恰是最不可见的，比如注意力和意愿的质量。它们深刻地影响着情境的展开过程："我（这样）参加和关注，所以它（那样）生成。"

例子：正如之前描述的，当我咨询约瑟夫·贾沃斯基如何才能有效实施深度聆听面谈时，他告诉我，"最重要的时间是面谈开始前的一个小时"。

实践 1：组织或召开专题研讨班或集会的前一天晚上，花几分钟时间将你的意愿和第二天将要在一起工作的团队的最高未来可能性联结起来。在你必须对实时局面做出反应时，建立这样的关系会有助于提高从大脑"后门"溜进来的直觉的质量。

实践 2：安排大型群体活动时，我发现活动开始前的晚上召开一个集体意愿设置会议非常有用。这通常只需要 5~10 分钟的时间。会议室布置完毕、大部分准备工作就绪后，你就将核心团队召集到一起，站成一个圆圈；然后每个人说出个人认为的一两个活动的目的或目标：这个活动应该完成什么？他们要推动和服务的未来可能性是什么。我发现在活动前晚进行意愿设置的群体比那些没有这样做的群体，更有可能在活动的整个过程中建立良好的场域和支持空间。

意愿基础的另一个方面与实干有关——把我们所说的根植于我们每天所做的。正所谓，“对你关于变革所说的每句话，采取一项行动；对你关于伦理或精神所说的每句话，采取两到三个行动”。正是通过所做的而不是所说的，人们才信服。

有时候最初的成功可能会妨碍对整体的服务。以上原则运用得越多，你看上去就越成功，也越处于掉入以下陷阱的危险之中：名声（我做到了），金钱（我应得的）或建立帝国（我该拥有）。这三个陷阱试图袭击我们的弱点，一旦掌控住我们，它们就会左右我们的认知，很快我们的互动就会被这三个陷阱而不是我们的本意所驱动。

实践3：回顾生命中发生的故事（从今天开始，回溯到记忆的最深处），想想这一路上影响过你的人。问问自己与那些人的联结让你获得了哪些馈赠。回溯到最开始、你的父母、你的早期家庭经历来完成这个练习。然后，将所得到的馈赠在大脑中进行相加求和，从今天的你中减去该和值。你会注意到，你几乎没有什么不是归功于他人的。

**23. 关系基础。**当两个或两个以上的人相遇并真正联结时，就会有特别的事情发生：他们融入了自然流现的社会场域。社会场域不仅将我们相互之间联结起来，还将我们与自我联结起来。通过这一媒介，我们可以唤醒本我。某个社会场域的本质起初看起来是被我们在特定局面下面对的群体所限定的。但是当学会了关注社会场域更微妙的方面时，我们意识到社会场域是根植于本地而联结到整体的——它是直接把我们和这个星球上所有其他人联结起来的媒介。正如我们呼吸的空气是连接所有人的共享媒介，社会场域也是一种不言而喻的联结媒介，是一种我们可以融入并培育的集体共鸣实体。

例子：本书第一部分所描述的现有人类集体的躯体衰老而垂危。它经受了直接暴力（人们被他人的活动所杀害）、结构暴力（人们被诸如社会经济等级类的结构所杀害）以及文化暴力（某些文化视他人为劣等物种，并使对他人行使结构暴力以及直接暴力合法化，人们被这种文化所杀害）。在所有的社会系统和每个层次上，我们都正经受着这垂危的躯体、衰老的社会场域的统治。衰老躯体的死亡和崭新社会场域的诞生是当今时代的重要事件。U 型理论的本质就在于破解这一系列重要的事件。这种事每天都在世界各地发生。当两个或两个以上的人相遇，并关注从彼此之间微妙的联结生成的一切时，就打开了通往深层过程和奥秘的大门。

实践：用你的头脑和心灵走遍世界，同理于每个社团和地区的人们，无论你认识与否。通过“吸入”他们的痛苦和“呼出”治疗能量来建立和他们的亲密关系。建立一种把我们所有人联结起来的全球场域的感觉，在这种感觉下，只要有一个人在受苦，我们都不会幸福。

**24. 真实基础**。可以把 U 型过程视为一个社会呼吸过程。U 的左半边是这个循环的“吸入”部分：完全沉浸在当前的场域中，纳入所有东西。U 的右半边是这个循环的“呼出”部分：实现未来的场域。在“吸入”和“呼出”这两个活动之间有一道小小的“虚无”裂缝。这个无声的停顿是 U 型底部的奥秘或源头。它是联结放下与接纳的地方。这个裂缝可以被看作是“针眼”：大我。是现时中的我与其最高未来可能性相联结的能力，这个未来是一个需要我们的未来，只有我们才能实现的未来。在这个空间开始运转的那一刻，我们就唤起了一个不同的社会场域的存在，这个社会场域将参与者与更深的源头和生成性涌现流联结了起来。

从过去垂危的集体躯体向正在生成的社会场域的转变，以深刻改变个体和集体自我（大我）运转的状态为基础。当旧的集体躯体中的自我被过去的模式禁锢时，生成性社会场域的自我则发挥着让未来可能性生成和显现的支持空间的作用。从前者（系统的囚徒）向后者（带来从内部生成的新世界）的转变正如小我和大我之间的逆转。

例子：逆转的一个例子是德国前卫艺术家约瑟夫·博依斯的雕塑《7 000 棵橡树》(*7 000 Oaks*)。像建立真实基础的过程一样，《7 000 棵橡树》是一个时间雕塑品。它表达的是两个根本不同的时间流：一个是从过去涌现的，另一个是从未来生成的。它经历了旧躯体的消散和垂死，而生命的新躯体同时逐渐形成的转变过程。

这个雕塑作品的最初形式，是一个巨大的、由 7 000 块玄武岩石块堆成的箭形排列。在其顶端是一块石头挨着一棵橡树，这棵树是该雕像在德国北部的一个城市卡塞尔（Kassel）正式揭幕时由博依斯种上的。他的设想是将 7 000 块石头一块一块卸下来，每一块石头配上一棵橡树，将树 / 玄武岩组合种遍整个城市。雕塑最初的形式只是一堆石头（雕塑 1），但是最后却变形为一个城市的绿化（雕塑 2）。完成这个转变花了 5 年时间，许多志愿者付出了汗水。最后一棵树于 1987 年在卡塞尔文献展（5 年一届的展览会）的开幕式上种下，当时约瑟夫·博依斯已经逝世了。从雕塑 1 到雕塑 2 的蜕变是对逆转过程的完美诠释，这一过程是一个躯体消亡以使另一个新的鲜活场域显现的过程。

实践：回顾当前生活和工作中的挑战，它们是如何与你过去的旅程产生共鸣的。这么做就仿佛从上往下看。假如有人有意设计了一个当前的挑战，为了告诉你一个与你的未来旅程有关的重要教训，那这个教训是什么？假如有人有意设计了你过去的旅程和当前的挑战，以使你为未来的工作和生活做好准备，那你认为自己未来旅程的中心主题是什么？

图 18—7 完成了我们“U 型旅程”的场域漫步，总结了原则 1 到原则 24。我们来到了末尾，也就是说回到了开端。我们的场域漫步始于一个问题：向正在生成的未来学习需要什么条件？我们发现所需要的是一场深刻的转变，是我们行为发源的内在空间的转变。作为个人、群体、组织或全球分布的系统，U 型过程就是以更有意识、更加觉醒的方式来实施这一转变的旅程。在任何社会系统中完成这一旅程，都恰恰和约瑟夫·博依斯的雕塑作品《7 000 棵橡树》（雕塑 2）蜕变了 7 000 块石头的最初形式（雕塑 1）有着异曲同工之妙。这种蜕变是当今世界正在上演的真实的界点事件，是正从废墟中升起的新世界。

THE SCULPTURE “7000 OAKS”
BY JOSEPH BEUYS
photo by Dieter Schwerdtle

在整个场域漫步的过程中，我们不时地停下来观察全球雕塑场域蜕变的一些细节。阅读 24 项原则时，你钻研了实践中的进化过程指南，是从行动视角而不是从理论视角看待问题的。所以我们已经从理论的视角（进化原理）和实践的视角（24 项原则）分别观察了演进的足迹。但是创造者的视角在哪里呢？

获得艺术家（创造者）视角的关键在于雕塑《7 000 棵橡树》之中，在于将旧躯体（雕塑 1：7 000 块石头）逆转或蜕变为新躯体（雕塑 2：7 000 对石头 / 橡树的组合）的现象之中。这也正是我们在社会场域的 4 个元过程中所观察到的。我们探讨了思考、语言表达、构建和组成世界整体的深刻转变。在每种情形下，都有一个正在崩溃和筋疲力尽的旧躯体，同时又都有其他的某种东西正从废墟中喷薄而出。

我们可能要问，那又如何？这对未来有什么启示？在场域漫步中遇到的一切现在把我们带入了尾声。

1．关注
attend
聆听生命对你的召唤
listen to that which life calls you to do

共同启动
CO-INITIATING

2．联结
connect
聆听并与场域中令人感兴趣的参与者对话
listen to and dialogue with the interesting players in the field

3．共同启动一个多元化的核心团队激发共同意愿
co- initiate a diverse core group that inspires a common intention

4．组建高度承诺投入团队并澄清关键问题
form a highly committed team and clarify essential questions

5．深潜至最具潜力的场所
take deep-dive journeys to the places of most potential

6．观察、观察、再观察：暂悬评判之声，联结你的好奇心
observe, observe, observe: suspend your voice of judgment (VOJ) and connect with your sense of wonder

共同感知
CO-SENSING

7．练习深度聆听和对话：以完全打开的思维、心灵和意志与他人联结
practice deep listening and dialogue: connect to others with your mind, heart, and will wide open

8．创建集体感知机制，使得系统能够观察自身
create collective sensing organs that allow the system to see itself

9．放下：放开必须消失的旧我和陈旧的一切
letting go: let go of your old self and stuff that must die

11．有意识地静默：选择帮助你联结到源头的修炼方式
intentional silence: pick a practice that helps you to connect with your source

共同自然流现
CO-PRESENCING

12．心随所愿：做你喜欢做的，喜欢你所做的
follow your journey: do what you love, love what you do

13．同在的场所：创建圈子，彼此扶持，实现最高未来意愿
places of presence: create circles in which you hold one another in the highest future intention

10．接纳：联结到并臣服于想通过你生成的未来
letting come: connect and surrender to the future that wants to emerge through you

14．意愿的力量：联结到仰仗于你的未来——结晶愿景、目的
power of intention: connect to the future that stays in need of you — crystallize vision, intent

15．形成核心小组：5个人就能改变世界
form core groups: 5 people can change the world

16．塑造战略微系统原型，为正在生成的未来做好着陆准备
prototype strategic microcosms as a landing strip for the emerging future

共同创造
CO-CREATING

17．整合头脑、心灵和双手：用双手去探索；不要想，要去感受
integrate head, heart, & hand: seek it with your hands; don't think about it, feel it

18．重复、重复、重复：创造并适应，保持与宇宙的通话
iterate, iterate, iterate: create and adapt and always be in dialogue with the universe

20．通过安排定期的小组教练并打造安全的教练场所来创建一个创新的空间（可以运用社会技术来支持）
create innovation infrastructures by shaping rhythm and safe places for peer coaching (supported through social technology)

21．社会大剧院：通过第4级文化媒介的方式来进化集体意识
social presencing theater: evolve collective awareness through level 4 media

共同进化
CO-EVOLVING

19．共同演进创新型生态系统，让人们从正在生成的整体观察和行动
co-evolve innovation ecosystems that connect and renew by seeing from the emerging whole

我是谁？
Who is my Self?
我一生的工作是什么？
What is my Work?

22．意愿基础：永远作为工具服务于整体
intentional grounding: always serve as an instrument for the whole

23．关系基础：联结到全球社会场域，与其对话
relational grounding: connect and dialogue with the global social field

24．真实基础：联结到最高自我，成为未来生成的载体
authentic grounding: connect to your highest self as a vehicle for the future to emerge

图 18—7　24 项原则与 U 型实践

后记

# 建立全球学校，运用自然流现的原则和实践

## 我们时代的战争

新千年伊始，我们进入了两组冲突力量之间张力不断增加的阶段。一方面，我们看到原教旨主义、操纵和毁灭的力量在疾速发展。日复一日，这场闹剧的征兆持续出现在我们晨报的头版头条上。我们看到加速的消亡过程和旧有社会主体的瓦解（雕塑 1）。另一方面，我们目睹了全世界范围内有一种深远的开放过程正在逐步深化，尤其是在人们开始明白并联结到生命历程的深层含义的时候。新型的社会网络和场域正在有声有色地形成（雕塑 2）。日复一日，周复一周，这两组力量好像同时在增强。两组力量的区别在于，第一组力量即原教旨主义、操纵和毁灭的力量，通过削减人们的自由发生作用。我们看到过这样的事情发生，比如，投放炸弹似乎是为了炸醒人们的意识，将人们推进至未来，而这种未来看上去更像是对过去的拙劣模仿。

相比之下，另一组起作用的力量则能够提升自由，通过改变人们行为的内在场所，向人们展示关注和回应所处情境的其他方法。简单地说，第一种观点把人类视为由环境决定、受过去制约的客体。其结果就是人类可以被外部的机制所影响、操纵和控制。第二种观点则把人类视为主体——承载了联结创造力和觉知源头的潜在能力。借由这种能力，人们可以认识并连接到一个通过我们才能实现的未来。这种人类观的本质是通过和一个人的最高未来可能性以及真实的大我相连接来进行创造。

这场战斗的赌注很高。我们在进化道路前行的方向上充满了风险。作为一个物种，我们是在朝着集体全球场域的机制前进吗？就像电影《黑客帝国》所演绎的——进化工程会在反生成性的黑暗空间里冻结。在这样的情境下，我们是切断和真、善、美的源头的连接；还是应该深化与源头的联结，基于自我的源头共同创造世界？

人们常说，当面临极端的破坏力量时，例如权力巅峰的希特勒，只采取甘地用来转化冲突的非暴力策略是远远不够的。但这恰恰是 1943 年 2 月数百名徒手的德国妇女持续了一周的举动。在柏林的罗森斯塔塞（Rosenstrasse），她们和挥着机关枪的盖世太保[①]代表们面对面地站着，要求释放被关押的丈夫。

温度在冰点之下，这群妇女却在罗森斯塔塞大街的犹太社区中心外等待，夏洛特·伊斯雷尔（Charlotte Israel）是其中一员，她绝望地期盼着丈夫的消息。自从警察抓捕了她的丈夫朱利叶斯·伊斯雷尔（Julius Israel）和数百名其他在工厂工作的犹太人（最后一批被捕的犹太人），她每天都来。她回忆道，“没有警示，卫兵开始架起机枪。然后瞄准人群大喊：‘如果你们再不离开，我们就射击。’人群急速后退。但是随后，我们开始第一次真正大喊出声。现在我们根本不在乎……不管怎样，他们都会朝我们开枪，所以我们想还不如大声喊出来，‘凶手、凶手、凶手、凶手。’”

历史学家内森·斯托茨弗斯（Nathan Stoltzfus）在她最近的著作中写到，罗森斯塔塞妇女的抗议非常成功，因为即使没有中心组织，像夏洛特那样的妇女也被解救亲人的愿望深深激励着，甘愿去冒生命的危险。另一位妇女伊丽莎·霍尔泽（Eliza Holzer）在她抗议逮捕丈夫鲁迪（Rudi）这件事过去将近半个世纪后，告诉斯托茨弗斯：“我们发自内心地采取行动，然后观察会发生什么。”

① 盖世太保是德语“国家秘密警察”（Geheime Stuats Polizei）的缩写 Gestapo 的音译。——编者注

最后妇女们的勇气和激情战胜了一切，当另一批数以千计的柏林犹太人被塞进卡车运往奥斯维辛集中营时，1 700 名被囚禁于罗森斯塔塞的犹太人获得了释放。

## 激发全球变革

如果更多的德国人都像罗森斯塔塞大街的妇女们那样“发自内心地行动”会怎么样呢？这个故事对德国人来说并不中听，因为它证明在当时反抗希特勒是可能成功的——即使是在其权力的巅峰时期，即使是在柏林的中心。

在应对当今的挑战的过程中，这则小故事能给我们带来哪些启示呢？我们如何才能学会使行动发源于内心呢？

根据系统理论，我们知道，当系统达到分歧点时，微小的差异就能决定其未来的路径如何。如果我们的时代正在为全球系统标明一个这样的起点，那么需要多少人从内心行动、积极投入，才能共同激发一场以各种方式进行的深刻全球变革呢？人们常说文艺复兴是由大约 200 人的核心小组创造的。鲍豪斯核心小组的人更少——可能只有 12 个全心投入的人，而其内核则只有 6 个人。我们不知道本世纪初需要多少人来共同激发另一场深刻的全球变革，但是如果这些人真心投入并得到恰当的基础组织结构的支持，应该不超过 50 或 100 人就能完成这一目标。

如果说你刚刚读过的本书各章略述的社会技术是杠杆，我们利用的最佳支点又在哪里呢？以我的看法，我们必须移除将当下系统禁锢到旧模式的两种限定因素：其一为基础组织结构创新的缺乏；其二为在以有意识的进化和变革为目的的全球运动背景下，缺少一个激发和支持这些创新的全球核心小组。

## 基础组织结构的创新

无论何时，当全球或社会系统从一个发展阶段移向另一个发展阶段时，这种变迁都会伴随着基础组织结构的独特创新。当今形势下，哪些必要的基础组织结构创新才能把我们带到下一个层次呢？

我看至少有三种创新，它们跨越组织边界将一线人员和领导者连接起来并赋予他们权力以便从正在生成的整体进行观察和行动。

**1. 经济基础组织结构的创新。**我们能够共同创造出帮助参与者更加有效地进行跨边界连接、观察、适应和创新的平台。这样的平台能够将整个供应链，包括消费者和用户群体在内的参与者整合起来。虽然企业和用户群体之间的沟通常常会受数以亿计的消费者市场预算的影响，但在这种情况下，谈话将以一种更加平等、开放的对话形式进行，以便将整个系统考虑在内，并相应地调整和重组其当下的运行方式。

经济基础组织结构的另一项创新是有保证的基本收入。这种基本经济保障会使人们更顺利地在自己工作和生活的旅途上前进，使他们更加具有创业动力，也使他们在飞速变化的全球经济中更加坚强。

**2. 政治基础组织结构的创新。**能够通过先进的决策制定参与制度来创造深化民主的空间。各种在更大系统中关系密切的利益相关者，通过这些空间集合到了一起。其目标是把他们当前下载型的交流和互动替换为更加开放、透明和广泛的观察、理解、同在，以及迅速建立创新原型的过程。如果能做到这一点，特殊利益群体的身份将会被放弃，取而代之的是对处于大系统环境下的自我更加广泛和深入的视角。

**3. 文化基础组织结构的创新。**重塑教育机构。附表阐明了 21 世纪的学校（和大学）雏形需要提供给学生和全体教师的 9 种知识和学习情境。

通过两种特性的结合，附表中绘出了塑造能力的现有方法列表。这两种特性是：我在本书前述各章中阐明的三种领导能力（打开思维、打开心灵、打开意志）和三种知识（K1：没有自我反思的知识；K2：行动后的反思；K3：行动中的反思）。

当下教育系统的危机可以简单表述为：我们正在把孩子们送进一个要求他们打开思维、心灵和意志的世界，作为团队和社会的个体，他们要应对将要面临的挑战并通过这些挑战茁壮成长。然而在他们早期发展的形成阶段，我们却没有做任何事情来帮助他们开发这些能力。这就好像把一粒种子放在水泥地上然后说："我希望你长得又快又壮，但是我不会给你浇水施肥，也不会给你阳光和土壤。"

附表 9 种学习环境

| 知识 / 智力<br>Knowledge/ Intelligence | K1<br>非反思性知识：<br>没有自我反思的知识<br>K1<br>Non-reflective knowledge: knowledge without self-reflection | K2<br>自我反思性知识：<br>行动后的反思<br>K2<br>Self-reflective knowledge: reflection-on-action | K3<br>自我超越性知识：<br>行动中的反思<br>K3<br>Self-transcending knowledge: reflection-in-action |
|---|---|---|---|
| 打开思维 IQ<br>清晰的<br>动态的复杂性<br>Open Mind IQ<br>Explicit<br>Dynamic complexity | 授课<br>显性知识<br>填鸭式学习<br>Lecturing:<br>explicit knowledge<br>learning is to fill a barrel | 培训<br>练习 + 反馈<br>对练习的反思<br>Training:<br>Practice+feedback<br>Reflection on exercise | 创造性练习<br>即兴练习，表演剧<br>运用想象<br>Creative Practice<br>Improv, Theater<br>Imagination-in-action |
| 打开心灵 EQ<br>实体化的<br>社会复杂性<br>Open Heart EQ<br>Embodied<br>Social complexity | 体验式行动、<br>项目、浸入，<br>同理漫步，<br>尚未具化的隐性知识<br>Experiential action, projects, immersion, empathy walk, tacit-embodied knowledge | 案例诊所，<br>行动反思论文，<br>对话漫步，<br>对实体化知识的反思<br>Case Clinics, action-reflection papers, dialogue walk, reflection-on-embodied knowledge | 实体化的同在<br>表演<br>真实的演讲<br>合气道，运用灵感<br>Embodied Presence<br>Performing<br>authentic speech<br>Aikido, inspiration-in-action |
| Open Will SQ<br>Not-yet-embodied<br>Emerging complexity<br>打开意志 SQ<br>尚未具化的、<br>正在生成的<br>复杂性 | Deep immersion practice: existential storytelling, total immersion journeys<br>深度浸入练习：<br>真实故事讲述，<br>彻底的浸入式旅程 | Deep inversion practice:<br>Guided journaling,<br>Generative dialogue<br>深度反转练习：<br>引导日志，<br>生成性对话 | Deep presence practice: room of silence, contemplative practices<br>深度同在练习：<br>寂静的房间，沉思练习 |

当今"教育"孩子的方法是最让人痛心的不合理之一，而具有讽刺意味的是，我们总是以"合理"和"理智"的名义投身到这种不合理之中。我们可能把 90% 的教育资源投入到授课上：下载旧的知识，而不进行自我反思（打开思维，K1）。剩下

的 10% 大部分花在基于练习的培训上（打开思维，K2）。表中其余 7 个方框，现有教育系统的主流都没有涉及到。

我们需要一场全球范围内的小型文化革命来照亮当下教育系统的这 7 个盲点。另外，我们需要彻底察看学校的课程，将学习日程和外面的真实世界连接起来，将学习变为发现创造力以及觉知的真实源头的深刻内在旅程。我们需要改革我们的学校和高等教育学府，使其包含所有 9 个知识和学习环境，而不只是其中的一个或两个。

## 自然流现研究院：全球变革的有机实验室

那么这种小型文化革命或运动应该是什么样子的呢？如果我们能将科学、意识和深刻的社会变革整合起来会发生什么呢？

设想这样一个由若干场所和社区组成的全球网络，该网络共同激发和服务于世界范围内变革制造者的运动。每个场所都将定期招待一批领导者和草根活动家，可能每年 3~4 次，每次几天。在这些集会当中，有意愿和承诺的小组将会深化个人和集体能力，以共同激发并支撑帮助他人联结到正在生成的自我和人生目标的空间。这些场所相当于遍布全球的社区中心。然后，当几天或周末的聚会结束后，每个人都会回归自己原本的位置，在各种各样的情境和社区中继续他们的公仆式领导力。

最主要的一点是活动的支撑空间：来自本地和全球所有角落的人们聚到一起（吸入），联结源头，然后又返回到每个人原来的组织或情境继续各自的工作（呼出）。实现这样的空间有三个具体的元素：

第一个元素是遍布全球的社区能够实现跨文化、跨区域、和跨代的对话和行动。跨地区涌现的创新型领导小组的成员，将组成此类社区中一个重要的核心团体。ELIAS 的成员今天已经占据了重要的领导岗位，而且按照预期在未来的 5~7 年内会承担最高级的管理职位。绝大多数的 ELIAS 成员现在三十几岁或四十出头。他们将继续跨越边界互相联系，发现未来若干年内关键的挑战和可能的突破性创新。当察觉到关键的系统创新的可能性，并开始着手于探索实际机会的原型提案时，他们将需要具有高度热情，实干能力强，同时又具有创造性思维的年轻人的实地支持，帮助他们进行部分试验验证这些提案。

接下来是这个设想的第二个元素：ELIAS 全球教室。这是我最近和我在麻省理工学院的学生建立的另一个全球行动平台的原型。我们与世界银行学院（WBI）合作共同开发了这个原型，并由来自中国、日本、南非、印度尼西亚、俄罗斯、欧洲和墨西哥的学生团体测试了该原型的早期版本。其要点是组成一个跨文化的全球微观战略系统，训练学生们深度聆听、对话和快速建立原型的技能，然后将他们置于 ELIAS 原型项目的应用阶段。正如 ELIAS 领导社区是一个遍布全球的跨地区、跨文化的社区，虚拟教室的学生也来自不同的情境、文化和社会经济领域并互相连接。如果这样的 ELIAS 全球教室能够（和 ELIAS 原型平台和项目一起）建立在更大的规模之上，我确信系统创新提案会成比例增加、快速传播并在全球范围内开花结果。

关于跨界项目和场所我想到的第三种元素是支持所有全球感知、全球自然流现和全球塑造原型活动的基础组织结构。该基础组织结构将包含三种不同类型的场所：虚拟场所（网络）、用于跨界感知和原型的城市场所，以及运用大自然为自然流现聚会提供支撑空间的乡间场所。

退一步看看，我们可能会问：这些提议到底是关于什么的？是一个系统创新的平台原型？是一个横跨三个领域、存在于大型全球性机构内部及之间的领导力实验室？是一个用于深度系统创新的跨区域智囊团和行动试验室？或者以上皆是？

早期的全球教室原型里最打动我的，是学生们在短短的几次课程中所释放出的力量。在进行课后回顾的时候，我问我在麻省理工学院的学生，为什么把时间花在这些全球教室课程上，设法通过 Skype 联系上中国和南非的同学，而不是和校园里的朋友一起出去玩耍？他们的答案是：“因为全球教室让我们有机会接触到完全不同的人，这些人我们在校园里是永远碰不到的。”这种回答真是令我大开眼界：在虚拟教室里如果你和全球社会场域的多样性相连接，如果学生们能够通过深度聆听、对话和集体行动探索那个空间，那么全球化就能非常迅速地成为真实能量的真正源头。

以上三个元素——ELIAS、全球教室和用于共同感知、共同激发和共同创造的基础组织结构，能够孕育出规模更大的、遍布全球的“行动中的自然流现领导力学校”（Presencing-In-Action Leadership School）项目。这个新学校的某些元素已经借由上述的一些项目开始运转，并将建立21世纪教育环境的原型，鼓励和发动最大数量的复制和学习的方式。新学校将彻底改造旧有的、已经根深蒂固的学习环境（9个方框中只执行了两个），培养通过自然流现的社会技术，领导深刻创新和变革的能力。这个项目将比通常的大学更加全球化（引入全球教室和全球场域项目），更加实际（要求所有学生投入到组织和社区的原型项目当中去），也更加个性化（设有个人和集体培养练习）。虚拟学校的教师将包括跨文化、跨地区，以及各个生活领域深刻社会变革的一线创新者和领导者。

这样一个行动中的自然流现学校或运动要取得成功，即要激发一场全球规模的变革，需要满足7项条件。分别是：

- 一组真实的例子。这些例子通过改变本地的、地区的或全球系统中的社会场域为深刻创新塑造了原型。
- 一种理论。该理论提供了一种语言，用以反思已经发生的一切及原因，也为研究那些记录了从过往项目和应用中学到的知识的论文。
- 一项社会技术。该技术帮助分散的各个社区在他们自己的系统中轻松地并且低成本地集体感悟、实现和推广创新。
- 各种各样的基于开放资源的能力塑造机制。该机制允许把社会技术传播给跨文化、跨社区的人们，而不管他们对培训和支持是否具有支付能力。
- 一种新的社会艺术形式，我称之为社会大剧院。通过整合行动研究、剧院、冥想练习、有意识地静默、生成性对话和开放的空间，该剧院上演媒体事件和作品，以把不同的社区及其变革故事连接起来。
- 由领导实践者和研究者组成的全球核心小组。这些人专门致力于通过自然流现正在生成的未来，推进全球运动，激发变革。

- 众多力量汇集的场所。这些场所的目标是通过建立全球感知、自然流现和原型的基础组织结构为上面所有各项提供服务。

这 7 项因素一起，组成了连接跨区域的变革领导者们的有机实验室，也将为整合科学、意识和深刻的实践变革打好基础。

## 场所的力量

在为创作本书的研究中包括了我所进行的 150 场访谈，其中有两次很突出，在照亮盲点方面给我们很多启发。第一个是对物理学家亚瑟·札炯克的访谈。谈话结束时他转变方向，开始谈论曾经把卡特琳（Katrin）和我带到我们现今所处的那个场所（place）的故事。然后他说了一段我永远都不会忘记的话："把你过去经历的每件事都看作为未来旅程和任务做铺垫的基石。"这好比向后跳入游泳池时：你从自己站的位置往下看，但仅仅是为了帮助你探索和导航（在你身后的）未知的领域。我发现这种方法对一个人回顾过去非常有用。你不必纠结于特别好或坏的某事，而只需要从探索未来的角度看待过去的旅程。关于未来之路，过去的故事能给我们什么启示呢？

另一位被访者是埃莉诺·罗施。访谈结束时我询问她关于真实场所的品质问题。她建议我应该仔细考虑过去这些年我生活过的地方。她的建议把视角转向了我自己的盲点。惊奇之余，我深深地感谢她，但那时并没有真正按她的建议做。时至今日，我才把她的建议视为一个帮助我破解场所品质的方式，可以助我向前。

我想到的第一个场所是我们的家庭农场。从那里的成长经历我学到，农场不仅仅是一个企业；它首先是一个有机的组织，是一个社区，从土壤表面的可见部分扩展到下面的不可见部分。这个社区包括矿物质、植物、动物、农民、消费者、儿童和朋友，他们支撑起了这个农场的社会和经济空间。把这些整合起来，使得该社区参与成为了这个场所的灵魂，当然这也需要持续的耕耘。现在我正在利用回来探望的机会，在农场写作本书的结束语。我能感受到在大自然中——就像这种特别的地方，所能带来的所有神圣感。

生活在这里给我一种社会场域纵向延伸的感觉：大自然、人类社会以及整体自然流现之间的连接。这正是一个农场的实质：你认识到自己是一个由动物、植物、泥土和人们组成的大的社区的护卫者和公仆，他们需要你的公仆式领导力。正如我兄长感觉自己的人生目标是“照顾好这一小片地球”一样。

我想到的第二种场所让我悟到了社会场域的水平延伸。我发现在 20 世纪 70 年代晚期和 80 年代早期，布罗克多尔夫（Brokdorf）、柏林、布达佩斯和波恩街道上上演了中西欧最主要的反核运动、反战运动、和平运动以及民权运动。此时我开始感受到另一种连接—— 一种更加水平化的、将我和志趣相投、心意相通的跨代、跨阶层、跨国家和跨文化的朋友结合起来的连接。这种全球连接唤醒了我，对全球社会场域的认识和参与上升到一个新的层次：被阶层、种族、性别、年龄、文化和系统分裂的一堆碎片伴随着正在生成的集体社会主体（产生于发自内心的抗拒）出现了暂时的统一。

我想到的第三个场所相对而言要小很多，是德国鲁尔河（Ruhr River）畔的一栋别墅。这是一座曾经非常美丽而后濒临坍塌的维多利亚式建筑，是为 20 世纪初克虏伯（德国大军火制造商）指挥官们建造的。当我和一位研究生同伴到达那里时，别墅即将要拆毁了。房东和我们签了一年的租约，租约结束后他就推倒这座别墅（实际上，之后他每年都和我们续约，直到 15 年后最终拆除别墅）。我们和其他 10 位同学搬进了别墅，大家以我没有料到的方式互相热爱、互相激励。住在别墅里培育我们的社区可能是我年轻的职业生涯中最快乐的时光。

我读的大学是德国工业赞助的，旨在开发和教授更好的学习方法。其学习理念很大程度上来自埃克哈德·开普勒，他是 20 世纪 80 年代我们管理学院的创始院长。埃克哈德·开普勒基于行动学习、自我反思和以学生为中心营造学习环境、共同创建新型学校的想法，简单而有力。他告诉我们，“学习是自由的实践”。我碰巧上了管理学院的第一堂课，我在别墅的室友也是大学的其他学院成立那年入学的。那些年，我们的核心小组经常扮演着这所年轻大学的心脏。当有重要的来访者，校长或埃克哈德就会把他们带到别墅，我们会准备一顿大餐和一场令人鼓舞的谈话。我们在多种层次上互相激励，从阅读柏拉图的作品到举办后现代的聚会。我记得我和朋友凯（kai）在研读了柏拉图和亚里士多德的作品后散步了很长时间，其间我们在觉知和存在等基本问题上应用和即兴发挥了哲学对话的当代版本。他扮作柏拉图，而我则热衷于亚里士多德的角色和观点。有一个学期，我们在别墅举行的一场聚会演出了原创的卡巴莱讽刺剧，我们弹奏音乐并欢舞到黎明。别墅永远是一个开放的场所。诸如约翰·加尔通（和平研究的创始人，诺贝尔替代奖获得者）在校园任教时经常在别墅逗留。加尔通在自传中把这些到访称作他个人生活中最令人鼓舞的大学经历（他曾在 60 多所大学任教）。作为在别墅招待他的主人，我们这群学生经历了同样深刻的转变。

别墅在向别人开放的同时，还为培育新思想提供了一个安全的空间，很多新想法都诞生在我们的早餐桌上。别墅里最突出的特点是魔幻般的节奏以及活生生的场域，从我们的核心小组蔓延到周围其他的人们身上。没有我们的团队做不到的，不管什么，我们都能轻松地完成，同时也提高了自己的精神层次。这有些奇怪，但是很有意思。因此，这里讨论的第三种场所的质量与生成性场所有关：与把社会场域着陆于一个核心小组有关，该核心小组的成员跨越了所有三种智力通道——打开思维、打开心灵和打开意志，并互相连接。

第四种场所不是一个单独的地方，而是一个分布各处的场域网络。包括我现在在波士顿的家，以及我经常或不常到访的其他国家和文化下的场所和社区。今天我发现自己在工作中实际是和很多分散的核心小组及倡议一同旅行（可能我的旅行太多了）。不久前我参加了一个在麻省理工学院举行的为期两天的会议，讨论认知学方面的问题。会议结束时，我无比兴奋，对研究将科学世界（第三人称观点）和意识结构变革（第一人称观点）连接起来的新领域的力量和可能性充满了期待。但是那两天我依然感觉到，会议忽略了框定该研究的第三个维度：社会蜕变和变革。

离开麻省理工学院的礼堂的一瞬间，我看到自己当下生活的每件事都是错误的。我在太多不同的方向上前进，在太多的地方进行太多的项目，每个项目虽然都有单独的意义，但当所有项目放在一起却缺乏焦点。

正当“你需要聚焦——你必须改变你的生活”这句话在我心头涌现时，同样的瞬间里，我也看到前进时应该关注的焦点。我应该把精力集中到一个项目上：创立一个场所和一个有活力的社区，致力于研究和培育科学、意识和领导深刻社会变革之间的共同基础。

离开麻省理工学院的克雷斯吉礼堂（Kresge Hall），我需要和卡特琳、彼得以及亚瑟·札炯克一起探讨实现这一项目的方法。我们决定下一步将召集一组人，其成员把如何整合科学、意识和社会变革视为自己生活和工作的中心问题。现在该小组包括 12 个成员，过去几年间我们每年都会有 3~4 天的集会。

## 降生于大风雪

2005 年 12 月，我们觉得是时候采取下一步行动了。我们邀请了由第四种场域变革的实践者、研究者和活动家组成的核心小组，为整合了科学、意识和领导社会变革的全球自然流现学校共同发起一个平台。现在我们把该平台称为自然流现研究院，我们的初衷是为全球自然流现实验室或大学创造可能性。

12 月 9 日和 10 日，大约有 12 个人聚在马萨诸塞州坎布里奇市的宾馆。在宾馆我们决定从麻省理工学院步行到查理斯河畔国际组织学习学会办公室，路程很近，一般来说这段距离步行不会超过 10 分钟。可是那天大雪积聚得越来越深，能见度也越来越差，没有车辆经过。我们就好像西伯利亚慢动作电影里孤单的演员，暴风雪为我们提供了一种特殊形式的动态静心。那天晚些时候暴风雪加剧时，在距离会场很近的地方一片电闪雷鸣。这是我们第一次经历这样的组合：暴风雪同时伴随着电闪雷鸣。我们认为这是大自然母亲在欢迎我们。

会议开始，我首先明确并重新连接了所有派别——科学、组织变革和社会自由运动，以及各种智慧传统——这些提供了本次会议的三种情境（科学、意识、社会变革）。这三种情境为我们聚到一起培育未来的种子支撑起了一个空间。

有几个人不能亲自出席此次会议。其中一位是南非的朱迪思·弗利克。她通过电话参加了开幕会议。与会的一位代表请她讲述一下她的工作，以及她对于我们将要提出的方案的最高希望。

朱迪思描述了她现在在英国乐施会里所承担的有关艾滋病工作的全球领导角色，以及身处其中如何影响和改变了她在工作和生活中的身份。当厄休拉让她举个例子时，朱迪思讲述了一位管理人员参加艾滋病患者的葬礼的故事。葬礼结束了，该处理实际的事情了：如何处理死者的遗物，最重要的，如何安置两个失去了父母的、幼小的孩子。当时房间越来越安静，没有一个人提出收养或照看这两个孩子。沉默中，朱迪思的同事扭头看着她丈夫，他们四目相遇，知道双方想法一致：不能就这样简单地走掉。因此他们带走了两个孩子，家庭规模从两个孩子增加到四个孩子。几周后的下一个葬礼上同样的事情发生了，经过又一次痛苦的沉默，他们又带回了两个孩子。几个月后他们又领回了三个孩子。最后家中孩子的数量变为十个，而他们感觉家庭负担难以维持。后来的下一次葬礼上，当同样的情况出现时，他们和其他人一样：保持沉默不采取任何行动，因为他们已经达到了能力的极限——像葬礼上其他任何人一样，像某些南非国家的整个社区一样，或者像整个民族一样。

朱迪思问到，为什么没有一个全球系统，能使全球性的护理和责任成为我们生活中的一部分？为什么我们还要屈从于泯灭我们人性的全球准则？当面对个人层面的苦难时，我们能够伸出援手，然而面对系统的破损时，我们却退却了。这到底是为什么？

朱迪思的问题和之后的沉默引起了我们深深的共鸣。她的话使我们更加清醒地认识到深刻的系统愈合和变革的需要，也使我们更加坚定地担当起这种系统愈合和变革的桥梁（由于这次谈话，自然流现研究院在南非第一个关于艾滋病的项目在6

个月内就开始启动了，甚至早于研究院的正式落成）。

另一位不能出席此次首会的核心小组成员是尼卡诺·帕拉斯（Nicanor Perlas），他是一位民权社会运动家，2002 年因在菲律宾提出关于政策制订和社会变革的“三元”（trisector）方法获得了诺贝尔替代奖。在一封信中，帕拉斯希望自然流现研究院能够提供给他和他在菲律宾及南半球其他国家的同伴们机会，接触相关的研究、方法和工具，在文明社会、商业和政府中共同创造新形式的“前瞻性战略合作伙伴关系”。他说他希望我们能够“基于前沿科学、艺术和灵性，开发出新形式的社会运动和人类或领导力的发展”。

他还指出，因为“飞到北半球太昂贵了”，所以南半球自然流现学院重要的设计元素应包括开放资源能力的建设，经济的、为期五天的自然流现项目和高级班，案例研究的文件制作和分发，还有支持自然流现学习和工作小组全球范围内的基础结构设施。“如果需要亲自参会，”帕拉斯说，“对南方与会者的旅行援助将非常关键。”

## 乘着他人的翅膀飞翔

12 月波士顿会议的几个星期后，我和在南非生活了半年的同事贝丝·简德诺一起成立了南非研讨会。当开始谈论自然流现和如何才能从一个人发源于觉知的深层次源头起作用时，我们请与会者给出一些例子。一位年轻人站起来和大家分享了一个故事。

马丁·卡兰谷－班达（Martin Kalungu-Banda）在赞比亚的一个小村庄出生并长大。他年轻的生命在经历了很多令人惊异的转折后，最终成就了辉煌的职业生涯，包括担任一家跨国能源公司的领导职务；赞比亚总统的特别顾问，负责设立国务院（总统办公室）参谋长的职位；乐施会全球学习中心的协调员和顾问；非洲和英国几所大学的讲师，其中包括剑桥大学。他还完成了一本关于纳尔逊·曼德拉的领导方法的著作。当马丁讲完了他的故事，人们都为他令人惊叹的旅程感到震惊。我问他，“马丁，是什么样的领悟让你从旅途的一个阶段航行到另一个阶段？”他用自己在赞比亚一家电台进行的访谈回答了我的问题。那次关于他的新书的广播节目中，一些听众打进电话和他交流。其中一位碰巧是一个年轻的农村孩子，这个孩子问道：“马丁，告诉我你是如何做到从一个像我一样的赞比亚农村男孩到最终在大学里演讲、为总统提建议和为重要的国际机构工作的？这些是怎样变为可能的？是什么让你做到了这些？”马丁停顿了很长时间然后回答说：“你知道，我现在将要告诉你的可能会令你非常失望。可事实的确是我并不知道自己在做什么，我没有计划。和筹划未来相反，我经常发现自己已经无意间进入了一个又一个场域。随着场域的展开我漂流而入。但我坚信如果我进入了新的场域，如果我拥有正确的深层意愿，就能得到相应的帮助。在我顺势而为的同时，我认识到自己也是乘着别人的翅膀在飞翔……现在想来，我希望能以一种更加有意愿的方式漂流前行。”

马丁的叙述敲醒了我。我认识到他所说的“漂流”一词也适用于我自己的大半旅程。过去 10 年间，我曾经漂流进自己从未理性策划过的、全新的一整套项目、参与者和可能性当中。

现在回顾这过去的 10 年，我认识到在没有特殊计划的情况下，我和同事们已经建立了自然流现学校几个核心元素的原型。其结果是涌现出了一系列鲜活的例证，不仅包括我们讨论的例子，还涵盖了几个新项目，包括赞比亚和华盛顿特区反击艾滋病的项目，以及针对严重的营养不良问题的印度巴维夏联盟（Bhavishya Alliance）。

我还“漂流”进了很多应用 U 型理论的能力建设项目，这些项目是我为各种全球机构开发的。其他例子还包括整合了麻省理工学院全球教室和 ELIAS 项目平台的落成。该平台把来自全球机构各个领域的 25~30 位主要领导聚到一起，他们现在正在研究 7 项不同的提案原型，探讨如何跨越三个范畴形成深刻的系统创新。

虽然“漂流”进正在生成的机会中在某些情况下取得了成功，但是在其他情况下并非如此。被错过的最重要的机会包括：

- 团结统一的全球核心小组，小组的几名成员愿意把自己的生命奉献给远大目标；核心小组将有意识地集体成为服务整体的桥梁。
- 一组高能量、高热忱的场所，通过为全球感知、自然流现和原型活动提供基础组织结构来主办和支持上述所有的行动。这些场所将起到全球社会场域“关键穴位”的作用。它们将主办 150~200 人参加的研讨会，简洁而开放，比如在空货舱或禅宗寺院；它们将互相连接以便进行高质量的多点虚拟对话，同时还要有艺术殿堂的感觉，为了解全球趋势和问题建立多媒体工作室和科学实验室。这将是一个即兴舞台，在房间的中央将上演社会大剧院。

这些未来的可能性不能依靠它们自己实现，而要依靠我们来实现。在书中我有时设法用言语来表达这种观点。我承认，这样的未来感觉（feel）上去要比从键盘上生成的文字看（look）上去更加清晰、更加真实。所以，你可能也想知道所有这一切将如何实现。但是，和我一样，你的心可能已经知道了。你的直觉也知道了。如果我们在共同走过 U 型的过程中学到了什么，我们就会明白这种感觉。这种感觉，恰恰就是未来首先出现的地方。

当正在破碎瓦解的陈旧结构继续左摇右摆时，我很庆幸自己有机会站在历史的这个转折点上，和其他志同道合的“漂流”同伴连接起来。现在我们要应召出发了，就像罗森斯塔塞大街妇女们当年所做的那样，学习以一种更加有意愿、更加清醒也更加集体化的方式从内心深处采取行动，从正在生成的真我开始行动。或者像马丁·卡兰谷 - 班达所说：乘着他人的翅膀飞翔。

# 凤凰涅槃

佳通集团执行董事　　林美金

这是一个充满了挑战的世界。人类活动已经颠覆了宇宙的平衡与和谐。每一个社会的组成元素：商业、政府和公民社会（包括非营利组织、学术、媒体）都需要扮演重要的角色。而这些重要的角色需要跨界的合作、需要彼此的信任、需要科学与生态系统的方法、需要我们放弃之前的成见，多元联合，方能像凤凰一样从灰烬中获得重生。

我的祖父母出生于中国福建省的一个小城镇——莆田，在20世纪30年代来到新加坡。之后将事业发展到印度尼西亚，我的父亲出生于印度尼西亚的南苏门答腊省。由于祖父很早过世，我的父亲在他很年轻时继承了家族企业，并与美国、德国、日本等国家建立了国际合作伙伴关系，他将家族企业发展成包括轮胎制造业、房地产开发和零售服务业为一体的跨国集团。目前，我们的集团业务遍布新加坡、印度尼西亚、中国、澳洲等地区。他对于发展社会企业也有着独特的视野，在20世纪80

年代初期，即在他的出生地创办了世界上规模最大、质量最高的集合水产品养殖基地，并通过提供小型贷款的方式，让当地约 10 万贫困人口达到了中等收入水平，并在当地兴建了学校等各种公共基础设施。他经常教导我做善事并不是为了自己，而是为了子孙后代。但是，所有这些欣欣向荣的事业，在 1996—1997 年亚洲金融危机的余波之中，曾经蒙受巨大冲击，备受重创。我的父母、家人及同事在当时也受到了波及。

就在那个低迷的时刻，我受到一位既特别、又亲密的朋友大卫·洛克菲勒的女儿佩吉·杜兰尼的启发，开始了非营利性的社会工作。我的另外一位朋友、麻省理工学院斯隆管理学院的院长艾伦·怀特介绍我认识了彼得·圣吉。那时，彼得正与同在斯隆管理学院的奥托·夏莫一起工作。奥托也是一位关心世界发展的学者。就这样，在众多朋友的支持下，我们与麻省理工学院斯隆管理学院、印度尼西亚大学以及《希望之光》午报联合成立了 United In Diversity 公益基金。

迄今，United In Diversity 公益基金已经运作了 8 年，与麻省理工学院斯隆管理学院合作了创新型领导力行动学习项目（IDEAS），吸引了 120 名来自印度尼西亚社会各界的领导者与精英参与；在中国的这个项目也得到了政府的支持，通过与清华大学的合作吸引了 60 余名领导者的参与。

IDEAS 项目的核心师资是奥托·夏莫和彼得·圣吉。奥托的“U 型理论”是整个项目转型学习之旅的核心理论。参与者在这个“旅程”中不只是用脑、更是用行动和心来感悟和学习。就像此书的另一位作序者、中共中央党校《学习时报》副总编辑钟国兴先生在序言中提到的：奥托和彼得一直潜心研究中国哲学，并已将“道”转变成“法”。来自浙江省的政府官员和中国工商银行的高层管理者也曾经分享了他们转变的心理历程，印证了将 U 型理论与系统思考相结合是这个领导力培训项目的独到之处。

在 U 型理论这样一个以思维为基础的框架中，领导者共同突破原有的界限，面对复杂的挑战，找到问题的根源，建立密切的联系进而同心协力实施共创的解决方案。同时，它也注重建立科学的学习观，联合不同领域的领导者迎接各种挑战，使得参与者得以共同应对我们所面对的生态鸿沟、社会鸿沟及精神鸿沟。

IDEAS 项目也是响应中华人民共和国主席习近平先生提出的要“建设学习型、服务型、创新型”社会的倡导。我在此很荣幸地推荐我的老师奥托·夏莫，并致以我最深切的敬意。奥托·夏莫，他是一位关注未来，为了我们人类共同拥有和谐与更美好的明天，而致力于转变思维与学习的教育家。

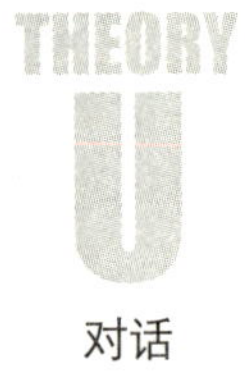


对话

# U型理论：让学习逾越精神的鸿沟

## ——与奥托·夏莫博士对话U型理论

中共中央党校 理论网 采编中心主任　　程冠军

编者按：2012年，浙江省委组织部与清华大学联合举办了一期领导干部培训班，主题是U型理论。U型理论是美国麻省理工学院的奥托·夏莫博士与学习型组织的创始人彼得·圣吉教授对学习型组织进行研究试验时，发现并开创的一个新的学习理论。在清华大学，中央党校《学习时报》记者程冠军与U型理论的创始人奥托·夏莫博士进行了深度对话。

## 为改变而学习

**程冠军**：我们看到，浙江省委组织部与清华大学联合举办的领导干部U型理论培训班收到了非常好的效果。您与彼得·圣吉先生专程来参加结业典礼，足见您对这个培训班非常重视。为什么会举办这个培训班？ U 型理论是不是学习型组织的升级版？

**奥托·夏莫**：浙江省委组织部与清华大学联合举办的这个领导干部的 U 型理论培训班，是 U 型理论第一次在中国进行试点。起因是前不久，我在印度尼西亚搞了一个试点培训班，非常成功。佳通集团执行董事林美金女士对这个项目十分推崇，她是在参加了印尼的学习之后，感觉收获非常大，才决定把这个项目介绍到中国的。U 型理论在非洲、欧洲、南美、印尼、美国等 50 多个非营利组织里都做过测试，均取得了非常满意的效果。U 型理论可以说是学习型组织的深化和扩展版，它不但包含了学习型组织的内容，而且还有更深、更广层面的东西。U 型理论在更深的层面上讨论一个人的觉察和意识，在这个层面上去讲，一个有效的领导人必须打开思维、打开心灵和打开意志。U 型理论是让我们从更广的层面上进行跨界合作，解决社会的系统问题。

这次在清华设立干部培训班的确是一个创举。我们这次整个培训课程的编排也是一个 U 型，先是在清华启动了整个项目，然后深入与麻省理工学院的世界顶级科学家和专家们进行了座谈，再到中国的普陀山沉淀，进行独处之旅，最后是就面临的社会问题开展原型项目。整个 4 个月的探索之旅，目的是让学员到新的环境里去聆听，去换位思考，然后进行个人反思。每个学员改变都很大，都发挥了自己的创新的勇气，发挥了自己的执行力和领导力。因此在这次课堂里播下的种子也一定会生根发芽，成长壮大。

领导力需要联结头脑的智慧与心灵的智慧——打开思维、打开心灵、打开意志。我们这次对浙江干部的培训，学员们一共做了 5 个案例，都是用 U 型理论来解决问题的，试验结果表明很成功。现在，我们在浙江的临安建立了一个观测点，我们将继续检测、跟踪。

## U 型理论的提出

**程冠军**：您的 U 型理论提出来有多少年了？ U 型理论与彼得·圣吉先生的《第五项修炼》有什么不同？一个团队组织，是不是可以先导入学习型组织的理念，然后再加上 U 型理论？

**奥托·夏莫**：U 型理论真正提出来是 1999 年。我本来是德国人，33 岁的时候移民到美国。我研究 U 型理论是从零开始，一步一步建立系统，然后是实验、调研、实践、应用、培训等。首先是共同启动，换位思考、聆听；然后把这些东西综合起来，在当下去冥想、静思；之后建立原型，建立原型之后，先在小范围内测试，然后再到大范围推广，这样才会产生有创意的思想。

U 型理论与学习型组织理论是互补的。我是在彼得·圣吉《第五项修炼》的基础上进行了创新。如果学习者本来就已经知道《第五项修炼》了，那更好。如果他们不知道《第五项修炼》，就从 U 型理论开始也 OK，因为 U 型理论是一个独立完整的系统。U 型理论更多的是关于怎样创新及系统创新。关于 U 型理论，我有两本书，第一本是和彼得·圣吉合著的《第五项修炼·心灵篇》，另外一本就是我自己写的这本书。

18 年前，在学习型组织刚刚开始发展的时候，我在麻省理工学院参加了彼得·圣吉创建的学习中心。那时，我就发现彼得·圣吉在做案例应用的时候，有些很成功，也有一些不成功。这时我突然想，一样的工具，为什么有些组织就能成功，有些组织就不成功呢？答案是：一个领导者，如果他想做出改变就会成功，否则就不会成功。一个领导者能否创新，也是取决于他的内在。一说到领导者的领导力，我们就说这个领导做了什么，怎么做的？ U 型理论不是看做什么，怎么做，而是让我们进入更深层次的“源头”去想怎么做。彼得·圣吉和我在过去几年所做的研究发现：学习是从两个点产生的。不同的源头也就产生了两种不同的学习过程。这两个源头一个是过去，一个是未来。也就是说，一类的学习是从过去学习，一类是从未来学习。学习型组织的学习是向过去学习，经验式地学习。面对当今的挑战，只是从过去学习是不够的。所以过去的 15 年里面，我所研究的课题是如何在未来呈现的时候，从未来学习，来解决未来的问题。

## U 型理论的 4 个层面

**程冠军**：我有一个疑问，未来是还没有发生的事物，我们怎么可以向没有发生的事物学习呢？是不是让我们通过学习发现未来？这是不是属于未来学的范畴？

**奥托·夏莫**：未来是还没有呈现的东西，我们怎么从未来学习呢？我在调研 150 多位当今世界上的创新家、思想家们的时候，他们都问了同样的问题。在对他们的调研当中我发现，这些成功者不只是从过去的经验学习，更重要的是他们会在未来趋势初露端倪的时候去感悟，然后再做出决定。

U 型理论不是发现未来，而是去感知未来。你必须停下脑子里旧有的模式、经验，然后沉浸到现在的“场域”里，观察、观察、再观察。当一个想法的火花迸发出来的时候，你快速行动去做一个原型，去检验、修改，检验、修改，再检验、修改。从检验、修改的过程中得到反馈。未来学是从过去延展到未来，U 型理论是和“当下的场域”联结，然后再对突发的事情去做出决定。U 型理论有多个利益相关者，它能够使你进入到一个更深层次的反思，然后再有所创新地做出决定。

我们一般解决问题的方法是，出现了问题，马上想以前的经验是什么，然后做决定。思维是从 A 到 B 的一条直线。U 型理论则不然，一旦情况出现，你先沉静下来观察，和自己的内在联系、反思，然后再去做决定。这就是为什么叫 U 型的原因，U 不是一个直线，而是先沉淀再上升。

U 型理论中有关于改变的 4 个层面。第一层是反应 (re-acting)。我们的习惯性思维是由固有的架构产生的。一个人如果保持习惯性思维，就没有真正的思考和改变。通过观察，你开始去看外边真正发生了什么，了解你的利益相关者真正需要的是什么？你学会观察，然后打开思维。你进到观察这个层次，你才可以看到新的东西，因为你打开了你的思维，你看到了之前你不知道的东西，才能进入到第二个阶段。第二层是重设(re-designing)。如果打破原来的系统和架构，重新设计一个系统，结果就不同。改变系统比经验主义进了一步，但是还不能彻底改变思维，还是外在的，依然是表象。这就需要我们重新改变视角，换框，重新生成。第三层是重构(re-framing)。彼得·圣吉就提出来改善心智模式，这也就是“第五项修炼”之一。我认为改变这个还不行，还要改变源头。第四层是再生(re-generating)，也就是去联结“源”。《第五项修炼》里没有进入到第四层“源”。

U 型理论还有一个“场域”的概念，当我们进入到 4 个不同层面的时候，其实有 4 种不同的“场域”。在现实中，我们绝大多数的改变都是在一、二、三层。习惯停留在“下载”层面，只看到自己想看到的，只允许自己看到旧有的东西，包括彼得·圣吉的学习型组织理念，也只是到第三层就停止了。我们只有进入第四层，才可能实现创新。苹果公司的创新，就是从第四层来的。我们要应对当今复杂的挑战，成败就在于你是否能真正改变，是不是打开了意志。改变不仅要打开心灵，还要打开意志。评价领导力的指标不仅仅是看他的心灵和头脑，而是看他是否可以改变意志。

## 打开心灵和意志

**程冠军**：我们很多时候是停留在经验主义的思维模式里。中国在搞改革开放的时候，先是有真理标准讨论，才有了拨乱反正和改革开放。由此可见，要想实现改革开放，首先是要让思想冲破牢笼。

**奥托·夏莫**：冲破牢笼，太对了！通常，我们看到的现状，往往是外在的表象。过去我们是一个下载的状态，我们已经习惯像电脑“下载”这样机械的思维。就好像给自己设立一个牢笼一样，局限在这个圈里，有了东西你就条件反射一样开始了。

那么这个组织就像牢笼一样，把你圈得死死的。然后，你就在这么一个小圈里面去反应。就是这样一种下载状态。下一个层面是什么？你必须要停止这种条件反射一样的“下载”。当你面临一个挑战、一个问题的时候，你要先定下来，进入到当下，然后去反思，去观察、观察，然后再反思，最后你去做出一个决定再上来。当你去观察、观察、观察的时候，你其实要到达这个系统里所有的点，和所有的利益相关者去谈，包括以前被忽略的东西。

一个优秀的领导人必须学会聆听，用同理心去聆听。通过 4 个层次的聆听，打开你的心灵，这样你的思维就打开了。原来你只是去观察，没有真正把心打开。现在，你进入到对方的角色换位思考，再去看待这个事情。这时你会考虑你的客户。比如说你要解决的是用电的问题，你首先要从老百姓的角度去看一下，或者从弱势企业的角度看待用电的问题。所以我们必须打开自己的心灵，然后用同理心去聆听，让思想冲破牢笼。

**程冠军**：我们是不是可以用一个灯泡来比喻，一个灯泡突然不亮了，我们的习惯思维是从表层即从灯泡的玻璃、钨丝、电线这三个层面去检查，结果都查不出原因。实际上，我们忘记了源头，电源是否有电？所有的问题都解决了，没有电，等于零。

**奥托·夏莫**：您这个比喻太形象了！学习型组织并没有真正分清楚三、四层的区别是什么。但是 U 型理论把三、四层区别开，直接和源头联结，这就有力量了。第四层其实就是从当下去知道正在生成的未来是什么，就是感知未来。比如，一个很好的老帅是怎么看待自己的学生呢？并不是看他的过去，而是看这个学生生成的未来是什么，这才是一个好的老师。所以，我们要学会与正在生成的未来去联结，与这个无所不知的源头去联结。

真正的创新是由爱开始的。只有你真正站在对方的角度感受这个东西的时候，你愿意这样做的时候，你才能够去创新。这个爱也可以说是“同理心”，或者说换位思考。你首先是需要停止内在的噪音，真正去聆听你面对的这个人在说什么。实质上这也是一个熔化边界的过程。边界没有熔化之前，你是你，我是我，熔化边界之后，大家就进入一个共同的“场域”里。熔化边界的前提是你必须打开心灵，消除边界障碍，去同理对方，放下你过去的一些经验，放下你过去的一些想法，在当下和源头联结。你只有在当下，才能和这个无比丰富的源头去联结。

可以说，在现实社会里，任何工作、任何职位都有多个利益相关者。基本上所有问题的解决，都和诸多的利益相关者有联系，任何决定的产生也都是由这个关系决定的。如果真正地想要去解决问题，就必须要能够去感受，去同理到对方在想什么，即使你和对方的想法是不一致的。如果不了解对方的感受，就不可能在这么多利益相关者当中做出一个很好的决定。如果你想做出一个非常好的决定，即使你不喜欢对方，也必须有能力去感受对方。

## 寻找事物的本源

**程冠军**：我觉得U型理论是透过现象看本质，它和中国的“道”联系非常密切。老子说，道生一，一生二，二生三，三生万物。道就是“本源”或“源头”。中央党校研究学习型组织的专家钟国兴教授提出“裸面学习”的概念，他认为我们每个人都戴着面具，比如说您是一个企业的董事长，我是部门经理，你的面具就是董事长，我的面具就是部门经理，那么，我们两个人之间就很难达到自由沟通，要说一些虚伪的假话。把我们两个人的面具都摘掉了，我们就可以达到心灵的沟通。

**奥托·夏莫**：我赞同钟国兴先生的观点。可以说，U型理论的实质就是中国文化——透过现象看本质。但是这个本质是一个深层次的本质，并不是那么容易发现的。在U型理论里面，有一个词——源头，源头其实就和“道”一样，它是从中国的“道”中来的。我去过很多国家，与很多不同文化、不同行业、不同层次的人去沟通，大家都有共识。第四层是什么呢？感知周围，感知周围，再感知周围，然后回到你的中心。然后从这儿开始做出一个决定，这个决定可能和原来的相反。但这一切都是从中心的“源”而来，可能这个结果和第一层完全相反。但这是外面的信息进来之后，然后再到中心“源”之后你再做出的决定。

U 型理论有三个显著特点。第一，它是一个理论架构，这个架构是让我们学会从问题的第四层、从源头去看问题，而不是从原来的经验里去看问题。第二，它是一个方法论。无论是个人、团队、组织，或者一个系统，怎么联结第四层源头然后去做决定，这很关键。第三，它是一个人的存在（being）。U 型理论教给我们怎样去打开思维、打开心灵、打开意志，做一个真我。

在一个团队小组里，你说的话并不是你真正想说的，而是对方想听的。你问我“你好吗？”我回答说：“我很好！”这个回答并不是发自内心的。在企业里，员工所说的话都是老板想听的。老板问员工好不好？员工当然说好。这样的员工就能够通过考试，就能够升级。这对个人来说是 OK 的，但是对于整个组织来说是无益的。所以，我们要鼓励团队组织的成员讲真话，要有争论。你就好像在一个乐队或在一个体育队里，不止是你一个人，你是在一个场域里面。进入了这个场域，就进入到了这个源头。当你到这个源头的时候，你是感觉到了这个正在生成的未来是什么，然后你就可以去做决定。总之，U 型理论是建立在和源头的联结基础上的，当每个人都和这个源头联结的时候，创新的一种新型架构就出现了。操作方法是把所有利益相关者召集到一起，设立一个场，看看大家需要问什么，然后共同设立一个项目，建立一个原型。

## 逾越精神的鸿沟

**程冠军**：您在 U 型理论里经常使用“原型”这个词。您能解释一下“原型”这个词吗？另外，我感觉“U”本身就像一个微笑曲线，是不是可以这样说，一个团队组织实现了 U 型思维之后就可以微笑了？

**奥托·夏莫**：原型这个词，我们现在的英文翻译是 Prototype，原型、雏形、蓝本。原型最重要是时间过程。试点改良，再试点改良，再试点再改良，然后推广。

对于中国人来说，原型是个比较新的概念。中国人更多的是悟，我坐在这儿想明白再做，这不是一个实干的做法，原型则注重实干。从这个意义上讲，原型更像一个特定词。这个原型是什么呢，原型就是你在动手的过程中学习，创造并且去适应、去改良，创造改良，再创造改良，这样你才能够很快得到反馈。原型就是你原来有一个设想，然后再去测试、调研，然后改良。然后再测试、再调研、再改良。最后出现一个 U 型才是你比较满意的，然后你再试点推广。比如说，我想改变社会的医疗系统，我不会马上出台政策改变整个系统，而是找一个小的地方做试点，得到反馈后再与医疗保险的受益者、医院和保险方以及所有的利益相关者去讨论、去调研。这样，我再得到的反馈，可能会把原来的想法颠覆了。然而这个试点就是原型。原型是改变几次之后形成的一个成熟的东西，然后我们再把它推广开来。

您把 U 比喻成微笑曲线，太形象了。U 型理论的核心之一是共同感知。共同感知是用融合的方式来实现的。社会好比一个大剧院或剧场，在这个“场”里你的感受是什么，你要站在不同的利益相关者的角度去感知。在这一环，怎么样聆听很重要。不聆听，你就无法打开自己的心灵，打开自己的意志，从而你就不能有一个真正的新的生成。聆听是在 U 的最底部，然后和源头去联结，去反思当下。比如，我们在这次干部培训班设立了一个关于老年人养老问题的试验。过去，我们的做法可能只是政府和企业在做，老年人只是站在边上。用了 U 型理论以后，你就可以进入到场里，去聆听老年人想要的是什么，站在老年人的角度去感受问题，然后再进入到当下，感受这个源头。在这个场里，每个人都扮演一个角色，自己进入到这里面感受对方。进入到场之后，组织形状就变了。政府要换位思考，老年人感觉到自己在这个场的中间。这样得出的养老问题解决方案就是一个成功的方案。

U 型理论所倡导的是横向沟通、跨界合作的共创精神。当今世界，各个国家民族文化都在面临三个挑战。( 1 ) 生态鸿沟的挑战：日趋严重的生态破坏 ( 自我与自然的分离 )；( 2 ) 社会鸿沟的挑战：社会分配不公，两极分化 ( 自我与他人的分离 )；( 3 ) 精神鸿沟的挑战：财富并不代表幸福 ( 自我与自我的分离 )。

两千五百年前，中国有孔子和老子，印度有释迦牟尼，之后西方的柏拉图和亚里士多德奠定了西方文化的基础。这个时期叫做轴心时代。我相信我们今天又迎来了一个新的轴心时代，一个旧时代即将结束，一个新时代已经开始。正在结束的旧时代是由西方的简单现代化衍生出的分裂工作的时代；正在开始的是一个由分到合、横向沟通、跨界合作的时代。和谐社会的建立需要我们逾越鸿沟，建立桥梁。我认为这只能通过融合西方科学、东方智慧和深层次的组织创新来实现。

# 于无声处听惊雷

译者　陈秋佳

这不仅仅是一本书的翻译，同时也是一场神奇的心路历程。

我生而热爱语言，在我看来，语言是世界上最美丽的事物之一，我们可以用语言倾诉感情，描绘美景，传递知识，承接历史。语言作为“大隐隐于市，小隐隐于野”的载体，仿佛奔流不息的江河，孕育着肥沃的土壤，带动着人类文明不断开拓前进。而翻译这一使两种乃至多种语言融会贯通的活动，在我眼里自然具有更加非凡的魅力。在当今全球化的大背景下，正是因为有了翻译，各种信息才能广泛传播，促进人类科技文化的发展以几何倍数增长；而同时也是因为有了翻译，才使得某个国家或者地区的成果可以实现整个世界范围内的共享。

正是因为如此，在2013年4月的一天，我接到翻译项目负责人徐莉俐的电话，得知自己通过试译，获得了重新翻译奥托·夏莫教授所著《U型理论》的机会时，心情真是万分激动，禁不住雀跃不已。我在试译的时候就感受到这是一本极为出色的著作，其中蕴含了前所未有的能量，能够为整个人类社会开启一扇全新的大门。参与到此书的翻译工作中，为把这本书带给读者贡献一份力量，我深感荣幸。

《U 型理论》于 2007 年出版了一个中译本，译者是邱昭良博士和南开大学的王庆娟老师。邱博士是学习型组织研修中心·中国学习型组织网创始人，中国学习型组织促进联盟主席、首席专家，国际组织学习协会会员，中国人民大学培训学院特聘教授，现任时代光华副总裁。邱博士学术背景雄厚，事业做得很成功，研究学习型组织多年，深谙其中精髓，我这种普通译者难以望其项背，徒兴叹矣。此次重新编译的目的就在于结合最新的研究进展，查缺补漏，理顺译文，将作者的思路更加清晰易懂地呈现给读者。

翻译的过程是艰苦的。译书大体包括这样几个阶段：啃读原著 – 查阅资料 – 斟酌译文 – 确定译稿 – 后期校对。看似简简单单二十字，却只有亲身经历过的译者才知这其中包含的真正意义。此次周期较短，虽然有原译稿做基础，然而需要重译和修订之处也很多。《U 型理论》一书整合了多种学科的知识，心理学、社会学、管理学等，并且还涉及了多种文化、宗教的内涵。此外 U 型理论内容新颖，多次言及“创意”、“创造力”等范畴。很多时候仅仅为了敲定一个词的译文，就需要查阅大量资料，多方考证，务必不使读者在阅读这样优秀的著作时理解出现偏差。我常常自嘲重译这本书时头发掉了不少，以至于额头都变宽了。

然而收获总是远远大于付出。书中的内容极大地拓宽了我的视野，使我深入了解到以我本身的知识和经历层面所远远无法感受的新境界，极大地优化了我的人生观和世界观。

所谓“英雄造时势，时势造英雄”。聪明的海鸟总是能够在暴风雨到来之前嗅到海风中的潮气；同样地，每当有巨大变革来临的时候，总会有少数精英人士预先感知空气和大地中的震颤，因此他们能够顺应潮流，把握形势，带领人们以正确的方式迎接挑战，走上正确的道路。正如灵修大师萨古鲁所说的那样：“社会需要一些愿意为别人的福祉而奉献自己的人。如果没有人替别人的福祉着想，那么这个社会必将走向毁灭。”而奥托教授正是这样一位心怀家国，愿意为整个社会的福祉而奉献自己的人。

《U 型理论》一书开篇即提到：“我们生活在一个充满了激烈冲突、体制性失败随处可见的时代，一个痛苦的结束和希望的开端并存的时代。某些深刻的东西似乎正在改变和消逝，同时其他新生事物正在试图崛起。”这段话俨然与毛主席在《新民主主义论》提到的“不破不立，不塞不流，不止不行”有异曲同工之妙。只有破除旧有的观念，才有空间容纳新的理念生成。奥托教授在本书中深刻剖析了当今社会中存在的种种危机，以及危机产生的深层根源，并且提出，如若试图化解这些危机，带来新的社会进步和发展，我们必须摒弃过往的思维和行为方式，寻求前所未有的解决办法。同时我们要意识到，所有的问题都并非来自外力，并非由他人造成，而是来源于我们自身，因此解决问题也应由改变自我开始。

U 型理论主要是倡导人们向未来探索，而不是徘徊于过去。我们身处的这个时代，社会发展逐渐变得极其复杂，各种横向和纵向的跨越使得呈现出的问题超越了我们掌控的范围。因此过去的经验丧失了借鉴价值，我们要遵循 U 型理论的过程，感知到正在生成的未来趋势，并顺应其前进。

为了能够做到这一点，需要具备三个先决条件，我们要“打开思维”、“打开心灵”和“打开意志”。我于这一点感悟很深，抛开社会问题不说，只于个人生活层面而言，能做到这三点也是非常难能可贵的。很多人不满足于自己的生活现状，而当新的契机出现时，他们又因自己狭隘的观念错失了。进步需要探索精神，一位哲人曾经说过，能够使你改变的力量就存在于你身边，等待着进入你的体内。这种力量对你的爱是毫无条件的，毫无保留的，它甚至会任由你来选择是否接受它的存在。如果你选择了“不”，那么这种力量就会白白流失掉了。因而在不计其数的情况下，局面没有朝着好的方向发展都是因为人们固步自封，只是因为自己不相信而放弃了前进的可能性。

而为了拥有这三种开放的能力，我们就需要对抗三个敌人：“评判之声”（Voice of Judgment）、“嘲讽之声”（Voice of Cynicism）和“恐惧之声”（Voice of Fear）。这个观点也引起了我深深的共鸣。奥托教授在书中十分生动地写道：“若新事物没有碰到友善的环境，免疫系统将会按照预先设计的功能将其扼杀。为什么？因为新事物与众不同，并且威胁到现状……”而新事物最初显现的时候，首先遇到的阻碍就会是刚才提到的三种声音。相信不少人都有类似的经历，每当有了与众不同的想法，先是觉得“自己可能做不到”，然后听见别人说“你肯定做不到”，最后害怕自己“真的做不到”，以至于还没有开始就结束了。在生活中，在工作中，在整个社会的发展中，我们无时无刻不在对抗这三个敌人，取得胜利也许很不容易，然而胜利果实之甘美也非同凡响。

重译工作完成之后，我看看桌上厚厚的译稿，感慨人生真是一个又一个从无到有、从零到百的过程，我们在这个过程中一次又一次地冲破自身极限，踏上新的旅途。每天的翻译都好似在过滤血液，让体内充满新鲜的氧气，在不知不觉间，书中的内容理顺了我的思维方式和生活观念，让我完成了人生的又一场修炼。

认真读过这本书之后，即使如我一般的普通公民，也会因为了解当今社会的危机及其根源而充满了强烈的责任感。我认为人生大抵有两种状态：一是“混沌而平和”；一是“清醒而痛苦”。痛苦是因为清醒的人往往了解事实真相，而了解真相所产生的痛苦往往又可以化作带来变革的动力。作为构成社会的一个小小因子，我们先从自身做起，让自己成为一个更优秀、更有用的人，毕竟“一屋不扫，何以扫天下”。改变自己，改变与周围人的关系，进而使整体呈现出更好的状态。正如奥托教授在书中所说，“通过学习物理，我们知道，物质的状态如果发生变化，其表现形式也有所不同。例如，水－冰－蒸汽。而在三种状态下水分子结构（$H_2O$）并没有变化。同样地，在团队、组织和大型系统中，也正是个体之间关系结构的变化带来了不同的集体行为模式”。

最后我要特别感谢和合国际的徐莉俐，她在整个翻译过程中给予了我很大的帮助，在后期校稿时也付出了很多心血。莉俐的灵性很高，是一个既真实又真诚的人，兼具了这个喧嚣浮躁的现代社会里最打动人心的两种宝贵品质。

此外还要感谢我多年的好友齐兵，她是一名记者，多年写稿造就了强大的中文基础，给予我画龙点睛的点拨，让我的中文译稿更加自然流畅。

奥托教授指导我们说："到静默中去，使内在觉知得以生成。"静默并不意味着虚无，奥托教授正是在静默中达到了 presencing 的状态，从而感知到了未来的生成。这样一个"心事浩茫连广宇"的人，才能"于无声处听惊雷"。

重译这本书的每一天，我都是在惊喜、学习和成长中度过的，愿每一位读者都有如我一般的感受，乃至有更高境界的感悟，踏上探寻真我的旅途。

# 未来，属于终身学习者

我这辈子遇到的聪明人（来自各行各业的聪明人）没有不每天阅读的——没有，一个都没有。巴菲特读书之多，我读书之多，可能会让你感到吃惊。孩子们都笑话我。他们觉得我是一本长了两条腿的书。

——查理·芒格

互联网改变了信息连接的方式；指数型技术在迅速颠覆着现有的商业世界；人工智能已经开始抢占人类的工作岗位……

未来，到底需要什么样的人才？

改变命运唯一的策略是你要变成终身学习者。未来世界将不再需要单一的技能型人才，而是需要具备完善的知识结构、极强逻辑思考力和高感知力的复合型人才。优秀的人往往通过阅读建立足够强大的抽象思维能力，获得异于众人的思考和整合能力。未来，将属于终身学习者！而阅读必定和终身学习形影不离。

很多人读书，追求的是干货，寻求的是立刻行之有效的解决方案。其实这是一种留在舒适区的阅读方法。在这个充满不确定性的年代，答案不会简单地出现在书里，因为生活根本就没有标准确切的答案，你也不能期望过去的经验能解决未来的问题。

而真正的阅读，应该在书中与智者同行思考，借他们的视角看到世界的多元性，提出比答案更重要的好问题，在不确定的时代中领先起跑。

## 湛庐阅读 App：与最聪明的人共同进化

有人常常把成本支出的焦点放在书价上，把读完一本书当作阅读的终结。其实不然。

---

时间是读者付出的最大阅读成本

怎么读是读者面临的最大阅读障碍

“读书破万卷”不仅仅在“万”，更重要的是在“破”！

---

现在，我们构建了全新的“湛庐阅读”App。它将成为你“破万卷”的新居所。在这里：

- 不用考虑读什么，你可以便捷找到纸书、电子书、有声书和各种声音产品；
- 你可以学会怎么读，你将发现集泛读、通读、精读于一体的阅读解决方案；
- 你会与作者、译者、专家、推荐人和阅读教练相遇，他们是优质思想的发源地；
- 你会与优秀的读者和终身学习者为伍，他们对阅读和学习有着持久的热情和源源不绝的内驱力。

下载湛庐阅读 App，
坚持亲自阅读，
有声书、电子书、阅读服务，
一站获得。

CHEERS

# 本书阅读资料包

## 给你便捷、高效、全面的阅读体验

### 本书参考资料

湛庐独家策划

- 参考文献
  为了环保、节约纸张，部分图书的参考文献以电子版方式提供
- 主题书单
  编辑精心推荐的延伸阅读书单，助你开启主题式阅读
- 图片资料
  提供部分图片的高清彩色原版大图，方便保存和分享

### 相关阅读服务

终身学习者必备

- 电子书
  便捷、高效，方便检索，易于携带，随时更新
- 有声书
  保护视力，随时随地，有温度、有情感地听本书
- 精读班
  2~4周，最懂这本书的人带你读完、读懂、读透这本好书
- 课　程
  课程权威专家给你开书单，带你快速浏览一个领域的知识概貌
- 讲　书
  30分钟，大咖给你讲本书，让你挑书不费劲

**湛庐编辑为你独家呈现**
**助你更好获得书里和书外的思想和智慧，请扫码查收！**

（阅读资料包的内容因书而异，最终以湛庐阅读App页面为准）

**倡导亲自阅读**

不逐高效，提倡大家亲自阅读，通过独立思考领悟一本书的妙趣，把思想变为己有。

**阅读体验一站满足**

不只是提供纸质书、电子书、有声书，更为读者打造了满足泛读、通读、精读需求的全方位阅读服务产品——讲书、课程、精读班等。

**以阅读之名汇聪明人之力**

第一类是作者，他们是思想的发源地；第二类是译者、专家、推荐人和教练，他们是思想的代言人和诠释者；第三类是读者和学习者，他们对阅读和学习有着持久的热情和源源不绝的内驱力。

CHEERS

# 以一本书为核心

## 遇见书里书外，更大的世界

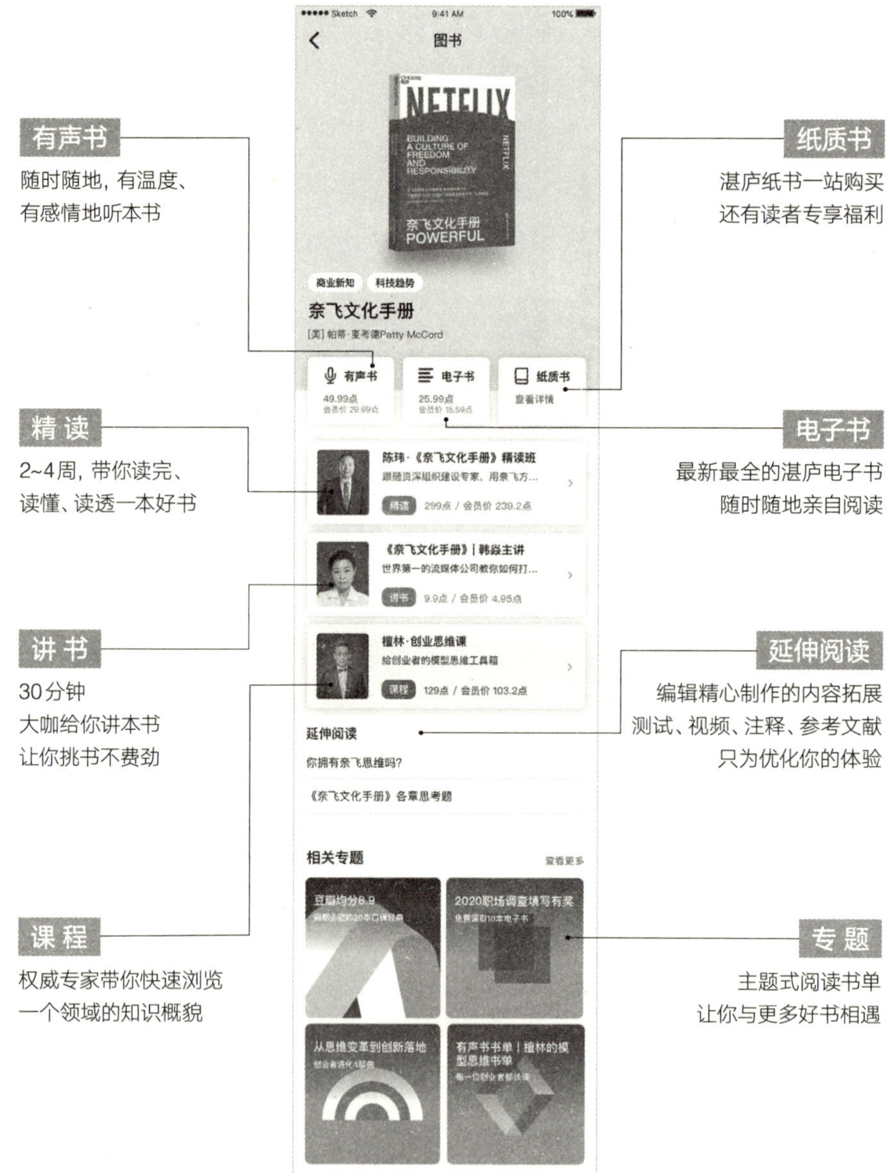

Theory U：Leading from the Future as It Emerges by C. Otto Scharmer

Copyright © 2009 by C. Otto Scharmer

Copyright licensed by Berrett-Koehler Publishers arranged with Andrew Nurnberg Associates International Limited.

All rights reserved.

本书中文简体字版由 Berrett-Koehler Publishers 授权在中华人民共和国境内独家出版发行。未经出版者书面许可，不得以任何方式抄袭、复制或节录本书中的任何部分。

**版权所有，侵权必究。**

**图书在版编目（CIP）数据**

U 型理论：感知正在生成的未来（全新升级版）/（美）夏莫著；邱昭良，王庆娟，陈秋佳译 .—杭州：浙江人民出版社，2013.11（2022.9重印）

浙江省版权局
著作权合同登记章
图字 :11–2013–226 号

ISBN 978-7-213-05832-5

Ⅰ. ① U… Ⅱ. ①夏… ② 邱… ③王… ④陈… Ⅲ. ① 组织管理学—研究 Ⅳ. ① C936

中国版本图书馆 CIP 数据核字（2013）第 254156 号

**上架指导：企业经营与管理 / 组织学**

**版权所有，侵权必究**

**本书法律顾问　北京市盈科律师事务所　崔爽律师**

## U 型理论：感知正在生成的未来（全新升级版）

**作　　者**：[ 美 ] 奥托 · 夏莫　著
**译　　者**：邱昭良　王庆娟　陈秋佳　译
**出版发行**：浙江人民出版社（杭州体育场路 347 号　邮编　310006）
市场部电话 :（0571）85061682　85176516
**集团网址**：浙江出版联合集团　http://www.zjcb.com
**责任编辑**：徐江云
**责任校对**：张志疆　陈　春
**印　　刷**：石家庄继文印刷有限公司
**开　　本**：710mm × 965mm 1/16　　**印　　张**：25.75
**字　　数**：35.4 万　　**插　　页**：5
**版　　次**：2013 年 11 月第 1 版　　**印　　次**：2022年 9 月第15 次印刷
**书　　号**：ISBN 978-7-213-05832-5
**定　　价**：62.90 元

如发现印装质量问题，影响阅读，请与市场部联系调换。